企业裁员、调岗调薪、内部处罚、员工离职风险防范与指导

增订5版

王 明/著

中国法制出版社

CHINA LEGAL PUBLISHING HOUSE

图书在版编目（CIP）数据

企业裁员、调岗调薪、内部处罚、员工离职风险防范
与指导/王明著 . —5 版 . —北京：中国法制出版社，
2023. 12

（企业法律与管理实务操作系列）

ISBN 978-7-5216-3767-0

Ⅰ.①企… Ⅱ.①王… Ⅲ.①企业管理-人力资源管
理 Ⅳ.①F272. 92

中国国家版本馆 CIP 数据核字（2023）第 138648 号

策划编辑 杨智（yangzhibnulaw@126.com）

责任编辑 马春芳   封面设计 周黎明

企业裁员、调岗调薪、内部处罚、员工离职风险防范与指导

QIYE CAIYUAN、TIAOGANG TIAOXIN、NEIBU CHUFA、YUANGONG LIZHI FENGXIAN
FANGFAN YU ZHIDAO

著者/王明

经销/新华书店

印刷/三河市紫恒印装有限公司

开本/787 毫米×1092 毫米 16 开   印张/ 20 字数/ 326 千

版次/2023 年 12 月第 5 版   2023 年 12 月第 1 次印刷

中 国 法 制 出 版 社 出 版

书号 ISBN 978-7-5216-3767-0   定价：78. 00 元

北京市西城区西便门西里甲 16 号西便门办公区

邮政编码：100053   传真：010-63141600

网址：http://www.zgfzs.com   编辑部电话：010-63141816

市场营销部电话：010-63141612   印务部电话：010-63141606

（如有印装质量问题，请与本社印务部联系。）

目　　录

第二章　调岗调薪操作技巧指导 ／ 049

第六章　企业劳动争议预防及处理技巧　/ 224

第一章　企业裁员法律风险及防范

 **本章导读**

本章将全面地介绍企业裁员的类型及各种类型的裁员过程中企业应注意的问题。本章讲述的裁员是一种大裁员的概念，凡是企业与员工提前解除劳动合同，而不管是因为企业的原因还是因为劳动者的原因，我们均称之为企业裁员。

《劳动合同法》及《劳动合同法实施条例》共规定了企业在14种情况下可以依照《劳动合同法》规定的条件、程序与员工解除固定期限的劳动合同、无固定期限的劳动合同或者以完成一定任务为期限的劳动合同。

在本章中，笔者根据劳动合同解除发生的原因不同，归纳出了相应情形，并分别讲述在各种情形下，企业裁员应该注意哪些问题。

第一节　协商一致解除劳动合同及注意问题

第二节　因员工违纪解除劳动合同操作流程及处理技巧

第三节　经济性裁员操作流程及注意问题

第四节　用人单位提前通知解除劳动合同的情形及处理技巧

第五节　裁员的例外情形

第一节　协商一致解除劳动合同及注意问题

一、协商一致解除劳动合同的法律依据

只要合同双方不违反法律的强制性规定，双方达成的合同就受法律保护。但劳动合同不同于其他民事合同，劳动者是弱势群体，国家为保护劳动者的合法权益，防止企业利用优势地位强迫劳动者签订不平等合同，在劳动法律领域作了许多强制性规定，即使双方签订了合同，也未必一定受到法律保护。

但如果合同双方当事人就劳动合同的解除协商达成一致，就受到法律保护。《中华人民共和国劳动法》（以下简称《劳动法》）、《中华人民共和国劳动合同法》（以下简称《劳动合同法》）、《中华人民共和国劳动合同法实施条例》（以下简称《劳动合同法实施条例》）对此均有规定。

1.《劳动法》关于协商一致解除劳动合同的规定。

《劳动法》第 24 条规定："经劳动合同当事人协商一致，劳动合同可以解除。"

2.《劳动合同法》关于协商一致解除劳动合同的规定。

《劳动合同法》第 36 条规定："用人单位与劳动者协商一致，可以解除劳动合同。"

3.《劳动合同法实施条例》关于协商一致解除劳动合同的规定。

《劳动合同法实施条例》第 19 条规定："有下列情形之一的，依照劳动合同法规定的条件、程序，用人单位可以与劳动者解除固定期限劳动合同、无固定期限劳动合同或者以完成一定工作任务为期限的劳动合同：

"（一）用人单位与劳动者协商一致的；

"……"

  典型案例

案例 1：双方协商一致达成的劳动合同就一定受法律保护吗？

李女士应聘某公司的总裁秘书，由于总裁秘书主要的职责是陪同总裁出席各种重要会议，因此总裁秘书的形象非常重要，前两任秘书都是因为怀孕而被公司另行安排工作。该公司为避免同样的问题出现，于是与李女士在劳动合同中约定，公司派李女士进修，李女士 3 年之内不得结婚怀孕，否则公司有权立即与李女士解除劳动合同并要求李女士承担违约金。李女士认为自己还很年轻，不着急结婚生孩子，因此同意了公司的要求，与公司签订了劳动合同。工作 1 年后，李女士意外怀孕。李女士本打算做流产手术，但医生告诉她，由于她身体的原因，如果流产，今后可能永远怀不上孩子了。李女士考虑再三，决定与男友结婚并把孩子生下来。公司发现李女士结婚并且

怀孕后，立即与李女士解除劳动合同，并且向劳动争议仲裁委员会提起仲裁，要求李女士支付违约金。而李女士也提起仲裁，原因在于单位违法解除劳动合同，要求单位支付经济赔偿金。

劳动争议仲裁委员会经过审理后认为，虽然签订劳动合同时，李女士同意3年之内不结婚怀孕，但该约定违反了法律的强制性规定。《中华人民共和国就业促进法》（以下简称《就业促进法》）第27条第3款明确规定，用人单位录用女职工，不得在劳动合同中规定限制女职工结婚、生育的内容。因此用人单位与李女士在劳动合同中的约定是无效的，用人单位违法与李女士解除劳动合同，应当支付李女士经济赔偿金1万元，李女士不需要向用人单位支付违约金。

✎ 律师点评

在本案中，企业可能会感觉到委屈，在签订劳动合同时，企业已经充分向李女士解释了岗位的重要性，同意三年之内不结婚不怀孕也是李女士真实的意思，企业并没有强迫李女士同意，完全是企业与李女士协商一致签订的劳动合同。但李女士违反劳动合同不仅没有支付违约金，反倒是企业需要向李女士支付经济赔偿金。

由于劳动合同不同于其他普通民事合同，国家对劳动法律进行了很多强制性的法律规定，即使用人单位与劳动者协商一致签订劳动合同，也不能违反国家强制性的法律规定，否则即使双方同意，也不会受到法律保护。

因此，用人单位在与劳动者签订合同时，并不是只要劳动者同意了劳动合同的内容，就一定能受到法律的保护，还不能违反法律的强制性规定。如果违反了法律的强制性规定，即使双方当事人当初签订合同是真实的意思表示，也不受法律保护。

二、哪些情况下适合协商一致解除劳动合同？

大多数情况下，只要劳动合同当事人就劳动合同的解除协商一致，就可以解除劳动合同，而不受劳动合同中约定的终止条件的限制。而且协商一致解除劳动合同的，由于双方已经就有关补偿等一系列问题达成一致，双方不会产生纠纷。因此，在用人单位欲与劳动者提前解除劳动合同的时候，可以尽量采取协商一致的方式。

特别是在劳动者没有什么过错或者没有明显过错的情况下，而用人单位由于业务调整或者其他各种原因而准备与劳动者提前解除劳动合同时，可以尽量采取与劳动者协商一致的方式解除劳动合同，不然一旦发生纠纷，用人单位很容易被认定为违法解除劳动合同，需要支付双倍的经济赔偿金。

 典型案例

案例2：裁员时，用人单位应尽量与员工协商解除劳动合同

赵某自2011年起在某公司担任财务人员，劳动合同将于2014年10月30日到期。

2012 年由于市场环境的影响，公司下半年业务一直不好，准备裁员，以减少开支。赵某平时工作不积极，做事马虎，公司便决定将赵某裁掉。公司作出决定后，人力资源部门查找了赵某最近一段时间的工作记录，发现赵某前一段有过几次工作失误，并被公司予以书面警告，但赵某并没有犯过严重性错误，因此公司人力资源部门决定争取与赵某协商解除劳动合同。人力资源部门找赵某协商，讲明由于 2012 年经济形势不好，公司决定裁员，而赵某由于平时表现不是太好，曾经被公司几次书面警告，因此公司决定与赵某解除劳动合同，但考虑到赵某曾经在公司工作了一年多，公司同意补偿赵某 2 个月的工资。赵某同意解除劳动合同，但认为公司违法解除劳动合同，要求公司按照双倍的赔偿支付经济赔偿金。人力资源部门指出，由于赵某工作不积极，并且几次出现工作失误，公司才决定与赵某解除劳动合同，正是考虑到赵某曾经在公司工作了近两年，公司才决定补偿其 2 个月的工资，如果赵某坚持，公司将直接以赵某违反公司的规章制度为由解除劳动合同，并且不给予任何补偿。赵某经过考虑，认为自己确实在工作中出现过几次失误，如果真要打官司，自己不但要花费巨大的精力、金钱，而且是否一定胜诉也没有把握，便同意了公司的要求。

✎ **律师点评**

在本案中，由于人力资源部门平时有严谨的考核，并与赵某有了正确的沟通，双方才就劳动合同的解除协商一致。

虽然赵某平时工作有失误，但如果公司强硬地与赵某解除劳动合同并且不支付补偿，一旦赵某提起仲裁，如果公司被认定为违法解除劳动合同，就要支付双倍的经济补偿。因此，用人单位在与员工解除劳动合同时，应尽量协商解决，争取与员工达成一致，双方之间达到平衡。

三、协商一致解除劳动合同时用人单位应注意的问题

企业在大多数情况下与员工解除劳动合同，都是采取协商一致的方式，争取与员工达成一致意见。但企业在具体操作的过程中，必须注意以下问题。

1. 如果是劳动者首先提出解除劳动合同的，用人单位不需要支付经济补偿金。

根据《劳动合同法》第 46 条第 2 项的规定，如果是用人单位首先向劳动者提出解除劳动合同并且与劳动者协商一致解除劳动合同的，用人单位应当向劳动者支付经济补偿。

如果是劳动者首先向用人单位提出解除劳动合同并且协商一致解除劳动合同的，用人单位不需要支付经济补偿金。

因此，如果劳动者有辞职的想法，用人单位应尽量让劳动者提出书面的辞职报告。用人单位需要注意的是，如果劳动者提出口头的辞职申请，用人单位一定要让劳动者提出书面的辞职申请，并且需要亲笔签字，以免劳动者事后否认。

2. 尽量与员工协商一致后，再书面确认。

如果用人单位准备与劳动者提前解除劳动合同，应尽量先与其协商，待到双方基本达成一致后，再进行书面确认，而不应该直接以书面的形式通知，这样不利于问题的解决。

如果用人单位直接书面通知员工与其解除劳动合同，一旦员工不同意并且提起仲裁，很容易被认定为违法解除劳动合同，一旦被司法机关认定为违法解除劳动合同，用人单位就要支付双倍的经济赔偿金，这对单位而言是得不偿失的。

 典型案例

案例 3：公司首先向劳动者提出解除劳动合同的，应当支付经济补偿金

高某与公司签订了为期 4 年的劳动合同，工作 2 年以后，由于高某经常生病，承受不了工作的压力，并且觉得工资低，便准备辞职。公司看高某有辞职的想法，就提出与高某解除劳动合同，高某同意了公司的要求，双方协商一致解除劳动合同。劳动合同解除后，高某要求公司支付经济补偿金，但公司认为双方协商一致解除劳动合同，不需要支付经济补偿金。高某提起仲裁，最后劳动争议仲裁委员会裁决公司支付高某 2 个月的经济补偿金。

✒ **律师点评**

公司虽然与高某协商一致解除劳动合同，但由于是公司首先向高某提出解除劳动合同的，因此按照法律规定，公司应当向高某支付经济补偿。在本案中，如果是高某主动提出解除劳动合同，公司就不需要支付经济补偿。

 典型案例

案例 4：员工主动辞职的，应当要求员工递交辞职申请书

张某在某公司担任销售经理 2 年，后因张某搬家到离公司比较远的地方，于是向公司口头提出了辞职，公司表示同意。双方签订了书面终止劳动合同的协议，协议是这样写的："某公司与张某经过协商，决定提前终止劳动合同，双方的劳动合同于2015 年 10 月 31 日终止。"双方签订书面终止劳动合同的协议后，张某办理了工作交接手续。张某办理完交接手续后却要求公司支付 2 个月的经济补偿金，公司认为是张某主动提出的辞职，公司不应该补偿。张某为此提起仲裁，在仲裁中，公司虽然主张是张某主动提的辞职，但无法提供任何证据，而双方签订的协议也无法证明究竟是哪一方首先提出解除劳动合同的。最后在劳动争议仲裁委员会的主持下，双方达成和解，该公司支付张某 1 个月的经济补偿金。

✒ **律师点评**

在本案中，虽然是张某主动提出的辞职，但由于张某只是口头提出辞职，且双方签订的书面终止合同协议中并没有说明张某是主动辞职，因此企业在劳动仲裁中处于被动的地位。

因此，如果员工提出辞职，用人单位一定要要求员工递交辞职报告或者在终止协议中明确指出是劳动者首先提出的辞职，并且需要劳动者亲笔签字。

第二节　因员工违纪解除劳动合同操作流程及处理技巧

本节导读

因员工违纪解除劳动合同，指由于劳动者自身存在过错而使用人单位有权随时解除劳动合同，又称为过失性解除劳动合同。

关于用人单位因员工违纪解除劳动合同的情形，《劳动法》第25条只规定了四种情形，后《劳动合同法》第39条增加了两种情形，变成了六种情形。《劳动合同法实施条例》第19条对此也作了同样的规定。

对于因员工违纪而解除劳动合同的情况，用人单位在作出解除劳动合同的决定之前，必须证据确凿。否则，一旦被认定为违法解除劳动合同，用人单位将支付双倍的经济补偿金，会给用人单位造成一定的损失。

一、在试用期间被证明不符合录用条件的，用人单位可以与劳动者解除劳动合同

用人单位以员工不符合录用条件为由解除劳动合同时，需要注意以下几点。

1. 必须设置录用条件。

录用条件，是指用人单位在招用劳动者时，依据岗位要求所提出的具体标准。用人单位针对不同的工作岗位向劳动者提出的录用条件和标准各不相同。

用人单位要想证明劳动者在试用期间不符合录用条件的前提就是必须有录用条件，如果连录用条件都没有，根本就没有办法证明劳动者不符合录用条件。

2. 必须对录用条件进行公示。

对录用条件必须进行公示，公示的方式多种多样，可以写在招聘广告中，也可以写在应聘登记表中，还可以写在劳动合同中，等等。

3. 用人单位必须证明劳动者不符合录用条件。

用人单位不但要设置录用条件，而且必须证明员工在试用期间不符合录用条件。用人单位要想证明员工在试用期间不符合录用条件，就必须做好以下几点。

第一，做好岗位职责及要求的详细描述。

岗位职责的制定有如下依据，根据工作任务的需要确定工作岗位名称及其数量；根据工种确定岗位职务范围；根据工种性质确定岗位使用的设备工具、工作质量和效率；明确岗位环境和确定岗位任职资格；确定各个岗位之间的相互关系；根据岗位的性质明确实现岗位目标的责任。

通过制定岗位职责，可以最大限度地实现劳动用工的科学配置；有效地防止因职务重叠而发生的工作扯皮现象；提高内部竞争活力，更好地发现和使用人才；是组织考核的依据；提高工作效率和工作质量；规范操作行为；减少违章行为和违章事故的发生。

第二，做好试用期的考核工作，考核工作应该详细、具体、客观，同时对于表现不好或者有失误的记录，最好让员工签字确认。

4. 必须在法定试用期内作出是否符合录用条件的决定，超过了法定试用期就不能以员工不符合录用条件为由与其解除劳动合同。

根据《劳动合同法》第 19 条的规定，劳动合同期限三个月以上不满一年的，试用期不得超过一个月；劳动合同期限一年以上不满三年的，试用期不得超过二个月；三年以上固定期限和无固定期限的劳动合同，试用期不得超过六个月。同一用人单位与同一劳动者只能约定一次试用期。以完成一定工作任务为期限的劳动合同或者劳动合同期限不满三个月的，不得约定试用期。试用期包含在劳动合同期限内。劳动合同仅约定试用期的，试用期不成立，该期限为劳动合同期限。

如果用人单位与劳动者约定的试用期超过了法定试用期，应该按照《劳动合同法》第 83 条的规定向劳动者支付赔偿金。另外在法定试用期外是不可以解除劳动合同的，如果解除，就属于违法解除，要支付经济赔偿金。

劳动部[1]办公厅 1995 年 1 月 19 日对四川省劳动厅[2]《关于如何确定试用期内不符合录用条件可以解除劳动合同的请示》的复函中规定，对试用期内不符合录用条件的劳动者，企业可以解除劳动合同；若超过试用期，则企业不能以试用期内不符合录用条件为由解除劳动合同。

【地方规定】
北京市高级人民法院、北京市劳动人事争议仲裁委员会关于审理劳动争议案件法律适用问题的解答（2017）

11. 用人单位依据《劳动合同法》第三十九条第一项的规定解除劳动合同的，如何处理？

用人单位在录用劳动者时应当向劳动者明确告知录用条件，用人单位在解除劳动

---

① 　现为人力资源和社会保障部。本书余同。

② 　现为四川省人力资源和社会保障厅。本书余同。

合同时应当向劳动者说明理由及法律依据。

用人单位证明已向劳动者明确告知录用条件，并且提供证据证明劳动者在试用期间不符合录用条件的，可依照《劳动合同法》第三十九条第一项的规定解除劳动合同。

就劳动者是否符合录用条件的认定，在试用期的认定标准可适当低于试用期届满后的认定标准。劳动者不符合录用条件的情况主要有以下情形：（1）劳动者违反诚实信用原则对影响劳动合同履行的自身基本情况有隐瞒或虚构事实的，包括提供虚假学历证书、假身份证、假护照等个人重要证件；对履历、知识、技能、业绩、健康等个人情况说明与事实有重大出入的；（2）在试用期间存在工作失误的，对工作失误的认定以劳动法相关规定、用人单位规章制度以及双方合同约定内容为判断标准；（3）双方约定属于用人单位考核劳动者试用期不符合录用条件的其他情况。

 典型案例

案例5：必须设置录用条件并且证明员工不符合录用条件，才可以与试用期内的员工解除劳动合同

2017年1月20日，孙某被一家软件公司录用为销售部经理助理，双方签订了2年的固定期限劳动合同，并约定了2个月的试用期。孙某入职一段时间后，公司领导认为其工作态度十分认真，但专业知识和业务水平都不理想，与招聘时对空缺岗位的要求存在很大差距。2017年3月6日，该公司以孙某在试用期被证明不符合录用条件为由，决定解除与孙某的劳动关系，并不予支付任何经济补偿。孙某认为，自己工作积极努力，专业知识和业务水平也正在快速提高，公司领导在未对其进行任何考核，也没有任何考核标准的情况下，片面地认为自己不符合录用条件，与自己解除劳动关系是不合法的。于是孙某向劳动争议仲裁委员会提出申诉，要求该软件公司向其支付经济补偿。劳动争议仲裁委员会经调查审理后，裁定该软件公司与孙某解除劳动关系属于违法行为，对孙某的申诉请求予以支持，要求该软件公司向孙某支付双倍的赔偿金。

律师点评

用人单位与劳动者订立书面劳动合同，并依据劳动合同期限长短约定不同的试用期，主要是为了考察所招用的劳动者是否符合用人单位提出的要求和标准。在试用期内，如果劳动者符合用人单位的录用条件和标准，双方将继续履行订立的劳动合同；如果劳动者被证明不符合用人单位提出的录用条件和标准，或不能胜任劳动合同中约定的工作或岗位，用人单位可以与其解除劳动合同。

本案中，该软件公司招聘时没有讲明具体录用条件，对空缺岗位也没有明确的岗位说明，并且也未提出相应的考核标准对孙某进行考核。因此，公司不能以领导主观判断其"专业知识和业务水平都不理想与招聘时对空缺岗位的要求存在很大差距"为由解除与孙某的劳动关系。值得注意的是，企业对于员工是否符合录用条件的考核必须在试用期内；若超过试用期，即便员工的考核结果不能达到要求，企业也不能以试用期内不符合录用条件为由与员工解除劳动合同。

 典型案例

案例6：超过试用期，企业不能以试用期内不符合录用条件为由与员工解除劳动合同

2008年1月，某企业招聘销售人员，要求身体健康，年龄30岁以上。高某与该企业签订了为期2年的劳动合同，合同规定试用期为2个月。2008年7月，高某因患乙肝住院治疗，该用人单位以高某现在患病，不符合录用条件为由，解除了与高某所签订的劳动合同，同时，不担负高某的医疗费，也不给予有关的病假待遇。该企业的做法正确吗？

律师点评

这是一起因用人单位违反劳动法律法规而引起的争议。依据《劳动法》第25条和劳动部办公厅于1995年1月19日对四川省劳动厅《关于如何确定试用期内不符合录用条件可以解除劳动合同的请示》的复函的规定，只有劳动者在试用期间被证明不符合录用条件的，用人单位才可以解除劳动合同。试用期已过，用人单位就不得再以不符合录用条件为由与劳动者解除劳动合同。本案中，高某已经工作了6个月，试用期已过，此时，企业再以不符合录用条件为由要求与其解除劳动合同，显然是违反法律、法规规定的。

《劳动部关于违反〈劳动法〉有关劳动合同规定的赔偿办法》第2条规定，用人单位违反规定或劳动合同的约定解除劳动合同，对劳动者造成损害的，应赔偿劳动者损失。《劳动部关于企业职工患病或非因工负伤医疗期规定》第3条规定："企业职工因患病或非因工负伤，需要停止工作医疗时，根据本人实际参加工作年限和在本单位工作年限，给予三个月到二十四个月的医疗期……"第5条规定："企业职工在医疗期内，其病假工资、疾病救济费和医疗待遇按照有关规定执行。"根据这些规定，企业应给本案中的高某报销医疗费。如果医疗期满，高某不能从事原工作，也不能从事由企业另行安排的工作，则可依据《劳动法》第26条和《劳动合同法》第40条的规定，解除与高某的劳动合同，但需按《劳动合同法》等相关规定支付经济补偿金和医疗补助费。

【企业防范】

1. 在发布的招聘简章、招聘信息中应明确录用条件和标准。用人单位在广告上发布招聘信息时，除了注明对职位的一些基本要求（如年龄、职业技术、学历等）外，还应对所聘职位的具体录用条件、岗位职责进行详细描述，并在与劳动者订立劳动合时再次以书面形式明确告知。

2. 对劳动者进行背景调查。核查劳动者提供的信息是否是真实的，是否违背诚实信用原则，是否隐瞒应当告知用人单位的重要信息，如证实劳动者有此类不正当行为，用人单位可视其为不符合录用条件。

3. 建立试用期的绩效评估制度，明确考核标准、考核方式及考核方法。用人单位制定的考核内容、评分原则及决定劳动者是否最终被录用的客观依据应当事先告知劳动者，并让其签字确认。

4. 在试用期届满前，及时对员工作出考核评价，符合要求的，及时转正；不符合要求的，在试用期届满前与其解除劳动合同，并及时办理离职手续。

二、劳动者严重违反用人单位的规章制度的，用人单位可以与其解除劳动合同

用人单位以劳动者严重违反规章制度为由与劳动者解除劳动合同的，必须注意以下几点。

1. 用人单位规章制度的制定必须符合法律规定。

用人单位制定的规章制度必须符合法律法规的规定，如果用人单位的规章制度违反了法律法规规定，损害了劳动者权益的，根据《劳动合同法》第 38 条第 1 款第 4 项的规定，劳动者可以与用人单位解除劳动合同，在此种情况下，用人单位仍然需要支付经济补偿金。

关于如何制定合法有效的规章制度，我们将在本书的第四章做详细充分的解释。

2. 何谓"严重违反"。

严重违反的标准应当根据劳动法规所规定的限度来确定，用人单位不能无限制地扩大。一般应当由规章制度或用人单位自由裁量决定，但不论是由规章制度直接规定的，还是用人单位自由裁量的，都应当符合正常情况的一般性评判标准，而不能任意规定或裁量。例如，违反操作流程、故意损害生产设备、不服从用人单位正常的管理、无理打架等可以视为严重违反规章制度，但是某员工偶尔上班迟到几分钟，用人单位就不能视其为"严重"违反规章制度。如果非常细小的差错都被认定为严重违反规章制度，可能会被认定为无效。

3. 如何认定劳动者的行为严重违反用人单位的规章制度。

在用人单位的规章制度对劳动者有约束力的前提下，用人单位要以劳动者违反自己的规章制度为理由来解除劳动合同，依据法律法规的规定，劳动者违反用人单位的规章制度的程度必须达到"严重"。只要劳动者的行为符合严重违反用人单位规章制度的情形，用人单位就可以此为理由与劳动者解除劳动合同。

对于哪些属于严重违反规章制度的情形，用人单位必须事先在规章制度中作出规定，如果用人单位在规章制度中没有作出规定，就不能以此为理由解除劳动合同。

4. 常见的严重违反用人单位规章制度的情形。

具体哪些情形属于严重违反规章制度，每个单位要根据本单位的实际情况来确定，并不仅限于以下情形，比较常见的严重违反规章制度的情形有以下几种：

（1）涉嫌违反《中华人民共和国治安管理处罚法》及构成犯罪的行为：

①盗窃同事或单位财物（包括知识产权等无形资产）者；

②聚众闹事妨害正常工作秩序者；

③故意毁坏单位财物，金额较大者（具体数额由单位自行决定）；

④利用职权受贿或以不正当手段谋取私利者；

⑤严重违反各种安全制度，导致重大人身或设备事故者；

⑥利用单位名义招摇撞骗，使公司蒙受名誉或经济损失者；

⑦伪造公司公文或者公章者；

⑧经公检法部门给予行政拘留、判刑处理者。

（2）违反单位考勤制度的行为，具体以单位的规定为准，例如：

①一个月内迟到、早退累计超过6次（含）以上者；

②连续旷工5天或一年内累计旷工10天以上者；

③在工作时间睡觉或擅离职守，导致公司蒙受重大损失者；

④无故旷工未向领导汇报给企业造成重大损失（如5000元以上）者。

（3）违反公司员工日常行为规范及工作纪律的行为：

①故意违反公司员工行为规范，给公司形象或者利益造成重大损害者；

②因违反公司员工日常行为规范被记大过或给予警告3次以上（包括3次）者；

③上班时间长时间从事非工作范围内的活动，被发现经批评仍不悔改且有3次以上的类似行为者。

（4）违反单位诚信保密制度的行为：

①虚报工作成绩骗取公司奖励或者规避公司惩罚者；

②遗失重要公文未及时汇报者；

③故意撕毁公文者；

④故意泄露重要商业秘密者；

⑤隐瞒重要事实或者提供虚假材料骗取公司提拔者；

⑥打听他人收入或者将自己的收入透漏给他人者。

（5）影响生产秩序及侵害公司利益的行为：

①在外从事第二职业或其他非法经营活动者；

②借用公司名义承揽业务谋取私利者；

③非法收受商业贿赂或者回扣者；

④非法煽动罢工、怠工，影响生产秩序者；

⑤工作严重失误导致公司大量产品不合格或者其他导致公司利益重大损失者。

（6）违反公司员工管理制度的行为：

①拒不服从单位正常工作调动者；

②无故不服从上级指挥，目无领导，顶撞上级，影响公司指导系统的正常运作，情节严重者；

③造谣生事，捏造虚假事实，导致其他员工降薪、降职或受处分者；

④利用职权，散布虚假信息或者擅自发布命令，扰乱公司正常管理者。

 典型案例

案例7：劳动者拒绝违法超时加班安排，用人单位能否解除劳动合同（人力资源和社会保障部、最高人民法院联合发布第二批劳动人事争议典型案例）

张某于2020年6月入职某快递公司，双方订立的劳动合同约定试用期为3个月，试用期月工资为8000元，工作时间执行某快递公司规章制度相关规定。某快递公司规章制度规定，工作时间为早9时至晚9时，每周工作6天。2个月后，张某以工作时间严重超过法律规定上限为由拒绝超时加班安排，某快递公司即以张某在试用期间被证明不符合录用条件为由与其解除劳动合同。张某向劳动人事争议仲裁委员会（简称仲裁委员会）申请仲裁，请求裁决某快递公司支付违法解除劳动合同赔偿金8000元。

仲裁委员会裁决某快递公司支付张某违法解除劳动合同赔偿金8000元（裁决为终局裁决）。仲裁委员会将案件情况通报劳动保障监察机构，劳动保障监察机构对某快递公司规章制度违反法律、法规规定的情形责令其改正，给予警告。

案例分析

本案的争议焦点是张某拒绝违法超时加班安排，某快递公司能否与其解除劳动合同。

《劳动法》第41条规定："用人单位由于生产经营需要，经与工会和劳动者协商后可以延长工作时间，一般每日不得超过一小时；因特殊原因需要延长工作时间的，在保障劳动者身体健康的条件下延长工作时间每日不得超过三小时，但是每月不得超过三十六小时。"第43条规定："用人单位不得违反本法规定延长劳动者的工作时间。"《劳动合同法》第26条规定："下列劳动合同无效或者部分无效：……（三）违反法律、行政法规强制性规定的……"为确保劳动者休息权的实现，我国法律对延长工作时间的上限予以明确规定。用人单位制定违反法律规定的加班制度，在劳动合同中与劳动者约定违反法律规定的加班条款，均应认定为无效。

本案中，某快递公司规章制度中"工作时间为早9时至晚9时，每周工作6天"的内容，严重违反法律关于延长工作时间上限的规定，应认定为无效。张某拒绝违法超时加班安排，系维护自己合法权益，不能据此认定其在试用期间被证明不符合录用条件。故仲裁委员会依法裁决某快递公司支付张某违法解除劳动合同赔偿金。

【企业防范】

《劳动法》第4条规定："用人单位应当依法建立和完善规章制度，保障劳动者享有劳动权利和履行劳动义务。"法律在支持用人单位依法行使管理职权的同时，也明确其必须履行保障劳动者权利的义务。用人单位的规章制度以及相应工作安排必须符合法律、行政法规的规定，否则既要承担违法后果，也不利于构建和谐稳定的劳动关系、促进自身健康发展。

 典型案例

案例8：郑某诉霍尼韦尔自动化控制（中国）有限公司劳动合同纠纷案（最高人民法院指导案例181号）

郑某于2012年7月入职霍尼韦尔自动化控制（中国）有限公司（以下简称霍尼韦尔公司），担任渠道销售经理。霍尼韦尔公司建立有工作场所性骚扰防范培训机制，郑某接受过相关培训。霍尼韦尔公司《商业行为准则》规定经理和主管"应确保下属能畅所欲言且无须担心遭到报复，所有担忧或问题都能专业并及时地得以解决"，不允许任何报复行为。2017年版《员工手册》规定：对他人实施性骚扰、违反公司《商业行为准则》、在公司内部调查中做虚假陈述的行为均属于会导致立即辞退的违纪行为。上述规章制度在实施前经该公司工会沟通会议讨论。

郑某与霍尼韦尔公司签订的劳动合同约定郑某确认并同意公司现有的《员工手册》及《商业行为准则》等规章制度作为本合同的组成部分。《员工手册》修改后，郑某再次签署确认书，表示已阅读、明白并愿接受2017年版《员工手册》内容，愿恪守公司政策作为在霍尼韦尔公司工作的前提条件。

2018年8月30日，郑某因认为下属女职工任某与郑某上级邓某（已婚）之间的关系有点僵，为"疏解"二人关系而找任某谈话。郑某提到昨天观察到邓某跟任某说了一句话，而任某没有回答，其还专门跑到任某处帮忙打圆场。任某提及其在刚入职时曾向郑某出示过间接上级邓某发送的性骚扰微信记录截屏，郑某当时对此答复"我就是不想掺和这个事""我往后不想再回答你后面的事情""我是觉得有点怪，我也不敢问"。谈话中，任某强调邓某是在对其进行性骚扰，邓某要求与其发展男女关系，并在其拒绝后继续不停骚扰，郑某不应责怪其不搭理邓某，也不应替邓某来对其进行敲打。郑某则表示"你如果这样干工作的话，让我很难过""你越端着，他越觉得我要把你怎么样""他这么直接，要是我的话，先靠近你，摸摸看，然后聊聊天"。

后至2018年11月，郑某以任某不合群等为由向霍尼韦尔公司人事部提出与任某解除劳动合同，但未能说明解除任某劳动合同的合理依据。人事部为此找任某了解情况。任某告知人事部其被间接上级邓某骚扰，郑某有意无意撮合其和邓某，其因拒绝骚扰行为而受到打击报复。霍尼韦尔公司为此展开调查。

2019年1月15日，霍尼韦尔公司对郑某进行调查，并制作了调查笔录。郑某未在调查笔录上签字，但对笔录记载的其对公司询问所做答复做了诸多修改。对于调查笔录中有无女员工向郑某反映邓某跟其说过一些不合适的话、对其进行性骚扰的提问所记录的"没有"的答复，郑某未作修改。

2019年1月31日，霍尼韦尔公司出具单方面解除函，以郑某未尽经理职责，在下属反映遭受间接上级骚扰后没有采取任何措施帮助下属不再继续遭受骚扰，反而对下属进行打击报复，在调查过程中就上述事实做虚假陈述为由，与郑某解除劳动合同。

2019年7月22日，郑某向上海市劳动争议仲裁委员会申请仲裁，要求霍尼韦尔公司支付违法解除劳动合同赔偿金368130元。该请求未得到仲裁裁决支持。郑某不服，以相同请求诉至上海市浦东新区人民法院。

上海市浦东新区人民法院于2020年11月30日作出（2020）沪0115民初10454号民事判决：驳回郑某的诉讼请求。郑某不服一审判决，提起上诉。上海市第一中级人民法院于2021年4月22日作出（2021）沪01民终2032号民事判决：驳回上诉，维持原判。

✎ 案例分析

本案争议焦点在于：一、霍尼韦尔公司据以解除郑某劳动合同的《员工手册》和《商业行为准则》对郑某有无约束力；二、郑某是否存在足以解除劳动合同的严重违纪行为。

关于争议焦点一，霍尼韦尔公司据以解除郑某劳动合同的《员工手册》和《商业行为准则》对郑某有无约束力。在案证据显示，郑某持有异议的霍尼韦尔公司2017年版《员工手册》《商业行为准则》分别于2017年9月、2014年12月经霍尼韦尔公司工会沟通会议讨论。郑某与霍尼韦尔公司签订的劳动合同明确约定《员工手册》《商业行为准则》属于劳动合同的组成部分，郑某已阅读并理解和接受上述制度。在《员工手册》修订后，郑某亦再次签署确认书，确认已阅读、明白并愿接受2017年版《员工手册》，愿恪守公司政策作为在霍尼韦尔公司工作的前提条件。在此情况下，霍尼韦尔公司的《员工手册》《商业行为准则》应对郑某具有约束力。

关于争议焦点二，郑某是否存在足以解除劳动合同的严重违纪行为。一则，在案证据显示霍尼韦尔公司建立有工作场所性骚扰防范培训机制，郑某亦接受过相关培训。霍尼韦尔公司《商业行为准则》要求经理、主管等管理人员在下属提出担忧或问题时能够专业并及时帮助解决，不能进行打击报复。霍尼韦尔公司2017年版《员工手册》还将违反公司《商业行为准则》的行为列为会导致立即辞退的严重违纪行为范围。现郑某虽称相关女职工未提供受到骚扰的切实证据，其无法判断骚扰行为的真伪、对错，但从郑某在2018年8月30日谈话录音中对相关女职工初入职时向其出示的微信截屏所做的"我是觉得有点怪，我也不敢问""我就是不想掺和这个事"的评述看，郑某本人亦不认为相关微信内容系同事间的正常交流，且在相关女职工反复强调间接上级一直对她进行骚扰时，未见郑某积极应对帮助解决，反而说"他这么直接，要是我的话，先靠近你，摸摸看，然后聊聊天"。所为皆为积极促成自己的下级与上级发展不正当关系。郑某的行为显然有悖其作为霍尼韦尔公司部门主管应尽之职责，其相关答复内容亦有违公序良俗。此外，依据郑某自述，其在 2018 年 8 月 30 日谈话后应已明确知晓相关女职工与间接上级关系不好的原因，但郑某不仅未采取积极措施，反而认为相关女职工处理不当。在任某明确表示对邓某性骚扰的抗拒后，郑某于 2018 年 11 月中旬向人事经理提出任某不合群，希望公司能解除与任某的劳动合同，据此霍尼韦尔公司主张郑某对相关女职工进行打击报复，亦属合理推断。二则，霍尼韦尔公司 2017 年版《员工手册》明确规定在公司内部调查中做虚假陈述的行为属于会导致立即辞退的严重违纪行为。霍尼韦尔公司提供的 2019 年 1 月 15 日调查笔录显示郑某在调查过程中存在虚假陈述情况。郑某虽称该调查笔录没有按照其所述内容记录，其不被允许修改很多内容，但此主张与郑某对该调查笔录中诸多问题的答复都进行过修改的事实相矛盾，法院对此不予采信。该调查笔录可以作为认定郑某存在虚假陈述的判断依据。

综上，郑某提出的各项上诉理由难以成为其上诉主张成立的依据。霍尼韦尔公司主张郑某存在严重违纪行为，依据充分，不构成违法解除劳动合同。对郑某要求霍尼韦尔公司支付违法解除劳动合同赔偿金 368130 元的上诉请求，不予支持。

【企业防范】

《劳动合同法》规定，用人单位应当依法建立和完善劳动规章制度，保障劳动者享有劳动权利、履行劳动义务。那么用人单位的规章制度在法律体系中又处于什么地位呢？

无论是《劳动法》，还是《劳动合同法》，其法律规范均是经过抽象、总结的。一般来说，规定得较为原则化、比较宏观，要使其落实到具体的劳动关系中，还必须通过企业的规章制度将其细化、具体化。因此，企业在组织、管理生产活动中，常常会依据国家的法律，并结合本单位的实际，按照一定的民主程序制定出比较系统、规范的供全体职工共同遵守的规章制度，通常包括技术操作规程、劳动安全卫生规程、日常劳动纪律和其他各项制度等。

对用人单位来说，法律有原则性规定的，应结合本单位实际，将法律原则具体体现在企业规章中；法律有明确的标准性规定的，制定企业规章应遵从该标准规定；法律授权企业制定规章的，应按法律授权，从本单位实际出发，制定相应的企业规章。

规章制度是企业根据自身特点，对企业内部的劳动纪律和职工的劳动权利义务的具体化和明确化，它是企业对职工进行生产和经营管理的手段和标准。

建议公司在规章制度中对哪些属于严重违反规章制度的情形作出明确具体的规定。对于严重违反情形，最好分梯度来处理，比如第一次违反给予什么样的处罚，第二次违反给予什么样的处罚，第三次违反即属于严重违反规章制度。

【地方规定】

北京市高级人民法院、北京市劳动人事争议仲裁委员会关于审理劳动争议案件法律适用问题的解答（2017）

13. 在规章制度未作出明确规定、劳动合同亦未明确约定的情况下，劳动者严重违反劳动纪律和职业道德的，用人单位是否可以解除劳动合同？

《劳动法》第三条第二款中规定："劳动者应当遵守劳动纪律和职业道德"。上述规定是对劳动者的基本要求，即便在规章制度未作出明确规定、劳动合同亦未明确约定的情况下，如劳动者存在严重违反劳动纪律或职业道德的行为，用人单位可以依据《劳动法》第三条第二款的规定与劳动者解除劳动合同。

三、严重失职、营私舞弊，给用人单位造成重大损害的，用人单位可以与其解除劳动合同

这是指劳动者在履行工作职责期间，由于没有按照岗位职责履行自己的义务，或者违反忠诚义务，有未尽职责的严重失职行为或者利用职务之便谋取不正当利益，给用人单位造成了重大损害。

根据《劳动部关于〈劳动法〉若干条文的说明》的规定，"重大损害"由企业内部规章来规定。因为企业类型各有不同，对重大损害的界定也千差万别，故不便于对重大损害作统一的解释。若由此发生劳动争议，可以通过劳动争议仲裁委员会对其规章规定的重大损害进行认定。

对于"重大损害"的界定权首先在于用人单位，但用人单位并不能随意解释，将非常小的损害定义为重大损害。如果因此发生争议，劳动争议仲裁委员会有权重新认定。但需要提醒的是，用人单位也不能因仲裁委员会有可能重新认定就不对重大损害进行规定，因为如果不规定，一旦员工给单位造成损害，就没有依据。用人单位完全将"重大损害"的界定权交给劳动争议仲裁委员会，就失去了主动权。

比较常见的属于该类规定的情形有如下几种。

1. 由于未履行工作职责给公司造成重大损失。

例如，钱某担任公司保安，但在上班时间私自外出，导致公司财物被盗。

2. 利用职务便利，索取好处或者为亲人、朋友谋取好处，给公司造成重大损害。

例如，孙某是公司的采购员，他利用为公司采购物品的便利，从其哥哥处高价购买物品，谋取利益。

3. 由于工作失误给公司造成重大损失（如损失金额为1万元以上）。

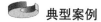 **典型案例**

案例 9：工作失误给单位造成损害的，单位有权解除劳动合同吗？

2016 年 6 月 3 日，某单位锅炉工赵某值夜班时，因与另一值班人员喝酒后睡觉，造成锅炉停炉事故，因此给单位造成损失 5 万元。单位规章制度中规定，如果由于工作失误给单位造成损失 1 万元以上者，单位有权与其解除劳动合同。因此，单位根据有关规定，与赵某解除了劳动合同。赵某不服，向当地劳动争议仲裁委员会提出申诉。劳动争议仲裁委员会经过审理后认为，由于赵某的严重失职给公司造成重大损失，单位有权与其解除劳动合同，因此劳动争议仲裁委员会驳回了赵某的仲裁申请。

律师点评

单位规章制度明确规定由于个人失误给单位造成 1 万元以上损失的，单位有权解除劳动合同，赵某由于个人的失误给单位造成了 5 万元的损失，因此单位有权解除劳动合同，单位的做法是合法的。

【企业防范】

为防止用人单位在适用该条与劳动者解除劳动合同时产生不必要的纠纷，建议用人单位注意以下几点。

1. 对重大损失作出界定。

重大损失的界定权首先在用人单位，如果用人单位事先对重大损失没有作出规定，在劳动者给公司造成损失时以重大损失为依据与劳动者解除劳动合同就没有十分明确充分的依据。

如果用人单位事先作出了规定，就有依据可循，用人单位在对重大损失作出界定时，最好有明确的数额，比如造成损失 5000 元以上的，为重大损失。

2. 对严重失职、营私舞弊的情形最好在劳动合同和规章制度中作出补充规定。

虽然法律对严重失职、营私舞弊的情形并没有作出明确的规定，具体哪些情形属于严重失误、营私舞弊，最终的认定权要由仲裁机关或者法院来行使，但用人单位最好事先对一些常见的情形在劳动合同和规章制度中作出规定，这样便于管理。

四、劳动者同时与其他用人单位建立劳动关系，对完成本单位的工作任务造成严重影响，或者经用人单位提出，拒不改正的，用人单位可以与其解除劳动合同

劳动者同时与其他用人单位建立劳动关系，就是我们通常所说的兼职。我国有关劳动方面的法律法规对兼职并没有作禁止性规定，但是完成本职任务是劳动者应尽的职责，在业务时间从事兼职工作，必然会影响劳动者的时间和精力，使其不能全心全

意地工作。如果劳动者不能全心全意完成本单位的任务，用人单位就有权与其解除劳动合同。

用人单位需要注意的是，适用该规定时，只要符合下列情形之一的，用人单位就可以与劳动者解除劳动合同。

1. 劳动者同时与其他用人单位建立劳动关系，对完成本单位的工作任务造成严重影响的。

至于什么情形算是严重影响，法律上并没有作明确的规定，需要根据具体情况具体分析，但用人单位必须提供相应的证据，证明由于劳动者的兼职，对完成单位的工作任务造成严重影响，如影响了单位工作的进展等。用人单位要想证明对完成本单位的工作任务造成严重影响，从举证的难易程度上讲，非常困难。我们建议用人单位不要轻易适用这条与劳动者解除劳动合同。

2. 劳动者同时与其他用人单位建立劳动关系，经用人单位提出，拒不改正的。

存在兼职行为，但用人单位无法就兼职行为给本单位工作任务造成严重影响进行证明时，可以适用"经用人单位提出，拒不改正"的规定。因为用人单位发现劳动者有兼职行为时，可以要求劳动者改正，如果劳动者拒不改正，就可以解除劳动合同。

 典型案例

案例 10：在兼职对完成本职工作无影响的情况下，公司有权与劳动者解除劳动合同吗？

宋某是某公司的财务总监，双方签订了为期 3 年的劳动合同。合同期限内，宋某又在其他公司找了一份兼职工作，每月只要请 3 天假去兼职单位工作。公司发现宋某兼职的事情后认为，公司支付宋某高额劳动报酬，他应当尽职尽责为公司工作，而宋某兼职必定会分散其完成本职工作的时间和精力。公司遂向宋某发出一份通知，要求宋某自收到通知 10 日内终止兼职工作，并向公司提交兼职单位出具的书面证明。10 天后，宋某仍然继续兼职，公司据此解除了与宋某之间的劳动合同。宋某认为自己兼职并没有对完成本职工作造成影响，因此公司无权与其解除劳动合同。

律师点评

本案中宋某从事兼职工作的行为是明确的，虽然宋某的兼职并没有给公司造成严重影响，但是在公司提出限期改正的要求后，宋某仍然兼职，公司适用"经用人单位提出，拒不改正"的规定与宋某解除劳动合同是符合法律规定的，公司有权与宋某解除劳动合同。

【企业防范】

用人单位在适用该条规定与员工解除劳动合同时，应当注意以下几个问题。

第一，用人单位应当对员工的兼职行为进行核实，并留存相关的证据。如果没有证据可以证明员工兼职，就不具有适用该条款的事实基础。用人单位与员工解除劳动合同后，劳动者不承认有兼职行为，用人单位将非常被动。

用人单位在适用本条与劳动者解除劳动合同时，必须有劳动者兼职的证据。关于证明劳动者兼职的证据，可以是通过与劳动者谈话，劳动者自己承认；也可以是劳动者所兼职的公司的证明；还可以是其他可以证明劳动者兼职的证据等。

第二，确定员工具有兼职行为，并对完成本单位工作任务造成了严重的影响，用人单位可以依据此条规定解除劳动合同。但从用人单位的举证责任角度考虑，"严重影响"是一个模糊的概念，要根据用人单位的具体情况和劳动者兼职的具体行为来综合判断。需要强调的是，用人单位对兼职行为提出改正要求是行使此项劳动合同解除权必不可少的程序。建议用人单位尽量不要适用这条与劳动者解除劳动合同。

第三，存在兼职行为，但用人单位无法就兼职行为给本单位工作任务造成严重影响进行证明时，可以适用"经用人单位提出，拒不改正"的规定。但需要注意的是，用人单位在要求劳动者改正时，必须保存相关证据。用人单位可以采取书面形式要求劳动者改正，并且要求劳动者签字确认。

第四，企业应对这一规定的最好办法是，在企业规章制度和劳动合同中规定，不允许员工兼职，将兼职列为严重违反用人单位规章制度的情形，用人单位一旦发现员工兼职，有权直接解除劳动合同。

五、因《劳动合同法》第 26 条第 1 款第 1 项规定的情形致使劳动合同无效的，用人单位可以与劳动者解除劳动合同

《劳动合同法》第 26 条第 1 款第 1 项规定，以欺诈、胁迫的手段或乘人之危，使对方在违背其真实意思的情况下订立或者变更劳动合同的，属于无效或部分无效劳动合同。

所谓欺诈是指一方当事人故意告知虚假情况或者故意隐瞒真实情况，诱使对方当事人作出错误的意思表示并且基于这种错误的意思表示签订劳动合同的行为。例如，员工提供了虚假的学历、工作经历等。

所谓胁迫是指以给公民及其亲友的生命健康、荣誉、名誉、财产等造成损害为要挟，迫使对方作出违背真实的意思表示，并签订了劳动合同的行为。员工威胁公司的情况比较少见，但并不是没有。例如，员工以知悉用人单位的某种秘密为条件，胁迫用人单位与其签订劳动合同。

所谓乘人之危是指行为人利用他人的危难处境或紧迫需要，为牟取不正当利益，迫使对方违反自己的真实意思表示而签订劳动合同。这种情况也比较少见，主要指员工利用企业处于危难处境，迫使用人单位违反真实的意思与其签订劳动合同。

劳动者采用上述方式致使劳动合同无效的，用人单位有权解除劳动合同。

 **典型案例**

案例11：劳动者提供虚假学历证书是否导致劳动合同无效（人力资源和社会保障部、最高人民法院联合发布第一批劳动人事争议典型案例）

2018年6月，某网络公司发布招聘启事，招聘计算机工程专业大学本科以上学历的网络技术人员1名。赵某为销售专业大专学历，但其向该网络公司提交了计算机工程专业大学本科学历的学历证书、个人履历等材料。后赵某与网络公司签订了劳动合同，进入网络公司从事网络技术工作。2018年9月初，网络公司偶然获悉赵某的实际学历为大专，并向赵某询问。赵某承认自己为应聘而提供虚假学历证书、个人履历的事实。网络公司认为，赵某提供虚假学历证书、个人履历属欺诈行为，严重违背诚实信用原则，申请仲裁。

案例分析

本案的争议焦点是赵某提供虚假学历证书、个人履历是否导致劳动合同无效。

《劳动合同法》第8条规定："用人单位招用劳动者时，应当如实告知劳动者工作内容、工作条件、工作地点、职业危害、安全生产状况、劳动报酬，以及劳动者要求了解的其他情况；用人单位有权了解劳动者与劳动合同直接相关的基本情况，劳动者应当如实说明。"第26条第1款规定："下列劳动合同无效或者部分无效：（一）以欺诈、胁迫的手段或者乘人之危，使对方在违背真实意思的情况下订立或者变更劳动合同的……"第39条规定："劳动者有下列情形之一的，用人单位可以解除劳动合同：……（五）因本法第二十六条第一款第一项规定的情形致使劳动合同无效的……"从上述条款可知，劳动合同是用人单位与劳动者双方协商一致达成的协议，相关信息对于是否签订劳动合同、建立劳动关系的真实意思表示具有重要影响。《劳动合同法》第8条既规定了用人单位的告知义务，也规定了劳动者的告知义务。如果劳动者违反诚实信用原则，隐瞒或者虚构与劳动合同直接相关的基本情况，根据《劳动合同法》第26条第1款规定属于劳动合同无效或部分无效的情形。用人单位可以根据《劳动合同法》第39条规定解除劳动合同并不支付经济补偿。此外，应当注意的是，《劳动合同法》第8条"劳动者应当如实说明"应仅限于"与劳动合同直接相关的基本情况"，如履行劳动合同所必需的知识技能、学历、学位、职业资格、工作经历等，用人单位无权要求劳动者提供婚姻状况、生育情况等涉及个人隐私的信息，也即不能任意扩大用人单位知情权及劳动者告知义务的外延。

本案中，"计算机工程专业""大学本科学历"等情况与网络公司招聘的网络技术人员岗位职责、工作完成效果有密切关联性，属于"与劳动合同直接相关的基本情况"。赵某在应聘时故意提供虚假学历证书、个人履历，致使网络公司在违背真实意思的情况下与其签订了劳动合同。因此，根据《劳动合同法》第26条第1款规定，双方签订的劳动合同无效。网络公司根据《劳动合同法》第39条第5项规定，解除与赵某的劳动合同符合法律规定，故依法驳回赵某的仲裁请求。

典型意义

《劳动合同法》第3条第1款规定："订立劳动合同，应当遵循合法、公平、平等自愿、协商一致、诚实信用的原则。"第26条第1款第1项规定以欺诈、胁迫的手段或者乘人之危，使对方在违背真实意思的情况下订立或者变更劳动合同的劳动合同无效或部分无效；第39条第5项有关以欺诈手段订立的劳动合同无效、可以单方解除的规定，进一步体现了诚实信用原则。诚实信用既是《劳动合同法》的基本原则之一，也是社会基本道德之一。用人单位与劳动者订立劳动合同时必须遵循诚实信用原则，建立合法、诚信、和谐的劳动关系。

六、劳动者被依法追究刑事责任的，用人单位可以与其解除劳动合同

根据《劳动部关于贯彻执行〈中华人民共和国劳动法〉若干问题的意见》第29条第2款、第3款的规定："'被依法追究刑事责任'是指：被人民检察院免予起诉的、被人民法院判处刑罚的、被人民法院依据刑法第三十二条免予刑事处分的。劳动者被人民法院判处拘役、三年以下有期徒刑缓刑的，用人单位可以解除劳动合同。"

《劳动部关于〈劳动法〉若干条文的说明》第25条第4款规定："本条中'被依法追究刑事责任'，具体指：（1）被人民检察院免予起诉的；（2）被人民法院判处刑罚（刑罚包括：主刑：管制、拘役、有期徒刑、无期徒刑、死刑；附加刑：罚金、剥夺政治权利、没收财产）的；（3）被人民法院依据刑法第32条免予刑事处分的。"

《中华人民共和国刑法》（以下简称《刑法》）第37条规定："对于犯罪情节轻微不需要判处刑罚的，可以免予刑事处罚，但是可以根据案件的不同情况，予以训诫或者责令具结悔过、赔礼道歉、赔偿损失，或者由主管部门予以行政处罚或者行政处分。"

需要强调的是，如果劳动者被人民法院判处拘役、管制或者三年以下有期徒刑缓刑的，用人单位有权利与劳动者解除劳动合同，但用人单位也可以根据实际情况不与劳动者解除劳动合同。如果劳动者被管制或者监外执行或缓刑，用人单位不解除合同的，有义务配合当地公安机关对犯罪分子进行监管。

 **典型案例**

案例12：公司因为员工曾经被追究过刑事责任而解除劳动合同是不可以的

周某曾经因为盗窃被判处一年有期徒刑，出狱后周某改过自新，决定重新做人。后周某应聘到某企业做销售人员，在该公司干了一年多，表现一直非常优秀，被评为公司年度优秀销售人员，公司决定提拔周某担任部门经理。这时有人向公司举报周某曾经因为盗窃被判处有期徒刑一年，公司向周某核实情况，周某承认了这一事实。周某表示自己已悔过自新，希望公司能够给自己机会。公司经过考虑后，还是决定与周

某解除劳动合同，并且没有支付周某经济补偿金。于是周某提起了劳动仲裁，劳动争议仲裁委员会经过审理后认为，周某在履行工作期间并没有违法之处，公司以周某曾经被追究过刑事责任为由与周某解除劳动合同是违法的，属于违法解除劳动合同，因此裁决公司支付周某双倍的经济赔偿金。

✎ 律师点评

用人单位以员工被追究过刑事责任为由与员工解除劳动合同的，这里的刑事责任是指劳动者在劳动合同履行期间被追究的刑事责任。如果劳动者在签订劳动合同时，刑事惩罚期已经结束，用人单位就不能以员工曾经被追究过刑事责任为由单方与其解除劳动合同。

在本案中，公司以周某曾经被追究过刑事责任为由而与其解除劳动合同，是对法律的错误理解，其做法是错误的。

【企业防范】

用人单位可以在面试登记表中设置一个是否被追究过刑事责任的问题。如果劳动者填写了曾经被追究过刑事责任，用人单位就可以在录用时慎重考虑。同时用人单位可在劳动合同中约定，劳动者在应聘时向用人单位提供的个人资料都是真实的，如果劳动者提供了虚假的资料，用人单位有权与其解除劳动合同。这样一旦劳动者曾经被追究过刑事责任而没有填写，就是提供虚假的个人资料，用人单位仍然有权解除劳动合同。

◗ 相关法条

1.《劳动法》

第25条　劳动者有下列情形之一的，用人单位可以解除劳动合同：

（一）在试用期间被证明不符合录用条件的；

（二）严重违反劳动纪律或者用人单位规章制度的；

（三）严重失职，营私舞弊，对用人单位利益造成重大损害的；

（四）被依法追究刑事责任的。

2.《劳动合同法》

第39条　劳动者有下列情形之一的，用人单位可以解除劳动合同：

（一）在试用期间被证明不符合录用条件的；

（二）严重违反用人单位的规章制度的；

（三）严重失职，营私舞弊，给用人单位造成重大损害的；

（四）劳动者同时与其他用人单位建立劳动关系，对完成本单位的工作任务造成严重影响，或者经用人单位提出，拒不改正的；

（五）因本法第二十六条第一款第一项规定的情形致使劳动合同无效的；

（六）被依法追究刑事责任的。

3.《劳动合同法实施条例》

第 19 条　有下列情形之一的，依照劳动合同法规定的条件、程序，用人单位可以与劳动者解除固定期限劳动合同、无固定期限劳动合同或者以完成一定工作任务为期限的劳动合同：

......

（二）劳动者在试用期间被证明不符合录用条件的；

（三）劳动者严重违反用人单位的规章制度的；

（四）劳动者严重失职，营私舞弊，给用人单位造成重大损害的；

（五）劳动者同时与其他用人单位建立劳动关系，对完成本单位的工作任务造成严重影响，或者经用人单位提出，拒不改正的；

（六）劳动者以欺诈、胁迫的手段或者乘人之危，使用人单位在违背真实意思的情况下订立或者变更劳动合同的；

（七）劳动者被依法追究刑事责任的；

......

✏ **律师提醒**

《劳动合同法》第 39 条规定的就是因为员工违纪，用人单位可以单方面解除劳动合同的六种情形，在这些情形下，用人单位是不需要支付经济补偿金的。但是需要提醒用人单位的是，《劳动合同法》第 43 条规定，用人单位单方解除劳动合同，应当事先将理由通知工会。用人单位违反法律、行政法规规定或者劳动合同约定的，工会有权要求用人单位纠正。用人单位应当研究工会的意见，并将处理结果书面通知工会。

因此，依据《劳动合同法》第 39 条的规定，如果用人单位单方与劳动者解除劳动合同时，用人单位已经建立了工会，应当事先通知工会。根据《最高人民法院关于审理劳动争议案件适用法律问题的解释（一）》第 47 条的规定，建立了工会组织的用人单位解除劳动合同符合劳动合同法第 39 条、第 40 条规定，但未按照劳动合同法第 43 条规定事先通知工会，劳动者以用人单位违法解除劳动合同为由请求用人单位支付赔偿金的，人民法院应予支持，但起诉前用人单位已经补正有关程序的除外。

因此，如果用人单位建立了工会，用人单位解除劳动关系没有通知工会，且在劳动者起诉前仍没有通知工会的话，那么用人单位依据《劳动合同法》第 39 条的规定解除劳动合同是违法的，用人单位将支付经济赔偿金。

第三节　经济性裁员操作流程及注意问题

本节导读

本节主要讲述经济性裁员的内涵；企业进行经济性裁员必须具备的条件，包括实体性条件和程序性条件；裁员时应遵循的原则等。通过本节的讲述，企业将非常清楚进行经济性裁员必须具备的条件，企业如何进行经济性裁员，在进行经济性裁员过程中需注意的问题。

一、经济性裁员的内涵

经济性裁员是指企业由于生产经营不善发生严重困难，或者需要破产重整，或者客观情况发生重大变化等原因需要裁减人员。

1. 经济性裁员属于用人单位行使解除劳动合同权的一种方式，只要符合经济性裁员的条件，用人单位就有权进行经济性裁员。

2. 企业是由于经济性原因而进行裁员，而不是由于劳动者个人的原因，劳动者本身没有任何过错。

当企业由于经济性原因而出现困难时，为了保证企业渡过难关，使企业不至于破产，法律允许企业在符合一定条件的情况下进行裁员，以缩减成本。企业进行经济性裁员是企业单方面行使劳动合同解除权，且这种权利是法定的，只要企业符合条件就有权行使，和劳动者是否存在过错、工作能力高低没有关系。

3. 经济性裁员只能发生在企业中，而不能发生在其他用人单位。

《劳动合同法》第 2 条规定，中华人民共和国境内的企业、个体经济组织、民办非企业单位等组织都属于用人单位；《劳动合同法实施条例》第 3 条也规定，依法成立的会计师事务所、律师事务所等合伙组织和基金会，属于劳动合同法规定的用人单位。但并不是所有的用人单位都可以进行经济性裁员，只有企业才可以。

4. 经济性裁员必须一次性地解除法定数量的劳动合同。

根据《劳动合同法》第 41 条的规定，必须一次性裁减人员 20 人以上或者裁减不足 20 人但占企业职工总人数 10% 以上的，才构成经济性裁员。

二、进行经济性裁员必须满足的条件

由于经济性裁员是企业单方面行使劳动合同解除权的一种方式，为了限制企业滥用权利，必须满足法定的条件，企业才可以进行经济性裁员，才是合法有效的经济性裁员；如果没有满足法定条件，就是违法解除劳动合同。

1. 实体性条件。

企业进行经济性裁员，只要满足下面实体性要件中的任何一种情形，就可以进行经济性裁员：

（1）依照《中华人民共和国企业破产法》（以下简称《企业破产法》）规定进行重整的。

根据《企业破产法》第 2 条及第 70 条的规定，在四种情形下，可以进行破产重整。

①企业法人不能清偿到期债务，并且资产不足以清偿全部债务的，债务人或者债权人可以申请破产重整。

②企业法人不能清偿到期债务，并且明显缺乏清偿能力的，债务人或者债权人可以申请破产重整。

③企业法人不能清偿到期债务，并且有明显丧失清偿能力可能的，债务人或者债权人可以申请破产重整。

④债权人申请对债务人进行破产清算的，在人民法院受理破产申请后、宣告债务人破产前，债务人或者出资额占债务人注册资本十分之一以上的出资人，可以向人民法院申请重整。

（2）生产经营发生严重困难的。

关于什么算"生产经营发生严重困难"并没有明确具体的规定，但办公厅发布的《劳动部关于〈劳动法〉若干条文的说明》第 27 条规定，"生产经营状况发生严重困难"可以根据地方政府规定的困难企业标准来界定。

需要强调的是，对于什么算"生产经营状况发生严重困难"，如果地方政府有规定，当地的企业必须遵守地方政府的规定，如果达不到标准，就不算生产经营发生严重困难，就不能进行经济性裁员。

（3）企业转产、重大技术革新或者经营方式调整，经变更劳动合同后，仍需裁减人员的。

在企业进行生产经营的过程中，为了寻求更好的发展，必然存在转产、重大技术革新或者经营方式调整等，但调整并不意味着企业必须进行裁员。为了保护劳动者，《劳动合同法》规定，企业转产、重大技术革新或者经营方式调整等，只有在经过变更劳动合同后，仍需要裁员的，企业才可以裁减人员。

因此，企业必须注意，如果企业因为转产、重大技术革新或者经营方式调整需要裁员，必须先与劳动者变更劳动合同，变更后仍然需要裁员的，才可以裁员。

 典型案例

案例 13：企业能直接进行经济性裁员吗？

某工厂从事钢管生产，因为工厂进行了重大技术革新，引进了先进的生产设备，于是工厂以进行了重大技术革新为由，宣布实行经济性裁员，裁掉员工 50 人。被裁掉的劳动者不服，提起仲裁，要求恢复劳动关系，劳动争议仲裁委员会经过审理认为，根据《劳动合同法》的要求，进行重大技术革新，必须先变更劳动合同，变更劳动合同后仍需要裁减人员的，才可以实行经济性裁员。该工厂没有变更劳动合同而直接进行经济性裁员是错误的，因此裁定恢复劳动关系。

（4）其他因劳动合同订立时所依据的客观情况发生重大变化，致使劳动合同无法履行的。

这属于兜底性条款，由于实践中的情形千变万化，无法一一列举，但又确实会有因为一些客观情况发生变化而需要进行经济性裁员的情况，因此法律特别规定了这一条。在实践中，这一条款可能会被滥用。但一般情况下，客观情况发生重大变化是指发生不可抗力或出现致使劳动合同全部或部分条款无法履行的其他情况，如企业迁移、被兼并、企业资产转移等。

建议企业最好不要用这一条作为经济性裁员的理由，因为这一条没有明确具体的标准，争议性比较大，一旦企业与劳动者发生劳动争议，是否符合客观情况发生重大变化很难确定，风险比较大。

 典型案例

案例 14：工厂拆迁是否属于"客观情况发生重大变化"？

上海某工厂从事造纸生产，因为有重要活动需要建场馆，而工厂正好在其规划范围内，所以被迫拆迁。工厂一时无法找到合适的厂址，于是只好宣布实行经济性裁员，魏某就是被裁减人员中的一员。魏某认为工厂实行经济性裁员是不正确的，属于非法解除劳动合同，于是提起仲裁，要求工厂支付经济补偿金。劳动争议仲裁委员会经过审理认为，工厂被迫拆迁而又无法找到合适的厂址，属于订立劳动合同时所依据的客观情况发生重大变化，致使劳动合同无法履行的情况，因此工厂的经济性裁员是合法的，驳回了魏某的仲裁请求。

2. 程序性条件。

（1）必须提前 30 天向工会或者全体职工说明情况，并听取工会或者职工的意见。

由于经济性裁员涉及众多劳动者的切身利益，因此需要向工会提前说明情况，如果用人单位没有建立工会，就要向全体职工说明情况，解释裁员的理由及相关情况，争取取得职工的支持和理解。用人单位必须提前 30 天说明情况，以便职工反映意见，提出建议。

需要强调的是，用人单位只是必须提前 30 天向工会或者全体职工说明情况，并听取工会或者职工的意见，并不需要取得工会或者职工的同意，只要用人单位符合经济性裁员的条件，就可以进行经济性裁员。

（2）裁减人员的方案向劳动行政部门报告。

《劳动部关于〈劳动法〉若干条文的说明》第 27 条规定，"报告"仅指说明情况，无批准的含义。

因此，用人单位只要将裁员方案向劳动行政部门进行报告就可以了，不需要取得劳动行政部门的批准。但这是企业进行经济性裁员必须遵循的程序，否则就是违法解除劳动合同。

三、企业如何进行经济性裁员？

根据《劳动部企业经济性裁减人员规定》及《劳动部关于贯彻执行〈中华人民共和国劳动法〉若干问题的意见》第 27 条的规定，用人单位确需裁减人员，应按下列程序进行：

1. 提前 30 日向工会或者全体职工说明情况，并提供有关生产经营状况的资料。

这是用人单位必须遵循的程序，用人单位如果直接宣布裁员，是违法的。

2. 提出裁减人员方案，内容包括：被裁减人员名单、裁减时间及实施步骤，符合法律、法规规定和集体合同约定的被裁减人员的经济补偿办法。

在整个裁员过程中，裁员方案的制定非常重要，直接关乎整个裁员是否能够成功进行。裁员方案主要包括以下业务。

（1）被裁减人员名单。

被裁减人员名单非常重要，这直接关系到哪些员工将被解除劳动合同，用人单位在确定被裁减人员名单时一定要慎重考虑，特别是对于要求优先保留的人员，用人单位应尽量不裁减或者少裁减。

（2）裁减时间及实施步骤。

裁减方案中要写清楚实施裁减的时间及步骤，用人单位必须提前 30 天向工会或者全体职工说明情况，因此，实施裁减的时间至少要在裁减方案公布后的一个月，但建议用人单位在裁减方案公布后也不要用太长时间实施裁减，时间过长，容易发生很多变化。

（3）经济补偿办法。

用人单位只要符合经济性裁员的条件就可以进行经济性裁员，但必须对劳动者进行经济补偿。根据《劳动合同法》的规定，经济补偿按劳动者在本单位工作的年限，每满一年支付一个月工资的标准向劳动者支付。六个月以上不满一年的，按一年计算；不满六个月的，向劳动者支付半个月工资的经济补偿。劳动者月工资高于用人单位所在直辖市、设区的市级人民政府公布的本地区上年度职工月平均工资三倍的，向其支付经济补偿的标准按职工月平均工资三倍的数额支付，向其支付经济补偿的年限最高不超过十二年。月工资是指劳动者在劳动合同解除或者终止前十二个月的平均工资。

3. 将裁减人员方案征求工会或者全体职工的意见，并对方案进行修改和完善。

用人单位应当听取工会或者全体职工的意见，对于工会或者职工提出的合理意见，用人单位应当吸收，并对裁减方案进行修改和完善。

4. 向当地劳动行政部门报告裁减人员方案以及工会或者全体职工的意见，并听取劳动行政部门的意见。

用人单位必须将裁减方案向当地劳动行政部门报告，用人单位需要注意的是，仅仅是报告，并不需要得到劳动行政部门的批准。

5. 由用人单位正式公布裁减人员方案，与被裁减人员办理解除劳动合同手续，按照有关规定向被裁减人员本人支付经济补偿金，并出具裁减人员证明书。

用人单位必须向被裁减人员支付经济补偿金并办理离职手续，包括转移社会保险及档案，向被裁减人员出具离职证明等。

 典型案例

案例 15：进行经济性裁员必须遵守法定程序

钱某等 30 名职工与某商场于 2016 年签订了为期 5 年的劳动合同。在劳动合同履行中，该商场以经营亏损为由宣布实施经济性裁员，于 2018 年 5 月 10 日辞退钱某等 30 名职工，要求钱某等 30 人必须在 3 个小时内向公司进行工作交接，交付所有与单位有关的资料，每人领取 3000 元的经济补偿金后离开。钱某等人认为公司违法裁员，不同意公司的做法，于是提起仲裁。劳动争议仲裁委员会经过审理后认为，该商场不具备企业经济性裁减人员的法定条件，并且违反了企业经济性裁减人员法定程序，在此前提下，单方解除钱某等 30 名职工的劳动合同，属于违法解除劳动合同。部分员工要求恢复工作的，裁决恢复劳动关系；部分员工要求解除劳动合同支付经济赔偿的，裁定支付双倍的经济赔偿金。

✎ **律师点评**

根据《劳动法》第 27 条及《劳动合同法》第 41 条的规定，用人单位进行经济性裁员，必须符合法定的实体性要件和程序性要件，如果用人单位违反这些要件进行裁员，就属于违法解除劳动合同，劳动者有权要求恢复劳动关系；如果劳动者不要求恢复劳动关系的，有权要求企业支付双倍的经济赔偿金。

【企业防范】

企业在进行经济性裁员时需要注意以下问题。

1. 必须符合经济性裁员的条件，慎用经济性裁员。

由于经济性裁员的要求非常高，很多时候，很多企业的裁员不符合经济性裁员的条件，一旦被裁掉的劳动者提起劳动仲裁，企业将损失惨重。因此，企业一定要慎重使用经济性裁员。

企业在进行经济性裁员时，必须符合经济性裁员的条件，既包括实体性要件也包括程序性要件，如果不符合条件，一旦劳动者提起仲裁，企业很容易就被认定为违法解除劳动合同，那么劳动者有权要求恢复劳动关系或者要求支付双倍的经济赔偿金。

2. 注意社会影响、社会稳定和企业稳定，及时向政府部门备案。

企业进行经济性裁员时，由于涉及人员比较多，特别是裁员人数非常多时，企业一定要提前做好准备，注意社会影响、社会稳定和企业稳定。

特别是一些大的企业进行经济性裁员时，对当地影响很大，甚至影响到社会稳定，因此企业事先一定要向政府有关部门进行备案。

3. 裁减人员时优先保留的人员。

企业进行经济性裁员时，具体裁减哪些人员，必须综合考虑各种因素，但应该优先保留以下人员：

（1）与本单位订立较长期限的固定期限劳动合同的。

（2）与本单位订立无固定期限劳动合同的。

（3）家庭无其他就业人员，有需要扶养的老人或者未成年人的。

保留与本单位订立较长期限的固定期限劳动合同和无固定期限劳动合同的人员，主要考虑劳动者对劳动合同有较长期限的预期，法律应当对这种预期予以保护。而且这类劳动者往往是在本单位工作时间较长的人，为本单位做出了重要贡献，对此应予保护。家庭无其他就业人员，有需要扶养的老人或者未成年人的劳动者，对工作的依赖性比较强，一旦失去工作，整个家庭将陷入严重困难，为了社会的稳定，企业也应当承担一定的社会责任。

4. 重新招用人员时，被裁减人员的优先就业权。

《劳动法》第27条第2款规定："用人单位依据本条规定裁减人员，在六个月内录用人员的，应当优先录用被裁减的人员。"《劳动合同法》第41条第3款延续了《劳动法》第27条规定的精神，规定："用人单位依照本条第一款规定裁减人员，在六个月内重新招用人员的，应当通知被裁减的人员，并在同等条件下优先招用被裁减的人员。"

之所以规定被裁减人员的优先就业权，主要是因为：

（1）企业进行经济性裁员是因为企业经营发生困难，并不是因为劳动者违纪违法等过错行为，劳动者没有任何过错，因此用人单位在经营情况好转，需要重新招用人员时，应当优先录用被裁减人员；

（2）被裁减人员对用人单位比较熟悉，技术也比较熟练，容易适应，对用人单位并不是负担；

（3）可以有效地防止用人单位以经济性裁员为借口，随意裁减劳动者。

企业需要注意的是，进行经济性裁员，在6个月内重新招用人员时，必须通知被裁减人员。只有在同等条件下才有优先招用被裁减人员的义务，如果其他人员条件比被裁减人员条件好，企业就可以招用其他人员。

5. 经济性裁员的例外情形。

企业进行经济性裁员，并不是任何人都可以被裁减，对于下列人员，企业不得以进行经济性裁员为由与其解除劳动合同：

（1）从事接触职业病危害作业的劳动者未进行离岗前职业健康检查，或者疑似职业病病人在诊断或者医学观察期间的；

（2）在本单位患职业病或者因工负伤并被确认丧失或者部分丧失劳动能力的；

（3）患病或者非因工负伤，在规定的医疗期内的；

（4）女职工在孕期、产期、哺乳期的；

（5）在本单位连续工作满 15 年，且距法定退休年龄不足 5 年的。

 相关法条

《劳动合同法》

第 41 条　有下列情形之一，需要裁减人员二十人以上或者裁减不足二十人但占企业职工总数百分之十以上的，用人单位提前三十日向工会或者全体职工说明情况，听取工会或者职工的意见后，裁减人员方案经向劳动行政部门报告，可以裁减人员：

（一）依照企业破产法规定进行重整的；

（二）生产经营发生严重困难的；

（三）企业转产、重大技术革新或者经营方式调整，经变更劳动合同后，仍需裁减人员的；

（四）其他因劳动合同订立时所依据的客观经济情况发生重大变化，致使劳动合同无法履行的。

裁减人员时，应当优先留用下列人员：

（一）与本单位订立较长期限的固定期限劳动合同的；

（二）与本单位订立无固定期限劳动合同的；

（三）家庭无其他就业人员，有需要扶养的老人或者未成年人的。

用人单位依照本条第一款规定裁减人员，在六个月内重新招用人员的，应当通知被裁减的人员，并在同等条件下优先招用被裁减的人员。

第四节　用人单位提前通知解除劳动合同的情形及处理方法

本节导读

用人单位提前通知解除劳动合同，也称为非过失性解除劳动合同，是指劳动者本身并没有过错，只不过由于某些特定的原因，企业有权与劳动者提前解除劳动合同。但用人单位应当提前 30 天通知或者额外支付一个月的代通知金。

《劳动法》第 26 条和《劳动合同法》第 40 条基本作出了相似的规定，需要注意的是，《劳动法》第 26 条规定的是用人单位必须提前 30 天通知劳动者，而《劳动合同法》增加了代通知金制度，允许用人单位不提前通知，以额外支付一个月的工资作为代价。

一、劳动者患病或者非因工负伤，在规定的医疗期满后不能从事原工作，也不能从事由用人单位另行安排的工作的，用人单位可以解除劳动合同

1. 关于医疗期的规定。

医疗期是指企业职工因患病或非因工负伤停止工作治病休息，不得解除劳动合同的时限。

根据《劳动部关于企业职工患病或非因工负伤医疗期规定》的规定，企业职工因患病或非因工负伤，需要停止工作医疗时，根据本人实际参加工作年限和在本单位工作年限，给予三个月到二十四个月的医疗期：

（1）实际工作年限十年以下的，在本单位工作年限五年以下的为三个月；五年以上的为六个月。

（2）实际工作年限十年以上的，在本单位工作年限五年以下的为六个月；五年以上十年以下的为九个月；十年以上十五年以下的为十二个月；十五年以上二十年以下的为十八个月；二十年以上的为二十四个月。

医疗期三个月的按六个月内累计病休时间计算；六个月的按十二个月内累计病休时间计算；九个月的按十五个月内累计病休时间计算；十二个月的按十八个月内累计病休时间计算；十八个月的按二十四个月内累计病休时间计算，二十四个月的按三十个月内累计病休时间计算。

2. 医疗期满后的处理。

根据《劳动部关于企业职工患病或非因工负伤医疗期规定》的规定，企业职工非因工致残和经医生或医疗机构认定患有难以治疗的疾病，医疗期满，应当由劳动鉴定委员会参照工伤与职业病致残程度鉴定标准进行劳动能力的鉴定。被鉴定为一至四级的，应当退出劳动岗位，解除劳动关系，并办理退休、退职手续，享受退休、退职待遇。医疗期满尚未痊愈者，被解除劳动合同的经济补偿问题按照有关规定执行。

劳动者虽然没有构成伤残，但劳动者在规定的医疗期满后，不能从事原工作的，也不能从事用人单位另行安排的工作的，用人单位有权与其解除劳动合同。

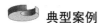 **典型案例**

案例16：医疗期满后直接与员工解除劳动合同是违法的

黄某是某单位车间操作员，在一次外出旅游中因车祸受伤，手指伤残，单位于是按照有关规定给予了黄某医疗期。黄某在医疗期满后回到单位，单位考虑到黄某已经无法继续从事原工作，于是直接与黄某解除了劳动合同。黄某不服，提起仲裁，劳动争议仲裁委员会经过审理后认为，黄某在规定的医疗期满后虽然不能从事原工作，但公司并没有为黄某另行安排工作就直接解除劳动合同是违法的，因此裁定恢复劳动关系。

律师点评

在规定的医疗期满后，如果劳动者不能从事原工作，用人单位除非是与员工协商一致解除劳动合同，否则不能直接与员工解除劳动合同。必须是在另行为劳动者安排工作，劳动者仍然不能从事后，才能与劳动者解除劳动合同。

【企业防范】

需要强调的是，医疗期是根据劳动者的工龄等条件，依法可以享受的停工医疗并发给病假工资的期间，而不是劳动者实际需要治疗的期间。劳动者患病或非因工负伤，有权在医疗期内进行治疗和休息，不从事劳动，但在医疗期满后，劳动者就应当进行劳动。

用人单位必须注意的是，医疗期满后，如果劳动者不能从事原工作，用人单位不能直接与劳动者解除劳动合同，必须另行为劳动者安排适当的工作，如果劳动者仍然不能从事用人单位另行安排的工作的，用人单位才可以提前30天以书面形式通知劳动者本人或者额外支付劳动者一个月工资后，解除劳动合同。

用人单位必须根据劳动者的实际情况另行为劳动者安排工作，而不能远远超出劳动者的能力范围。

二、劳动者不能胜任工作，经过培训或者调整工作岗位，仍不能胜任工作的，用人单位可以与其解除劳动合同

根据《劳动部关于〈劳动法〉若干条文的说明》的解释，"不能胜任工作"，是指不能按要求完成劳动合同中约定的任务或者同工种、同岗位人员的工作量。用人单位不得故意提高定额标准，使劳动者无法完成。

实践中，用人单位为了与员工解除劳动合同，往往会借口劳动者不能胜任工作，甚至对之前表现非常优秀的员工也采用这个理由。其实"不能胜任工作"并不是企业可以随意界定的，必须是劳动者不能按照要求完成劳动合同中约定的任务或者同工种、同岗位的人员的工作量。如果用人单位故意提高标准使劳动者无法完成，就不属于劳动者不能胜任工作。

如果劳动者不能胜任工作，用人单位不能直接与劳动者解除劳动合同，可以采取如下两种方式。

1. 对劳动者进行岗位培训。

如果劳动者不能胜任工作，用人单位可以对其进行岗位培训。由于岗位的要求总是在不断提高的，所以对劳动者进行必要的培训也是用人单位的一项义务，通过培训，可以提高劳动者的技能和工作效率。

对劳动者进行岗位培训，既可以由公司内部进行培训，也可以将员工送到外面进

行培训。

2. 调整劳动者的工作岗位。

如果劳动者不能胜任工作，用人单位可以根据劳动者的能力及实际状况调整劳动者的工作岗位，使劳动者在能够胜任的工作岗位上工作。

 典型案例

案例 17：企业不能以员工不能胜任工作为由直接解除劳动合同

张某为某公司会计，但张某工作能力很差，几次做账都出现了差错，给公司造成了损失。由于张某不能胜任工作，该公司直接与张某解除了劳动合同。张某不服，提起劳动仲裁。劳动争议仲裁委员会经过审理后认为，张某所在的公司虽然证明了张某不能胜任工作，但并没有对张某进行培训或者调整其工作岗位，而是直接予以解除劳动合同，属于违法解除劳动合同，因此裁决恢复劳动关系。

 律师点评

张某虽然不能胜任工作，但用人单位不能直接与张某解除劳动合同，而要注意符合程序要件。必须是经过培训或者调整其工作岗位后，仍然不能胜任工作的，才可以解除劳动合同，否则就属于违法解除劳动合同，劳动者可以要求支付双倍的经济赔偿金或者恢复劳动关系。

【企业防范】

用人单位因为劳动者不能胜任工作岗位而与其解除劳动合同时，必须注意以下几个问题。

1. 用人单位必须证明劳动者不能胜任工作，必须保存好相关证据。

如果用人单位以劳动者不能胜任工作为理由，对劳动者进行培训或者调整工作岗位，用人单位必须有充分的证据证明劳动者不能胜任工作岗位。一旦劳动者提起仲裁，而用人单位又没有充分的证据证明劳动者不能胜任工作岗位，用人单位将面临败诉。

因此，用人单位在调整工作岗位之前，就要收集和保存好劳动者不能胜任工作岗位的证据。例如：劳动者岗位职责要求、劳动者工作任务的要求、劳动者不能完成工作任务或者由于能力不足给单位造成损失的证据等。

2. 必须先对劳动者进行培训或者调整工作岗位，仍然不能胜任工作的，才可以与劳动者解除劳动合同。

用人单位与劳动者解除劳动合同，不但要注意符合实体要件，还要注意符合程序要件，用人单位不能因为劳动者不能胜任工作就直接与劳动者解除劳动合同，必须是对其进行培训或者调整工作岗位后仍然不能胜任工作的，才可以与其解除劳动合同。

3. 用人单位与劳动者解除劳动合同时，必须提前 30 天以书面的形式通知劳动者或者额外支付劳动者一个月的工资，并且需要按照相关规定支付劳动者经济补偿金。

三、劳动合同订立时所依据的客观情况发生重大变化，致使劳动合同无法履行，经用人单位与劳动者协商，未能就变更劳动合同内容达成协议的，用人单位可以与其解除劳动合同

需要提醒企业的是，客观情况发生重大变化，并不是用人单位随意地进行解释，根据《劳动部关于〈劳动法〉若干条文的说明》的解释，"客观情况"指：发生不可抗力或出现致使劳动合同全部或部分条款无法履行的其他情况，如企业迁移、被兼并、企业资产转移等。

【地方规定】
北京市高级人民法院、北京市劳动人事争议仲裁委员会关于审理劳动争议案件法律适用问题的解答（2017）

12. 哪些情形属于《劳动合同法》第四十条第三项规定的"劳动合同订立时所依据的客观情况发生重大变化"？

"劳动合同订立时所依据的客观情况发生重大变化"是指劳动合同订立后发生了用人单位和劳动者订立合同时无法预见的变化，致使双方订立的劳动合同全部或者主要条款无法履行，或者若继续履行将出现成本过高等显失公平的状况，致使劳动合同目的难以实现。

下列情形一般属于"劳动合同订立时所依据的客观情况发生重大变化"：（1）地震、火灾、水灾等自然灾害形成的不可抗力；（2）受法律、法规、政策变化导致用人单位迁移、资产转移或者停产、转产、转（改）制等重大变化的；（3）特许经营性质的用人单位经营范围等发生变化的。

事实上，《劳动合同法》所明确的劳动者和用人单位的权利和义务是相对的，该法所营造的劳动关系和用工环境是相对稳定、和谐的。在保护劳动者合法权益的同时，也兼顾了用人单位的利益。可以说，"客观情况发生重大变化"就是该法在一定程度上对用人单位利益的维护。用人单位可以依法对这一点予以明确界定，使其能够具有法律效力，并作为用人单位解除劳动合同的合法依据。

但是如果不符合上面的情况而用人单位又以客观情况发生重大变化为由解除劳动合同，就属于违法解除劳动合同，就需要按照《劳动合同法》第82条的规定，支付双倍的经济赔偿金。

 典型案例

案例18：企业不能随意以客观情况发生重大变化为由与劳动者解除合同

高某于2018年3月应聘到北京一家外企工作，并签订了1年期限的劳动合同，负责与公司另一位同事魏某一起在前台接听电话并接待来访者，月工资为1800元。由于

高某经常在工作时间翻阅前台收到的免费杂志，以至于公司的电话、接待工作几乎都落在了魏某肩上。2018 年 12 月，公司对全体员工进行了工作考核，对高某的不良工作态度进行了批评，高某依照公司规章制度认真写了检查。2019 年 1 月，公司对所有岗位人员重新优化配置，决定前台接待岗位只配置 1 名员工，遂以客观情况发生了变化、原劳动合同无法再继续履行为由，与高某解除了劳动合同，并下发了办理解除手续的通知，要求高某在 15 日内办结工作交接，不支付经济补偿。高某不服，以公司违法解除劳动合同为由，向劳动争议仲裁委员会提出仲裁申请，要求公司支付经济补偿及赔偿金。劳动争议仲裁委员会经过审理后认为，客观情况发生变化时，该公司未与劳动者高某协商，未履行变更劳动合同内容程序，属于违法解除劳动合同，应当支付双倍经济补偿 3600 元。

🖊 律师点评

1. 企业优化人员配置，员工被裁属于客观情况发生重大变化吗？

所谓客观情况发生重大变化，是指发生不可抗力或出现致使劳动合同全部或部分条款无法履行的情况。在《劳动合同法》第 17 条规定的劳动合同必备条款中，明确规定工作内容应写入劳动合同，高某与公司签订劳动合同时，双方约定的工作内容是负责在前台接听电话、接待来访者。2019 年 1 月，该公司通过考核，对企业人员配置进行优化，并根据前台接待岗位的工作任务将人员配置减至 1 人。高某失去工作岗位，属于客观情况发生了重大变化，没有岗位的高某无法再继续按照劳动合同约定的工作内容工作，致使公司与高某订立的劳动合同无法履行。

2. 只要客观情况发生重大变化，就可以无偿解除劳动合同吗？

自《劳动合同法》颁布施行以来，用人单位一直将"客观情况发生重大变化"当成随意解除劳动合同的一把金钥匙，认为这是《劳动合同法》对用人单位诸多约束条件的释放。

但是，为了避免某些用人单位借此随意解除劳动合同，扰乱劳动关系的和谐稳定，《劳动合同法》也作出了程序约束。该法第 40 条规定，劳动合同订立时所依据的客观情况发生重大变化，致使劳动合同无法履行，经用人单位与劳动者协商，未能就变更劳动合同内容达成协议的，用人单位在提前 30 日以书面形式通知劳动者本人或者额外支付 1 个月工资后，可以解除劳动合同。

本案中，公司要适用此款解除劳动合同，除满足客观情况发生重大变化致使合同无法履行条件外，还应先与高某沟通协商变更劳动合同，只有经协商未能就变更劳动合同达成一致时，公司才可以与高某解除劳动合同，并需要支付经济补偿金。由于该公司未能遵守上述法律程序，最终违法与高某解除劳动合同，应当承担法律规定的罚责——支付双倍经济补偿 3600 元。

【企业防范】

1. 客观情况发生重大变化的认定。

用人单位与劳动者发生劳动争议，通常表现在对"客观情况发生重大变化"认定不清的问题上。实际上，很多用人单位以此原因与劳动者解除劳动关系，却苦于没有直接有力的证据、规定作为法律支持，与劳动者无法就"客观情况发生重大变化"问题达成一致，最终走上了仲裁路。在此，笔者建议，用人单位在劳动合同或者其他生效的规章制度中，应当注意明确"客观情况发生重大变化"的含义，罗列"客观情况发生重大变化"的情况，使用人单位与劳动者就此达成一致，避免争议的发生。

2. 客观情况发生重大变化后，必须先与劳动者协商，经协商达不成一致后，才能与劳动者解除劳动合同。

劳动合同订立时所依据的客观情况发生重大变化时，用人单位不能直接与劳动者解除劳动合同，而必须先与劳动者协商，变更劳动合同的内容，经过协商就变更仍然达不成一致意见时，用人单位才可以与劳动者解除劳动合同。

相关法条

《劳动合同法》

第40条　有下列情形之一的，用人单位提前三十日以书面形式通知劳动者本人或者额外支付劳动者一个月工资后，可以解除劳动合同：

（一）劳动者患病或者非因工负伤，在规定的医疗期满后不能从事原工作，也不能从事由用人单位另行安排的工作的；

（二）劳动者不能胜任工作，经过培训或者调整工作岗位，仍不能胜任工作的；

（三）劳动合同订立时所依据的客观情况发生重大变化，致使劳动合同无法履行，经用人单位与劳动者协商，未能就变更劳动合同内容达成协议的。

律师提醒

《劳动合同法》第40条规定的是用人单位在符合条件的情况下，需要提前通知劳动者本人或者额外支付劳动者1个月工资后才能解除劳动合同的情形。在这种情况下，用人单位属于合法解除劳动关系，但是仍然需要支付经济补偿金。不过需要提醒用人单位注意的是，《劳动合同法》第43条规定，用人单位单方解除劳动合同，应当事先将理由通知工会。用人单位违反法律、行政法规规定或者劳动合同约定的，工会有权要求用人单位纠正。用人单位应当研究工会的意见，并将处理结果书面通知工会。

因此，依据《劳动合同法》第40条的规定，如果用人单位单方与劳动者解除劳动合同时，用人单位已经建立了工会，应当事先通知工会。根据《最高人民法院关于审理劳动争议案件适用法律问题的解释（一）》第47条的规定，建立了工会组织的用人单位解除劳动合同符合劳动合同法第39条、第40条规定，但未按照劳动合同法

第 43 条规定事先通知工会，劳动者以用人单位违法解除劳动合同为由请求用人单位支付赔偿金的，人民法院应予支持，但起诉前用人单位已经补正有关程序的除外。

因此，如果用人单位建立了工会，但在解除劳动合同时没有通知工会，且在劳动者起诉前仍没有通知工会，那么用人单位依据《劳动合同法》第 40 条的规定解除劳动合同的行为将是违法的，用人单位将支付经济补偿金。

第五节　裁员的例外情形

本节导读

《劳动合同法》第 39 条、第 40 条、第 41 条规定出现法定情形时，用人单位可以单方面解除劳动合同。需要提醒用人单位注意的是，如果劳动者具备《劳动合同法》第 42 条规定的 6 种情形之一，用人单位不得依据《劳动合同法》第 40 条、第 41 条的规定解除劳动合同，但如果劳动者同时具备了《劳动合同法》第 39 条规定的情形，用人单位有权依据《劳动合同法》第 39 条的规定与其解除劳动合同。

之所以把裁员的例外情形单独作为一节讲述，是因为用人单位往往不具备与劳动者解除劳动合同的条件而违法与劳动者解除劳动合同。

一、劳动者具备下列情形之一的，用人单位不能依据《劳动合同法》第 40 条、第 41 条的规定解除劳动合同

1. 从事接触职业病危害作业的劳动者未进行离岗前职业健康检查，或者疑似职业病病人在诊断或者医学观察期间的。

《中华人民共和国职业病防治法》（以下简称《职业病防治法》）第 35 条规定："对从事接触职业病危害的作业的劳动者，用人单位应当按照国务院卫生行政部门的规定组织上岗前、在岗期间和离岗时的职业健康检查，并将检查结果书面告知劳动者。职业健康检查费用由用人单位承担。用人单位不得安排未经上岗前职业健康检查的劳动者从事接触职业病危害的作业；不得安排有职业禁忌的劳动者从事其所禁忌的作业；对在职业健康检查中发现有与所从事的职业相关的健康损害的劳动者，应当调离原工作岗位，并妥善安置；对未进行离岗前职业健康检查的劳动者不得解除或者终止与其订立的劳动合同。职业健康检查应当由取得《医疗机构执业许可证》的医疗卫生机构承担。卫生行政部门应当加强对职业健康检查工作的规范管理，具体管理办法由国务院卫生行政部门制定。"第 59 条规定："劳动者被诊断患有职业病，但用人单位没有依法参加工伤保险的，其医疗和生活保障由该用人单位承担。"

　　用人单位如果没有进行离职前的健康体检，一旦员工离职后发现患有职业病，极有可能就由用人单位承担责任，因此如果员工离职前进行了健康体检，确保没有问题，以后再发现患有职业病，就与单位无关。因此需要提醒企业的是，对于有职业危害作业的员工，离职前一定要进行体检。

 典型案例

案例 19：用人单位一定要对员工进行离职前的健康检查

　　小范在某公司从事电焊工作，工作 4 个月后，小范从公司离职，但公司并没有为小范进行离岗健康检查。离职后，小范也没有再找工作，而是自己私下帮人进行电焊工作。1 年后，小范感觉身体不适，经检查，证实他所患的为电焊工尘肺一期病症，于是小范要求原公司承担责任。公司不予赔偿，小范于是申请了劳动仲裁。公司认为小范已经离开公司 1 年的时间，而且据他们了解小范在离开公司后仍从事电焊工作，因此不能证明其职业病是在单位工作期间患上的，而且他在单位工作的时间非常短。但小范对此予以否认。劳动争议仲裁委员会审理后认为，由于我国法律规定，对从事接触职业病危害的作业的劳动者，未进行离岗前职业健康检查的，用人单位不得解除或者终止与其订立的劳动合同。某公司没有对小范进行离岗前的体检就终止了劳动合同，虽然该公司声称小范在离职后仍从事电焊工作，但小范对此予以否认，该公司又无其他证据予以证明，因此裁决该公司承担全部责任。

✎ 律师点评

　　在本案中，小范所在的单位因为没有对小范进行离岗前的健康体检，被裁定承担责任。

　　2. 在本单位患职业病或者因工负伤并被确认丧失或者部分丧失劳动能力的。

　　劳动者患职业病或者因工负伤，同时劳动者必须被确认丧失或者部分丧失劳动能力。劳动者虽然患病或者因工负伤，但已经治疗好，并没有丧失或者部分丧失劳动能力的，用人单位仍然有权依据《劳动合同法》第 40 条或者第 41 条的规定解除劳动合同。职工发生工伤，经治疗伤情相对稳定后存在残疾、影响劳动能力的，应当进行劳动能力鉴定。劳动能力鉴定是指劳动功能障碍程度和生活自理障碍程度的等级鉴定。劳动功能障碍分为十个伤残等级，最重的为一级，最轻的为十级。生活自理障碍分为三个等级：生活完全不能自理、生活大部分不能自理和生活部分不能自理。劳动能力鉴定标准由国务院社会保险行政部门会同国务院卫生行政部门等部门制定。关于劳动者是否丧失或者部分丧失劳动能力，必须由专门机构进行鉴定。根据《工伤保险条例》的规定，劳动能力鉴定的流程如下。

　　（1）劳动能力鉴定由用人单位、工伤职工或者其近亲属向设区的市级劳动能力鉴定委员会提出申请，并提供工伤认定决定和职工工伤医疗的有关资料。

（2）省、自治区、直辖市劳动能力鉴定委员会和设区的市级劳动能力鉴定委员会分别由省、自治区、直辖市和设区的市级社会保险行政部门、卫生行政部门、工会组织、经办机构代表以及用人单位代表组成。

劳动能力鉴定委员会建立医疗卫生专家库。列入专家库的医疗卫生专业技术人员应当具备下列条件：

①具有医疗卫生高级专业技术职务任职资格；

②掌握劳动能力鉴定的相关知识；

③具有良好的职业品德。

（3）设区的市级劳动能力鉴定委员会收到劳动能力鉴定申请后，应当从其建立的医疗卫生专家库中随机抽取 3 名或者 5 名相关专家组成专家组，由专家组提出鉴定意见。设区的市级劳动能力鉴定委员会根据专家组的鉴定意见作出工伤职工劳动能力鉴定结论；必要时，可以委托具备资格的医疗机构协助进行有关的诊断。

设区的市级劳动能力鉴定委员会应当自收到劳动能力鉴定申请之日起 60 日内作出劳动能力鉴定结论，必要时，作出劳动能力鉴定结论的期限可以延长 30 日。劳动能力鉴定结论应当及时送达申请鉴定的单位和个人。

（4）申请鉴定的单位或者个人对设区的市级劳动能力鉴定委员会作出的鉴定结论不服的，可以在收到该鉴定结论之日起 15 日内向省、自治区、直辖市劳动能力鉴定委员会提出再次鉴定申请。省、自治区、直辖市劳动能力鉴定委员会作出的劳动能力鉴定结论为最终结论。

劳动能力鉴定工作应当客观、公正。劳动能力鉴定委员会组成人员或者参加鉴定的专家与当事人有利害关系的，应当回避。

（5）自劳动能力鉴定结论作出之日起 1 年后，工伤职工或者其近亲属、所在单位或者经办机构认为伤残情况发生变化的，可以申请劳动能力复查鉴定。

职业病

职业病，是指企业、事业单位和个体经济组织的劳动者在职业活动中，因接触粉尘、放射性物质和其他有毒、有害物质等因素而引起的疾病。

对于职业病的认定，不是随便一个机构就可以进行的，根据《职业病防治法》第 43 条的规定，职业病诊断应当由取得《医疗机构执业许可证》的医疗卫生机构承担。

根据《职业病防治法》的规定，职业病病人享受下列待遇：

①职业病病人依法享受国家规定的职业病待遇。

用人单位应当按照国家有关规定，安排职业病病人进行治疗、康复和定期检查。用人单位对不适宜继续从事原工作的职业病病人，应当调离原岗位，并妥善安置。用人单位对从事接触职业病危害的作业的劳动者，应当给予适当岗位津贴。

②职业病病人的诊疗、康复费用，伤残以及丧失劳动能力的职业病病人的社会保障，按照国家有关工伤保险的规定执行。

③职业病病人除依法享有工伤保险外，依照有关民事法律，尚有获得赔偿的权利

的，有权向用人单位提出赔偿要求。

④劳动者被诊断患有职业病，但用人单位没有依法参加工伤保险的，其医疗和生活保障由该用人单位承担。

⑤职业病病人变动工作单位，其依法享有的待遇不变。

用人单位在发生分立、合并、解散、破产等情形时，应当对从事接触职业病危害的作业的劳动者进行健康检查，并按照国家有关规定妥善安置职业病病人。

工伤

如果劳动者因工负伤并且被确认丧失或者部分丧失劳动能力的，用人单位不能依据《劳动合同法》第 40 条或者第 41 条解除劳动合同。

根据《工伤保险条例》的规定，职工发生事故伤害，所在单位应当自事故伤害发生之日起 30 日内，向统筹地区劳动保障行政部门提出工伤认定申请。遇有特殊情况，经报劳动保障行政部门同意，申请时限可以适当延长。用人单位未按前款规定提出工伤认定申请的，工伤职工或者其直系亲属、工会组织在事故伤害发生之日或者被诊断、鉴定为职业病之日起 1 年内，可以直接向用人单位所在地统筹地区社会保险行政部门提出工伤认定申请。社会保险行政部门受理工伤认定申请后，根据审核需要可以对事故伤害进行调查核实。社会保险行政部门应当自受理工伤认定申请之日起 60 日内作出工伤认定的决定，并书面通知申请工伤认定的职工或者其近亲属和该职工所在单位。

如果劳动者因工致残构成伤残等级的，用人单位不能随便与劳动者解除劳动合同。根据《工伤保险条例》的有关规定：

（1）职工因工致残被鉴定为一级至四级伤残的，保留劳动关系，退出工作岗位，享受以下待遇：

①从工伤保险基金按伤残等级支付一次性伤残补助金，标准为：一级伤残为 27 个月的本人工资，二级伤残为 25 个月的本人工资，三级伤残为 23 个月的本人工资，四级伤残为 21 个月的本人工资。

②从工伤保险基金按月支付伤残津贴，标准为：一级伤残为本人工资的 90%，二级伤残为本人工资的 85%，三级伤残为本人工资的 80%，四级伤残为本人工资的 75%。伤残津贴实际金额低于当地最低工资标准的，由工伤保险基金补足差额。

③工伤职工达到退休年龄并办理退休手续后，停发伤残津贴，按照国家有关规定享受基本养老保险待遇。基本养老保险待遇低于伤残津贴的，由工伤保险基金补足差额。

职工因工致残被鉴定为一级至四级伤残的，由用人单位和职工个人以伤残津贴为基数，缴纳基本医疗保险费。

（2）职工因工致残被鉴定为五级、六级伤残的，享受以下待遇：

①从工伤保险基金按伤残等级支付一次性伤残补助金，标准为：五级伤残为 18 个月的本人工资，六级伤残为 16 个月的本人工资；

②保留与用人单位的劳动关系，由用人单位安排适当工作。难以安排工作的，由

用人单位按月发给伤残津贴，标准为：五级伤残为本人工资的70%，六级伤残为本人工资的60%，并由用人单位按照规定为其缴纳应缴纳的各项社会保险费。伤残津贴实际金额低于当地最低工资标准的，由用人单位补足差额。

经工伤职工本人提出，该职工可以与用人单位解除或者终止劳动关系，由工伤保险基金支付一次性工伤医疗补助金，由用人单位支付一次性伤残就业补助金。一次性工伤医疗补助金和一次性伤残就业补助金的具体标准由省、自治区、直辖市人民政府规定。

（3）职工因工致残被鉴定为七级至十级伤残的，享受以下待遇：

①从工伤保险基金按伤残等级支付一次性伤残补助金，标准为：七级伤残为13个月的本人工资，八级伤残为11个月的本人工资，九级伤残为9个月的本人工资，十级伤残为7个月的本人工资；

②劳动、聘用合同期满终止，或者职工本人提出解除劳动、聘用合同的，由工伤保险基金支付一次性工伤医疗补助金，由用人单位支付一次性伤残就业补助金。一次性工伤医疗补助金和一次性伤残就业补助金的具体标准由省、自治区、直辖市人民政府规定。

3. 患病或者非因工负伤，在规定的医疗期内的。

医疗期是指企业职工因患病或非因工负伤停止工作治病休息不得解除劳动合同的时限。

（1）医疗期限。

根据《劳动部关于企业职工患病或非因工负伤医疗期规定》的规定，企业职工因患病或非因工负伤，需要停止工作医疗时，根据本人实际参加工作年限和在本单位工作年限，给予3个月到24个月的医疗期：

①实际工作年限10年以下的，在本单位工作年限5年以下的为3个月；5年以上的为6个月。

②实际工作年限10年以上的，在本单位工作年限5年以下的为6个月；5年以上10年以下的为9个月；10年以上15年以下的为12个月；15年以上20年以下的为18个月；20年以上的为24个月。

医疗期3个月的按6个月内累计病休时间计算；6个月的按12个月内累计病休时间计算；9个月的按15个月内累计病休时间计算；12个月的按18个月内累计病休时间计算；18个月的按24个月内累计病休时间计算；24个月的按30个月内累计病休时间计算。

（2）医疗期间的待遇。

企业职工在医疗期内，其病假工资、疾病救济费和医疗待遇按照有关规定执行。

（3）医疗期满后的处理。

企业职工非因工致残和经医生或医疗机构认定患有难以治疗的疾病的，医疗期满，应当由劳动鉴定委员会参照工伤与职业病致残程度鉴定标准进行劳动能力的鉴定。被鉴定为一级至四级的，应当退出劳动岗位，解除劳动关系，并办理退休、退职手续，享受退休待遇。

 典型案例

案例20：在规定医疗期内的，用人单位不得解除劳动合同

王某从2010年8月开始，在北京市某医院从事微机维护管理工作。2016年6月，双方又续签劳动合同，约定双方劳动合同的履行期限至2018年6月30日。2018年5月，王某在其工作的医院检查患有"腰椎间盘膨出症"，后住院治疗，6月15日出院。2018年6月其经另一骨科医院诊断为"腰椎间盘膨出症、腰椎骨质增生"，并建议其休息、住院治疗。可在6月30日，王某所在的医院以劳动合同期届满为由，决定不再与其续签劳动合同，并作出《期满终止劳动合同通知书》。王某认为，医院在终止双方的劳动合同时，其处在生病期间，需入院治疗，医院应当给予其医疗期，不应终止劳动合同，遂于2018年8月提起仲裁，劳动争议仲裁委员会经过审理后，裁定撤销医院对王某作出的《期满终止劳动合同通知书》，并由医院从2018年7月1日起给予王某6个月的医疗期。

4. 女职工在孕期、产期、哺乳期的。

所谓孕期指的是女职工整个怀孕期间。

产期指的是女职工生育休假期间。根据《女职工劳动保护特别规定》，女职工生育，享受98天产假，其中产前可以休假15天；难产的，增加产假15天；生育多胞胎的，每多生育1个婴儿，增加产假15天。女职工怀孕未满4个月流产的，享受15天产假；怀孕满4个月流产的，享受42天产假。对于晚育有些地方给予的奖励，例如北京对于晚育的一个月产假奖励则已取消。《女职工劳动保护特别规定》是国家基础规定，而各地根据本地实际情况，产假天数还有不同。如2021年11月26日修正后的《北京市人口与计划生育条例》第19条第1款、第2款规定，按规定生育子女的夫妻，女方除享受国家规定的产假外，享受延长生育假60日，男方享受陪产假15日。男女双方休假期间，机关、企业事业单位、社会团体和其他组织不得将其辞退、与其解除劳动或者聘用合同，工资不得降低；法律另有规定的，从其规定。女方经所在机关、企业事业单位、社会团体和其他组织同意，可以再增加假期1个月至3个月。

哺乳期指的是从婴儿出生到婴儿满1岁之间的期间。根据《女职工劳动保护特别规定》的规定，有不满1周岁婴儿的女职工，其所在单位应当在每班劳动时间内给予其两次哺乳（含人工喂养）时间，每次30分钟。多胞胎生育的，每多哺乳一个婴儿，每次哺乳时间增加30分钟。女职工每班劳动时间内的两次哺乳时间，可以合并使用。哺乳时间和在本单位内哺乳往返途中的时间，算作劳动时间。女职工在哺乳期内，所在单位不得安排其从事国家规定的第三级体力劳动强度的劳动和哺乳期禁忌从事的劳动，不得延长其劳动时间，一般不得安排其从事夜班劳动。

因此，自女职工怀孕开始至婴儿出生一年之内，用人单位不得以《劳动合同法》第40条、第41条的规定与女职工解除劳动合同。

 典型案例

案例21：女职工在孕期的，公司不得解除劳动合同

张小姐在一家房地产公司所属的置业公司担任销售员，劳动合同于2018年4月20日到期。2018年2月20日，张小姐经医院检查得知怀孕，后于2018年3月20日领取了结婚证。4月20日，张小姐到置业公司上班，置业公司通知她劳动合同已到期，移交手续后就不用再上班了。张小姐告诉公司自己已怀孕，要求延长劳动合同期限、恢复劳动关系。公司坚决不同意，说没这个先例。张小姐向劳动争议仲裁委提起仲裁，并且得到了劳动争议仲裁委的支持。公司不服裁决，向法院起诉。庭审中，置业公司认为，张小姐未婚先孕不应受法律保护，而且她也没将怀孕的情况及时告知公司，所以劳动仲裁的裁决没有法律依据。其不同意职工张小姐延长劳动合同期限、恢复劳动关系的要求。法院一审判决驳回了置业公司的诉请。法院认为，根据相关法律规定，劳动合同期满，劳动者在孕期、产期、哺乳期内的，劳动合同期限顺延至上述情形消失，未婚先孕不应享受上述待遇的说法于法无据。

5. 在本单位连续工作满15年，且距法定退休年龄不足5年的。

考虑到老职工对单位的贡献比较大，而且他们年龄已经偏大，再就业能力比较低，如果与他们解除劳动合同，他们的生活将十分困难，也不利于社会稳定。《劳动合同法》加强了对这部分弱势群体的保护力度。如果该职工在本单位连续工作满15年，同时距离法定退休年龄不足5年的，用人单位不能依据《劳动合同法》第40条、第41条的规定解除劳动合同，这两个条件必须同时具备。

《劳动部办公厅对〈关于终止或解除劳动合同计发经济补偿金有关问题的请示〉的复函》在第4条规定："因用人单位的合并、兼并、合资、单位改变性质、法人改变名称等原因而改变工作单位的，其改变前的工作时间可以计算为'在本单位的工作时间'……"

根据2001年5月11日劳社厅函〔2001〕125号文件的规定，"国家法定的企业职工退休年龄"，是指国家法律规定的正常退休年龄，即："男年满60周岁，女工人年满50周岁，女干部年满55周岁。"

距离法定退休年龄不足5年指的是男已经年满55岁，女工人已经年满45岁，女干部已经年满50岁。

 **典型案例**

案例22：工厂能否解除与老张的劳动合同？

老张今年56岁，自1990年开始就在某工厂工作。2008年，该工厂以老张不能胜任工作为由，对老张进行岗位培训，培训后，公司以老张仍然不能胜任工作为由，与老张解除了劳动合同。老张不服，提起仲裁，认为自己在工厂工作多年，一直工作认真，并多次获得优秀员工称号，自己将要退休，却被解除劳动合同，工厂的做法是不正确的，要求恢复劳动关系。劳动争议仲裁委员会经过审理认为，老张在该工厂已经连续工作满15年，且距法定退休年龄不足5年，因此工厂不能以老张不能胜任工作为由解除劳动合同，裁定工厂恢复与老张的劳动关系。

6. 法律、行政法规规定的其他情形。

为了便于与以后颁布的法律法规相衔接，本条作了这个兜底条款的规定，以加强对劳动者的保护。

二、即使劳动者具备了《劳动合同法》第42条规定的情形，用人单位仍然有权依据《劳动合同法》第39条的规定与劳动者解除劳动合同

如果劳动者具备了《劳动合同法》第42条规定的情形，用人单位只是不能依据《劳动合同法》第40条、第41条的规定解除劳动合同，但如果劳动者具有《劳动合同法》第39条规定的情形，用人单位仍然有权与劳动者解除劳动合同。

 **典型案例**

案例23：孕妇严重违反规章制度的，用人单位有权与其解除劳动合同

张某在某软件公司担任财务人员，工作1年后张某怀孕。张某怀孕后经常迟到早退，而且也不认真工作。公司多次找张某谈话，希望张某能够认真工作，但张某认为自己是孕妇，公司不敢与自己解除劳动合同，依旧我行我素。有一次，由于张某的疏忽大意，在账务上出现严重错误，为此给公司造成了4万元的损失，同时张某在1个月内迟到早退多达10次。根据该公司的规章制度，由于个人失误给公司造成损失1万元以上的；1个月内迟到早退4次以上的即属于严重违反公司的规章制度，公司有权与其解除劳动合同。于是公司根据规章制度的规定与张某解除了劳动合同，并且没有支付张某任何经济补偿金。张某不服，提起仲裁。劳动争议仲裁委员会经过审理后认为，由于张某严重违反公司的规章制度，公司有权与张某解除劳动合同，因此裁定驳回张某的仲裁申请。

律师点评

并不是只要是孕妇，用人单位就无权与其解除劳动合同，孕妇如果违反了《劳动合同法》第39条的规定，例如孕妇严重违反用人单位的规章制度的；严重的失职、营私舞弊，给用人单位造成重大损失的；被依法追究刑事责任等，用人单位都有权与其解除劳动合同，并且不需要支付任何的经济补偿金。

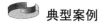 **典型案例**

案例 24：工伤职工被追究刑事责任的，用人单位有权与其解除劳动合同

李某在单位工作期间手指被机器轧断，被认定为八级伤残，根据李某的身体状况，单位安排李某担任公司的门卫工作。李某在一次外出就餐过程中，因为与他人争夺桌位发生争吵，将他人打伤，被判处有期徒刑 1 年，缓期 2 年执行。李某的单位根据李某被追究刑事责任的事实，与李某解除了劳动合同。

李某不服提起仲裁。李某认为，自己因为工伤被认定为八级伤残，部分丧失劳动能力，自己虽然被追究刑事责任，但由于是缓期执行，不影响工作，因此公司无权与自己解除劳动合同。劳动争议仲裁委员会经过审理后认为，李某虽然被认定为八级伤残，用人单位不能依据《劳动合同法》第 40 条、第 41 条的规定与其解除劳动合同，但由于李某被追究刑事责任，因此用人单位有权与其解除劳动合同，并且不需要支付经济补偿金。

✎ **律师点评**

李某被认定为工伤，按照《劳动合同法》的规定，用人单位不能依据《劳动合同法》第 40 条、第 41 条的规定与其解除劳动合同，但由于李某被追究了刑事责任，那么用人单位依据《劳动合同法》第 39 条的规定与其解除劳动合同是合适的。

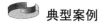 **典型案例**

案例 25：医疗期内的患病职工提供虚假简历签订劳动合同的，用人单位有权与其解除劳动合同

某公司招聘程序开发员，要求硕士研究生毕业，有 3 年以上工作经验，杜某经过面试后与公司签订了 2 年的劳动合同，试用期为 2 个月，2 个月后，杜某顺利转正。工作 4 个月后，杜某因为患病需要住院 3 个月，公司批准了杜某的要求。但在人力资源部门对员工档案进行整理时发现，杜某提供的硕士研究生学历是伪造的，于是该公司与杜某解除了劳动合同。杜某不服提起仲裁，劳动争议仲裁委员会经过审理后认为，杜某因提供虚假的学历证书导致劳动合同无效，公司有权与杜某解除劳动合同，因此裁定驳回杜某的仲裁申请。

✎ **律师点评**

学历是用人单位衡量一个员工能力高低的一个最重要的标准，劳动者提供虚假的学历证书，属于劳动者提供虚假资料导致劳动合同无效的情形，用人单位有权解除劳动合同。虽然杜某患病在医疗期内，但用人单位仍然有权依据《劳动合同法》第 39 条的规定与其解除劳动合同，并且不需要支付任何的经济补偿金。

三、基层工会专职主席、副主席或者委员的特殊规定

《中华人民共和国工会法》（以下简称《工会法》）第19条规定："基层工会专职主席、副主席或者委员自任职之日起，其劳动合同期限自动延长，延长期限相当于其任职期间；非专职主席、副主席或者委员自任职之日起，其尚未履行的劳动合同期限短于任期的，劳动合同期限自动延长至任期期满。但是，任职期间个人严重过失或者达到法定退休年龄的除外。"

基层工会干部维护职工合法权益，往往与企业行政方面发生矛盾，极端情况下还会被打击报复，如以各种理由解除为职工维权的基层工会干部的劳动合同，或者将其调离原工作岗位，或者降低其工资待遇，还有的在工会干部劳动合同到期后以种种借口不续签合同。在保障工会维护职工利益的同时，也迫切需要保护工会干部的合法权益，因此，《工会法》增加了这一条规定。

1. 基层工会专职主席、副主席或者委员的劳动合同期限的保护。由于专职的工会工作人员是完全脱产的，所以对工会专职工作人员劳动合同期限的规定是，其劳动合同期限自动延长，延长期限相当于其任职期间。也就是说，当职工被会员民主选举作为工会主席、副主席或者委员，根据规定或者与企业协商确定为脱产的专门从事工会工作的专职工会干部，其原来与企业签订的劳动合同有关期限的约定中止执行，当专职工会工作人员任期期满后，其原来尚未履行的劳动合同期限再继续履行。专职工会工作人员连选连任后，其劳动合同继续延长。

2. 非专职主席、副主席或者委员自任职之日起，其尚未履行的劳动合同期限短于任期的，劳动合同期限自动延长至任期期满。经民主选举产生的工会工作人员如果是不脱产的，即非专职的工会工作人员，如果其尚未履行的劳动合同期限与工会职务任期相比，是少的，比如，刚刚当选的工会工作人员任期为三年，而其劳动合同还有半年就到期了，那么，其劳动合同期限要延长到本届工会工作届满，这意味着其劳动合同就要延长两年半的时间。

3. 上述两种情况不适用于任职期间个人严重过失的以及达到法定退休年龄的人员。这里的个人严重过失是指依照《劳动法》第25条规定用人单位可以解除劳动合同的情形。即劳动者在试用期间被证明不符合录用条件的；劳动者严重违反劳动纪律或者用人单位规章制度的；劳动者严重失职，营私舞弊，对用人单位利益造成重大损害的；劳动者被依法追究刑事责任的这四种情形。另外，当劳动者到了法定退休年龄也应当退休，不再履行劳动合同。

 典型案例

案例26：工会主席的劳动合同期限能否自动延长？

郭某原是某工厂车间工人，2008年2月10日郭某被选为专职的工会主席，任期3年，但郭某与工厂的劳动合同于2008年4月2日到期。由于郭某经常为员工争取合法

利益，与工厂的关系非常僵，劳动合同到期后，工厂要求郭某办理离职手续，但郭某要求劳动合同延长至任期届满，工厂不同意。于是郭某提起劳动仲裁，劳动争议仲裁委员会经过审理后支持了郭某的仲裁请求。

 相关法条

《劳动合同法》

第 39 条　劳动者有下列情形之一的，用人单位可以解除劳动合同：

（一）在试用期间被证明不符合录用条件的；

（二）严重违反用人单位的规章制度的；

（三）严重失职，营私舞弊，给用人单位造成重大损害的；

（四）劳动者同时与其他用人单位建立劳动关系，对完成本单位的工作任务造成严重影响，或者经用人单位提出，拒不改正的；

（五）因本法第二十六条第一款第一项规定的情形致使劳动合同无效的；

（六）被依法追究刑事责任的。

第 40 条　有下列情形之一的，用人单位提前三十日以书面形式通知劳动者本人或者额外支付劳动者一个月工资后，可以解除劳动合同：

（一）劳动者患病或者非因工负伤，在规定的医疗期满后不能从事原工作，也不能从事由用人单位另行安排的工作的；

（二）劳动者不能胜任工作，经过培训或者调整工作岗位，仍不能胜任工作的；

（三）劳动合同订立时所依据的客观情况发生重大变化，致使劳动合同无法履行，经用人单位与劳动者协商，未能就变更劳动合同内容达成协议的。

第 41 条　有下列情形之一，需要裁减人员二十人以上或者裁减不足二十人但占企业职工总数百分之十以上的，用人单位提前三十日向工会或者全体职工说明情况，听取工会或者职工的意见后，裁减人员方案经向劳动行政部门报告，可以裁减人员：

（一）依照企业破产法规定进行重整的；

（二）生产经营发生严重困难的；

（三）企业转产、重大技术革新或者经营方式调整，经变更劳动合同后，仍需裁减人员的；

（四）其他因劳动合同订立时所依据的客观经济情况发生重大变化，致使劳动合同无法履行的。

裁减人员时，应当优先留用下列人员：

（一）与本单位订立较长期限的固定期限劳动合同的；

（二）与本单位订立无固定期限劳动合同的；

（三）家庭无其他就业人员，有需要扶养的老人或者未成年人的。

用人单位依照本条第一款规定裁减人员，在六个月内重新招用人员的，应当通知被裁减的人员，并在同等条件下优先招用被裁减的人员。

第42条　劳动者有下列情形之一的，用人单位不得依照本法第四十条、第四十一条的规定解除劳动合同：

（一）从事接触职业病危害作业的劳动者未进行离岗前职业健康检查，或者疑似职业病病人在诊断或者医学观察期间的；

（二）在本单位患职业病或者因工负伤并被确认丧失或者部分丧失劳动能力的；

（三）患病或者非因工负伤，在规定的医疗期内的；

（四）女职工在孕期、产期、哺乳期的；

（五）在本单位连续工作满十五年，且距法定退休年龄不足五年的；

（六）法律、行政法规规定的其他情形。

第二章 调岗调薪操作技巧指导

本章导读

调岗调薪一直是企业管理过程中最敏感的问题，也是员工与企业之间最容易产生纠纷的问题之一。本章讲的调岗指的是未经员工同意将员工由一个工作岗位变更到另外一个工作岗位，调薪主要指的是降低员工的薪水。对于提升员工职位或者提高员工薪水，由于很少产生纠纷，不做重点解释。

本章通过讲述企业调岗调薪中常见的误区，企业在调岗调薪过程中处理不当的法律后果，调岗调薪的法律依据以及企业在调岗调薪过程中需要注意的问题，指导企业如何进行调岗调薪，如何在调岗调薪过程中避免风险。

第一节 企业在调岗调薪中常见的误区
第二节 可以调岗调薪的情形
第三节 企业调岗调薪处理不当的法律后果
第四节 企业在调岗调薪过程中需要注意的问题

第一节　企业在调岗调薪中常见的误区

一、认为单位有权随意调整员工的工作岗位

有些用人单位想当然地认为，员工在什么工作岗位上工作，完全由用人单位说了算，员工只有服从的义务，调整员工的工作岗位不需要与员工协商，用人单位不需要任何理由就可以调整员工的工作岗位。这种理解其实是错误的。

法律保护和承认用人单位有一定程度的用工自主权，允许用人单位在符合法律规定的情况下，对劳动者进行调岗。但对这种权利的保护是有限度的，不允许用人单位滥用权利，随意地调整劳动者的工作岗位。

 典型案例

案例 27：单位不得随意调整员工的工作岗位

薛女士原是一家建筑公司的财务部经理。3 个月以前，她力排众议，反对公司负责人挪用一笔专项基金，并就此事向上级主管部门作了反映。过后不久，公司人事部门通知薛女士："由于工作需要，经公司研究决定，你不再担任财务部经理，改任资料室图书保管员。"薛女士据理力争："我的劳动合同要到明年 6 月份才到期，公司怎能随意变更我的工作岗位？"人事部拿出她的劳动合同说："也许你忘了，当初我们双方约定，公司可根据工作需要随时调整劳动者的工作岗位。"薛女士顿时哑口无言。但是她实在咽不下这口气，于是提起仲裁，要求恢复工作岗位。劳动争议仲裁委员会经过审理认为，公司虽然在劳动合同中与薛女士约定公司可根据工作需要随时调整劳动者的工作岗位，但由于薛女士任职的财务经理和图书保管员差别很大，公司无正当理由，无权随意调整其工作岗位，因此裁定恢复薛女士的工作岗位。

律师点评

《劳动部办公厅关于职工因岗位变更与企业发生争议等有关问题的复函》（劳办发〔1996〕100 号）规定，关于用人单位能否变更职工岗位问题。按照《劳动法》第 17 条、第 26 条、第 31 条的规定精神，因劳动合同订立时所依据的客观情况发生重大变化，致使原劳动合同无法履行而变更劳动合同，须经双方当事人协商一致，若不能达成协议，则可按法定程序解除劳动合同；因劳动者不能胜任工作而变更、调整职工工作岗位，则属于用人单位的自主权。对于因劳动者岗位变更引起的争议应依据上述规定精神处理。

因此，如果单位以客观情况发生重大变化为由变更职工岗位，必须双方协商一致，

不能达成一致的，可按照法定程序解除劳动合同；如果单位以不能胜任为由，必须提出不能胜任的证据。单位无权在没有任何理由的情况下，随意地调整劳动者的工作岗位。

 典型案例

案例28：员工不能胜任工作的，单位可调整其工作岗位

高某担任某公司财务经理，2018年5月，因该公司成功上市，与过去相比，对财务工作的要求有了很大提高。但高某由于年龄较大，知识更新慢，自学能力差，已经无法胜任财务经理的要求。于是公司经过研究，决定让高某担任公司其他业务部门的财务工作，不再担任财务经理，高某不服，提起仲裁。劳动争议仲裁委员会经过审理认为，由于公司业务的发展，对财务工作的要求有了进一步提高，而高某无法胜任现在的工作岗位，因此，公司有权作出调整。因此裁定驳回高某的仲裁请求。

 律师点评

同样是调整工作岗位，在案例27中，劳动争议仲裁委员会认为是用人单位违法调整劳动者工作岗位，支持了劳动者的仲裁请求；在案例28中，仲裁委员会就认为用人单位是合理地调整劳动者工作岗位，没有支持劳动者的仲裁请求。这是因为，在案例28中，高某担任财务经理，但由于其无法胜任现有的工作岗位，公司作出调整岗位是合情合理的。

二、认为单位有权自由地调整员工的工资

有些用人单位认为，给员工多少工资，完全由用人单位说了算，劳动者如果不同意降低工资，完全可以走人，用人单位有权自由地调整劳动者的工资，其实这种看法是不正确的。

《劳动法》第47条规定："用人单位根据本单位的生产经营特点和经济效益，依法自主确定本单位的工资分配方式和工资水平。"因此，用人单位有权根据本单位的生产经营特点和经济效益，依法自主地确定本单位的工资分配方式和工资水平，但是用人单位的这种自主权并不是无限制的，也不是可以任意行使的。用人单位的自主权在于确定工资分配方式和工资水平，而不能随意地降低劳动者的工资。

 典型案例

案例29：案情相似，处理结果却不同

1. 赵某从事销售工作，公司与赵某约定，赵某每月底薪800元，赵某按照销售业绩的2%提取奖金。2007年，张某平均每月的收入大约是1万元，2008年由于经济形势不好，赵某销售业绩一直很差，平均每月收入也就1500元左右。赵某以公司擅自大

幅度降低工资为由，提起仲裁，要求补发工资，解除劳动合同，支付经济补偿金。劳动争议仲裁委员会经过审理认为，公司并没有降低工资，只是由于赵某销售业绩不好，导致收入降低，因此裁定驳回赵某的仲裁申请。

2. 郭某与某公司签订了为期 3 年的劳动合同，担任该公司的销售总监。郭某每月底薪 8000 元，同时每月按公司销售总额的 1% 提取奖金。2007 年由于该公司市场还没有打开，销售业绩不是太理想，郭某每月奖金仅几千元。进入 2008 年以来，由于郭某的长期努力，市场得到了很好的开拓，销售业绩直线上升，郭某每月奖金有几万元。公司看郭某奖金太高，于是告诉郭某，其每月底薪改为 3000 元，每月按照公司销售总额的 2‰ 提取奖金。后公司按照每月底薪 3000 元、销售总额的 2‰ 与郭某结算其收入。郭某不服，提起仲裁，要求补发工资。劳动争议仲裁委员会经过审理认为，公司无正当理由降低郭某工资和奖金比例是不合法的，裁定按照原约定结算工资。

 律师点评

同样是关于销售提成的案例，前一个例子中的劳动者输掉了官司，后一个例子中的劳动者则赢了官司。这是因为，在前一个例子中，用人单位并没有降低赵某的工资，是由于赵某销售业绩不好，才导致收入降低。在后一个例子中，公司降低了郭某的底薪，同时降低了奖金比例，这是不合法的，在用人单位与劳动者约定好工资分配方式后，用人单位无权擅自改变工资的分配方式。因此，后一个例子中，用人单位降低工资和奖金比例是违法的。

典型案例

案例 30：用人单位未与劳动者协商一致增加工作任务，劳动者是否有权拒绝（人力资源和社会保障部、最高人民法院联合发布第二批劳动人事争议典型案例）

张某于 2018 年 9 月入职某报刊公司从事投递员工作，每天工作 6 小时，每周工作 6 天，月工资 3500 元。2020 年 6 月，因同区域另外一名投递员离职，某报刊公司在未与张某协商的情况下，安排其在第三季度承担该投递员的工作任务。张某认为，要完成加倍的工作量，其每天工作时间至少需延长 4 小时，故拒绝上述安排。某报刊公司依据员工奖惩制度，以张某不服从工作安排为由与其解除劳动合同。张某向劳动人事争议仲裁委员会（以下简称仲裁委员会）申请仲裁，请求裁决某报刊公司支付违法解除劳动合同赔偿金 14000 元。

仲裁委员会裁决某报刊公司支付张某违法解除劳动合同赔偿金 14000 元（裁决为终局裁决）。

 案例分析

本案的争议焦点是某报刊公司未与张某协商一致增加其工作任务，张某是否有权拒绝。

《劳动合同法》第 31 条规定："用人单位应当严格执行劳动定额标准，不得强迫或者变相强迫劳动者加班。"第 35 条第 1 款规定："用人单位与劳动者协商一致，可以变更劳动合同约定的内容。变更劳动合同，应当采用书面形式。"劳动合同是明确用人单位和劳动者权利义务的书面协议，未经变更，双方均应严格按照约定履行，特别是涉及工作时间等劳动定额标准的内容。

本案中，某报刊公司超出合理限度大幅增加张某的工作任务，应视为变更劳动合同约定的内容，违反了关于"协商一致"变更劳动合同的法律规定，已构成变相强迫劳动者加班。因此，张某有权依法拒绝上述安排。某报刊公司以张某不服从工作安排为由与其解除劳动合同不符合法律规定。故仲裁委员会依法裁决某报刊公司支付张某违法解除劳动合同赔偿金。

典型意义

允许用人单位与劳动者协商一致变更劳动合同，有利于保障用人单位根据生产经营需要合理调整用工安排的权利。但要注意的是，变更劳动合同要遵循合法、公平、平等自愿、协商一致、诚实信用的原则。工作量、工作时间的变更直接影响劳动者休息权的实现，用人单位对此进行大幅调整，应与劳动者充分协商，而不应采取强迫或者变相强迫的方式，更不得违反相关法律规定。

第二节　可以调岗调薪的情形

根据《劳动法》《劳动合同法》及相关规定，在下列情况下，用人单位可以对劳动者进行调岗调薪。

一、用人单位与劳动者就调岗调薪协商一致

《劳动合同法》第 35 条第 1 款规定："用人单位与劳动者协商一致，可以变更劳动合同约定的内容。变更劳动合同，应当采用书面形式。"

因此，只要用人单位与劳动者协商一致，不管之前劳动合同是如何约定的，用人单位和劳动者都可以变更劳动合同约定的内容，进行调岗调薪。

在员工管理过程中，尊重员工感受，使员工在企业中找到归属感应该是企业日常管理中最值得注意的一点。用人单位在对劳动者进行调岗调薪时，争取与劳动者协商一致，是最明智的选择。

二、劳动者患病或者非因工负伤，在规定的医疗期满后不能从事原工作的，用人单位可以另行安排工作

在此种情况下，用人单位要调整劳动者的岗位，必须同时满足以下几个条件。

1. 劳动者患病或非因工负伤。

这里指的是劳动者患病或者非因工负伤，如果劳动者因工负伤，就需要按照《工伤保险条例》的规定处理。

2. 在规定的医疗期满后。

必须是在医疗期满后。如果在医疗期内，用人单位无权擅自另行安排劳动者的工作。根据《劳动部关于企业职工患病或非因工负伤医疗期规定》，医疗期是指企业职工因患病或非因工负伤停止工作治病休息不得解除劳动合同的时限。

3. 医疗期满后，劳动者不能从事原工作。

医疗期内，用人单位无权另行安排劳动者工作。如果医疗期满后，劳动者仍然能够胜任原工作，用人单位不能另行安排工作，只有在劳动者不能胜任原工作的情况下，用人单位才有权另行安排劳动者工作。

 典型案例

案例 31：医疗期满后，劳动者能从事原工作的，单位不得调整其工作岗位

高某为某酒店厨师，每月工资 8000 元。后高某患肺炎，医疗期满后，高某已经完全康复，于是要求上班。但酒店认为，高某患有肺炎，不适合继续担任厨师工作，要求高某担任清洁工作，负责打扫酒店的卫生，每月工资 2500 元。高某提起劳动仲裁，要求解除劳动合同并支付经济补偿金。最后劳动争议仲裁委员会认为，高某在医疗期满后身体已经恢复，能够继续从事原工作，酒店没有合理理由调整其工作岗位，因此酒店的做法是违法的，裁决酒店支付高某经济补偿金。

✎ **律师点评**

劳动者虽然患病，但如果在规定的医疗期满后能够胜任原工作的，用人单位是不能调整其工作岗位的。在本案中，高某在医疗期满后，身体已经恢复正常，能够继续从事厨师工作，但酒店却安排高某打扫卫生，其做法是违法的。

三、劳动者不能胜任工作，用人单位可以调整其工作岗位

用人单位调整劳动者的工作岗位，借口往往是劳动者不能胜任其工作，但用人单位基于该理由作出调岗调薪的决定时，必须注意以下几点。

1. 用人单位要制定好岗位职责。

如果用人单位没有岗位职责，就很难证明劳动者不能胜任工作岗位，只有有了明确的岗位职责，才便于对劳动者进行考核，证明劳动者不能胜任工作岗位。

2. 用人单位要有充分的证据证明劳动者不能胜任工作。

这里的"不能胜任"是指劳动者不能按要求完成劳动合同中约定的任务或者同工种、同岗位人员的工作量，用人单位不得故意提高定额标准，使劳动者无法完成。

因此，用人单位必须是在正常情况下证明劳动者不能胜任工作岗位。用人单位要对员工进行考核，并且要保存劳动者不能胜任工作岗位的证据。一旦用人单位以劳动者不能胜任工作作为调整工作岗位的理由，双方因此发生纠纷，用人单位要对劳动者不能胜任工作承担举证责任。

 典型案例

案例 32：没有充分合理的理由，公司不得随意调岗调薪

2018 年 2 月，张先生和某公司签订了一份为期两年的劳动合同。合同约定，张先生的工作岗位为总经理助理，月薪 11000 元，主要职责是协助总经理处理公司日常事务，沟通协调各部门工作。2018 年 10 月，该公司突然将张先生调至总务部，岗位为行政助理，月薪 4800 元。张先生接到公司调令后，非常吃惊，也非常气愤，于是找人事经理问个究竟。人事部的回答是张先生不能胜任总经理助理职位，所以将其调整为行政助理。张先生认为公司的做法没有理由，擅自将其调到行政助理一职，侵害了其权益。在谈判不成的情况下，张先生提起仲裁，请求继续履行原合同，并按原工资标准 11000 元支付工资。劳动争议仲裁委员会审理后认为，该公司将张先生从总经理助理岗位调至行政助理岗位，月薪从 11000 元调至 4800 元，却不能证明其调岗调薪的充分合理性，应承担举证不能的后果，因此，支持了张先生的请求。

律师点评

张先生原来的岗位是总经理助理，月薪 11000 元，属于公司的中层管理人员，享受着中层管理人员的薪资待遇。公司在没有经过张先生本人同意的情况下，将其调任行政助理一职，月薪降至 4800 元，且行政助理的主要工作与张先生原来的总经理助理工作的性质完全不同。公司认为张先生不能胜任总经理助理工作，就应该拿出充分的证据来证明，但是公司既没有相应的规章制度对总经理助理岗位的具体职责进行描述，也没有相应的考评制度与标准，更没有调岗调薪程序性的规定，无法证明其对张先生调岗调薪的充分合理性，因此，只能承担败诉的责任。

用人单位对其员工进行调岗要有充分合理性，特别是调岗的同时又降低员工薪酬的，不能滥用自己的用工自主权。为了便于企业证明其调岗调薪的充分合理性，建议企业可以制定相应的规章制度，比如各部门各岗位的职能职责、各岗位的考核标准以及调岗调薪的程序等。有了相应的规章制度，企业按合理的程序进行调岗调薪，在应对员工提起的仲裁或诉讼时，就可以证明其调岗调薪的充分合理性了。

四、劳动合同订立时所依据的客观情况发生重大变化，致使劳动合同无法履行，用人单位可以与劳动者协商变更劳动合同，调整劳动者的工作岗位

《劳动合同法》第 40 条第 3 项规定，劳动合同订立时所依据的客观情况发生重大变化，致使劳动合同无法履行，经用人单位与劳动者协商，未能就变更劳动合同内容达成协议的，用人单位提前30日以书面形式通知劳动者本人或者额外支付劳动者一个月工资后，可以解除劳动合同。

需要提醒企业的是，客观情况发生重大变化，并不是由用人单位随意进行解释的。根据《劳动部关于〈劳动法〉若干条文的说明》的解释，"客观情况"指：发生不可抗力或出现致使劳动合同全部或部分条款无法履行的其他情况，如企业迁移、被兼并、企业资产转移等。

因此，如果不符合上面的情况而用人单位又以客观情况发生重大变化为由，决定调岗调薪，劳动者又不同意变更，用人单位因此与劳动者解除劳动合同，用人单位就属于违法解除劳动合同，需要按照《劳动合同法》第82条的规定，支付双倍的经济赔偿金。

 **典型案例**

案例33：客观情况发生重大变化时的劳动合同解除

曹某是某市造纸厂生产部门的一名员工，与该企业签订了为期6年的劳动合同。在劳动合同履行期间，因受当地政府加大保护自然遗产规划的影响，该企业的生产部门不得不迁移到郊区，只有销售部门留在市区。企业征求曹某的意见，希望曹某到郊区继续从事原有工作或者在市区从事行政工作，而曹某因为家住在市区，因此要求继续留在市区从事原有工作。双方经协商最终未能达成一致意见。于是，企业以"双方订立劳动合同时所依据的客观情况发生重大变化，双方经协商未能达成一致"为由，作出了解除劳动合同的决定。曹某认为双方劳动合同中明确约定工作地点在市区，企业属于违法解除劳动合同，因此提起仲裁。劳动争议仲裁委员会经审理认为，企业迁移是不得不为的行为，符合客观情况发生重大变化，而曹某又不同意去郊区工作，公司属于合法解除劳动合同，只需要支付经济补偿金就可以了，不需要支付经济赔偿金。

律师点评

本案中，企业因政府规划而搬迁，属于劳动合同订立时所依据的客观情况发生重大变化，致使劳动合同无法履行的情形。因此，企业与曹某无法就变更劳动合同达成一致意见时，解除劳动合同的行为是符合法律规定的。

在此需要强调的是，适用《劳动合同法》第40条的关键在于"客观情况发生重大变化，致使劳动合同无法履行"。如果没有达到"无法履行"的程度，则应继续履行而不能适用本条的规定。例如，用人单位变更名称或法定代表人（负责人）、企业内部承包、企业分立或被兼并等情况虽然属于"客观情况发生重大变化"，但不必然导致劳动合同的履行发生变化。另外，当出现"致使劳动合同无法履行"的客观情况时，用人单位并不能直接解除劳动合同，而应当与劳动者协商变更劳动合同，双方经协商未能达成一致时，才可以依据规定解除双方的劳动合同。

五、企业转产、重大技术革新或者经营方式调整，可以变更劳动合同，调整员工工作岗位

《劳动合同法》第41条第1款第3项规定，企业转产、重大技术革新或者经营方式调整，可以变更劳动合同。

在生产经营的过程中，企业为了寻求发展，必然要进行结构调整和技术更新等，在调整的过程中，必然涉及劳动岗位变更，这也是法律允许的。

但用人单位不能动不动就以企业转产、重大技术革新或者经营方式调整为理由随意地调整员工的工作岗位，一旦被仲裁机构或者法院认定为滥用权利，该调整就是无效的。

 典型案例

案例34：企业转产的，可以变更劳动合同

某工厂原来从事儿童玩具的生产，2008年因为经济形势不好，工厂决定转为生产儿童服装。工厂于是对工人进行培训，从事服装生产。马某认为工厂擅自调整其工作岗位，提起仲裁，要求恢复工作岗位。劳动争议仲裁委员会经过审理认为，工厂由于要进行转产，调整其工作岗位是合理的，而且工厂已经进行培训，恢复工作岗位已经不可能，于是裁定驳回马某的仲裁申请。

六、劳动者与用人单位签订了脱密期保密协议的，在劳动者提出辞职后，用人单位可以调整其工作岗位

《劳动部关于企业职工流动若干问题的通知》第2条规定："用人单位与掌握商业秘密的职工在劳动合同中约定保守商业秘密有关事项时，可以约定在劳动合同终止前或该职工提出解除劳动合同后的一定时间内（不超过六个月），调整其工作岗位，变更劳动合同中相关内容；用人单位也可规定掌握商业秘密的职工在终止或解除劳动合同后的一定期限内（不超过三年），不得到生产同类产品或经营同类业务且有竞争关系的其他用人单位任职，也不得自己生产与原单位有竞争关系的同类产品或经营同类业务，但用人单位应当给予该职工一定数额的经济补偿。"

有些地方性法规对于脱密期也作出了规定，例如《上海市劳动合同条例》第15条第2款也规定："对负有保守用人单位商业秘密义务的劳动者，劳动合同当事人可以就劳动者要求解除劳动合同的提前通知期在劳动合同或者保密协议中作出约定，但提前通知期不得超过六个月。在此期间，用人单位可以采取相应的脱密措施。"《北京市劳动合同规定》第18条规定："用人单位在与按照岗位要求需要保守用人单位商业秘密的劳动者订立劳动合同时，可以协商约定解除劳动合同的提前通知期。提前通知期最长不得超过6个月，在此期间，用人单位可以采取相应的脱密措施。"

所谓"脱密"，顾名思义，即不再接触商业秘密。用人单位通过约定，要求员工在离职前提前通知用人单位，在员工通知用人单位后，还必须为用人单位再工作一定期限，该期限届满，员工才可以正式离职。在通知后的这段时间内，用人单位可以将员工调换至不需保密的工作部门，以确保员工不再获知新的商业秘密，因此又被称为"提前通知期"。这一制度是基于对商业秘密的时效性的考虑而设计的。员工在保密部门工作过程中获知的商业秘密，可能会在脱密期内被公开，从而不再是商业秘密；即便未被公开，由于用人单位的业务在不断地发展，在脱密期内一定会有新的商业秘密产生，这些新的商业秘密当然更有价值，原有的商业秘密便在脱密期内降低了价值，即使被泄露，也不会给用人单位造成过大的经济损失。

竞业限制条款也是用人单位保守自己的商业秘密的一种措施，即用人单位通过劳动合同或保密协议，约定员工在离职后的一段时间内不得到与该用人单位具有竞争性的企业工作。这是保证商业秘密不被竞争对手获知的一个方法。在这种运作模式下，员工在竞业限制期内不是用人单位的雇员，其与用人单位之间的劳动合同已经终止或解除。竞业限制义务的根据在于劳动合同中的尚未失效的保密条款或另行签订的保密协议。

但是在脱密期内，员工与用人单位之间的劳动合同并未解除，劳动关系仍然存在，员工也仍须遵守用人单位的种种规章制度，只是必须离开能接触到商业秘密的部门。这是两种制度的差异所在。脱密措施就是用人单位可以在脱密期内采取的保护商业秘密的措施。目的是减少已获知商业秘密的员工进一步接触商业秘密的机会。一般来说，用人单位采取的措施多是将员工调离机密部门，变更劳动合同等。当然也可以采用其他措施，只要不违反法律的规定（例如不能采取限制人身自由的方法等），用人单位可以采取任何措施保守自己的商业秘密。

《劳动合同法》没有将脱密期这一制度规定进去，但是如果劳动者与用人单位之间签有脱密协议，那么在劳动者提出辞职后，用人单位有权变更劳动者的工作岗位。

 典型案例

案例 35：双方有脱密期保密协议的，劳动者应遵守该协议

李女士担任某总裁办秘书，负责公司会议记录的记载和保管，保管公司重要档案资料。李女士与公司签订了为期 2 年的劳动合同，双方在劳动合同中约定，在劳动合同到期前或者终止前的 3 个月，公司有权调整其工作岗位，以便公司采取脱密措施。因另外一家公司通过猎头公司邀请李女士担任总裁助理，而且开出的待遇要比李女士现在的待遇高很多，于是李女士向单位提出辞职。单位决定将李女士调整到行政部担任行政工作，要求其至少工作 3 个月。于是双方发生劳动争议，都提起仲裁。劳动争议仲裁委员会经过审理认为，李女士与公司的劳动合同中有关于脱密期的规定，李女士应该遵守该规定，在劳动合同终止前的 3 个月，公司有权调整李女士到其他岗位工作。因此裁定驳回了李女士的要求，支持了公司的要求。

七、用人单位行使用工自主权合法调整劳动者的工作岗位和地点

《就业促进法》第 8 条第 1 款规定："用人单位依法享有自主用人的权利。"用人单位作为市场主体，根据自身生产经营需要而对劳动者的工作岗位、工作地点进行适当调整，是行使用工自主权的重要内容，对其正常生产经营不可或缺。但同时，用人单位用工自主权的行使也必须在相关法律和政策的框架内，符合一定条件和范围，如用人单位须对岗位或工作地点的调整作出合理说明，防止用人单位借此打击报复或变相逼迫劳动者主动离职，也即防止其权利的滥用。

仲裁和司法实务中，岗位或工作地点调整的合理性一般考虑以下因素：1. 是否基于用人单位生产经营需要；2. 是否属于对劳动合同约定的较大变更；3. 是否对劳动者有歧视性、侮辱性；4. 是否对劳动报酬及其他劳动条件产生较大影响；5. 劳动者是否能够胜任调整的岗位；6. 工作地点作出不便调整后，用人单位是否提供必要协助或补偿措施等。

 典型案例

案例 36：用人单位如何行使用工自主权合法调整劳动者的工作岗位和地点（人力资源和社会保障部、最高人民法院联合发布第一批劳动人事争议典型案例）

基本案情

孙某于 2017 年 8 月入职某模具公司，双方订立了无固定期限劳动合同，约定孙某的工作地点为某直辖市，岗位为"后勤辅助岗"，具体工作内容为"财务、预算管理和其他行政性工作"。双方还约定："模具公司可以根据生产经营的需要，对孙某工作岗位、工作内容及工作地点进行调整。"入职后，孙某被安排在模具公司位于某城区的开发中心从事财务人事等辅助性工作。2019 年 7 月 1 日，基于公司生产经营和管理需要，为减轻各中心的工作负担，模具公司将各中心的财务工作转回公司总部的财务处统一管理。为此，孙某办理了开发中心全部财务凭证的交接，模具公司与孙某沟通协商，提出安排其到开发中心其他岗位工作，但均被孙某拒绝。后模具公司安排孙某到位于相邻城区的公司总部从事人事相关工作。7 月底，孙某要求模具公司将其调回原工作地点原岗位工作，双方由此发生争议。孙某申请仲裁，要求模具公司按原工作地点及原工作岗位继续履行劳动合同。

仲裁委员会裁决驳回孙某的仲裁请求。

案例分析

本案的争议焦点是模具公司对孙某调整工作岗位和工作地点是否属于合法行使用工自主权。

本案中，双方在劳动合同中约定孙某的工作岗位为"后勤辅助岗"，该岗位不属固定或专业岗位；模具公司根据生产经营需要，适当调整孙某的工作岗位、工作内容

及工作地点是基于财务统一管理的需要，对孙某并无针对性；同时，该工作地点和工作内容的调整模具公司亦与孙某进行了沟通协商，给出了包括在原工作地点适当调整岗位等多种选择方案，体现了对孙某劳动权益的尊重；且调整后的人事岗位与孙某的原先岗位性质相近，孙某也完全能够胜任；最后，孙某调整后的工作地点也处于交通便利的城区，上下班时间虽有所增加，但该地点变更不足以认定对其产生较大不利影响，对其劳动权益也构不成侵害，故依法驳回孙某的仲裁请求。

典型意义

在市场经济条件下，用人单位因生产经营需要而调整变化属正常现象。法律允许用人单位根据自身生产经营需要，合理调整劳动者的工作岗位及工作地点，不仅有利于维护用人单位发展，也有利于稳定劳动关系。需要注意的是，如果支持用人单位对岗位或工作地点进行不合理调整必然侵害劳动者合法权益，劳动者可依法请求继续履行劳动合同或补偿工资差额等。《劳动合同法》第35条第1款规定："用人单位与劳动者协商一致，可以变更劳动合同约定的内容。变更劳动合同，应当采用书面形式。"对于用人单位来说，在生产经营或管理调整时，首先应当选择与劳动者充分协商，尽量通过变更或补充签订劳动合同方式完成调整；若未能协商一致，在基于用工自主权调整劳动者工作岗位或地点时，也要充分考虑劳动者的权益保障问题。作为劳动者，也应理解用人单位发展，在发生调整时，充分了解对自己权益的影响，积极与用人单位开展协商，共同寻求调整变化中的和谐。

第三节　企业调岗调薪处理不当的法律后果

本节导读

本章中讲的调岗调薪指的主要是变更劳动者工作岗位，降低劳动者的工资，一旦处理不好，往往导致劳动者主动要求解除劳动合同或者用人单位将劳动者辞退，进而双方进行仲裁诉讼的后果。对劳动者来说，可能面临失去工作的风险，对用人单位来说，可能引起员工对单位的不信任，进而影响单位形象，同时面临支付经济赔偿金的法律后果。

《劳动合同法》第29条规定："用人单位与劳动者应当按照劳动合同的约定，全面履行各自的义务。"第30条第1款规定："用人单位应当按照劳动合同约定和国家规定，向劳动者及时足额支付劳动报酬。"因此用人单位与劳动者签订劳动合同后，用人单位应该按照劳动合同履行义务，为劳动者提供工作岗位和工作条件，支付相应的工作报酬。如果用人单位在不符合法律规定的情况下，擅自调整劳动者的工作岗位，降低劳动者的工作报酬，将会面临下面的法律后果。

一、劳动者可以解除劳动合同

根据《劳动合同法》第 38 条第 1 款第 1 项、第 2 项的规定，用人单位未按照劳动合同约定提供劳动保护或者劳动条件的，用人单位未及时足额支付劳动报酬的，劳动者有权依法解除劳动合同。

如果用人单位在不符合法律规定的情况下擅自调整劳动者的工作岗位，降低劳动者的报酬，就属于未按照劳动合同的约定提供劳动条件，未及时足额地支付工资报酬，因此劳动者有权解除劳动合同。

 典型案例

案例 37：企业能否随意变更劳动者的工作岗位？

小钱毕业于某职业技术学校，所学专业为烹饪。毕业后其陆续在一些俱乐部、酒店担任厨师，有中级中式烹调师的职称。在俱乐部、酒店工作，收入不错，但工作太辛苦、不规律，而且管理严格、程序烦琐，小钱有点厌倦，希望能找一个相对轻松的工作。2017 年 7 月，通过公开招聘小钱进入了一家物业公司任厨师长，月工资 7000元。但后来公司换了总经理，新任总经理想将厨师长换为自己的亲戚，于是以小钱不能胜任工作为由，调整小钱厨师长的工作岗位，通知小钱担任公司的保安，并要求小钱在收到通知后的 3 日内即到保安部门报到，否则视为旷工。

小钱收到通知没有去保安部门报到，而是直接去了仲裁委员会申请仲裁，要求撤销物业公司的调整岗位通知，并再也没有去物业公司上班。鉴于小钱连续 3 日未去物业公司上班，物业公司根据规章制度"连续旷工 3 日视为严重违纪"，作出了开除决定。小钱随即向仲裁委员会申请变更了原要求撤销调整岗位通知的仲裁请求，要求裁决物业公司支付解除劳动合同的经济补偿金。仲裁委员会经审理后认为，小钱收到岗位调整通知后未去物业公司上班的行为不属于旷工，物业公司作出开除决定缺少依据，裁决支持了小钱的仲裁请求。

✎ **律师点评**

本案的争议焦点是小钱收到岗位调整通知书后未去物业公司上班的行为是否属于旷工。所谓旷工，是指无正当理由不来公司上班，而小钱未到物业公司上班的行为显然不属于无正当理由。小钱是因为收到了物业公司的调整岗位通知书，其对于物业公司调整岗位通知书不服才不去物业公司上班的。所以物业公司的调整岗位通知书是否符合法律规定起着重要作用。

物业公司的调岗理由是"小钱不能胜任厨师长的岗位要求"，但是物业公司既没有提供让小钱签名确认的岗位要求，也不能提供其他证据证明小钱不能胜任工作。因此其决定是缺乏法律依据的。

二、劳动者可以要求支付经济补偿

如果劳动者因为用人单位擅自调岗调薪而被迫解除劳动合同的，有权要求用人单位支付经济补偿金；如果因为劳动者不服从用人单位擅自的调岗调薪，而用人单位因此与劳动者解除劳动合同的，用人单位就属于违法解除，劳动者有权要求用人单位支付双倍的经济赔偿金。

 典型案例

案例 38：公司违法解除合同的，劳动者可要求经济补偿

赵某是某上市公司的财务经理，赵某自 2002 年 9 月就在该公司工作，与该公司签订了无固定期限的劳动合同，每月工资 9000 元。2008 年 6 月，公司总经理因为面临业绩压力要求赵某做假账，赵某不同意。于是公司以赵某不服从公司领导安排为由将其调到后勤工作，每月工资 1000 元。赵某不服从工作安排，继续在原岗位工作，于是公司以赵某不服从公司安排为由，与赵某解除劳动合同。赵某提起劳动仲裁，要求支付双倍的经济赔偿金。劳动争议仲裁委员会经过审理认为，公司无正当理由擅自将赵某调整工作岗位，在赵某不同意公司调整工作岗位的情况下与赵某解除劳动合同，属于违法解除劳动合同。因此裁定公司支付赵某双倍的经济赔偿金。

 律师点评

公司仅仅因为赵某不同意做假账就擅自调整其工作岗位，公司调整赵某工作岗位的理由是不充足的，也是不符合法律规定的。因此，公司与赵某解除劳动合同是违法的，公司应当支付双倍的经济赔偿金。

三、用人单位有可能支付赔偿金

用人单位在不符合法律规定的情形下，擅自对员工调岗调薪，员工因此不服从调整的，很多用人单位往往会与劳动者解除劳动合同并且不支付经济补偿。根据《劳动合同法》第 85 条的规定，用人解除或者终止劳动合同，未依法向劳动者支付经济补偿的，由劳动行政部门责令限期支付经济补偿；逾期不支付的，责令用人单位按应付金额 50% 以上 100% 以下的标准向劳动者加付赔偿金。

 典型案例

案例 39：用人单位逾期不支付补偿金的，将加付赔偿金

陈某与公司签订了 3 年的劳动合同，合同期限为 2005 年 12 月 20 日至 2008 年 12 月 19 日。约定陈某担任某公司总裁秘书，月工资 6000 元。2008 年 10 月，公司新换总裁，新总裁想招用自己熟悉的人担任总裁秘书，要求陈某担任行政工作，月工资降为

4000元。陈某没有同意公司的安排。合同到期后，陈某要求以原条件继续担任总裁秘书职务，公司没有与陈某续签劳动合同，由于新总裁对陈某不服从工作安排的事情一直很生气，要求公司不要支付陈某任何的经济补偿金。于是陈某去当地劳动监察部门投诉，劳动监察部门受理后，经过调查，责令该公司必须在2009年1月20日之前支付陈某经济补偿金6000元（1个月工资）。但公司一直拒不支付陈某经济补偿金，于是劳动行政部门再次发出通知书，责令公司除支付陈某经济补偿金外，还需要支付陈某赔偿金6000元。

✎ 律师点评

用人单位因为与员工发生纠纷，在与员工解除劳动合同后，即使应当支付员工经济补偿金的，用人单位也故意不支付。这种情况下，劳动者可以去劳动监察部门投诉。劳动监察部门可能会责令用人单位支付经济补偿金，此时建议用人单位还是应当按照劳动监察部门的要求支付经济补偿金，否则劳动监察部门有权责令用人单位按照应付金额50%以上100%以下的标准向劳动者加付赔偿金。

在本案中，该公司就是因为不按照劳动监察部门的要求支付补偿金而被责令向陈某支付赔偿金的。

四、补发工资差额

对于用人单位将员工调岗调薪后，如果是用人单位自行调整劳动者工作岗位，属于违约行为，给劳动者造成损失的，用人单位应予以赔偿，参照原岗位工资标准补发差额。

五、劳动者有权要求恢复工作岗位

对于劳动者主张恢复原工作岗位的，根据实际情况进行处理。经审查难以恢复原工作岗位的，可释明劳动者另行主张权利，释明后劳动者仍坚持要求恢复原工作岗位，可驳回请求。

第四节 企业在调岗调薪过程中需要注意的问题

本节导读

调岗、调薪、调职属于用人单位的自主权，但这种自主权并不是没有限制的。在承认和保护用人单位的自主权的同时，法律也对此进行了限制，防止用人单位滥用权利，侵害劳动者的合法权益。为了防止用人单位滥用权利，用人单位必须提供"调岗、调薪、调职"的证据，必须有充分合理性。用人单位在调岗调薪过程中需要注意以下问题。

一、调岗之前分析利弊、慎重考虑

现代的公司管理，着眼于共同发展，强调人性化管理。在调岗的问题上，首先应该考虑公司的整体工作安排，是否确实有调岗的需要，通过调岗是否确实能够促进公司和个人的发展。同时对员工的基本情况，如学历、专业、资历、工作经历等方面作综合评估：一方面要考虑该员工是否能胜任新的岗位，以达到公司调岗的目的，另一方面要考虑该岗位是否适合员工的职业生涯发展，是否对员工未来发展有帮助，是否能够充分发挥员工的才能。这些都关系到调整岗位的效果，需要最先考虑。

充分地权衡利弊之后，做好决断是下一个关键。公司应当建立一套合理的人员调配制度，对于人员调配按照一定的程序进行报批。人力资源管理部门应当对调岗所设计的各项内容，包括利弊、意义、新老岗位的安排、薪水、交接等向领导汇报，以确保公司领导层在调配决策中的准确性，为日后的工作以及纠纷的预防和控制打好基础。

二、加强考核，以便有充分的调岗调薪依据

对于打算调岗调薪的职工，用人单位要加强对其的考核，最好在准备调岗之前几个月，就要注意对其的考核，并且考核后的资料要妥善保管。对于调岗中牵涉的各类资料均应认真分析，妥善保存，尤其是因业绩不好，被认为不能胜任原岗位的员工，因为这是以后可能发生的解除合同时所需之重要依据。

三、用人单位要换位思考，在与员工面谈前准备充分

调岗调薪往往直接牵涉员工的切身利益，因此公司在操作时必须站在员工的角度，为员工考虑。通过换位思考，可以更好地了解员工的想法，以促进、调动其积极性，同时也能为面谈积累素材，以期员工的更大理解和支持。

在将调配决定告知员工之前，一些资料的准备必不可少，如整理和分析调整的充分理由、抉择的依据，草拟员工岗位调动协议书、谈话记录、调配通知单、以前的工资单和调整后的工资等级、员工以往的表现以及能够充分说明调动对员工有利的材料等，以便在面谈时逐一使用。

四、与员工亲切面谈并告诉员工调整的原因及依据，争取获得员工的理解和支持

调岗成功的关键并不在于把员工调整到某个岗位，而是调整以后员工能一如既往，甚至更努力地为企业服务，获得员工的支持是调岗最关键的步骤。

从管理的角度看，获得支持的前提是良好的沟通。当企业决定对某一员工进行岗位调整时，就应当及时地与员工进行有效的沟通，以获得员工的支持。从实践来看，面谈无疑是一种行之有效的方法。通过面谈可以交流双方对于这一问题的认识，求同存异，以达到最终的目的。

面谈时，企业有关部门不应该生硬地告诉员工公司的调整决定，让员工感觉公司高高在上，员工只能服从公司安排；而应该亲切地与员工交谈，告诉员工公司作出调整的原因及依据，并要听取员工有什么想法和意见，争取能够获得员工的理解和支持。

五、调岗调薪后，要与员工签订变更协议

调岗调薪属于劳动合同变更，根据《劳动合同法》第 35 条的规定，变更劳动合同应当采取书面形式。因此调薪调岗必须签订书面变更协议，这对于确保双方合法权益，防止日后发生争议都很有意义。协议要写明双方变更后的权利义务。

《最高人民法院关于审理劳动争议案件适用法律问题的解释（一）》第 43 条规定："用人单位与劳动者协商一致变更劳动合同，虽未采用书面形式，但已经实际履行了口头变更的劳动合同超过一个月，变更后的劳动合同内容不违反法律、行政法规且不违背公序良俗，当事人以未采用书面形式为由主张劳动合同变更无效的，人民法院不予支持。"不过，虽然有这样的规定，但从举证的角度来看，变更劳动合同，最好还是签署书面协议。

六、调岗后要对劳动者进行岗位培训

经过调岗后，出于对岗位和员工的负责，用人单位有义务安排岗前培训。内容一般有：新岗位说明书（职责、权限、条件）、新岗位的操作流程、与新岗位有关的专业知识等。可采用集中培训与带教相结合的方法进行，通过制订和执行带教计划的方法，在工作中进行培训，这样效果往往会更好。员工经培训考核后正式上岗。通过培训，使员工迅速进入工作状态。

 典型案例

案例 40：单位能否单方变更劳动合同？

赵女士在一家公司担任财务工作，每月工资 8000 元。但因为老板的一位亲戚要担任财务工作，于是公司要求赵女士从事行政工作，每月工资变为 5200 元。赵女士表示不同意，认为自己不适合干行政工作并且调动岗位要双方协商一致。但不管她同意不同意，公司仍发出一份通知书，宣布她今后从事行政工作，双方于是发生争议。赵女士到劳动仲裁委员会申诉，要求公司继续履行劳动合同。赵女士的要求能得到支持吗？

律师点评

劳动合同的变更，是指劳动合同生效以后，未履行完毕之前，劳动关系双方当事

人就已订立的劳动合同的部分条款达成修改、补充或者废止协议的法律行为。劳动合同一经订立就具有法律效力，双方当事人必须全面履行劳动合同所规定的义务。但在实践中，当事人在订立合同时，不可能对合同涉及的所有问题都作出明确的规定；且由于客观情况的不断变化，会出现劳动合同难以履行，或者合同的履行可能造成当事人之间权利义务的不平衡的情况，这就需要用人单位和劳动者双方对劳动合同的部分内容进行适当的调整。因此，《劳动合同法》允许当事人在一定条件下变更劳动合同，但要符合法定的条件和程序。任何一方不得随意单方变更劳动合同。

本案中，仅仅是由于老板的亲戚要担任财务工作，公司就对赵女士进行调岗调薪，而该变更并没有取得赵女士的同意，同时也不符合其他劳动合同变更的情形，因此，公司单方面变更劳动合同的决定是无效的。

【企业防范】

为了确保调岗、调薪、调职的过程中尽量少发生争议，减少法律风险，用人单位不但要在调岗调薪的过程中注意技巧，而且在劳动合同签订、日常管理中就要预防风险的发生，为此笔者提出如下应对措施，以供企业参考。

1. 在劳动合同中，约定调岗、调薪、调职的弹性条款。

在与劳动者签订的劳动合同中，应该增加关于调岗、调薪、调职的弹性条款。例如：甲方（用人单位）可以根据工作的需要及乙方（劳动者）的身体情况、工作能力、工作表现，调整乙方的职务、工作岗位，并根据甲方的效益情况、乙方的工作贡献等调整乙方的工资。

2. 在企业的规章制度中，明确约定调岗、调薪、调职的情形，并且要求劳动者签字确认。

用人单位除了在劳动合同中约定调岗、调薪、调职的弹性条款外，最好在企业的规章制度中对调岗、调薪、调职的具体情形予以明确，用人单位在作出重要的规章制度时要进行公示，最好要求劳动者签字确认。

3. 制定好岗位职责。

岗位职责对于企业来说非常重要，用人单位只有制定了岗位职责，明确了员工的工作职责，才能对员工进行考核，考察员工是否合格，是否符合岗位要求。如果用人单位没有制定岗位职责，就无法考核员工是否符合岗位要求，是否胜任工作。用人单位也就无法以员工不胜任工作为由调整员工的工作岗位。

4. 做好日常考核工作。

岗位职责制定出来后，还要做好员工日常工作的考核，要有明确清晰的考核制度和考核记录，因为调岗、调薪、调职的证明责任由用人单位承担。因此，用人单位一定要注意日常的考核。

5. 对要调岗调薪的员工提前就要注意考核，加强考核证据的保存。

很多用人单位对于员工的调岗调薪都是领导临时拍脑袋决定的，总想今天作出决定，明天就要更换员工的岗位和工资，这是不现实的。如果确实因为员工能力有问题需要调整工作岗位，用人单位就要提前做好岗位考核，注意保存相关证据，以便发生纠纷时有合情合理的理由。

【地方规定】
北京市高级人民法院、北京市劳动人事争议仲裁委员会关于审理劳动争议案件法律适用问题的解答（2017）

5. 用人单位调整劳动者工作岗位的，如何处理？

用人单位与劳动者约定可根据生产经营情况调整劳动者工作岗位的，经审查用人单位证明生产经营情况已经发生变化，调岗属于合理范畴，应支持用人单位调整劳动者工作岗位。

用人单位与劳动者在劳动合同中未约定工作岗位或约定不明的，用人单位有正当理由，根据生产经营需要，合理地调整劳动者工作岗位属于用人单位自主用工行为。判断合理性应参考以下因素：用人单位经营必要性、目的正当性，调整后的岗位为劳动者所能胜任、工资待遇等劳动条件无不利变更。

用人单位与劳动者签订的劳动合同中明确约定工作岗位但未约定如何调岗的，在不符合《劳动合同法》第四十条所列情形时，用人单位自行调整劳动者工作岗位的属于违约行为，给劳动者造成损失的，用人单位应予以赔偿，参照原岗位工资标准补发差额。对于劳动者主张恢复原工作岗位的，根据实际情况进行处理。经审查难以恢复原工作岗位的，可释明劳动者另行主张权利，释明后劳动者仍坚持要求恢复原工作岗位，可驳回请求。

用人单位在调整岗位的同时调整工资，劳动者接受调整岗位但不接受同时调整工资的，由用人单位说明调整理由。应根据用人单位实际情况、劳动者调整后的工作岗位性质、双方合同约定等内容综合判断是否侵犯劳动者合法权益。

第三章 劳动合同变更、续签过程中企业需要注意的问题

本章导读

本章讲述的劳动合同变更，主要是指劳动者与用人单位在劳动合同依法签订后，在合同尚未履行或者未完全履行完毕之前，经用人单位和劳动者双方协商同意，对劳动合同内容作适当的修改的情形，主要指双方协商变更劳动合同的情形。关于调岗调薪的情形，在本书第二章已经做了充分的论述，在此不再做详细的讲解。劳动合同的变更是企业在员工日常管理的过程中非常重要的一部分，哪些情况下用人单位需要变更劳动合同，劳动合同变更的流程是怎样的，用人单位在变更劳动合同中需要注意哪些问题，在本章中我们将一一解答。

第一节 劳动合同的变更过程中应注意的问题及操作技巧

第二节 劳动合同续签过程中应注意的问题

第一节　劳动合同的变更过程中应注意的问题及操作技巧

一、劳动合同变更的法律依据及原则

《劳动合同法》第 35 条第 1 款规定："用人单位与劳动者协商一致，可以变更劳动合同约定的内容。变更劳动合同，应当采用书面形式。"

《劳动合同法》第 16 条第 1 款规定："劳动合同由用人单位与劳动者协商一致，并经用人单位与劳动者在劳动合同文本上签字或者盖章生效。"因此劳动合同一旦签订，双方就应该按照劳动合同的约定全面履行各自的义务，任何一方都不得随便违反合同的约定，不履行合同义务。对劳动者来说，必须遵守用人单位的规章制度和劳动纪律，认真地按照用人单位的要求履行自己的岗位工作，完成用人单位交给的任务；对用人单位来说，必须按照劳动合同的约定提供适当的工作场所和劳动安全卫生条件，按照合同约定支付劳动者相应的劳动报酬。但是当事人在订立劳动合同时，往往期限都是几年，在当时不可能把劳动合同涉及的所有问题都预料到并作出相应的规定；在劳动合同履行的过程中，由于社会变化，订立劳动合同所依据的客观情况发生重大变化，导致劳动合同不能履行或者不能全面履行，如果继续按照原合同履行，可能会造成当事人之间的权利义务不平衡，在这种情况下，劳动合同就需要进行变更。

用人单位与劳动者进行劳动合同变更，必须遵循如下原则。

1. 协商一致的原则。

《劳动合同法》第 35 条第 1 款明确规定，用人单位变更劳动合同，必须与劳动者协商一致。用人单位在变更劳动合同时，不得强迫劳动者。如果用人单位强迫劳动者变更劳动合同，变更的劳动合同也是无效的。

 **典型案例**

案例 41：公司不得单方面变更劳动合同

岳某为某公司行政人员，每月工资 6000 元。2013 年 10 月，由于公司经济效益不好，公司决定将岳某的工资调整为 4500 元。岳某不同意调整，公司说这是公司的决定，不管岳某是否同意都要降低。第 2 个月，公司只发给岳某 4500 元。岳某于是向当地劳动监察部门投诉，劳动监察部门经过调查后，责令该公司补发岳某工资。

2. 劳动合同的变更最好采取书面形式。

劳动合同变更应当采取书面形式，这是《劳动合同法》对劳动合同变更的要求。

在劳动合同变更上，《劳动合同法》与《劳动法》强调的重点不同。两者相比较，《劳动法》是从内容的角度进行强调，理论上说这种变更可以体现在书面形式中，也可以体现在其他形式中；《劳动合同法》则从书面形式的角度强调变更。

劳动合同的变更通常是在劳动关系的内容须作某种调整时发生的，是对原劳动合同的内容作部分的修改、补充或废除。通过劳动合同的变更，使劳动法律关系主体双方的权利义务得到改变。双方当事人原来已经存有书面劳动合同，是合同变更的前提条件。如果劳动合同变更没有采取书面形式，一旦今后劳动者和用人单位发生纠纷，用人单位往往处于非常被动的地位。

但是，劳动合同的变更如没有采取书面的形式，而有其他证据证明双方已经达成了一致，仍然是可以的。对此，《最高人民法院关于审理劳动争议案件适用法律问题的解释（一）》第43条规定，用人单位与劳动者协商一致变更劳动合同，虽未采用书面形式，但已经实际履行了口头变更的劳动合同超过一个月，变更后的劳动合同内容不违反法律、行政法规且不违背公序良俗，当事人以未采用书面形式为由主张劳动合同变更无效的，人民法院不予支持。

我们建议用人单位，如果劳动合同变更，最好仍然是采取书面形式，这样当发生纠纷时，举证就会很容易。

 典型案例

案例 42：变更劳动合同，一定要签订变更协议

赵某担任某公司程序开发员，每月工资为12000元。后来由于公司经济效益不好，再加上赵某在平时工作中表现也不是很上进，于是公司与赵某协商，希望将赵某工资降低到8000元，如果赵某不同意，公司只能与其解除劳动合同。赵某感觉自己一时也无法找到合适并且这么高工资的工作，于是同意了公司的要求，但双方并没有变更劳动合同。赵某感觉自己在公司无法长久待下去，于是也开始留意找新的工作，过了3个月，赵某找到一家新单位，月工资16000元。于是赵某以公司未及时足额支付劳动报酬为由，提起仲裁，要求解除劳动合同，支付经济补偿金，补足少支付的工资。在审理的过程中，尽管公司提出双方已经就工资降低的事实达成了一致意见，但由于赵某否认，而公司又没有书面的证据，于是劳动争议仲裁委员会裁决该公司解除劳动合同，支付赵某经济补偿金及少发的工资。

律师点评

《劳动合同法》第35条第1款明确规定，劳动合同的变更应当采取书面形式。用人单位如果与劳动者就工资待遇情况进行变更，必须采取书面形式。否则一旦发生纠纷，用人单位又无法提供证据，只能面临败诉的境地。在本案中，用人单位正是没有与赵某签订书面的变更协议，导致劳动争议仲裁委员会不但支持了赵某补发工资的要求，还裁决用人单位支付赵某经济补偿金。

如果用人单位在与赵某就变更工资达成一致后采取书面形式签订变更协议，就不会出现败诉的问题了。

二、劳动合同变更的常见情形及处理技巧

1. 用人单位与劳动者协商一致。

由于劳动合同期限很长，在签订劳动合同之初，用人单位和劳动者都不可能完全预料到整个劳动合同履行期间所发生的情况。在劳动合同履行的过程中，可能会出现很多变化，导致劳动合同需要变更，但法定的劳动合同变更的情形毕竟是有限的，某些变化用人单位又不能直接变更劳动合同，只能与劳动者协商，只要用人单位与劳动者协商一致，就可以变更劳动合同。

关于劳动合同变更的内容，只要用人单位与劳动者协商一致，而变更的内容又不违反法律法规的强制性规定，这种变更就是合法的。可变更的内容包括劳动者的工作岗位、工资报酬、劳动合同的期限等；如果劳动合同的变更违反了法律法规的强制性规定，即使双方协商达成了一致，变更也是无效的。

 典型案例

案例 43：公司与员工协商一致可以变更劳动合同

杨某自 2016 年起就担任某公司总经理秘书，负责陪同总经理参加会议。2018 年 5 月，杨某怀孕了，公司认为杨某现在陪同总经理参加会议不方便，于是同杨某协商，让杨某回家休息，杨某产假及哺乳期间的待遇，按照国家法律规定执行，不受到影响，并保留工作岗位到她产假结束，从现在开始至产假期间，公司则每月支付杨某生活费 2800 元。杨某怀孕后也正想好好休息，于是同意了公司的建议，双方签订了变更协议。

 律师点评

女职工在怀孕期间，用人单位不得降低其工资，不得无故调整其工作，很多用人单位在女职工怀孕期间调整其工作岗位，降低其工资，导致劳动者与用人单位发生纠纷，最后往往是用人单位败诉。

在本案中，用人单位通过与杨某协商，双方就劳动合同的变更达成了一致。这样对于杨某来说，能够得到很好的休息，有利于胎儿的健康；对于公司来说，怀孕的杨某不适合担任总经理秘书，如果杨某继续担任总经理秘书，将会耽误公司很多事情，通过与杨某协商，建议杨某回家休息，一方面可以节省一部分成本，另一方面通过改用其他人临时担任总经理秘书，也可以提高工作效率，对双方来说，都是有利的事情。

因此，用人单位一定要学会妥善处理相关问题的方法，通过遵循平等自愿、协商一致的原则，在不违反法律法规规定的基础上，解决一些实际问题。

 **典型案例**

案例 44：公司与员工协商变更劳动合同，不得违反法律规定

陈某在某公司担任清洁工，每月工资为 3000 元。劳动合同履行一段时间后，公司与陈某协商，由于陈某是农村户口，即使公司为陈某缴纳了社会保险，陈某也享受不到，每月还会扣陈某很多钱，今后公司不为陈某缴纳社会保险，也不扣陈某社会保险费用，陈某认为公司讲得很有道理，便与公司签订了补充协议，同意公司不为其缴纳社会保险。2017 年 9 月，陈某感觉自己年龄大了，准备回家休息，于是提起仲裁，以公司未为其缴纳社会保险为由，要求解除劳动合同，支付经济补偿金，并且向当地劳动监察部门投诉，要求补缴社会保险。最后双方经过协商，公司补偿陈某 2 个月的工资。

律师点评

缴纳社会保险是用人单位必须履行的义务，属于法律的强制性规定，用人单位不得违反。在本案中，该公司虽然与陈某约定，公司可以不为陈某缴纳社会保险，但这种约定违反了法律的强制性规定，因此该约定是无效的。

2. 劳动合同订立时所依据的客观情况发生重大变化，导致劳动合同需要变更。

《劳动合同法》第 40 条第 3 项规定，劳动合同订立时所依据的客观情况发生重大变化，致使劳动合同无法履行，经用人单位与劳动者协商，未能就变更劳动合同内容达成协议的，用人单位在提前 30 天以书面形式通知劳动者本人或者额外支付一个月工资后，可以解除劳动合同。因此，劳动合同订立时所依据的客观情况发生重大变化，是劳动合同变更的一个重要理由。

"客观情况发生重大变化"并不是用人单位可以随意界定的，必须符合一定的标准，主要包括以下几种情形。

（1）订立劳动合同所依据的法律法规已经被修改或者废止。劳动合同的签订和履行必须以不违反法律法规的规定为前提，如果劳动合同签订时所依据的法律法规已经被修改或者废止，继续履行劳动合同就会违反法律法规的强制性规定，那么在这种情况下，劳动合同必须进行变更，以便符合新的法律法规的规定。

（2）用人单位方面的原因。比如，用人单位转产、重大技术革新或者经营方式调整、企业被收购、企业迁移等。在这种情况下，有些工作岗位必然要进行调整，有些岗位被撤销或者被新的工种所代替，因此劳动者与用人单位签订的劳动合同需要调整。

（3）劳动者方面的原因。由于劳动者自身的原因导致劳动合同必须进行变更。例如，劳动者患病或者非因工负伤后，在规定的医疗期满后不能从事原工作的，可以变更工作。由于社会的进步及技术的发展，导致劳动者现有的工作能力不能胜任工作的，需要调整工作岗位。

 **典型案例**

案例45：因劳动者自身原因不能胜任工作的，可以变更劳动合同

1. 张小姐是某公司总机话务员，在一次患病后声音变得非常沙哑，不适合继续担任话务员，于是公司与张小姐协商，变更了张小姐的工作岗位，让其从事行政工作。

2. 丁某原是某工厂车间操作工人，2015年公司为提高生产效率，进行了重大技术革新，从国外引进了先进的生产线。公司对丁某等工人进行了培训，但丁某由于学习能力差，无法胜任工作，于是公司经过与丁某协商，安排丁某到其他部门工作，双方变更了劳动合同。

（4）其他客观情况发生重大变化。例如，由于地震、火灾等不可抗力造成劳动合同无法履行。像汶川地震中，如果由于地震的原因导致工厂设备被毁，无法开工，用人单位就可以与劳动者就劳动合同的履行进行变更。

【地方规定】

北京市高级人民法院、北京市劳动人事争议仲裁委员会关于审理劳动争议案件法律适用问题的解答（2017）

6. 用人单位与劳动者在劳动合同中宽泛地约定工作地点是"全国"、"北京"等，用人单位在履行劳动合同过程中调整劳动者的工作地点，劳动者不同意，用人单位依据规章制度作出解除劳动合同决定是否支持？

用人单位与劳动者在劳动合同中宽泛地约定工作地点是"全国"、"北京"等，如无对用人单位经营模式、劳动者工作岗位特性等特别提示，属于对工作地点约定不明。劳动者在签订劳动合同后，已经在实际履行地点工作的，视为双方确定具体的工作地点。用人单位不得仅以工作地点约定为"全国"、"北京"为由，无正当理由变更劳动者的工作地点。

用人单位与劳动者在劳动合同中明确约定用人单位可以单方变更工作地点的，仍应对工作地点的变更进行合理性审查。具体审查时，除考虑对劳动者的生活影响外，还应考虑用人单位是否采取了合理的弥补措施（如提供交通补助、班车）等。

三、劳动合同变更的程序

劳动合同的变更，应该遵循以下程序。

1. 一方提出劳动合同变更的请求。

劳动合同的变更，既可以由用人单位提出，也可以由劳动者提出。提出变更的一方应该说明变更劳动合同的理由、变更的内容以及变更的条件。如果用人单位提出变更劳动合同，我们建议最好不要采取书面形式，因为采取书面形式容易让劳动者感觉公司太强势，没有协商的余地。

如果用人单位想要变更劳动合同，可以直接与劳动者谈话，协商沟通，把变更劳动合同的理由、变更的内容等向劳动者讲述清楚，并听取劳动者的看法，争取得到劳动者的理解与支持。

2. 双方就劳动合同变更的内容进行协商。

劳动合同的变更不是双方立即就能够达成一致的，肯定会有反复沟通的过程，通过双方的反复沟通，双方可以就分歧部分达成一致的意见。

3. 双方达成一致后，就变更的内容签订书面变更协议。

双方就劳动合同变更达成一致意见后，必须签订书面的变更协议，协议中要载明劳动合同变更的具体内容，变更的劳动合同经双方签字盖章后生效。

劳动合同变更协议书

甲方：

乙方：

甲乙双方　　年　　月　　日签订的劳动合同，现根据甲、乙双方自愿协商的原则，对劳动合同进行变更，达成变更协议如下：

一、在原合同的基础上增加或变更以下条款：

1.

2.

3.

除本协议明示变更的合同条款外，其余条款均按照原劳动合同内容履行。

二、本协议自双方签字之日起生效。

三、本合同一式两份，双方各执一份，具有同等的法律效力。

甲方：（签署并盖章）　　　　乙方：（用中文名签名）

日期：　　年月日　　　　日期：　　年月日

四、劳动合同变更过程中用人单位应当注意的问题

用人单位在与劳动者变更劳动合同的过程中，比较容易发生纠纷，用人单位必须小心谨慎，需要注意以下几个问题。

1. 提前与员工沟通，争取与员工达成一致。

如果用人单位主动向员工提出变更劳动合同，应当积极主动地与员工多沟通，将劳动合同变更的理由、变更的内容解释清楚，争取早日与员工达成一致。

2. 变更一定要签订书面协议。

用人单位与劳动者就劳动合同变更达成一致后，我们建议要签订书面协议，否则一旦发生纠纷，用人单位往往处于不利的位置。

3. 变更后的劳动合同文本由用人单位和劳动者各执一份。

根据《劳动合同法》第 3 条第 2 款的规定，变更后的劳动合同文本由用人单位和劳动者各执一份。

用人单位与劳动者签订书面的变更劳动合同协议书后，应该将一份交还给劳动者。

第二节 劳动合同续签过程中应注意的问题

本节导读

很多用人单位对于劳动合同的续签并不太重视，认为劳动合同续签并不是什么太重要的事情，只要把之前与劳动者签订的劳动合同重新签订一次就可以了。其实不然，劳动合同的续签是劳动合同日常管理中非常重要的一部分，一旦处理不好，将会有很大的风险。本节主要讲述用人单位在劳动合同续签的过程中需要注意哪些问题，如何避免法律风险。

一、应当提前与员工协商是否续签劳动合同

劳动合同到期前，用人单位应当提前考虑是否与员工续签劳动合同。如果用人单位决定与劳动者续签劳动合同，就应当提前与劳动者就劳动合同续签的问题进行协商，征求劳动者的意见，如劳动者是否同意续签劳动合同，劳动者对工资待遇的要求等。并不是只要用人单位同意续签，劳动者就一定会续签，劳动者也有可能不同意续签。在劳动者不同意续签的情况下，用人单位就可以提前进行招聘，以免耽误工作。

 **典型案例**

案例 46：公司应当与员工协商劳动合同的续签问题

隋某是某公司游戏开发人员，与公司签订了 3 年的劳动合同，劳动合同的到期时间为 2016 年 8 月 10 日。在劳动合同快到期的时候，由于公司一直没有就劳动合同续签的问题与隋某商谈，隋某担心到期后公司不与他续签劳动合同，于是又去其他公司应聘。很快另外一家游戏公司与隋某签订了劳动合同，约定隋某于 2016 年 8 月 15 日去该公司上班。合同到期后，隋某要求办理离职手续。由于公司之前忙于业务的事情，并没有发现隋某劳动合同到期的问题，现在隋某是游戏开发的主力程序员，隋某一旦离开，公司将损失巨大。于是公司极力挽留隋某，并许诺大幅度提高隋某的福利待遇，同时向隋某的新公司支付了一笔补偿金。在隋某新公司同意的情况下，隋某才同意留下来。

律师点评

本案中，公司正是因为没有提前就劳动合同续签的问题与隋某协商，才会遇到这么大的麻烦。如果公司提前就劳动合同续签的问题与隋某进行协商，即使隋某不同意留下，公司也可以提前招聘其他人员，不至于打乱工作计划。

二、如果继续留用劳动者，必须在劳动合同到期前签订书面劳动合同

对于劳动合同快到期的劳动者，如果用人单位与劳动者协商之后，双方同意继续续签劳动合同，用人单位应当在劳动合同到期前与劳动者签订书面的劳动合同，最晚也要在劳动合同到期后的一个月内签订书面劳动合同。因为根据《劳动合同法》第82条第1款的规定，用人单位自用工之日起超过一个月不满一年未与劳动者订立书面劳动合同的，应当向劳动者每月支付二倍的工资。

对于劳动合同到期后，用人单位没有与劳动者签订劳动合同但仍然继续留用劳动者的，该如何处理？《北京市劳动合同规定》第45条第1款规定，劳动合同期限届满，因用人单位的原因未办理终止劳动合同手续，劳动者与用人单位仍存在劳动关系的，视为续延劳动合同，用人单位应当与劳动者续订劳动合同。当事人就劳动合同期限协商不一致的，其续订的劳动合同期限从签字之日起不得少于1年。

 典型案例

案例 47：继续留用劳动者的，应及时签订劳动合同

曹某在某公司担任财务经理，月工资为9500元，双方的劳动合同于2021年2月20日到期。在合同到期前的1个月，公司老总与曹某经过协商，双方同意续签3年劳动合同，月工资不变。但因为公司忙着准备其他的事情，而劳动合同还需要重新制定修改，所以双方就一直没有签订劳动合同。2021年9月20日，公司才与曹某签订劳动合同。2021年10月，因为曹某在工作中出现了失误，双方协商终止了劳动合同，曹某办理了离职手续。曹某办理完离职手续后，以公司在2021年2月至9月期间没有签订书面劳动合同为由，要求公司支付双倍的工资。后在劳动争议调解仲裁委员会的主持下，双方达成协议，由公司再另行支付曹某2个月的工资。

律师点评

用人单位如果继续留用劳动者，在劳动合同到期前，必须与劳动者签订书面的劳动合同，否则就属于没有签订劳动合同，用人单位就需要支付劳动者2倍的工资。在本案中，公司虽然与曹某续签了劳动合同，但由于在2021年2月至9月期间没有签订劳动合同。因此，按照法律规定，在此期间，仍然需要支付2倍的工资。

三、用人单位不与劳动者续签劳动合同的，最好提前书面通知劳动者，并在到期日办理离职手续

如果用人单位决定不与劳动者续签劳动合同，那么最好提前书面通知劳动者。在劳动合同到期前，用人单位有没有书面通知劳动者的义务，在《劳动法》《劳动合同法》以及其他法律法规中并没有明确的规定。但是在一些地方性法规中有规定，如《北京市劳动合同规定》第 40 条规定，劳动合同期限届满前，用人单位应当提前 30 日将终止或者续订劳动合同意向以书面形式通知劳动者，经协商办理终止或者续订劳动合同手续。

如果用人单位在劳动合同到期前没有提前书面通知，那么《劳动法》和《劳动合同法》中并没有规定用人单位需要承担什么责任。如果地方性法规中有规定的，当地用人单位应该遵循当地的规定。例如《北京市劳动合同规定》第 47 条规定，用人单位违反本规定第 40 条规定，终止劳动合同未提前 30 日通知劳动者的，以劳动者上月日平均工资为标准，每延迟 1 日支付劳动者 1 日工资的赔偿金。

用人单位不与劳动者续签劳动合同的，应当在劳动合同到期日为员工办理离职手续，不能拖延办理。如果拖延办理，按照《劳动合同法》的规定，属于没有签订书面劳动合同，应当支付 2 倍的工资。如果是在北京地区，视为续延劳动合同，用人单位应当与劳动者续订劳动合同。当事人就劳动合同期限协商不一致的，其续订的劳动合同期限从签字之日起不得少于 1 年。

 典型案例

案例 48：不续签合同的，用人单位应提前通知劳动者

1. 唐某与北京某公司签订了为期 3 年的劳动合同，双方的劳动合同于 2021 年 10 月 20 日到期。合同到期当天，公司通知唐某办理离职手续，同时支付唐某 1 个月工资的经济补偿金。唐某认为，根据《北京市劳动合同规定》的规定，公司没有提前 30 天通知自己，应当再支付自己 30 天的工资，经过与公司交涉，唐某除拿到一个月的经济补偿金外，还拿到了 30 天的赔偿金。

2. 秦某是北京某公司的程序开发人员，其与公司签订的劳动合同于 2022 年 3 月 10 日到期。但正好游戏开发到了最后阶段，于是公司继续留用秦某，但没有与秦某续签劳动合同。2022 年 4 月，由于游戏已经开发完毕，公司已经不需要那么多程序开发员，于是通知秦某办理离职手续。秦某于是提起仲裁，要求补签 1 年的劳动合同。公司经过考虑，认为如果继续续签 1 年的劳动合同，支出成本更高。于是公司与秦某达成和解，支付秦某 4 个月的工资。

四、与特殊主体续签劳动合同的注意事项

1. 与农民轮换工续签劳动合同不得超过法定期间。

《劳动部关于贯彻执行〈中华人民共和国劳动法〉若干问题的意见》第 21 条规定："用人单位经批准招用农民工，其劳动合同期限可以由用人单位和劳动者协商确定。从事矿山井下以及在其他有害身体健康的工种、岗位工作的农民工，实行定期轮换制度，合同期限最长不超过八年。"

因此，用人单位如果与从事矿山井下以及在其他有害身体健康的工种、岗位工作的农民工续签劳动合同，自劳动者在该单位开始工作之日开始计算，最长不得超过 8 年的时间。

2. 与外国人续签劳动合同不得超过就业许可证的期限。

根据劳动部 1996 年颁布的《外国人在中国就业管理规定》中的规定，用人单位聘用外国人须为该外国人申请就业许可，经获准并取得中华人民共和国外国人就业许可证书。因此用人单位招聘外国人必须为其办理就业许可证，并且不能超过就业许可证的日期。

 典型案例

案例 49：雇用外国人应办理就业许可证

Tom 是某语言大学的留学生，某英语培训学校聘用 Tom 为英语培训老师，双方签订了为期 1 年的劳动合同。但 Tom 并没有办理就业许可证，后 Tom 经常在课堂上吹嘘自己本事大，未取得就业许可同样就业，后因辱骂他人被同学举报。公安部门对 Tom 处 800 元的罚款，并要求他限期出境，同时对该英语培训学校处以 5 万元的罚款。由于 Tom 没有回国费用，公安机关要求该英语培训学校承担遣送 Tom 回国的费用。

 律师点评

我国对于外国人实行就业许可证制度。用人单位在雇用外国人的时候，一定要检查其是否有就业许可证。如果没有就业许可证，用人单位不可录用，否则用人单位将面临罚款。

3. 与接近退休年龄的劳动者续签劳动合同不得超过法定退休年龄。

企业正常的退休年龄为男年满 60 周岁，女工人年满 50 周岁，女干部年满 55 周岁。

因此，如果劳动者达到法定退休年龄，就不应该继续签订劳动合同。用人单位在与劳动者续签劳动合同时，劳动合同的期限一定不能超过劳动者的法定退休年龄，即续签的劳动合同到期时，男的不得超过 60 周岁，女工人不得超过 50 周岁，女干部不得超过 55 周岁。

4. 与工伤职工续签劳动合同的特殊规定。

对于工伤职工，劳动合同到期后，用人单位不能随便解除劳动合同，根据《工伤保险条例》的规定：

（1）职工因工作遭受事故伤害或者患职业病需要暂停工作接受工伤医疗的，在停工留薪期内，原工资福利待遇不变，由所在单位按月支付。

停工留薪期一般不超过 12 个月。伤情严重或者情况特殊，经设区的市级劳动能力鉴定委员会确认，可以适当延长，但延长不得超过 12 个月。工伤职工评定伤残等级后，停发原待遇，按照本章的有关规定享受伤残待遇。工伤职工在停工留薪期满后仍需治疗的，继续享受工伤医疗待遇。

（2）职工因工致残被鉴定为一级至四级伤残的，保留劳动关系，退出工作岗位，享受以下待遇。

①从工伤保险基金按伤残等级支付一次性伤残补助金，标准为：一级伤残为 27 个月的本人工资，二级伤残为 25 个月的本人工资，三级伤残为 23 个月的本人工资，四级伤残为 21 个月的本人工资；

②从工伤保险基金按月支付伤残津贴，标准为：一级伤残为本人工资的 90%，二级伤残为本人工资的 85%，三级伤残为本人工资的 80%，四级伤残为本人工资的 75%。伤残津贴实际金额低于当地最低工资标准的，由工伤保险基金补足差额；

③工伤职工达到退休年龄并办理退休手续后，停发伤残津贴，按照国家有关规定享受基本养老保险待遇。基本养老保险待遇低于伤残津贴的，由工伤保险基金补足差额。

职工因工致残被鉴定为一级至四级伤残的，由用人单位和职工个人以伤残津贴为基数，缴纳基本医疗保险费。

（3）职工因工致残被鉴定为五级、六级伤残的，享受以下待遇。

①从工伤保险基金按伤残等级支付一次性伤残补助金，标准为：五级伤残为 18 个月的本人工资，六级伤残为 16 个月的本人工资；

②保留与用人单位的劳动关系，由用人单位安排适当工作。难以安排工作的，由用人单位按月发给伤残津贴，标准为：五级伤残为本人工资的 70%，六级伤残为本人工资的 60%，并由用人单位按照规定为其缴纳应缴纳的各项社会保险费。伤残津贴实际金额低于当地最低工资标准的，由用人单位补足差额。

经工伤职工本人提出，该职工可以与用人单位解除或者终止劳动关系，由工伤保险基金支付一次性工伤医疗补助金，由用人单位支付一次性伤残就业补助金。一次性工伤医疗补助金和一次性伤残就业补助金的具体标准由省、自治区、直辖市人民政府规定。

（4）职工因工致残被鉴定为七级至十级伤残的，享受以下待遇。

①从工伤保险基金按伤残等级支付一次性伤残补助金，标准为：七级伤残为 13 个月的本人工资，八级伤残为 11 个月的本人工资，九级伤残为 9 个月的本人工资，十级伤残为 7 个月的本人工资；

②劳动、聘用合同期满终止，或者职工本人提出解除劳动、聘用合同的，由工伤

保险基金支付一次性工伤医疗补助金，由用人单位支付一次性伤残就业补助金。一次性工伤医疗补助金和一次性伤残就业补助金的具体标准由省、自治区、直辖市人民政府规定。

五、确定是否需要签订无固定期限的劳动合同

用人单位与劳动者续签劳动合同时，应当首先确定是否应当与劳动者签订无固定期限的劳动合同。如果符合签订无固定期限的劳动合同的情形，除非是劳动者要求签订固定期限的劳动合同，否则用人单位必须签订无固定期限的劳动合同。如果用人单位应当签订无固定期限的劳动合同而不签订，根据《劳动合同法》第82条第2款的规定，用人单位自应当订立无固定期限劳动合同之日起向劳动者每月支付2倍的工资。

根据《劳动合同法》第14条的规定，用人单位与劳动者协商一致，可以订立无固定期限劳动合同。有下列情形之一，劳动者提出或者同意续订、订立劳动合同的，除劳动者提出订立固定期限劳动合同外，应当订立无固定期限劳动合同。

1. 劳动者在该用人单位连续工作满10年的。

劳动者在该用人单位连续工作满10年指的是劳动者必须在同一用人单位连续工作满10年，与劳动者是否签订劳动合同、签订劳动合同的次数和期限长短没有关系。例如，劳动者在用人单位先签订了3年的劳动合同，后来2年没有签订劳动合同，再后来5年又签订了劳动合同，只要连续工作满10年就可以。工作满10年必须是连续的，中间不能间断，不是累计满10年。例如，有的劳动者在用人单位工作6年后离开，过了2年后又回到该用人单位工作了4年，那么虽然累计时间达到了10年，但是由于中间有间断，不属于连续工作满10年的情形，因此用人单位有权不与其签订无固定期限的劳动合同。

2. 用人单位初次实行劳动合同制度或者国有企业改制重新订立劳动合同时，劳动者在该用人单位连续工作满10年且距法定退休年龄不足10年的。

自1986年10月1日起，我国国有企业在新招用工人中推行劳动合同制。考虑到国有企业的老职工曾经给国家和企业做出了很多贡献，现在一下将他们推向市场，由于年龄和技能的原因，竞争力弱，很难再就业。为了保护老职工的利益，所以规定，劳动者在用人单位连续工作满10年且距法定退休年龄不足10年的，用人单位初次实行劳动合同制度或者国有企业改制重新签订劳动合同时，应当签订无固定期限的劳动合同。

3. 连续订立2次固定期限劳动合同，且劳动者没有劳动合同法第39条和第40条第1项、第2项规定的情形，续订劳动合同的。

劳动者没有《劳动合同法》第39条和第40条第1项、第2项规定的情形，如果用人单位与劳动者签订了一次固定期限的劳动合同，在签订第二次固定期限劳动合同时，就意味着下一次很可能要签订无固定期限的劳动合同。

所以，用人单位在与劳动者续签劳动合同时就要考虑清楚，如果劳动者在第二次劳动合同期间没有《劳动合同法》第39条和第40条第1项、第2项规定的情形，在

第二次劳动合同期满后，劳动者要求签订无固定期限的劳动合同时，用人单位应当签订无固定期限的劳动合同。

4. 用人单位自用工之日起满一年不与劳动者订立书面劳动合同的，视为用人单位与劳动者已订立无固定期限劳动合同。

在现实中，一些用人单位出于种种原因，不愿意与劳动者签订书面劳动合同，一旦发生纠纷，不利于保护劳动者利益。为了解决书面劳动合同签订率低的问题，《劳动合同法》作了一系列的规定，例如，要求自建立劳动关系之日起一个月内签订书面劳动合同；超过一个月不签订书面劳动合同的，支付2倍工资；超过一年不签订的，视为订立无固定期限的劳动合同；不依法签订无固定期限的劳动合同的，支付2倍工资。

六、续签劳动合同时的工资等待遇问题

由于《劳动合同法》对于签订无固定期限劳动合同的情形作了明确的规定，对于应当签订而不签订无固定期限劳动合同的情形，《劳动合同法》第82条第2款规定，用人单位违反规定不与劳动者订立无固定期限劳动合同的，自应当订立无固定期限劳动合同之日起向劳动者每月支付二倍的工资。

因此，对于应当签订无固定期限劳动合同的情形，用人单位不得不签订无固定期限劳动合同。但对于无固定期限劳动合同的内容，如工作内容和工作地点、工作时间和休息休假、劳动报酬、社会保险等，《劳动合同法》并未作出规定。能不能允许续签的无固定期限劳动合同的条件低于以前的劳动合同，如原来工资8000元，在续签无固定期限的劳动合同时改为6000元，《劳动合同法》对此并没有作明确的规定。《劳动合同法实施条例》第11条规定："除劳动者与用人单位协商一致的情形外，劳动者依照劳动合同法第十四条第二款的规定，提出订立无固定期限劳动合同的，用人单位应当与其订立无固定期限劳动合同。对劳动合同的内容，双方应当按照合法、公平、平等自愿、协商一致、诚实信用的原则协商确定；对协商不一致的内容，依照劳动合同法第十八条的规定执行。"

可见《劳动合同法实施条例》对此也只是作了原则性规定，并没有明确的标准。

但是如果双方对劳动合同的内容达不成一致，该怎么办呢？这就需要按照《劳动合同法》第18条的规定执行。即劳动合同对劳动报酬和劳动条件等标准约定不明确，引发争议的，用人单位与劳动者可以重新协商；协商不成的，适用集体合同规定；没有集体合同或者集体合同未规定劳动报酬的，实行同工同酬；没有集体合同或者集体合同未规定劳动条件等标准的，适用国家有关规定。

由于我国集体合同制度不发达，多数企业没有集体合同，因此在协商不成的情况下，很难适用集体合同的规定，因此应当实行同工同酬的原则。由于在签订无固定期限劳动合同之前，劳动者已经在用人单位工作，因此同工同酬最容易比较的就是劳动者之前的报酬。因此，签订无固定期限劳动合同的报酬，不能低于劳动者之前的报酬水平，劳动保护条件也不应该低于之前的保护水平。

 **典型案例**

案例 50：续签合同时，不得随意降低劳动者待遇

高某自 2006 年 5 月起就在某公司担任财务经理，每月工资 8000 元。2016 年 1 月公司大股东发生变化，新派来一名总经理。2016 年 10 月，高某的劳动合同到期，高某要求与公司签订无固定期限的劳动合同。由于新来的总经理想把财务经理更换成自己的人，所以公司说可以与高某签订无固定期限的劳动合同，但高某不能再担任财务经理，只能做行政工作，每月工资也只能为 5000 元。高某不服，提起仲裁，要求与公司签订无固定期限的劳动合同，继续从事财务工作。劳动争议仲裁委员会经过审理后认为，高某已经在该公司从事财务工作 10 年，公司在续签劳动合同的过程中无正当理由，不能随便调整高某的工作岗位，也不能随便降低高某的工资。因此裁决单位按照不低于原条件的标准与高某签订无固定期限的劳动合同。

律师点评

由于《劳动合同法》第 14 条第 2 款第 1 项规定，劳动者在该用人单位连续工作满10 年的，劳动者提出或者同意续订、订立劳动合同的，除劳动者提出订立固定期限劳动合同外，应当订立无固定期限劳动合同。在本案中，由于高某在该公司已经连续工作 10 年以上，有权要求公司与其签订无固定期限的劳动合同。《劳动合同法实施条例》规定，对劳动合同的内容，双方应当按照合法、公平、平等自愿、协商一致、诚实信用的原则协商确定；对协商不一致的内容，依照《劳动合同法》第 18 条的规定执行。由于公司没有集体合同，就要按照同工同酬原则确定。高某之前的工资为 8000 元，因此签订无固定期限劳动合同时，按照同工同酬原则，高某的工资也不应该低于 8000 元。

七、到期不续签劳动合同，劳动者继续在原单位工作的，需要支付双倍工资

对于劳动合同到期需要及时续签一事，很多用人单位并不重视，往往过期很久都没有在意，但其法律风险非常大。如果到期后不签订书面劳动合同，用人单位需要支付无劳动合同期间的双倍工资。

第四章　如何制定合法有效的规章制度以便对员工进行管理

本章导读

《劳动合同法》的实施使用人单位在用工方面再也不能随心所欲，而是受到了很多方面的严格限制。用人单位单纯依靠法律政策法规作为用工管理的依据已经显得不足，在《劳动合同法》时代，用人单位必须结合自身的需求，制定一套适合自身需要的规章制度，这已经成了用人单位的当务之急。企业的规章制度与劳动合同、集体合同、法律法规政策等共同组成了劳动用工管理的主要依据。《劳动合同法》第 4 条第 1 款规定，用人单位应当依法建立和完善劳动规章制度，保障劳动者享有劳动权利、履行劳动义务。

《劳动合同法》赋予了用人单位制定劳动规章制度的自主权，因此企业通过制定规章制度可以把自己的意志贯彻到规章制度中。如何制定一部合法有效的规章制度，将自己的意志贯彻到规章制度中，通过规章制度对员工进行管理，就成了很多用人单位迫切需要解决的问题。而本章就是详细地介绍企业规章制度的含义及作用、制定规章制度的法律依据、如何制定企业规章制度。通过讲述这些内容，让企业了解如何制定合法有效的规章制度，以便对员工进行管理。

第一节　企业如何制定合法有效的规章制度

第二节　如何利用规章制度对违纪员工进行处罚

第一节 企业如何制定合法有效的规章制度

本节导读

本节主要讲述企业如何制定合法有效的规章制度，主要从规章制度制定的法律依据、规章制度的内容、制定规章制度的程序、在制定规章制度过程中需要注意的问题等方面进行讲述。用人单位通过阅读本节，就可以比较清楚地知道如何制定合法有效的规章制度。

一、企业规章制度的含义及作用

企业规章制度，又称企业劳动规章，还有的称为员工守则、从业规则等，是用人单位为了加强员工管理，根据国家法律法规而制定的一系列要求本单位职工遵守的制度的总称。

作为市场经济主体的企业，建立其内部规章制度应是一个基本要求。良好的企业规章制度是企业保持健康平稳运行的基础，也是企业得以生存发展的条件。

企业规章制度具有如下作用。

1. 保障企业的运作有序化、规范化，降低企业经营运作成本。

企业规章制度作为规范员工日常行为的规则，具有规范员工日常行为的指导性作用。员工通过阅读规章制度，就可以知道自己享有哪些权利，履行哪些义务。比如员工知道什么时候上班、什么时候下班，如果请事假或病假该履行什么手续，如果休年假应该如何履行休假手续等。

通过制定公司的企业规章制度，让每个员工都遵守规章制度，按照流程办事，可以保障企业有序运作，提高工作效率，降低企业经营运作成本。

2. 防止管理的任意性，为企业管理者与员工创造规范有序的工作环境；满足职工公平感的需要。

"不患寡而患不均，不患贫而患不安。"很多时候，员工最担心的是不公平的对待，面对同样的情形，不同的员工却有不同的待遇。通过制定规章制度，遇到什么样的情形该怎么处理，都有清楚的规定。这样，可以增强员工的公平感，防止管理的随意性和任意性。

3. 优秀的规章制度通过合理的权利义务及责任的设置，可以使职工预测到自己的行为和努力的后果，激励其工作积极性。

如果规章制度中制定了清晰的奖惩制度，员工就可以预测到积极地工作将会得到什么样的奖励和提升，消极地工作及违反规章制度将会得到什么样的处罚。优秀的规章制度将起到鼓励员工积极工作，警示员工不要违反规章制度的作用。

4. 是劳动合同的重要组成部分，起到补充完善劳动合同的作用。

由于员工日常管理中涉及大量复杂的内容，不可能在劳动合同中一一规定，规章制度将是劳动合同的重要组成部分，起到了补充作用。对于劳动合同中没有规定到的内容，通过在规章制度中作出补充规定，可以完善管理。

5. 最大限度地减少劳资纠纷，在发生纠纷时作为证据使用。

通过制定规章制度，企业与员工之间的权利义务明确，可以最大限度地减少纠纷。一旦发生纠纷时，企业也可以作为证据使用。《最高人民法院关于审理劳动争议案件适用法律问题的解释（一）》第50条规定："用人单位根据劳动合同法第四条规定，通过民主程序制定的规章制度，不违反国家法律、行政法规及政策规定，并已向劳动者公示的，可以作为确定双方权利义务的依据。用人单位制定的内部规章制度与集体合同或者劳动合同约定的内容不一致，劳动者请求优先适用合同约定的，人民法院应予支持。"从以上的司法解释可以看出，通过合法程序制定的规章制度，如果不违反国家法律、行政法规及政策规定，是可以作为证据使用的。

因此，制定一个比较完善、合法、理性的企业内部规章制度，对于企业而言，具有重要意义。通过建立完善而规范的企业内部制度，可以建立健康而良好的管理秩序，这不仅是对企业形象的一种宣传，同时也因其中所包含员工的行为规范及员工的责任权利，对规范企业的管理起着至关重要的作用。

 典型案例

案例51：员工违反规章制度的，公司有权与其解除劳动合同

李某是某外资公司的技术人员。按照公司规章制度规定，职工累计工作已满1年不满10年的，年休假5天；已满10年不满20年的，年休假10天；已满20年的，年休假15天。但职工休年假必须提前15天向公司提出申请，经过批准后方可休假，私自休假的，视为旷工。按照公司规章制度的规定，一年累计旷工超过5天的，公司有权与其解除劳动合同。李某按照公司的规定可以休年假10天。2015年3月，李某准备与女朋友去海南旅游，于是向公司提出要求，自己两天后去海南旅游，已经订好了飞机票。但公司告诉李某，由于李某所在的部门正在进行一项研发任务，现在到了最后交付阶段，而李某是主要研发人员，他一旦离开，将会给公司造成无法挽回的损失，因此公司没有同意李某的休假要求，而是要求李某在该项任务完成后再休假。李某根本没有听从公司安排，直接去海南旅游。10天后，李某去公司上班，公司通知李某，由于其没有来上班，导致公司没有按时完成交付任务，公司为此赔偿对方10万元的违约金。公司认为，李某的行为属于旷工，于是解除了与李某的劳动合同。李某认为自己是正常休年假，不属于旷工行为，便提起仲裁。劳动争议仲裁委员会经过审理后认为，公司明确规定休年假必须提前15天向公司提出申请，经过批准后方可休假。由于李某擅自离岗给公司造成了 10 万元的损失，因此公司与李某解除劳动合同并无不当，劳动争议仲裁委员会驳回了李某的仲裁请求。

 律师点评

公司的规章制度中有明确的规定，而李某未经公司允许擅自休假，属于旷工行为，公司据此与李某解除劳动合同是正确的。正是因为公司规章制度中有明确的规定，公司才在仲裁中获得支持。由此可见，规章制度可以使用人单位在劳动争议案件中把握主动权，降低败诉的风险。

 典型案例

案例 52：用人单位解除劳动合同需有充足的理由

包女士于 2014 年 5 月 10 日进入上海某物流有限公司（以下简称公司）担任部门经理，双方签订的合同最后的终止期限为 2017 年 5 月 9 日，约定工资为每月 1 万元。包女士在任职期间遵纪守法，对自己的本职工作更是认真负责。2016 年 10 月 15 日，公司突然向包女士提出书面解聘通知并拒付经济补偿，理由是在 2015 年 7 月至 9 月期间，包女士签字批准的报销费用中的大部分发票为假发票。公司认为包女士的行为已严重违反了公司的报销制度及相关规章制度，属于严重违纪，因而有权立即解除其劳动合同并拒付任何经济补偿。包女士认为，其下属员工产生费用填写报销单交给自己签字后，须交财务审核，若财务审核时发现问题会通过电子邮件直接和报销人进行核实；且作为部门经理的她没有能力辨别发票真假，对员工申请报销的项目是否属于报销范围亦不知晓，故认为单位对其的辞退属于无故解除劳动关系，因而提起仲裁，要求支付双倍的经济赔偿金。仲裁庭经过审理，裁定支持包女士的申诉请求。

 律师点评

该用人单位以包女士严重违反公司财务制度和相关规章制度为由与其解除劳动关系的理由不充分，属于违法解除。

根据《劳动法》及《劳动合同法》的相关规定，若劳动者严重违反用人单位的规章制度的，用人单位有权解除其劳动合同并不支付任何经济补偿。可是什么情况才算严重违反公司规章制度呢？

规章制度是用人单位依法按照单位的具体情况制定的内部管理制度，是单位管理员工的重要依据，也是员工应该遵守的行为准则。根据《劳动合同法》第 4 条的规定：用人单位应当依法建立和完善劳动规章制度，保障劳动者享有权利、履行劳动义务……用人单位应该将直接涉及劳动者切身利益的规章制度和重大事项决定公示，或者告知劳动者。那么用人单位若认为员工严重违反单位的规章制度至少必须具备两个条件：第一，单位必须依法制定明确具体的规章制度；第二，单位必须将相关的规章制度书面告知劳动者或公示。

　　然而，本案中的用人单位虽然提供了公司员工手册中关于任何涉及费用与报销的不诚实行为或者欺诈行为都属于严重违纪行为的规定，但是未能提供公司关于费用报销范围及报销流程等方面的具体规章制度。本案中的员工作为部门经理，并不具备对发票真伪进行鉴别的能力，对其下属员工申请报销费用的项目是否属于报销范围也不知晓，更何况其所签字核准的报销单最终还须交财务核准。因此，本案中员工的行为只是在正常履行自己的职责，并没有严重违反该用人单位所谓的财务制度及相关规章制度。

　　该案例中的员工勇敢地拿起法律武器维护了自己的合法权利，案情也算告一段落。不过在这还是要提醒一下用人单位：要想在管理员工方面做到游刃有余，必须建立一套完善健全的规章制度。完善的规章制度不仅能使单位轻松防范或规避很多用工风险，也能在处罚违纪员工时真正做到有理有据。

二、制定企业规章制度的法律依据

　　关于企业规章制度方面的法律规定，主要有以下规定。

　　1.《劳动法》及配套法律法规中关于企业规章制度的规定。

　　《劳动法》第3条规定："劳动者享有平等就业和选择职业的权利、取得劳动报酬的权利、休息休假的权利、获得劳动安全卫生保护的权利、接受职业技能培训的权利、享受社会保险和福利的权利、提请劳动争议处理的权利以及法律规定的其他劳动权利。劳动者应当完成劳动任务，提高职业技能，执行劳动安全卫生规程，遵守劳动纪律和职业道德。"

　　《劳动法》第3条中的劳动纪律指的就是用人单位制定的规章制度。

　　《劳动法》第4条规定："用人单位应当依法建立和完善规章制度，保障劳动者享有劳动权利和履行劳动义务。"

　　这里的"应当"表明，制定规章制度既是用人单位的法定权利也是用人单位的法定义务。《最高人民法院关于审理劳动争议案件适用法律问题的解释（一）》第50条第1款规定："用人单位根据劳动合同法第四条规定，通过民主程序制定的规章制度，不违反国家法律、行政法规及政策规定，并已向劳动者公示的，可以作为确定双方权利义务的依据。"

　　《劳动法》第25条第2项规定，严重违反劳动纪律或用人单位的规章制度的，用人单位有权解除劳动合同。说明用人单位是可以制定规章制度的，如果严重违反用人单位的规章制度，用人单位可以与劳动者解除劳动合同。

　　《劳动部关于贯彻执行〈中华人民共和国劳动法〉若干问题的意见》第87条规定："劳动法第二十五条第（三）项中的'重大损害'，应由企业内部规章来规定，不便于在全国对其作统一解释。若用人单位以此为由解除劳动合同，与劳动者发生劳动争议，当事人向劳动争议仲裁委员会申请仲裁的，由劳动争议仲裁委员会根据企业类型、规模和损害程度等情况，对企业规章中规定的'重大损害'进行认定。"

因此，用人单位如果想以《劳动法》第 25 条第 3 项为理由，即由于员工严重失职，营私舞弊，对用人单位利益造成重大损害的与员工解除劳动合同，用人单位必须事先就"重大损害"制定规章制度。对于"重大损害"的界定权首先是由用人单位行使，什么样的情形算重大损害，用人单位必须事先在规章制度中作出规定，如果用人单位事先没有在规章制度中作出规定，可能就没有依据可参考。当然，仲裁机构也并不一定完全认同用人单位对"重大损害"的界定，如果用人单位将轻微的损害界定为重大损害，劳动争议仲裁委员会就不一定认可。

2.《劳动合同法》关于企业规章制度的规定。

《劳动合同法》第 4 条规定："用人单位应当依法建立和完善劳动规章制度，保障劳动者享有劳动权利、履行劳动义务。用人单位在制定、修改或者决定有关劳动报酬、工作时间、休息休假、劳动安全卫生、保险福利、职工培训、劳动纪律以及劳动定额管理等直接涉及劳动者切身利益的规章制度或者重大事项时，应当经职工代表大会或者全体职工讨论，提出方案和意见，与工会或者职工代表平等协商确定。在规章制度和重大事项决定实施过程中，工会或者职工认为不适当的，有权向用人单位提出，通过协商予以修改完善。用人单位应当将直接涉及劳动者切身利益的规章制度和重大事项决定公示，或者告知劳动者。"

《劳动合同法》也明确规定了用人单位必须依法建立和完善规章制度。制定规章制度既是用人单位的权利，也是用人单位的义务。

3.《中华人民共和国公司法》（以下简称《公司法》）中关于规章制度的规定。

《公司法》第 18 条第 3 款规定："公司研究决定改制以及经营方面的重大问题、制定重要的规章制度时，应当听取公司工会的意见，并通过职工代表大会或者其他形式听取职工的意见和建议。"

《公司法》中明确规定了用人单位有制定规章制度的权利。

4. 其他法律法规文件等关于企业规章制度的规定。

《最高人民法院关于审理劳动争议案件适用法律问题的解释（一）》第 50 条规定："用人单位根据劳动合同法第四条规定，通过民主程序制定的规章制度，不违反国家法律、行政法规及政策规定，并已向劳动者公示的，可以作为确定双方权利义务的依据。用人单位制定的内部规章制度与集体合同或者劳动合同约定的内容不一致，劳动者请求优先适用合同约定的，人民法院应予支持。"

三、企业规章制度的效力

规章制度是法律法规的延伸和具体深化，是实现企业自主管理的体现，被称为"企业内部法"，它具有如下效力。

1. 是确定双方权利义务的依据。

《最高人民法院关于审理劳动争议案件适用法律问题的解释（一）》第 50 条第 1

款规定："用人单位根据劳动合同法第四条规定，通过民主程序制定的规章制度，不违反国家法律、行政法规及政策规定，并已向劳动者公示的，可以作为确定双方权利义务的依据。"

可见，只要合法制定的规章制度，不违反法律、行政法规和政策规定，并已向劳动者公示的，可以作为确定双方权利义务的依据。

2. 对员工具有约束力，用人单位可以行使自主管理权。

《劳动法》第 25 条规定："劳动者有下列情形之一的，用人单位可以解除劳动合同：

"（一）在试用期间被证明不符合录用条件的；

"（二）严重违反劳动纪律或者用人单位规章制度的；

"（三）严重失职，营私舞弊，对用人单位利益造成重大损害的；

"（四）被依法追究刑事责任的。"

《劳动部关于贯彻执行〈中华人民共和国劳动法〉若干问题的意见》第 87 条规定："劳动法第二十五条第（三）项中的'重大损害'，应由企业内部规章来规定，不便于在全国对其作统一解释。若用人单位以此为由解除劳动合同，与劳动者发生劳动争议，当事人向劳动争议仲裁委员会申请仲裁的，由劳动争议仲裁委员会根据企业类型、规模和损害程度等情况，对企业规章中规定的'重大损害'进行认定。"

《劳动合同法》第 39 条规定，劳动者严重违反用人单位的规章制度的，用人单位可以解除劳动合同。

因此，用人单位的规章制度对员工具有约束力，如果员工严重违反用人单位的规章制度或者给用人单位造成了重大损害的，用人单位都可以与员工解除劳动合同，并且是不需要支付经济补偿金的。

3. 企业规章制度与劳动合同、集体合同、国家法律法规、政策共同构成了企业用工管理的主要依据。

《劳动法》第 35 条规定："依法签订的集体合同对企业和企业全体职工具有约束力。职工个人与企业订立的劳动合同中劳动条件和劳动报酬等标准不得低于集体合同的规定。"

《劳动合同法》第 55 条规定："集体合同中劳动报酬和劳动条件等标准不得低于当地人民政府规定的最低标准；用人单位与劳动者订立的劳动合同中劳动报酬和劳动条件等标准不得低于集体合同规定的标准。"

《最高人民法院关于审理劳动争议案件适用法律问题的解释（一）》第 50 条第 2 款规定："用人单位制定的内部规章制度与集体合同或者劳动合同约定的内容不一致，劳动者请求优先适用合同约定的，人民法院应予支持。"

集体合同是集体协商双方代表根据法律、法规的规定就劳动报酬、工作时间、休息休假、劳动安全卫生、保险福利等事项在平等协商一致基础上签订的书面协议。

劳动合同是劳动者与用人单位建立劳动关系，经过协商明确双方权利义务达成的合同。

企业规章制度是用人单位为了加强员工管理，根据国家法律法规而制定的一系列要求本单位职工遵守的制度的总称。

国家法律法规政策属于用人单位必须遵守的，用人单位不得违反其规定。

在劳动合同、集体合同与规章制度的效力关系和适用关系上，究竟谁高谁低，哪个应优先适用？根据《劳动合同法》第 55 条及《最高人民法院关于审理劳动争议案件适用法律问题的解释（一）》第 50 条第 2 款的规定，一般认为，劳动合同和集体合同的效力高于规章制度，规章制度的内容与劳动合同和集体合同相冲突时，适用劳动合同和集体合同的规定。当集体合同与劳动合同发生冲突时，如果劳动合同中劳动报酬和劳动条件等标准低于集体合同规定的标准，那么应当适用集体合同的规定。

因此，用人单位应随时保持劳动法律、劳动合同、集体合同、劳动规章制度规定或约定的一致，避免相互冲突引发争议。

 典型案例

案例 53：依法签订的集体合同的效力如何？

2011 年 3 月 5 日，某纺织股份有限公司工会代表全体职工与公司签订了集体合同。合同规定：职工工作时间为每日 8 小时，每周 40 小时，周六、周日为公休日；职工的工资报酬每月不低于 4200 元，加班加点的工资及其他实物性福利不包括在内，工资于每月 5 日前支付；合同的有效期为自 2011 年 4 月 1 日至 2015 年 4 月 1 日，双方对于集体合同都要严格遵守，任何一方都不能违反，否则要赔偿对方所遭受的损失。此合同于 2011 年 3 月 20 日被劳动部门确认。

2013 年 8 月 1 日，该纺织公司从人才市场上招聘了一批女工，去充实新建立的一个纺织分厂。2013 年 8 月 3 日，该纺织公司与这批女工签订了劳动合同。其内容包括：本合同有效期为 1 年，自 2013 年 8 月 5 日至 2014 年 8 月 5 日；工人工作时间为每周 40 小时，每天 8 小时，上下午各 4 个小时；职工每月工资 4100 元，双方签字盖章后合同生效。后来分厂有些工人看到集体合同的规定，要求将工资提高到 4200 元。而公司认为，公司虽然签订了集体合同，但分厂在与职工签订劳动合同时已经写明每月工资为 4100 元，而且职工已经同意，同时该工资不低于当地最低工资，没有违反法律规定，因此不同意将分厂工人的工资提高到 4200 元。于是工人提起仲裁。劳动争议仲裁委员会对此案进行审理后认为，本案的事实是比较清楚的，关键在于如何认定集体合同和劳动合同的效力。根据《劳动法》第 35 条和《劳动合同法》第 54 条的规定，依法签订的集体合同对企业和企业全体职工具有约束力，职工个人与企业订立的劳动合同中劳动条件和劳动报酬不得低于集体合同的规定。因此集体合同具有确定劳动条件和劳动报酬最低标准的效力，劳动合同关于劳动条件和劳动报酬的约定可以高于但不得低于集体合同的标准。纺织分厂是纺织公司的下属单位，公司工会与公司订立的集体合同当然适用于分厂。因此裁决将分厂劳动者的工资提高到 4200 元。

✎ **律师点评**

为什么劳动争议仲裁委员会支持工人的仲裁请求？这是本案所涉及的主要问题——集体合同的效力。当公司工会和公司签订的集体合同与公司和分厂职工签订的劳动合同规定的内容不一致时，究竟应该遵守哪一个合同的规定呢？如果劳动合同的工资报酬和劳动条件等低于集体合同的标准，那么劳动者有权要求适用集体合同的标准。

四、企业规章制度的主要内容及制定技巧①

《劳动合同法》第 4 条第 2 款规定："用人单位在制定、修改或者决定有关劳动报酬、工作时间、休息休假、劳动安全卫生、保险福利、职工培训、劳动纪律以及劳动定额管理等直接涉及劳动者切身利益的规章制度或者重大事项时，应当经职工代表大会或者全体职工讨论，提出方案和意见，与工会或者职工代表平等协商确定。"

关于规章制度包括哪些内容，法律并没有作明确规定，每个企业由于自身的业务特点不同，其规章制度的内容差别也比较大，本书只是介绍一些共性的制定技巧、防范和注意事项，每个企业可根据本企业的实际情况进行修改。一般来说，企业规章制度主要包括以下内容。

1. 企业规章制度前言。

企业规章制度前言可有可无，对整体影响并不是太大。有了前言，显得企业规章制度更加完善，也可以更好地宣传企业文化。企业规章制度前言主要讲述制定规章制度的目的和意义等。

【实例参考】

我们来自不同的地方，具有不同的文化背景、不同的生活阅历、不同的专业技能和不同的价值取向，但从今天起，我们都将成为一个充满朝气和希望的大家庭——"××公司"值得自豪的一员。我们将以此作为人生旅程的新起点，共同致力于建设高科技企业的美好事业。置身于公司企业文化的浓郁氛围中，您将会感受到创造的喜悦、协作的精神、友好的情谊和成功的辉煌。××公司在不远的将来必将成为世界一流的高新技术企业，每位工作伙伴都会在这里找到施展才华的广阔天空。××公司是奋斗者的沃土、拓荒者的乐园！

这是××公司的企业规章制度，也是××公司对人员管理的基本准则，它的目的是帮助你在新的工作中不感拘束，并且告诉你一些必须了解的信息，请你仔细阅读。经常重温本手册会有助于你充分发挥自己的才能。规章制度对公司的经营来讲是必不可少

---

① 本部分"实例参考"仅供参考，如与国家或地方规定有冲突，请参照相关规定修改后使用。

的，有助于我们卓有成效、井井有条地工作。当我们在一起工作时，为了一个共同的目标，我们必须建立保护大家并使大家共同受益的规则。大多数人都渴望能有一个互助、礼让、有效、诚实的工作环境。我们相信本手册将会帮助我们实现这一目标。

你的直属上司是你工作的主要指导人，他/她将负责你的训练、工作安排及个人发展。当你在工作上有疑问或遇到困难时，请首先与你的直属上司沟通。当他/她无法帮你解决问题时，请咨询人力资源部主管，他/她会指导并帮助你找出问题的症结，或引导你运用公司的开门政策，寻求公司最高管理层的帮助。

2. 企业简介。

企业简介主要介绍企业的概况、企业的历史、企业文化、企业使命、企业组织结构、各部门的职责等。员工通过了解企业的情况，对本企业有了充分的了解，从而可以尽快融入企业，加强员工对企业的信任和信心。

【实例参考】

某公司的企业简介

××有限公司是一家集科、工、贸为一体的高科技公司，创立于1996年，注册资本为500万元人民币。公司主营业务为：计算机网络系统集成、计算机整机和配件销售、通信器材、建筑智能化系统集成、软件开发、办公自动化设备、互联网应用、技术、机房工程、监控设备。

公司自成立以来，本着诚信经营的原则，积极进取，勇于开拓，经过多年的努力拼搏，现年销售收入达数亿元。公司曾经获得（公司获奖情况简介、包括获得的荣誉称号等）。

公司目前拥有很多优秀的技术人才，成熟的市场渠道，良好的企业声誉。

公司文化的核心：

以人为本，以客为尊，信誉至上。

公司使命：

*为消费者：提供更多、更丰富的网络产品，为人们创造美好生活；

*为厂商：搭建顺畅的营销平台，创造更多的市场价值；

*为员工：提供广阔发展空间，提升员工价值，提高工作环境、生活质量；

*为股东：回报股东长远利益；

*为社会：推动社会文明进步。

公司组织结构图：

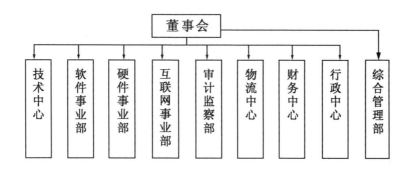

3. 企业规章制度总则。

企业规章制度总则主要规定制定规章制度的目的、依据，规章制度的适用范围等。

【实例参考】

"没有规矩，不成方圆。"每一个公司都会有一些规章、制度、准则等来规范、指导员工的日常工作与行为。为做好企业现代化管理，健全公司组织机构，确立经营制度，提升企业规范化管理水平，特依据《劳动法》及有关法规制定本公司员工手册。凡本公司员工，均应遵守本手册的各项规定。

本手册的宗旨在于为公司员工提供有关公司及人力资源管理的政策程序，让您了解到可以享受的权利以及应该遵守的规则，更早地进入工作状态，从而使您尽快与公司融为一体。

本手册仅供公司内部使用，手册中的任何内容不得提供给公司以外的人员。员工应妥善保存此手册，一旦离开公司，应主动将手册归还公司。

4. 员工行为规范。

员工行为规范是用人单位对员工基本行为的一种约束，用人单位需要根据本单位的实际情况制定符合本单位的员工行为规范。

【实例参考】

某公司员工行为规范

第一条：岗位规范。

1. 遵守上班时间。因故迟到和请假时，必须事先通知公司，来不及提前通知时必须及时用电话与公司进行联络。

2. 遇有工作部署应立即行动。

3. 工作中不聊与工作无关的话题。

4. 工作中不要随便离开自己的岗位。

5. 长时间离开岗位时，可能会有电话或客人，事先应拜托给上司或同事。

6. 在办公室内保持安静，不要在走廊内大声喧哗。

7. 办公用品和文件必须妥善保管，使用后马上归还到指定场所。

8. 办公用品和文件不得带回家，需要带走时必须得到许可。

9. 重要的记录、证据等文件必须保存到规定的期限。

10. 处理完的文件，根据公司指定的文件号随时归档。

11. 下班时，文件、文具、用纸等要整理，要收拾桌子，将椅子归位。

12. 服从领导安排。

13. 勇于承担责任。

第二条：外出规范。

1. 因公外出按规定逐级办理请假手续，无特殊原因不可电话、口头捎话请假。

2. 因公外出时需向同事或者上司交代工作事宜，保证工作衔接。

3. 因公在外期间应保持与公司的联系。

4. 外出归来及时销假，向上司汇报外出工作情况。

5. 外出归来一周内报销差旅费。

第三条：形象规范。

1. 服装正规、整洁、完好、协调、无污渍，扣子齐全，不漏扣、错扣。

2. 在左胸前佩戴好统一编号的员工证。

3. 上班时必须穿工作服，穿着工作服时应符合相关着装规范。

4. 鞋、袜保持干净、卫生，鞋面洁净，在工作场所不打赤脚，不穿拖鞋。

5. 头发梳理整齐，不染彩色头发，不戴夸张的饰物。

6. 男职工修饰得当，头发长不覆额、侧不掩耳、后不触领。

7. 女职工淡妆上岗，修饰文雅，且与年龄、身份相符。

8. 颜面和手臂保持清洁，不留长指甲，不染彩色指甲。

9. 保持口腔清洁。

10. 坐姿良好。

11. 避免在他人面前打哈欠、伸懒腰、打喷嚏、抠鼻孔、挖耳朵等。实在难以控制时，应侧面回避。

第四条：语言规范。

1. 语音清晰、语气诚恳、语速适中、语调平和、语意明确、言简意赅。

2. 提倡讲普通话。

3. 与他人交谈时要专心致志，面带微笑，不能心不在焉，反应冷漠。

4. 不要随意打断别人的话。

5. 用谦虚的态度倾听。

6. 适时地搭话，确认和领会对方谈话内容、目的。

7. 尽量少用生僻的专业术语，以免影响与他人交流的效果。

8. 严禁说脏话、忌语。

9. 使用"您好""谢谢""不客气""再见""不远送""您走好"等文明用语。

第五条：社交规范。

1. 接待来访热情周到，做到来有迎声，去有送声，有问必答，百问不厌。

2. 迎送来往，主动问好或话别，设置有专门接待地点的，接待来宾至少要迎三步、送三步。

3. 来访办理的事情不论是否对口，不能说"不知道""不清楚"。要认真倾听，热心引导，快速衔接，并为来访者提供准确的联系人、联系电话和地址，或将其引导到要去的部门。

4. 访问他人时要事先预约，一般用电话预约。

5. 遵守访问时间，预约时间5分钟前到。

6. 如果因故迟到，提前用电话与对方联络，并致歉。

7. 访问领导，进入办公室要敲门，得到允许方可入内。

8. 用电话访问，铃声响三次未接，过一段时间再打。

9. 接电话时，要先说"您好"。

10. 使用他人办公室的电话要征得同意。

11. 交换名片时，用双手递接名片。看名片时要确定姓名；拿名片的手不要放在腰以下；不要忘记简单的寒暄；接过名片后确定姓名正确的读法。

第六条：会议规范。

1. 事先阅读会议通知。

2. 按会议通知要求，在会议开始前5分钟进场。

3. 事先阅读会议材料或做好准备，针对会议议题汇报工作或发表自己的意见。

4. 开会期间关掉手机，不会客，不从事与会议无关的活动，如剪指甲、交头接耳等。

5. 遵从主持人的指示。

6. 必须得到主持人的许可后，方可发言。

7. 发言简洁明了，条理清晰。

8. 认真听别人的发言并记录。

9. 不得随意打断他人的发言。

10. 不要随意辩解，不要发牢骚。

11. 会议完后向上司报告，按要求传达。

12. 保存会议资料。

13. 公司内部会议，按秩序就座，依次发言。

14. 保持会场肃静。

第七条：安全卫生环境。

1. 在所有工作岗位都要营造安全的环境。

2. 工作时既要注意自身安全，又要保护同伴的安全。

3. 提高安全知识，培养发生事故和意外时的紧急管理能力。

4. 爱护公司公物，注重所用设备、设施的定期维修保养，节约用水、用电、用易耗品。

5. 员工有维护良好卫生环境和制止他人不文明行为的义务。

6. 养成良好的卫生习惯，不随地吐痰，不乱丢纸屑、杂物，不流动吸烟。办公室内不得吸烟。

7. 如在公共场所发现纸屑、杂物等，随时捡起放入垃圾桶，保持公司的清洁。

8. 定期清理办公场所和个人卫生。将本人工作场所所有物品区分为有必要的与没有必要的，有必要的物品依规定位置管理，没有必要的清除掉。

第八条：上网规定。

1. 在工作时间不得在网上进行与工作无关的活动。

2. 不得利用互联网危害国家安全，泄露国家机密，不得侵犯国家的、社会的、集体的利益和公民的合法权益，不得从事违法犯罪活动。

3. 不得利用互联网制作、复制、查阅违反宪法和法律、行政规定的以及不健康的信息。

4. 不得从事下列危害计算机网络安全的活动：

（1）对计算机信息网络功能进行删除、修改或者增加。

（2）对计算机信息网络中储存、处理或者传输的数据和应用程序进行删除、修改或者增加。

（3）制作传播计算机病毒等破坏程序。

第九条：人际关系。

1. 同事之间、上下级之间建立平等友好的关系，营造相互信赖的工作气氛。

2. 关心同事，荣辱与共，营造"同欢乐，共追求"的工作氛围。

3. 尊重他人。肯定、赞扬他人的长处和业绩，对他人的短处和不足进行忠告、鼓励，营造明快和睦的气氛。

4. 相互合作。在意见和主张不一致时，应理解彼此的立场，寻找能共同合作的方案。

5. 禁止拉帮结派。不允许在工作岗位上以地缘、血缘、学员组成派别。

第十条：本规范解释权归公司行政部。

5. 入职制度。

入职制度主要告诉员工在办理入职手续时，需要提交哪些材料，入职流程等。

【实例参考】

某公司入职制度

第一条：加入公司时，职员须向公司出示并提供身份证、学历证明（大学本科及以上需提供毕业证书、学位证书)、与原单位解除劳动关系证明的复印件以及近期体检报告和免冠近照,并亲笔填报准确的个人资料。

第二条:员工年龄必须达到18周岁。

第三条:公司提倡正直诚实的做人理念,并保留审查员工所提供的个人资料的权利,如有虚假,将立即被终止试用或解除劳动合同。

第四条:接到录用通知后,应在指定日期到公司报到,如因故不能按期前往,应与有关人员取得联系,另行确定报到日期。

第五条:报到程序包括填写员工报到登记表、签订劳动合同、办理报到登记手续、领取考勤卡、办公用品和资料等;与试用部门负责人见面,接受工作安排,并与负责人指定的入职引导人见面。

第六条:超过指定报到日期未来公司办理报到手续者视为拒绝受雇,该录用通知则因而失去效力。

6. 试用期管理制度。

试用期管理制度主要规定试用期劳动合同的解除、试用期的考核、试用期的时间、试用期的转正等。

【实例参考】

某公司的试用期管理制度

第一条:被公司录用者一律要经过试用期,试用合格后,才能被公司正式录用成为公司职工。经试用期满合格被继续雇用之人员,从试用的第一天起视为正式被雇用。

第二条:在试用期内被判定为不合格者,公司将与其解除劳动合同;在试用期内职工本人也可以申请解除劳动合同,但必须提前3天通知公司。试用期间解除劳动合同的,公司不作任何补偿。

第三条:试用期的考核。

1. 试用期内,员工每日下班前需要将本日的工作内容及第二天的工作计划发给部门主管,公司将每周对员工本周工作表现进行考核。

2. 月底由部门主管和公司人力资源部门对员工本月的工作表现进行考核。

3. 试用期结束,由部门主管和公司人力资源部门分别对员工进行考核,两个部门考核结果均在良以上者,转为正式员工。

第四条:试用期最长不超过六个月。

经公司考选雇用的人员,通过试用期后可正式录用,签订3个月以上不满1年劳动合同的员工试用期不超过1个月;签订1年以上不满3年的劳动合同的员工试用期不超过2个月;签订3年以上固定期限和无固定期限劳动合同的员工试用期不超过6个月。

7. 考勤制度。

【实例参考】

某公司的考勤制度

第一条：公司实行指纹（打卡或签到）考勤制度，全体员工上下班必须参加考勤。

第二条：员工因公外出未能进行正常考勤，必须于第二日中午12:00之前主动填写《未正常考勤说明单》，经本部门负责人签字后，交人力资源部，否则以旷工计。

第三条：员工正常考勤后，因公外出必须填写《员工外出登记表》，并由本部门负责人签字同意后方可外出，如果本部门负责人不在，由上级主管代签。如果上级主管不在，由人力资源部门代签。员工外出时将外出登记表交前台，回公司后在表上签注回公司时间。对既不在工作岗位或公司工作，又未在外出登记表上记录，也未请假者，一经查处，以旷工计。

第四条：员工上下班忘记考勤，必须于第二日12:00之前，主动填写《未正常考勤说明单》，经本部门负责人签字后，交人力资源部，并按以下规定不予发放本月部分工资：

＊上班未打卡：扣款10元/次；

＊下班未打卡：扣款5元/次；

＊全天未打卡：经确认非旷工者，扣款30元/次。

＊无故不考勤又不办理有关手续者，按旷工计。

第五条：

1. 工作时间开始后15分钟内到岗者为迟到。

2. 工作时间终了前15分钟内下班者为早退。

3. 凡发生下列情况者按照旷工处理：

（1）未经请假或者请假未被批准者。

（2）提供虚假休假证明者。

（3）超过15分钟不超过1个小时到岗或者提前离岗者，按旷工半天计算；超过1个小时不到岗或者离岗者，按照旷工一天计算。

第六条：迟到、早退5分钟之内且每月不超过3次不扣款；15分钟之内扣款5元。旷工扣除当日全部工资，一个月内累计旷工超过3日或者一年内累计旷工超过7日者，公司有权解除劳动合同。

8. 休假制度。

休假制度主要包括以下内容。

（1）休假的种类。

用人单位应当根据法律和本单位的条件规定本单位职工享受哪些休假。目前主要的休假种类包括：法定休息日、法定节假日、带薪年假、病假、事假、探亲假、婚丧假、产假、工伤假等。

（2）休假应当具备的条件。

虽然休假种类很多，但并不是任何一个员工都有权享受任何种类的休假，而是必须具备一定的条件才可以休假。因此，用人单位应当规定员工具体在什么样的情况下可以休哪种假，以免产生争议。

例如，法定的假日是任何员工都可以享受的，但带薪年假，由于每个员工的条件不一样，享受的天数也不一样。探亲假也并不是任何员工都可以享受的，必须具备一定的条件才可以。因此，用人单位必须规定得详细具体。

 典型案例

案例 54：公司的规章制度应具体明确

赵某于 2018 年 2 月 10 日领结婚证。2018 年 7 月 10 日，赵某应聘到某软件公司工作。该公司在规章制度中规定晚婚的员工享受 10 天的带薪婚假。2018 年国庆期间，赵某因为要回家举办婚礼，便向公司请婚假，而公司认为赵某领结婚证是在来公司工作之前，因此不应当休婚假。于是赵某直接回家，等回到单位后，单位扣除了赵某 10 天的工资。赵某不服，提起仲裁。劳动争议仲裁委员会经过审理认为，该软件公司在规章制度中明确规定晚婚的员工享受 10 天的带薪年假，而赵某结婚属于晚婚，虽然公司主张赵某领结婚证是在来单位之前，但公司并没有明确规定员工休婚假必须满足领结婚证时是本单位职工，因此支持了赵某的仲裁请求。

律师点评

该软件公司之所以败诉，就是因为在规章制度中规定不明确造成的，如果该软件公司规定员工享受婚假的前提是领结婚证时是本单位的职工，就不会败诉了。因此，用人单位在制定休假制度时，必须非常明确地规定，哪些员工、具备什么样的条件才可以享受哪些假期。

（3）请假的手续。

请假手续是休假中很关键的一部分，很多员工就是因为请假手续的问题与单位发生争议的。

用人单位需要规定，员工休什么样的假期时，应当向什么部门提出申请、提供什么资料，等等。

例如，如果用人单位对休病假规定不明确，可能会导致员工经常请病假或者提供虚假的病假条。用人单位不但应当要求员工提供病假条，还应当要求员工提供医院的挂号单、病例、医药费发票等。

（4）休假的方式。

有些假期由于法律有明确的规定，用人单位不能另行安排其他方式休假，如法定节假日。但有些休假由于法律并没有明确的规定，用人单位有自主安排权，用人单位有权根据本单位的情况作出规定，如带薪年假，用人单位可以规定分次休，也可以规定一次性休完。但用人单位应当规定员工须提前向单位申请，经单位批准后方可休假；否则如果用人单位不作出规定，一旦所有员工同时休假，将严重影响工作。

（5）休假的限制。

对于有些假期，必须明确规定在多长时间内休完。例如婚假，必须规定员工在领结婚证后的多长时间内休假完毕；丧假原则上是在符合条件的亲人去世时就应当休假，而不应当在过了很长时间后再休。

又如事假，用人单位可以规定一个月之内休事假不得超过多少天，一年之内休事假累计不得超过多少天，超过的部分，公司有权不予以批准，否则如果员工经常休事假，就会很影响工作，不利于员工管理。再如病假，如果员工休病假的时间超过规定的医疗期，用人单位就可以与劳动者解除劳动合同。

通过对员工休假的限制，可以预防员工随意休假，导致用工管理的不便，影响单位的工作安排。

 典型案例

案例 55：休假是否应有一定的时间限制？

某公司规定员工的父母、岳父母或者子女去世时，可以享受 5 天带薪休假。2017年 6 月 1 日，张某的岳父去世，但张某并没有休丧假。2018 年元旦，张某要求休丧假，但公司认为，已经过了半年的时间，张某无权再休丧假。张某不服，提起仲裁。劳动争议仲裁委员会经过审理认为，丧假是为了员工在亲人去世时处理丧事、缅怀亲人，张某在岳父去世半年后再要求休丧假不符合常理，因此裁定驳回张某的仲裁请求。

（6）假期未用的处理。

既然员工有权享受假期，就存在有些情况下劳动者没有休假的情况，对于这种情况，用人单位必须作出明确的规定。例如婚假，用人单位可以规定员工必须在领证后多长时间内休完，否则将不予以休假。再例如关于带薪年假，对于员工没有休完的带薪年假，是允许员工以现金的方式补偿还是允许累积到下一个年度？对于用人单位安排员工休假但由于员工个人的原因没有休假的，怎么处理？如果员工没有休完带薪年假就提前解除劳动合同，该如何处理？这些都需要在休假制度中作出规定。

（7）假期期间的待遇。

对于法律有明确规定的休假期间的待遇，用人单位不需要作出规定，即使作出规定，如果与法律法规规定不一致也无效。但对于法律规定不明确或者允许用人单位在一定范围内有自主权的，用人单位应当作出明确的规定。

例如，关于病假期间的工资，目前各地规定不一致，有的地方规定按照工龄和劳动者的工资根据一定比例计算，有的规定不能低于当地最低工资的80%。如《北京市工资支付规定》第21条规定，用人单位支付病假工资不得低于本市最低工资标准的80%。因此，在北京地区，只要病假期间的工资不低于北京市最低工资标准的80%，用人单位就可以自主作出决定。

关于事假期间的工资，法律并没有明确规定，各地规定也不一致，有些地方规定事假工资可以不给，但用人单位最好在规章制度中作出明确的规定。

（8）违反休假制度的处罚。

对于员工违反单位的休假制度，用人单位如何处罚应当作出规定。例如，对通过提供虚假材料骗取病假或者其他假期的员工，用人单位可以以严重违反规章制度为由，解除劳动合同。

【实例参考】

某单位的休假制度

员工请假，必须按照公司规定执行。

第一条：法定节假日。

1. 公司全体职工享受下列带薪法定节假日：

元旦，放假1天（1月1日）；春节，放假3天（农历除夕、正月初一、正月初二）；清明节，放假1天（农历清明当日）；劳动节，放假1天（5月1日）；端午节，放假1天（农历端午当日）；中秋节，放假1天（农历中秋当日）；国庆节，放假3天（10月1日、2日、3日）。

2. 部分员工放假的节日及纪念日：

妇女节（3月8日），妇女放假半天；青年节（5月4日），14周岁以上的青年放假半天。

3. 法律规定的其他法定节假日。

第二条：带薪年假。

1. 员工年休假期间的工资，按其本人正常出勤应发工资的100%发放。因工作需要不能安排员工休年休假的，对应休未休的年休假单，公司按照日加班工资标准的300%支付年休假工资报酬（若公司安排休假，本人不愿休假的不再支付年休假工资报酬）。

2. 年休假原则上由公司根据生产经营和工作具体情况，在本年度内统筹安排；年休假以天为单位，可分段休或一次性休完，但不可跨年度休；员工个人提出休年休假，须以不影响公司生产经营和员工本职工作完成为前提；员工可以以事假冲抵年假。

3. 职工累计工作已满1年不满10年的，年休假5天；已满10年不满20年的，年休假 10 天；已满 20 年的，年休假 15 天。国家法定休假日、休息日不计入年休假的假期。

4. 休假程序。

（1）公司或部门根据生产、工作具体情况统一安排。如果部门提出年休假，须统一申请，分管副总批准后，统筹安排休假。

（2）员工个人提出年休假，原则上要求集中休假，确须分开休假的，每年休假最多 3 次，须由个人填写请假单并附年休假单，按程序逐级报批。一般员工提出休假由部门主管审核、分管领导批准，中层干部提出休假由分管领导审核、总经理批准，未经审批程序擅自休假者作旷工处理。

（3）所有员工的年休假，务必于休假前在本部门考勤员处备案；考勤员于每月 25 日，将本部门员工的年休假情况报公司人力资源部。

5. 员工有下列情形之一的，不享受当年的年休假：

（1）职工依法享受寒暑假，其休假天数多于年休假天数的。

（2）职工请事假累计 20 天以上且单位按照规定不扣工资的。

（3）累计工作满 1 年不满 10 年的职工，请病假累计 2 个月以上的。

（4）累计工作满 10 年不满 20 年的职工，请病假累计 3 个月以上的。

（5）累计工作满 20 年以上的职工，请病假累计 4 个月以上的。

第三条：病假。

1. 员工请病假应当向公司提供医院的诊断证明。

2. 病假期间的工资按照本地最低工资的 80% 发放。

3. 员工通过提供虚假材料骗取病假的，视为旷工。

第四条：事假。

1. 员工请事假必须经过公司批准，否则视为旷工。

2. 事假期间，扣除全部收入。

第五条：婚假。

1. 员工在本单位工作期间领取结婚证的，享受 3 天的带薪婚假，符合晚婚条件的，另行享受 7 天的奖励婚假。

2. 员工必须在领取结婚证后半年内休完婚假，逾期作废。

3. 员工申请婚假，应当提前 15 天向人力资源部门提出申请，并将结婚证复印件留人力资源部门备档。

4. 员工如离职时没有休婚假，则婚假作废。

第六条：丧假。

1. 员工的配偶、父母、子女、岳父母、公婆去世时，员工享受 4 天的带薪丧假。

2. 员工的兄弟姐妹、祖父母、外祖父母去世时，员工享受 2 天的带薪丧假。

3. 外地员工额外给予 2 天的在途时间。

4. 丧假必须在亲属死亡 10 日内使用，逾期作废。

中国法制出版社管理与法律实用系列图书推荐

ML M&L企业管理与法律实用系列

①

②

③

④

①劳动争议指导案例、典型案例与企业合规实务：纠纷解决、风险防范、合规经营、制度完善
书号：978-7-5216-3193-7
定价：138.00元

②首席合规官与企业合规师实务
书号：978-7-5216-3184-5
定价：138.00元

③工伤认定典型案例解析与实务指南
书号：978-7-5216-2758-9
定价：59.80元

④企业股权实务操作与案例精解
书号：978-7-5216-2678-0
定价：68.00元

HR 企业人力资源管理与法律顾问实务指引丛书

①

②

③

④

⑤

⑥

①劳动争议高频问题裁判规则与类案集成
书号：978-7-5216-3180-7
定价：60.00元

②HR劳动争议案例精选与实务操作指引
978-7-5216-2604-9
定价：69.00元

③人力资源法律风险防范体系：可视化流程指引和工具化落地方案
书号：978-7-5216-1842-6
定价：79.80元

④劳动争议案件35个胜诉策略及实务解析
书号：978-7-5216-1180-9
定价：88.00元

⑤人力资源数据分析师:HR量化管理与数据分析业务实操必备手册
书号：978-7-5216-2047-4
定价：68.00元

⑥管理者全程法律顾问
书号：978-7-5216-1201-1
定价：59.00元

⑦从招聘到离职：HR必备的十大法律思维及劳动仲裁案
例实操
书号：978-7-5216-1197-7
定价：59.00元
⑧企业劳动法实战问题解答精要
书号：978-7-5216-3601-7
定价：69.00元

Ⓖ 企业合规管理法律实务指引系列

①企业合规必备法律法规汇编及典型案例指引
书号：978-7-5216-2692-6
定价：98.00元
②企业这样做不合规：企业合规风险经典案例精析
书号：978-7-5216-3225-5
定价：59.00元
③数据安全合规实务
ISBN：978-7-5216-2828-9
定价：66.00元

④涉案企业合规实务操作指南：律师如何开展合规业务
ISBN：978-7-5216-3373-3
定价：82.80元

WIN 企业法律与管理实务操作系列

①劳动合同法实务操作与案例精解【增订8版】
书号：978-7-5216-1228-8
定价：109.80元
②劳动争议实务操作与案例精解【增订6版】
书号：978-7-5216-2812-8
定价：79.80元
③人力资源管理合规实务操作进阶：风控精解与案例指引
978-7-5216-1508-1
定价：78.00元

④企业裁员、调岗调薪、内部处罚、员工离职风险防范与
指导【增订4版】
书号：978-7-5216-0045-2
定价：52.80元

⑤人力资源管理实用必备工具箱.rar：常用制度、合同、流
程、表单示例与解读
书号：978-7-5216-1229-5
定价：119.80元
⑥全新劳动争议处理实务指引：常见问题、典型案例、实
务操作、法规参考【增订3版】
书号：978-7-5216-0928-8
定价：66.00元

5. 员工提供虚假材料骗取丧假的，视为旷工。

第七条：产假。

产假按照国家及本地的规定执行。

9. 加班制度。

加班制度主要是规定什么算作加班，员工加班需要经过什么样的审批流程，加班后的工资报酬等。

【实例参考】

某单位的加班制度

第一条：公司鼓励员工在每天 8 小时工作制内完成本职工作，不鼓励加班。确因工作需要加班或值班，才予批准。

第二条：加班时间限制。

1. 一般每日不超过 1 小时，特殊情况每日不超过 3 小时；

2. 每月累计加班一般不应超过 36 小时。

第三条：不安排女员工在怀孕期或哺乳未满 1 周岁婴儿期间加班。

第四条：凡需加班者，均须填写加班记录表申请加班，经有关主管批准后方能加班。

第五条：加班完毕后填写加班记录情况，经有关主管验审后送人事部留存。

第六条：加班费用计算。

员工在法定标准工作时间以外延长工作时间的，按照本人小时工资标准的 150% 支付员工工资。

员工在休息日工作，而又不能安排补休的，按照本人小时工资标准的 200% 支付员工工资。

员工在法定休假日工作的，按照本人小时工资标准的 300% 支付员工工资。

10. 福利制度。

福利制度是用人单位为员工提供的一系列福利的总称，它包括的范围很广泛，如员工的休假制度、工资制度、奖金制度等都可以视为福利制度的一部分。由于每个用人单位的情况不一样，其福利制度包括的范围也不一样。严格地讲，福利制度应该是除法律规定以外的由本用人单位提供给员工的额外的福利。

例如，给员工上的额外商业保险，在员工生日时，送给员工的礼金或者礼物，在员工结婚时送给员工的礼物，为员工提供的各种补贴，举办的各种活动等。

11. 培训制度。

正规的公司都会对员工进行培训，通过培训，提高员工的工作技能和学习能力，增强员工的归属感，建立共同的价值观，增强企业可持续发展能力。

培训制度主要规定培训的目的、分类、实施、评估等。

【实例参考】

某公司的培训制度

第一条：总则。

1. 为了规范公司的员工培训工作，促进员工培训工作的日常化、全员化、制度化，增强员工培训工作的效果，使员工培训工作发挥应有的作用，特制定本制度。

2. 本制度适用范围为本公司所有员工，本制度自公布之日起实施。

3. 本制度由人力资源部负责解释与修订。

第二条：培训目的。

1. 激发员工的求知欲望和创新精神，培养员工的职业道德和敬业精神，使员工成为自强不息的知识型员工。

2. 帮助员工获得胜任本职工作的必要知识与技能，满足职位现实和发展的要求，适应公司不断发展的需求。

3. 对员工进行正确引导，协调员工个人目标与公司目标，建立共同的价值观，增强公司的凝聚力。

4. 造就一支素质优良、稳定精干的员工队伍，以促进公司经营管理水平的不断提高，增强企业可持续发展的能力。

第三条：培训分类。

1. 结合公司目前的实际情况，公司的培训分为新员工培训、在职培训和奖励培训三大类。

2. 新员工培训是专门针对公司新进员工举办的，旨在帮助新进员工了解公司和工作情况、尽快适应工作要求的培训。

3. 新进员工培训包括入司培训和上岗培训两个阶段。入司培训由人力资源部负责实施，培训的内容主要有公司的历史与概况、企业文化、组织结构、管理制度和员工福利等。上岗培训由各新进员工所在的部门负责，培训内容为特定岗位的具体工作技能与要求，人力资源部协助各部门做好新员工上岗培训。

4. 在职培训指不脱离工作岗位，在工作中接受的培训。旨在提高员工的专业技能和综合素质，满足公司不断发展的需求。

5. 在职培训中，属于各部门内部特定的具体工作技能的培训，如讲座、讨论会等形式，由人力资源部协助实施；对公司各部门共同的培训，由人力资源部负责实施。

6. 脱产培训指员工脱离工作岗位专门接受培训（需填写个人培训申请表），由各部门根据实际需要，向人力资源部提出申请，经人力资源部讨论研究后，报请总经理批示。

7. 奖励性培训是指公司鼓励员工不断学习，对员工接受公司以外的培训或者通过自学获得证书的部分费用予以报销的培训类型。具体办法参见附件中《公司鼓励员工自我提升的报销办法》。

第四条：培训计划的制订。

1. 各部门于每年的 12 月 31 日前，向人力资源部提交次年的部门内部培训工作需求，以及对公司总体层面培训的建议与要求。

2. 人力资源部根据各部门及公司特定时期的具体情况，汇总、平衡、协调各部门的需求，制订公司及各部门的年度培训计划及各阶段的具体实施方案。

3. 公司培训计划经总经理批准后，在公司网站予以公布（年度计划制订期为 1 月至 2 月，2 月底予以公布）。

4. 培训计划可以根据实际情况的变化而加以适当地修正与调整。培训计划的修正与调整须经总经理批准，人力资源部执行。

第五条：培训实施。

1. 各部门负责人每季度至少参加一次管理培训。

2. 各部门负责人对下属的培训负有责任并保证其下属每季度至少能参加一次专业培训。

3. 人力资源部根据实际情况可自行组织实施培训，也可指定某部门负责组织实施，所涉及部门必须予以配合并执行。

4. 各部门负责本部门员工的上岗和转岗培训，特殊情况下，部门无法自行落实的，由人力资源部协助安排。

5. 各部门设一名培训协调员（兼职），负责本部门与人力资源部间的培训协调工作及部门内有关培训的其他工作。

6. 人力资源部提前一个星期公布培训课程、培训地点、培训讲师及参训人员。有关参训人员必须按时到达培训地点参加培训，不得无故缺席。应参加但有事不能参加培训的，须向人力资源部说明原因，否则，按当日旷工进行处理。

7. 对于公司组织的所有公共培训课程，参加率在 90% 以上的员工，在全年的培训结束后，公司会根据培训效果给予一定奖励，奖励的方式根据实际情况而定。

8. 作为公司内部讲师的员工，在帮助员工成长的同时，公司会根据实际情况给予一定的奖励。

第六条：培训评估。

1. 培训评估是对培训实施成效进行的评估，是了解培训的成果、目标是否达成的主要途径。

2. 评估对象包括员工培训效果、培训组织工作、培训成果利用。

3. 对新员工培训的评估，由其所在部门负责实施，填写新员工培训追踪反馈表，报人力资源部评估并备案。

4. 对在职培训的评估，由员工本人和上级主管填写培训反馈表报人力资源部备案。

5. 对脱产培训（外训）的评估，由员工本人撰写受训报告，交部门负责人审阅并转人力资源部备案，人力资源部根据受训报告追踪培训效果。

6. 参加外训获得结业证、毕业证、资格证的人员，应将证书交人力资源部复印，复印件存档。获得证书的名称、时间、发证机关等应登记于《员工培训档案》内。

7. 对于态度、行为及技能方面的培训，人力资源部应选择若干受训者进行培训效果跟踪，以检验培训是否带来了员工行为、业绩的变化。

8. 年终时，人力资源部对当年的培训工作进行总的评价，并写出评估报告。在进行年度评估时，应将年内每一次评估的结果作为依据。

第七条：培训记录的保存。

1. 员工的受训情况须记录于《员工培训档案》内，作为今后绩效考核、人事调动、晋升等的参考。

2. 每次培训结束后，培训的组织者应填写培训记录报告表，内容包括培训的时间、地点、内容、培训对象、培训效果等。

第八条：培训预算。

1. 每一年 12 月根据公司实际情况，以该年度所发生的培训费用为依据，两者结合做出下年度的培训预算。

2. 培训预算具体包括公司员工公共课程费用、管理层培训费用、公司内部讲师奖励费用及各部门每一位员工用于教育的费用等。

12. 绩效考核制度。

绩效考核是整个人力资源管理环节中最重要的一部分，公正合理的绩效考核，能够激发员工的工作积极性，促进员工努力工作，提高管理的效率，为公司创造更多的财富；不公正的考核，将会导致员工与公司之间的对立，打击员工工作的积极性，甚至导致人才流失。如何建立公正、公平的考核制度，将是公司管理中首先要思考的问题。

绩效考核制度主要包括：绩效考核的目的、种类、程序、作用，等等。由于每个公司的业务模式不一样，具体的绩效考核的方式、种类、程序和方法都会差别很大，我们只能举例说明，用人单位必须根据本单位的实际情况制定符合本单位需要的绩效考核制度。

【实例参考】

某公司的绩效考核管理办法

第一条：考核目的。

1. 为全面了解、评估员工工作绩效，发现优秀人才，提高公司工作效率，特制定本办法。

2. 通过考核，全面评价员工的各项工作表现，使员工了解自己的工作表现与取得报酬、待遇的关系，获得努力向上、改善工作的动力。

3. 使员工有机会参与公司管理程序，发表自己的意见。

第二条：考核原则。

以岗位职责为主要依据，以员工的日常表现为主要考核标准。

第三条：考核时间。

1. 公司定期考核，可分为月度、季度、半年、年度考核，月度考核以考勤为主。

2. 公司为特别事件可以举行不定期专项考核。

第四条：考核内容。

1. 公司考核员工的内容见公司员工考评表，由 4 大类 18 个指标组成考核指标体系。

2. 公司员工考评表给出了各类指标的权重。该权重为参考性的，对不同考核对象，目标应有调整（各公司依据自身企业特点，生成各类权重表）。

第五条：考核形式和办法。

1. 各类考核形式有：

（1）上级评议。

（2）同级同事评议。

（3）自我鉴定。

（4）下级评议。

（5）外部客户评议。

各种考核形式各有优缺点，在考核中宜分别选择或综合运用。

2. 各类考核办法有：

（1）查询记录法：对员工工作记录档案、文件、出勤情况进行整理统计。

（2）书面报告法：部门、员工提供总结报告。

（3）重大事件法。

所有考核办法最终反映在考核表上。

第六条：考核程序。

1. 人事部根据工作计划，发出员工考核通知，说明考核的目的、对象、方式及考核进度安排。

2. 考核对象准备自我总结，其他有关的各级主管、下级员工准备考评意见。

3. 将各考评人的意见、评语汇总到人事部。根据公司要求，该意见可与或不与考评对象见面。

4. 人事部依考核办法使用考评标准量化打分，填写考核表，统计出考评对象的总分。

5. 该总分在 1 分到 100 分之间，依此可划分为优、良、好、中等、一般、差等。

6. 人事部之考核结果首先与考核对象见面，征求员工对考核的意见，并需其填写书写意见，然后请其主管过目签字。

7. 考核结果分别存入人事部、员工档案、考核对象部门。

第七条：特殊考核。

1. 后进员工考核。

（1）对认定为后进的员工可因工作表现随时提出考核和改进意见。

（2）对留职察看期的后进员工表现，作出考核决定。

（3）该项考核主办为后进员工主管，并会同人事部共同考核定案。

2. 个案考核。

（1）对员工日常工作的重大事件即时提出考核意见，决定奖励或处罚。

（2）该项考核主办为员工主管和人事部。

（3）该项考核可使用专案报告形式。

3. 调配考核。

（1）人事部门考虑调配人员候选资格时，员工所在部门可提出考评意见。

（2）人事部门确认调配事项后，该部门提出当事人在本部门工作评语供新主管参考。

（3）该项考核主办为员工部门之经理。

4. 离职考核。

（1）员工离职时，须对其在本公司工作情况作出书面考核。

（2）该项考核须在员工离职前完成。

（3）公司可为离职员工出具工作履历证明和工作绩效意见。

（4）该项考核由人事部主办，并需部门主管协办。

第八条：考核结果的作用。

1. 决定员工职位升降的主要依据。

2. 与员工工资奖金挂钩。

3. 与福利（住房、培训、休假）等待遇相关。

4. 决定对员工的奖励与惩罚。

5. 决定对员工的解聘。

第九条：附则。

本办法由人事部解释、补充，经公司总经理办公会议通过后颁布生效。

13. 保密制度。

在信息社会，商业秘密是一个企业最重要的财富，一旦泄露，轻则造成经济损失，严重的甚至导致企业破产倒闭。因此，企业必须管理好本单位的商业秘密。

保密制度主要规定商业秘密的范围、商业秘密的等级、负有保密义务的对象、公司采取的保密措施、违反保密制度的处罚等。

 **典型案例**

案例 56：劳动者违规查询隐私信息单位可依法解除（2021 年北京市劳动人事争议仲裁十大典型案例）

案情简介

杨某于 2015 年 1 月 5 日入职某科技发展公司，双方订立了无固定期限劳动合同，约定杨某的岗位为高级产品经理，月工资为 3 万元。2019 年 10 月 14 日，杨某非因工作需要查询他人行程轨迹信息，被同事举报至某科技发展公司风控合规部立案调查。次日，风控合规部调查员约谈杨某，并对谈话做记录，杨某承认 2018 年 12 月至 2019 年 9 月期间，其利用公司授予的查询权限，多次登录公司出行系统，违规查询公司女同事吴某和廖某的行程轨迹信息共计近 2000 次。2019 年 11 月，某科技发展公司以杨某严重违纪（违反《员工手册》关于禁止非因公目的获取隐私信息和关于违反保密义务私自获取、保存或泄露公司保密信息的规定）为由，与其解除劳动合同。2020 年 1 月，杨某向仲裁委提出仲裁申请。

仲裁请求：要求某科技发展公司支付违法解除劳动合同赔偿金 30 万元（计算方法为：3 万元×5 个月×2 倍）。

处理结果：仲裁委裁决驳回杨某的仲裁请求。

案例评析：《劳动法》第 3 条第 2 款规定，劳动者应当完成劳动任务，提高职业技能，执行劳动安全卫生规程，遵守劳动纪律和职业道德。杨某利用职务之便，非因工作需要违规登录查询系统，获取两位女性同事的行程轨迹信息，既严重违反了某科技发展公司的相关规章制度，同时亦属于严重违反职业道德的行为，某科技发展公司以此为由将杨某辞退，具备事实与法律依据，故杨某的仲裁请求无法得到仲裁委的支持。

仲裁委提示

《中华人民共和国民法典》（以下简称《民法典》）第 1034 条规定："自然人的个人信息受法律保护。个人信息是以电子或者其他方式记录的能够单独或者与其他信息结合识别特定自然人的各种信息，包括自然人的姓名、出生日期、身份证件号码、生物识别信息、住址、电话号码、电子邮箱、健康信息、行踪信息等。个人信息中的私密信息，适用有关隐私权的规定；没有规定的，适用有关个人信息保护的规定。"第 1038 条第 2 款规定："信息处理者应当采取技术措施和其他必要措施，确保其收集、存储的个人信息安全，防止信息泄露、篡改、丢失；发生或者可能发生个人信息泄露、篡改、丢失的，应当及时采取补救措施，按照规定告知自然人并向有关主管部门报告。"本案中，杨某的行为应当受到法律的否定性评价，某科技发展公司通过出行平台掌握有自身员工及用户的隐私信息，由此发生员工违规查询同事行程轨迹的事件，其应当充分认识到自身的管理漏洞，提升对个人信息保护的重视程度，通过采取必要的管理措施和技术手段，防止未经授权实施查阅、使用或泄露个人信息的行为发生，保障自身员工及用户的隐私权不受侵犯。

【实例参考】

某公司的保密制度

第一条　总则

1. 为保守公司秘密，维护公司权益，特制定本制度。

2. 公司秘密是指不为公众所知悉、能够为公司带来经济利益，具有实用性并经公司采取保密措施的技术信息和经营信息等。

3. 公司内凡知悉公司秘密的人都负有保密的义务。

第二条　公司秘密的确定

下列事项属于公司秘密：

1. 公司重大决策中的秘密事项。

2. 公司尚未付诸实施的经营战略、经营方向、经营规划、经营项目及经营决策。

3. 公司内部掌握的合同、协议、意见书及可行性报告、主要会议记录。

4. 公司财务预决算报告及各类财务报表、统计报表。

5. 公司所掌握的尚未进入市场或尚未公开的各类信息。

6. 公司职员人事档案，工资性、劳务性收入及资料。

7. 其他经公司确定应当保密的事项。

一般性决定、决议、通告、通知、行政管理资料等内部文件不属于保密范围。

第三条　公司秘密的密级分为"绝密""机密""秘密"三级。绝密是最重要的公司秘密，泄露会使公司的权益和利益遭受特别严重的损害；机密是重要的公司秘密，泄露会使公司权益和利益遭受到严重的损害；秘密是一般的公司秘密，泄露会使公司的权益和利益遭受损害。

第四条　公司秘级的确定

1. 公司经营发展中，直接影响公司权益和利益的重要决策文件资料为绝密级。

2. 公司的规划、财务报表、统计资料、重要会议记录、公司经营情况为机密级。

3. 公司人事档案、合同、协议、职员工资性收入、尚未进入市场或尚未公开的各类信息为秘密级。

第五条　保密措施

1. 属于公司秘密的文件、资料和其他物品的制作、收发、传递、使用、复制、摘抄、保存和销毁，由总经理办公室或主管副总经理委托专人执行；采用电脑技术存取、处理、传递的公司秘密由电脑部门负责保密。

2. 属于公司绝密的信息，除非经过董事长的批准，否则只有副总以上级别的人才能查看；属于公司机密的信息，必须经过总经理的批准，否则只有部门经理以上级别的人才可以查看。

3. 属于公司秘密的设备或者产品的研制、生产、运输、使用、保存、维修和销毁，由公司指定专门部门负责执行，并采用相应的保密措施。

4. 在对外交往与合作中需要提供公司秘密事项的，应当事先经董事长的批准。

5. 不准在私人交往和通信中泄露公司秘密，不准在公共场所谈论公司秘密，不准通过其他方式传递公司秘密。

6. 公司工作人员发现公司秘密已经泄露或者可能泄露时，应当立即采取补救措施并及时报告总经理办公室；总经理办公室接到报告，应立即作出处理。

第六条　违反保密制度的处罚

1. 出现下列情况之一者，给予警告，并扣发工资100元以上200元以下：

（1）泄露公司秘密，尚未造成严重后果或经济损失的。

（2）已泄露公司秘密但采取补救措施的。

2. 出现下列情况之一的，予以辞退并追究其法律责任：

（1）故意或过失泄露公司秘密，造成严重后果或重大经济损失的。

（2）违反本保密制度规定，为他人窃取、刺探、收买或违章提供公司秘密的。

（3）利用职权强制他人违反保密规定的。

14. 奖励制度。

公司为鼓励优秀员工，促进员工工作积极性，对于表现优秀的员工，会给予奖励。关于奖励，法律法规并没有相应的规定，公司有权根据本公司的业务情况制定符合本公司实际需要的奖励制度。

奖励制度一般包括奖励的目的、种类、条件、方式等。

 典型案例

案例57：用人单位有权自主决定劳动者休福利年休假相关事项（北京市人力资源和社会保障局2022年度劳动人事争议仲裁典型案例）

案情简介

张某于2014年8月1日入职某税务咨询公司，岗位是高级税务经理，双方于2018年8月1日订立无固定期限劳动合同。2020年12月28日，某税务咨询公司以"客观情况发生重大变化致使劳动合同无法履行，经双方协商，未能就变更劳动合同内容达成协议"为由，与张某解除劳动合同并向其支付了解除劳动合同经济补偿及额外1个月工资。张某离职前12个月的平均工资为35000元。在职期间，张某每年享有20天年休假，其中法定带薪年休假15天，公司福利年休假5天。张某在2019年、2020年共计有9天福利年休假未休。在离职结算时，由于对未休福利年休假该如何补偿未作明确规定，某税务咨询公司按照单倍工资标准向张某支付上述未休福利年休假工资报酬，但张某认为应按照法定带薪年休假即双倍工资标准支付，双方因此发生争议。2021年1月6日，张某向劳动人事争议仲裁委员会（以下简称仲裁委）提出仲裁申请，要求某税务咨询公司支付2019年、2020年共计9天未休福利年休假工资报酬

（差额）14482元。

仲裁委员会裁决驳回张某的仲裁请求，一审、二审判决结果与仲裁裁决结果一致。

✎**案例评析**

本案争议的焦点在于，张某未休的福利年休假是否应按照法定带薪年休假标准予以补偿？

《职工带薪年休假条例》第3条第1款规定："职工累计工作已满1年不满10年的，年休假5天；已满10年不满20年的，年休假10天；已满20年的，年休假15天。"《企业职工带薪年休假实施办法》（人力资源和社会保障部令第1号）第10条第1款规定："用人单位经职工同意不安排年休假或者安排职工年休假天数少于应休年休假天数，应当在本年度内对职工应休未休年休假天数，按照其日工资收入的300%支付未休年休假工资报酬，其中包含用人单位支付职工正常工作期间的工资收入。"上述条文对劳动者应享有的法定带薪年休假天数及未休年休假应予如何补偿进行了明确规定，但对于用人单位自行设立的福利年休假，在未休的情况下是否应予补偿及补偿标准是多少，法律并无明文规定。按照民事活动法无禁止即可为的原则，某税务咨询公司按照单倍工资标准向张某支付未休福利年休假工资报酬，并不违反法律法规强制性规定，且张某要求按照双倍工资标准予以补偿并无相应依据，故其仲裁请求不应得到支持。

仲裁委员会提示

现阶段，不少用人单位在法律规定之外自设福利假期，而福利年休假是其中较为常见的类型。福利年休假作为一种员工福利，具有吸引更多的优秀人才、增强员工对企业的认同感、让员工得到更好休养、激发员工干事创业活力等作用，无疑值得提倡和鼓励。用人单位若建立福利年休假制度，应当按照《劳动合同法》第4条的规定，经职工代表大会或者全体职工讨论，提出方案和意见，与工会或者职工代表平等协商确定。福利年休假制度内容至少应包含以下几个方面：福利年休假的享有条件及天数；法定带薪年休假与福利年休假在使用上的先后顺序；福利年休假休假程序及时限要求；未休完的福利年休假是否支付相应补偿（如支付补偿，应明确补偿的标准）等。只有这样，用人单位才能既"把好事办好"又避免引发争议。

【实例参考】

某公司奖励制度

第一条　奖励的目的
为了促进公司发展和对优秀员工给予奖励，以激励员工奋发向上，特制定本制度。
第二条　奖励种类
本制度规定奖励的种类为年资奖、创造奖、功绩奖、全勤奖四种。

第三条　年资奖

本公司员工服务年满 10 年、20 年及 30 年，而且其服务成绩与态度均属优秀者，分别授予服务 10 年奖、服务 20 年奖及服务 30 年奖。

第四条　创造奖

本公司员工符合以下所列条件之一者，经审查合格后授予创造奖：

1. 设计新产品，对本公司有特殊贡献者。

2. 在独创方面尚未达到发明的程度，但对公司生产技术等业务发展确有特殊的贡献者。

3. 从事有益于业务发展或提高的工作，对节省成本、提高效率或对经营合理化的其他方面做出贡献者。

4. 上述各款至少应观察 6 个月，经判断效果的确良好，才属有效。

第五条　功绩奖

本公司员工符合以下所列条件之一者，经审查合格后授予功绩奖。

1. 从事对本公司有显著贡献的特殊劳动者。

2. 对提高本公司的声誉有特殊功绩者。

3. 遇到非常事变，如灾害事故等能随机应变，采取得当措施者。

4. 敢冒风险，救护公司财产及人员脱离危难者。

5. 对本公司的损害能防患未然者。

6. 具有优秀品德，可以作为本公司的楷模，有益于公司及员工树立良好风气的其他情况。

第六条　全勤奖

凡在本公司连续一年未缺勤的员工，经审查合格后授予全勤奖。奖励方式是颁发奖品。

第七条　奖励方式

本公司奖励分奖品、奖金、奖状三种方式。

第八条　奖励的评定

1. 审查手续、奖励事项由主管部门经理核实后，呈总经理批准。

2. 奖励种类及等级的评定，由员工奖励审查委员会负责。审查委员会由总经理任命主任委员、各级管理人员担任委员。

3. 奖励的核定与颁奖奖励的核定与颁奖，由总经理负责。

4. 颁奖日期原则上每年一次，于本公司成立纪念日颁发。

15. 离职管理制度。

离职管理制度主要包括离职的定义、离职手续的办理、工作的交接、物品的规划、资金的计算、保险和档案的转移、离职证明的出具等。

【实例参考】

某公司的离职管理制度

第一条　离职的定义

1. 合同离职。指员工与公司合同期满，双方不再续签合同而离职。

2. 员工辞职。指合同期未满，员工因个人原因申请辞去工作。

3. 自动离职。指员工因个人原因离开企业，包括不辞而别或申请辞职，但未获公司同意而离职。

4. 公司辞退、解聘。（1）员工因各种原因不能胜任其工作岗位，公司予以辞退；（2）公司因不可抗力等原因，可与员工解除劳动关系，但应提前发布辞退通告。

5. 公司开除。指违反公司、国家相关法律、法规、制度，情节严重者，予以开除。

第二条　离职手续办理

1. 离职员工，不论是以何种方式离职都要填写员工离职申请书，逐级经部门主管、行政部主管、总经理批准后方可办理离职手续。

2. 普通员工离职，应提前15天提出申请。中级以上管理人员、项目主管及技术人员应提前一个月提出申请。

3. 经总经理批准可以离职的员工，应到行政部领取员工离职审批表，认真、如实填写各项内容。

第三条　工作移交

员工离职应办理以下交接手续。

1. 工作移交。指将本人经办的各项工作、保管的各类工作性资料等移交至部门主管所指定的人员，主要内容有：

（1）公司的各项内部文件。

（2）经办工作详细说明（书面形式）。

（3）往来客户、业务单位信息，包括姓名、单位名称、联系方式、地址、业务进展情况等。

（4）培训资料原件。

（5）企业的技术资料（包括书面文档、电子文档等）。

（6）经办项目的工作情况说明，包括项目计划书、项目实施进度说明、项目相关技术资料等。

（7）其他直接上级认为应移交的工作。

2. 事物移交。指员工任职期间所领用物品的移交，主要包括：领用的办公用品、办公室、办公桌钥匙，借阅的资料、各类工具（如维修工具、移动存储器、所保管工具等）、仪器等。

3. 款项移交。指离职员工将经办的各类项目、业务、个人借款等款项事宜移交至财务室。

4. 其他公司认为应办理移交的事项。

上述各项交接工作完毕，接收人应在员工离职审批表上签字确认，并经行政部审核后方可认定交接工作完成。

第四条 结算

1. 当交接事项全部完成，并经部门主管、行政主管、总经理分别签字后，方可对离职员工进行相关结算。

2. 离职员工的工资、违约金等款项的结算由财务室、行政部共同进行。

第五条 转移保险和档案关系

员工办理完离职手续之日起15日内，公司为员工办理转移保险和档案关系的手续。

第六条 出具离职证明

劳动合同解除或者终止时，公司为员工出具终止或解除劳动合同证明。

16. 其他制度。

以上介绍的都是公司中常见的规章制度，此外还有其他一些制度，如出差管理制度、会议制度、借款报销制度、安全保卫制度等。每个公司可根据本公司的实际情况制定。

五、制定合法有效的规章制度的程序及违法的法律后果

1. 企业规章制度的生效要件。

根据《劳动法》《劳动合同法》及相关法律的规定，企业规章制度必须具备下列条件，才能生效。

（1）制定主体合格。

为保证所制定的劳动规章制度在本单位范围内具有统一性和权威性，劳动规章制度制定主体应是用人单位行政系统中处于最高层次、对单位的各个组成部分和全体职工有权实行全面和统一管理的行政机构，并由其代表用人单位制定并以用人单位名义颁布实施。用人单位其他管理机构，不具有劳动规章制度的制定主体资格，只能参与劳动规章制度的制定活动。企业某个部门制定并以部门名义发布的规章制度则存在法律效力风险。

因此，建议用人单位在制定规章制度时，可以由某个部门起草，但对外发布时，不要以某个部门的名义，而要以公司的名义。

（2）制定程序合法。

"正义不仅应得到实现，而且要以人们看得见的方式加以实现"，而程序正义则被视为"看得见的正义"，因此程序比实体显得还重要，规章制度必须经过民主程序

制定。

《最高人民法院关于审理劳动争议案件适用法律问题的解释（一）》第50条第1款规定，用人单位根据劳动合同法第四条规定，通过民主程序制定的规章制度，不违反国家法律、行政法规及政策规定，并已向劳动者公示的，可以作为确定双方权利义务的依据。关于什么是民主程序，法律并没有作明确的规定，既可以理解为经过全体职工或者职工代表大会审议通过，也可以理解为征求全体职工或者职工代表大会的意见，因此，对用人单位制定规章制度的程序的规定弹性很大。

《劳动合同法》第4条第2款规定，用人单位在制定、修改或者决定有关劳动报酬、工作时间、休息休假、劳动安全卫生、保险福利、职工培训、劳动纪律以及劳动定额管理等直接涉及劳动者切身利益的规章制度或者重大事项时，应当经职工代表大会或者全体职工讨论，提出方案和意见，与工会或者职工代表平等协商确定。

因此，根据《劳动合同法》的规定，用人单位制定规章制度和重大事项时，应该经过以下几个程序。

①先民主程序。

用人单位制定规章制度时，应当将规章制度草案交由职工代表大会或者全体职工讨论。如果用人单位有职工代表大会的，可以交职工代表大会讨论，没有职工代表大会的，交全体职工讨论，职工代表或者职工可以提出意见和建议。这个过程，我们可以称为民主程序。

②后集中程序。

经过职工代表大会或者全体职工的讨论，肯定会提出不少意见和建议，企业在听取职工代表或者职工的意见和建议后，应与工会或者职工代表平等协商确定。这个过程称之为"集中程序"。需要强调的是，过去在大多数企业的观念中，规章制度属于用人单位单方面的权力，企业可以随意地制定规章制度，劳动者只有遵守的义务，没有参与的权利。而《劳动合同法》关于规章制度制定的程序却确定为"与工会或者职工代表平等协商确定"，这就意味着企业规章制度制定权由企业单方面行使变成了企业与员工共同协商确定。

③规章制度和重大事项决定的异议程序。

用人单位制定的规章制度，既要符合法律、法规的规定，也要符合社会道德。实践中有些企业制定的规章制度非常不合理，比如限制员工一天只能上几次厕所，每次上厕所的时间不能超过多少分钟，每顿饭必须在几分钟之内吃完等。这些虽然没有违反法律法规的规定，但由于制定得不合理，在规章制度和重大事项决定实施过程中，工会或者职工认为不适当的，有权向用人单位提出，通过协商予以修改完善。

因此建议企业在制定规章制度时，应该召开职工代表大会或者全体职工大会，与职工代表大会或者全体职工进行讨论、协商，企业应该保存好开会记录，将开会的决议结果交由参加会议的代表签字确认。

 **典型案例**

案例 58：制定规章制度要符合相应的法定程序

郭某是北京市一家电容器厂的职工，仲裁前已有近 20 年的工龄。该电容器厂为加强内部职工管理，制定了一系列的规章制度。其中一条规定，厂里的在职职工，平时在厂内不许打架斗殴，否则，将被永远开除出厂，终止一切待遇。2018 年 2 月，一直表现不错的郭某，在工作中因为与同事赵某的一点摩擦发生纠纷，郭某打了赵某一拳，但在周围其他同事的竭力劝阻下，事态很快平息。几天后，已将此事忘到脑后的郭某突然被厂人事部门找去谈话。该人事部一位负责人称，郭某打人事件虽然很快得到平息，也没有产生多大负面影响，但为严肃厂纪，经厂领导研究决定，还要对其作开除处理。随即，他们就让郭某在一份处分决定书上签字。郭某以厂里规定的"厂规"没有经过职工代表大会通过，不合法，不能作为解决劳动纠纷的依据为由，提起仲裁。劳动争议仲裁委员会经审理查明，该电容器厂制定的厂规，仅是厂里几位领导私下拟定后公布实施的，未经过厂里的职工代表大会审议通过，在程序上是不合法的，不具备任何法律效力。另外，庭审中，郭某的代理人还当庭出示了该厂 30 多名职工的联名信。联名信认为，厂里草率开除一个工作能力和平时表现都还不错的老职工，不合情理。最后劳动争议仲裁委员会支持了郭某的仲裁请求，裁定恢复郭某的劳动关系。

✏️ **律师点评**

本案电容器厂之所以败诉，是因为电容器厂在制定规章制度时，没有经过合法程序，没有与职工代表大会讨论，该规章就不能作为处罚职工的依据。因此，公司今后在制定规章制度时，一定要注意程序合法。

（3）规章制度中的内容合法、合理，不得违反国家法律法规的规定。

①不违反国家法律、行政法规及政策规定

国家法律是指由国家最高权力机构，在我国是全国人民代表大会和全国人民代表大会常务委员会制定、颁布的规范性文件的总称，如《劳动法》《劳动合同法》等。

行政法规是指国家最高行政机关，即国务院依据宪法和法律制定的规范性文件的总称，如《职工带薪年休假条例》。

政策规定既指国务院部门制定的一些政策性规定，也包括地方性法规，还包括地方政府制定的一些政策。

企业规章制度的内容不能与国家法律、行政法规和政策规定相冲突，如果相冲突的，冲突部分无效。

例如，《就业促进法》中规定，用人单位招用人员，除国家规定的不适合妇女的工种或者岗位外，不得以性别为由拒绝录用妇女或者提高对妇女的录用标准。用人单位录用女职工，不得在劳动合同中规定限制女职工结婚、生育的内容。用人单位招用人员，不得歧视残疾人。用人单位招用人员，不得以是传染病病原携带者为由拒绝录用。但是，经医学鉴定传染病病原携带者在治愈前或者排除传染嫌疑前，不得从事法律、行政法规和国务院卫生行政部门规定禁止从事的易使传染病扩散的工作。农村劳动者进城就业享有与城镇劳动者平等的劳动权利，不得对农村劳动者进城就业设置歧视性限制。如果用人单位违反规定，在规章制度中实行歧视，那么该规定就是无效的。同样，用人单位制定的规章制度中违反其他法律法规的强制性规定，其规章制度也是无效的。

 典型案例

案例 59：规章制度的内容不得违反法律规定

宋小姐应聘到某公司担任财务人员，该单位规章制度规定，未婚女性在本单位工作不满 3 年不得结婚，本单位职工之间不得谈恋爱和结婚，一旦发现，立即解除劳动合同。宋小姐进入该公司工作后，与该公司技术部门的程序员孙某相恋，后宋小姐与孙某结婚。该公司得知后，立即与宋小姐及孙某解除了劳动合同。宋小姐和孙某不服，提起仲裁。劳动争议仲裁委员会经过审理后认为，公司的规章制度违反了国家法律法规的规定，不能作为审理的依据，裁定该公司分别赔偿宋小姐和孙某各种赔偿 1.2 万元和 2.3 万元。

律师点评

《就业促进法》第 27 条第 3 款规定，用人单位录用女职工，不得在劳动合同中规定限制女职工结婚、生育的内容。

结婚、生育都属于个人的权利，只要不违反国家法律法规的规定，用人单位无权限制职工的结婚和生育，也无权干涉员工的恋爱自由。在本案中，用人单位在规章制度中限制员工恋爱、结婚都是错误的，都是违反国家法律规定的。

②不得与劳动合同和集体合同相冲突

《最高人民法院关于审理劳动争议案件适用法律问题的解释（一）》第 50 条第 2 款规定，用人单位制定的内部规章制度与集体合同或者劳动合同约定的内容不一致，劳动者请求优先适用合同约定的，人民法院应予支持。最高人民法院的解释解决了集体合同、劳动合同与企业规章制度法律优先权问题。实践中，企业总是通过单方面制定规章制度，单方面变更劳动合同的设定，以增加劳动者的义务。由于劳动合同的效力高于规章制度，即使规章制度由职代会通过，如果与劳动合同冲突或者不一致，除非劳动者认可，否则无效。

 **典型案例**

案例 60：用人单位的规章制度不得与集体合同相冲突

姚某是某矿场工人，姚某与矿场签订的劳动合同中对于工资报酬没有作明确约定，只是写按照单位规定支付。该矿场在制定单位规章制度时，规定姚某的工作岗位工资标准为 4000 元。但后来姚某经过了解得知，该矿场曾经签订过集体合同，在集体合同中，该矿场承诺像姚某这样的工作岗位的工资标准不低于 4500 元。后姚某向当地劳动监察部门投诉，劳动监察部门经过调查后责令矿场改正。

✎ **律师点评**

用人单位的规章制度不得与劳动合同或者集体合同中的规定相冲突，如果相冲突的，劳动者主张优先适用劳动合同的，以劳动合同的规定为准。

③不得违背公序良俗

公共秩序和善良风俗是民法的一个基本原则，渗透到了所有法律中。《劳动合同法》也贯穿着"公序良俗"这个基本原则。如果用人单位规章制度违背公序良俗，职工可向劳动行政部门主张该规章制度无效。具体要法院根据实际情况来决定。

 **典型案例**

案例 61：规章制度不得违背公序良俗

某工厂规章制度中规定，职工每天上厕所不得超过 4 次，每次不得超过 5 分钟，违反一次，罚款 50 元，违反两次，予以开除。职工余某因为身体不适，连续 3 天，每天上厕所七八次，每次都超过了 5 分钟，最后该工厂将余某开除。余某不服提起仲裁，最终仲裁委员会认为工厂的规章制度无权限制员工上厕所的权利，违背了公序良俗，不能作为审理的依据，其开除员工的决定行为违法，裁决该工厂赔偿余某 8000 元。

✎ **律师点评**

上厕所是人正当的权利，企业不能在规章制度中予以限制，企业限制员工上厕所的做法是十分荒唐的，因此不能作为合理的依据。该工厂的做法是违法的，属于违法解除劳动合同。

（4）向劳动者公示或者告知劳动者，这是制定规章制度中最重要的一步。

《劳动合同法》第 4 条第 4 款规定："用人单位应当将直接涉及劳动者切身利益的规章制度和重大事项决定公示，或者告知劳动者。"

公示原则是现代法律法规生效的一个要件，作为企业的规章制度更应对其适用的人群公示，未经公示的企业规章制度，对职工不具有约束力。就像法律的生效一样，不能秘而不宣也不能言出法随，更不可随意通知一下让公众大概有一个了解，而必须依法定的方法和方式公开。

至于公示或者告知的方式根据实践经验，一般可采取如下方法：

①公司网站公布：在公司网站或内部局域网发布进行公示。

采取这种方式，一旦发生纠纷，举证比较困难，用人单位虽然能够举证规章制度在网站上公布，但很难证明规章制度是什么时候上传到网站上去的，而且劳动者一旦否认上过公司网站或者虽然上过公司网站，但没有看见过规章制度，用人单位就会非常被动。

②电子邮件通知：向员工发送电子邮件，通知员工阅读规章制度并回复确认。

电子类证据取证非常困难，而且在司法实践中，电子类证据能否作为证据被认定，各个法院的做法也不一致。

③公告栏张贴：在公司内部设置的公告栏、白板上张贴供员工阅读。

这种方式，一旦发生诉讼，用人单位举证也将非常困难。

④员工手册发放：将公司规章制度编印成册，每个员工均发放一本，并且让员工签字确认。

这是一种比较好的告知方式。

⑤规章制度培训：公司人力资源管理部门组织公司全体员工进行公司规章制度的培训，集中学习。

⑥规章制度考试：公司以规章制度内容作为考试大纲，挑选重要条款设计试题，组织员工进行开卷或闭卷考试，加深员工对公司规章制度的理解。

⑦规章制度传阅：可将规章制度交由员工传阅。

用人单位单纯地将规章制度交由员工传阅，可能并不能产生太好的效果，如果用人单位采取规章制度培训和考试的方式，不但可以使员工充分地了解本单位的规章制度，而且可以保存相关记录，一旦发生纠纷，员工也无法否认。

⑧作为劳动合同的附件，在劳动者与用人单位签订劳动合同时，让劳动者签字确认。但用人单位一旦采取这种方式，也会有法律风险，其风险就在于用人单位在修改规章制度的时候比较麻烦。企业一旦将规章制度作为劳动合同的一部分，规章制度就失去了独立的法律效力，企业修改规章制度就意味着需要修改劳动合同，而用人单位变更劳动合同应该与劳动者协商，如果劳动者不同意变更，用人单位必须按照原来的劳动条款履行。如果企业不将规章制度作为劳动合同的附件，那么劳动合同和规章制度各自独立，劳动合同和规章制度的修改程序是不一样的，规章制度的修改程序和要求要远远比劳动合同的修改程序和要求复杂，用人单位只要按照法定程序修改规章制度，规章制度就发生效力。但如果用人单位将规章制度作为劳动合同的附件，那么用人单位在制定新的规章制度时，部分劳动者不同意修改，用人单位就只能是同一个单位实行两种规章制度，同意的劳动者按照新的规章制度执行，不同意的劳动者按照旧的规章制度执行，这样会给用人单位的管理带来极大的不便。

规章制度是否公示对劳动争议案件的处理影响极大，直接关系到劳动争议案件的胜败。根据实践经验，从便于用人单位举证角度出发，规章制度的公示需注意以下操作细节：发放员工手册必须有员工签收记录，规章制度培训必须保留培训人员的签到记录，规章制度考试应当将试卷作为员工档案资料保存。另外，还可在入职登记表或劳动合同中约定：本人已经充分阅读公司规章制度，愿意遵照执行。推荐用人单位采用让员工签字确认的方式，或者用人单位组织员工进行规章制度培训及考试的方式。从举证角度考虑，不推荐网站公布法、电子邮件通知法、公告栏张贴法，因为这三种公示方式都不易于举证。

 典型案例

案例 62：规章制度应向劳动者公示

高某 2018 年 1 月入职北京一电子公司，双方签订了一份为期 3 年的劳动合同，合同中特别约定：如违反公司规章制度，情节严重，公司有权提前解除劳动合同，且无须支付经济补偿金。至于哪些情形属于情节严重，公司并没有告知员工。2018 年 9 月 10 日，高某接到公司的一份解雇通知，解雇理由是高某一个月内累计迟到 3 次，要求高某必须在 2 个小时内办好离职手续。高某不服，提起劳动仲裁。在仲裁中高某主张，他一直不知道公司有该规定，公司从未将规章制度的内容向其公示，公司称规章制度已经在中层干部会议上宣布通过并且对全体员工有效，但确实没有向员工公布。最后劳动争议仲裁委员会裁决公司解除劳动关系违法，要求恢复与高某的劳动关系。

 律师点评

在本案中，暂且不论公司规章制度规定迟到 3 次以上单位就可以解除劳动合同是否合理，单从程序上说，公司败诉是确定无疑的。根据《最高人民法院关于审理劳动争议案件适用法律问题的解释（一）》第 50 条第 1 款规定，规章制度未公示的，不能作为确定双方权利义务的依据。本案中公司根本没有向员工公布规章制度，其依据规章制度的有关规定解除劳动合同将不能得到支持。

 典型案例

案例 63：规章制度不公示的，将不具备相应的效力

王某在某公司从事保安工作。一天晚上，公司发生了盗窃事件，这天正赶上王某值班。公司经理认为是保安部门没有尽到职责。于是公司作出决定，解除与王某的劳动合同，理由是王某严重违反劳动纪律，在上班时间睡觉、脱岗、随意让公司外的人进入公司且不履行登记手续，从而导致公司被盗。王某不服公司决定，辩称自己从来没有在上班时间睡觉、脱岗，更没有随意让公司外的人进入公司，并由其同事作证自己没有违反劳动纪律的行为。公司经理又提出，王某没有按照规定定时在公司内巡视。王某称自己从来不知道公司有"定时在公司内巡视"的规定。公司不顾王某的辩解，最终还是解除了与王某的劳动合同。王某不服公司解除劳动合同的决定，向当地仲裁委申请仲裁。仲裁委经审理认为，该公司劳动纪律松弛，经常发生违反规章制度的事件。虽然在公司的《保安员工手册》中要求，保安人员应定时在公司内巡视，但是《保安员工手册》从来没有进行过公示，也没有进行规章制度和劳动纪律教育的记录，更没有将相关制度的文本发给每名保安人员并签收，只是在人力资源部门保存一份，实际上该制度从来就没有执行。劳动争议仲裁委员会最终裁决：王某不知道公司的劳动纪律，没有履行的义务，公司无权根据《保安员工手册》认定王某有过失而解除与王某的劳动合同。

【企业防范】

用人单位在制定规章制度时，一定要注意，不但要符合实体要件，而且要符合程序要件，做到内容不违反法律法规的规定，程序符合法律法规的要求。我们建议用人单位在制定规章制度时，最好聘请专业的律师，因为规章制度好比一个企业的基石，是企业管理的依据，稍微疏忽，就可能给企业带来极严重的后果，甚至是灭顶之灾。

2. 企业规章制度的制定步骤。

一套好的规章制度不是企业领导拍脑袋想出来的，也不是专家凭空想象出来的，而是企业结合自身的特点，在多年的企业管理过程中，针对过去企业管理过程中出现的问题以及未来可能出现的问题，在总结经验和教训的基础上制定出来的。因此企业制定规章制度必须结合企业自身的特点和需求，一般来说，规章制度的制定需要经过以下步骤：

（1）提出制定规章制度的建议。

一般来说，规章制度制定或者修改的建议，都是由公司人力资源部门或者相关部门提出，如为什么制定规章制度，规章制度需要规定哪些方面的内容，制定规章制度后将起到什么作用等。

（2）决定是否制定规章制度。

公司有关部门就规章制度提出建议后，公司最高决策层应当就是否制定规章制度作出决定，如果决定制定规章制度，应当确定负责制定规章制度的部门、有关负责人及制定规章制度的时间安排。

（3）起草草案。

公司决定制定规章制度后，负责规章制定的部门应当结合企业本身的特点起草出符合本单位实际情况的草案。我们建议，由于规章制度的制定是一项非常专业的工作，为了保证制定出的规章制度符合法律需求，用人单位最好聘请专业的律师起草，企业内部人员把企业自身的特点及需求告知专业律师，这样可以保证制定出的规章制度既符合企业需求，又符合法律规定。

（4）征求职工意见。

由于规章制度是今后对员工的管理制度，关系着员工的切身利益，在制度制定过程中让员工参与进来，充分地听取和吸收员工对规章制度的有益建议，对于今后更好地管理员工将起到重要作用。而且《劳动合同法》第 4 条第 2 款明确规定："用人单位在制定、修改或者决定有关劳动报酬、工作时间、休息休假、劳动安全卫生、保险福利、职工培训、劳动纪律以及劳动定额管理等直接涉及劳动者切身利益的规章制度或者重大事项时，应当经职工代表大会或者全体职工讨论，提出方案和意见，与工会或者职工代表平等协商确定。"

（5）根据意见修改定稿。

通过征求员工意见，对于员工合理的建议，用人单位应当积极采纳，对于员工不合理的建议，用人单位也应当向员工解释为什么不采纳，便于今后对员工进行管理。最终，企业与工会或者职工代表平等协商确定规章制度。

（6）公布。

规章制度制定出来，必须对外公布，只有公布后，规章制度才发生法律效力。关于公布的方式，我们前面已经做了详细的论述。

3. 企业规章制度的修改。

用人单位制定规章制度并实施一段时间以后，可能会出现新情况、新变化，有可能是制定的规章制度已经不适用于新情况，也有可能是规章制度制定之初就不合理，不符合实际需要。不管是什么原因，只要规章制度不符合实际需要，用人单位就必须进行修改。但企业修改规章制度也不是随便就可以进行的。企业规章制度的修改和制定程序是一样的，必须严格按照企业规章制度制定程序来进行。

因此，用人单位修改规章制度也必须经过平等协商程序，规章制度的内容不违反国家法律、行政法规和政策规定，用人单位将修改后的规章制度向劳动者公示后才能生效。

如果用人单位不按照以上流程修改规章制度，那么一旦与劳动者发生纠纷，就不可能作为人民法院审理案件的依据。

4. 企业规章制度欠缺要件的法律后果。

企业规章制度如果欠缺生效要件或者内容违法等，用人单位将面临下列法律风险。

（1）企业可能承担行政责任。

《劳动合同法》第 80 条规定，用人单位直接涉及劳动者切身利益的规章制度违反法律、法规规定的，由劳动行政部门责令改正，给予警告。

《劳动保障监察条例》规定，劳动监察部门有权对用人单位制定内部劳动规章制度的情况进行劳动监察，并可以根据违反劳动保障法律、法规和规章的具体行为，作出责令改正等行政处罚。

典型案例

案例64：用人单位以规章制度形式否认劳动者加班事实是否有效（人力资源和社会保障部、最高人民法院联合发布第二批劳动人事争议典型案例）

基本案情

常某于2016年4月入职某网络公司。入职之初，某网络公司通过电子邮件告知常某，公司采取指纹打卡考勤。员工手册规定："21：00之后起算加班时间；加班需由员工提出申请，部门负责人审批。"常某于2016年5月至2017年1月期间，通过工作系统累计申请加班126小时。某网络公司以公司规章制度中明确21：00之后方起算加班时间，21：00之前的不应计入加班时间为由，拒绝支付常某加班费差额。常某向劳动人事争议仲裁委员会（简称仲裁委员会）申请仲裁，请求裁决某网络公司支付其加班费差额。某网络公司不服仲裁裁决，诉至人民法院。

原告诉讼请求

请求判决不支付常某加班费差额。

裁判结果

一审法院判决：某网络公司支付常某加班费差额32000元。双方不服，均提起上诉。二审法院判决：驳回上诉，维持原判。

案例分析

本案的争议焦点是某网络公司以规章制度形式否认常某加班事实是否有效。

《劳动合同法》第4条规定："用人单位应当依法建立和完善劳动规章制度，保障劳动者享有劳动权利、履行劳动义务。用人单位在制定、修改或者决定有关劳动报酬、工作时间、休息休假、劳动安全卫生、保险福利、职工培训、劳动纪律以及劳动定额管理等直接涉及劳动者切身利益的规章制度或者重大事项时，应当经职工代表大会或者全体职工讨论，提出方案和意见，与工会或者职工代表平等协商确定。……用人单位应当将直接涉及劳动者切身利益的规章制度和重大事项决定公示，或者告知劳动者。"通过民主程序制定的规章制度，不违反国家法律、行政法规及政策规定，并已向劳动者公示的，可以作为确定双方权利义务的依据。

本案中，一方面，某网络公司的员工手册规定有加班申请审批制度，该规定并不违反法律规定，且具有合理性，在劳动者明知此规定的情况下，可以作为确定双方权利义务的依据。另一方面，某网络公司的员工手册规定21：00之后起算加班时间，并主张18：00至21：00是员工晚餐和休息时间，故自21：00起算加班。鉴于18：00至21：00时间长达3个小时，远超过合理用餐时间，且在下班3个小时后再加班，不具有合理性。在某网络公司不能举证证实该段时间为员工晚餐和休息时间的情况下，其规章制度中的该项规定不具有合理性，人民法院依法否定了其效力。人民法院结合考勤记录、工作系统记录等证据，确定了常某的加班事实，判决某网络公司支付常某加班费差额。

典型意义

劳动争议案件的处理，既要保护劳动者的合法权益，亦应促进企业有序发展。合法的规章制度既能规范用人单位用工自主权的行使，又能保障劳动者参与用人单位民主管理，实现构建和谐劳动关系的目的。不合理的规章制度则会导致用人单位的社会声誉差、认同感低，最终引发人才流失，不利于用人单位的长远发展。用人单位制定的合理合法的规章制度，可以作为确定用人单位、劳动者权利义务的依据。一旦用人单位以规章制度形式规避应当承担的用工成本，侵害劳动者的合法权益，仲裁委员会、人民法院应当依法予以审查，充分保护劳动者的合法权益。用人单位应当根据单位实际，制定更为人性化的规章制度，增强劳动者对规章制度的认同感，激发劳动者的工作积极性，从而进一步减少劳动纠纷，为构建和谐劳动关系做出贡献。

（2）企业可能承担民事赔偿责任。

《劳动合同法》第 80 条规定，用人单位直接涉及劳动者切身利益的规章制度违反法律、法规规定的，给劳动者造成损害的，应当承担赔偿责任。

《劳动保障监察条例》第 21 条第 1 款规定，用人单位违反劳动保障法律、法规或者规章，对劳动者造成损害的，依法承担赔偿责任。劳动者与用人单位就赔偿发生争议的，依照国家有关劳动争议处理的规定处理。

 **典型案例**

案例 65：加班费支付义务不因单位制度规定而免除（2021 年北京市劳动人事争议仲裁十大典型案例）

案情简介

蔡某于 2017 年 12 月 11 日入职某影院技术服务公司，担任工程师。双方签订有期限为 2017 年 12 月 11 日至 2020 年 12 月 10 日的劳动合同，其中约定蔡某的月工资标准为 12000 元。2019 年 12 月 6 日，蔡某因个人原因离职。离职时，因 2018 年度累计有休息日加班 70 小时未调休，蔡某向影院技术服务公司提出支付上述 70 小时的休息日加班费的要求。影院技术服务公司虽认可蔡某存在上述加班事实，但认为，根据其公司《人力资源管理手册》的规定，加班倒休周期为当年 1 月 1 日至 12 月 31 日，特殊情况可延长至次年 3 月 31 日，逾期未倒休，视为放弃相应权利，公司将不予支付加班费，且蔡某入职时已在《人力资源管理手册》上签字表示认可，故不同意向蔡某支付上述加班费。双方就此发生争议，蔡某于 2020 年 2 月向劳动人事争议仲裁委员会（以下简称仲裁委）提出仲裁申请，要求某影院技术服务公司支付 2018 年度休息日加班费 9655 元。

仲裁委裁决支持蔡某的仲裁请求。

案例评析

本案争议的焦点在于，某影院技术服务公司能否因规章制度的规定而免除其加班费支付义务。《劳动法》第44条第2项规定，休息日安排劳动者工作又不能安排补休的，用人单位应支付不低于工资的200%的工资报酬。从该条规定来看，用人单位在安排劳动者休息日加班之后，应当及时安排劳动者补休，未安排补休的，则应支付相应的加班费，而非劳动者不"申请"补休则"过期作废"。此外，《劳动合同法》第26条第1款第2项规定，用人单位免除自己的法定责任、排除劳动者权利的，该劳动合同无效或部分无效。同理，用人单位利用规章制度的规定，免除自身法定责任，排除劳动者权利的，即使该制度已向劳动者公示或告知，亦因显失公平而对劳动者不具有约束力，故蔡某的仲裁请求应予支持。

仲裁委提示

取得劳动报酬权是劳动者劳动权利的核心内容。加班费是劳动者延长工作时间的工资报酬，用人单位应当按照劳动合同约定和国家规定，向劳动者及时足额支付。用人单位在制定、修改或者决定有关劳动报酬、工作时间、休息休假等直接涉及劳动者切身利益的规章制度或者重大事项时，既要遵循合法性原则，也要符合合理性原则，避免因规章制度违反上述原则给自身带来用工风险。

（3）劳动者可以随时解除劳动合同并可以要求支付经济补偿金。

《劳动合同法》第38条第1款第4项规定，用人单位的规章制度违反法律、法规的规定，损害劳动者权益的，劳动者可以解除劳动合同。

《劳动合同法》第46条第1项规定，劳动者依照第38条规定解除劳动合同的，用人单位应当向劳动者支付经济补偿。

 **典型案例**

案例66：规章制度违法，劳动者有权解除劳动合同

某软件公司在规章制度中规定，公司不为农村户口的员工缴纳社会保险。孙某在该软件公司担任会计工作3年，多次要求公司为其缴纳社会保险，公司均以公司规定不为农村户口的员工缴纳社会保险为理由，拒绝了孙某的要求。后孙某在一次外出工作的过程中受到伤害，被认定为工伤，但由于公司没有为孙某缴纳社会保险，无法报销医疗费用，公司也不为其报销相关费用。于是孙某提起劳动仲裁，要求公司赔偿其受伤期间花费的所有费用，解除劳动合同，支付经济补偿金。孙某同时向劳动监察大队投诉，要求公司为其补缴社会保险。

劳动争议仲裁委员会经过审理后认为，公司因为孙某是农村户口不为其缴纳社会保险是错误的，属于歧视性行为。孙某在工作期间受伤属于工伤，因为公司没有为孙某缴纳社会保险，因此公司应当承担孙某看病花费的费用；由于公司制定的规章制度

损害了孙某的利益，给孙某造成了损失，孙某要求解除劳动合同并支付经济补偿金的要求合理。劳动监察大队经过调查后责令公司为孙某补缴社会保险。

 律师点评

《就业促进法》明确规定，农村劳动者进城就业享有与城镇劳动者平等的劳动权利，不得对农村劳动者进城就业设置歧视性限制。在本案中，该软件公司对农村户籍的员工实行歧视性对待是错误的。公司在制定规章制度时，不得违反法律法规的规定。如果用人单位的规章制度因违反法律法规的规定而给劳动者造成损害的，劳动者有权解除劳动合同并要求支付补偿金。

（4）一些规章制度因无法律效力而失去作为确定双方权利义务的依据的作用。

《最高人民法院关于审理劳动争议案件适用法律问题的解释（一）》第 50 条第 1 款明确规定，用人单位根据劳动合同法第 4 条规定，通过民主程序制定的规章制度，不违反国家法律、行政法规及政策规定，并已向劳动者公示的，可以作为确定双方权利义务的依据。否则，用人单位的规章制度将会不予适用。

典型案例

案例 67：制定规章制度应履行相应的民主程序

用人单位通常会将本单位的规章制度作为附加条款写入劳动合同，这些条款通常会被载于《员工手册》，而因员工手册引发的公司与职工之间的纠纷也逐年增多。北京市某区人民法院审结了一起因新、旧员工手册更替引发的员工手册效力官司，判决未通过民主程序的新员工手册无效。

某食品公司在 2007 年 12 月 31 日以前实施的是旧版《员工手册》，该手册规定员工的病假工资是其基本工资的 60%。员工李女士从 2007 年 7 月 28 日开始至今一直在家休病假。按照这个规定，李女士的病假工资在 2007 年 12 月 31 日以前每月应为 4440 元。2008 年 1 月，某食品公司公布并实施新的《员工手册》。按照新《员工手册》规定：当年病假累计超过 10 天，病假工资待遇按员工工作地政府规定的最低标准执行。在这期间，由于李女士多次提出劳动争议仲裁，某食品公司分 5 次向她支付了有关工资和病假工资共 2.9 万元。而按照新规定，李女士此期间应得的工资及病假工资、独生子女费等，在扣除各项社会保险及个人所得税后应为 2.4 万元。新《员工手册》规定该手册生效日期为 2008 年 1 月，以前的公司政策、规程及规章制度与本手册内容不一致的，按本手册规定执行。因此，某食品公司不同意劳动仲裁要求其支付李女士 2008 年 1 月、2 月的工资差额的决定，并为此起诉到宣武区法院。

法院经审理查明，李女士与某食品公司最后一份劳动合同的有效期至 2007 年 8 月。李女士自 2007 年 7 月 28 日进入医疗期，至今仍在医疗期内。某食品公司按照旧版《员工手册》规定，向李女士支付了病假工资至同年 12 月。2008 年 1 月至 2 月，某食品公司依据新规定支付了李女士的病假工资。案件审理中，某食品公司将新《员工手册》向其职工公布并已送达职工，但未履行相应的民主程序。

宣武法院认为，用人单位制定的《员工手册》应当在通过民主程序制定并向劳动者公示后，在本单位内颁布施行。某食品公司的《员工手册》未经民主程序制定，故应按照旧《员工手册》的标准向李女士支付工资。据此，依照《劳动法》第4条之规定，判决某食品公司支付李女士2008年1月、2月的工资差额3900余元。

（5）企业失去了抵御劳动争议风险的强有力的手段。

企业制定规章制度的主要目的是维护企业日常管理及生产正常秩序，提高劳动生产率，提升企业文化内涵，创造和谐稳定的劳动关系。同时，由于劳动争议的复杂多样，仅靠劳动合同是不够的，企业更需借助规章制度才能处理解决。因此，作为调解劳动争议的重要依据的企业规章制度，在处理劳动争议时具有不可替代性。如果制定的规章制度无效，企业在处理劳动争议时将陷于被动局面，遭受不必要的损失，也失去了企业抵御劳动争议风险强有力的手段。同时如果企业制定的规章制度无效，它就会像一个定时炸弹，不但不能起到很好的作用，反而随时有可能引爆，对企业产生危害。

六、企业制定规章制度时应该注意的问题

企业规章制度是维持企业正常运转、快速发展的重要保障，具有不可替代的重要作用。但是规章制度是一把"双刃剑"，要依法制定，严格执行。只有合法有效并且严格执行的规章制度，才能强有力地支撑企业业务发展，有效防范企业劳动用工法律风险。否则，规章制度就将成为企业管理的障碍。为此，关于规章制度的制定，我们提出如下建议。

1. 聘请专业人士依法制定，确保合法有效。

我们在处理多起劳动争议的过程中发现，有些用人单位的规章制度往往是通过剪贴的方式拼凑而成的，这些规章制度问题百出，前后矛盾，内容重复，没有内在结构，甚至有的内容违反法律法规的强制性规定，制定程序也不合法。之所以出现这种情况，是因为没有专业人士的参与。专业律师特别是专门从事劳动法的律师参与制定企业的规章制度，对于确保规章制度合法有效起到了关键作用。因为我国劳动法律法规众多且复杂，各地又根据当地的实际情况制定了众多的地方性法规、规章、法院的解释等。如果不是专业从事劳动法律的律师，很难对这些掌握得非常清楚。企业最好在一开始制定规章制度时，就聘请专业的律师。专业律师的介入，对不同类型的企业，对不同发展阶段的企业劳动规章制度具有很好的把握力，能针对企业的不同情况明确企业需要制定哪些规章制度。专业律师制定规章制度将起到以下作用：

第一，保障规章制度的合法性。

第二，保障规章制度形式上的完善和内容上的完善。

　　规章制度形式上的完善和内容上的完善是指制度规范设定的权利义务条款服务于制度的目的；确保权利义务一致，有权利必有义务，有义务必有责任。

　　第三，保障规章制度的可操作性。

　　企业制定规章制度时，一定要注意企业规章制度的生效条件，严格遵守。企业制定规章制度必须做到制定主体适格，内容合法、合理且程序完善，不得违背公序良俗，不得与劳动合同和集体合同相冲突，向劳动者公示等。

　　2. 制定规章制度要目的明确，注重企业规章制度的实用性。

　　用人单位制定规章制度的目的是对企业进行管理，使企业能够有序运作，提高企业的管理效率，促使员工积极努力地工作，而不是为惩罚或者剥夺员工的权利。惩罚员工只是一种手段，而绝不是目的。

　　用人单位在制定规章制度的时候，必须结合企业自身的特点，而不能照搬照用大公司的规章制度。有些企业在制定规章制度时，照抄一些大公司的规章制度，洋洋洒洒几万字，规定得非常详细，但实际上并不适用。大公司的规章制度虽然非常全面，但并不符合很多公司的实际需要，因此用人单位在制定规章制度时，一定要结合本单位的情况，不一定要各个方面都规定得详细具体，只要满足本单位需要就可以了。

　　例如，一个只有5个人的小公司，只有一个财务人员，但在制定规章制度时，关于财务报销流程的规定就有几十条、几千字，规定得非常详细具体，实在没有必要。

　　3. 明确规章制度的效力范围。

　　用人单位在制定规章制度时应明确其效力范围，即规章制度对哪些人有效，在哪些场合有效，适用于哪些事情，什么时候生效，有无溯及力等。

　　一般来说，规章制度是对全体员工有效的，但也可能仅是约束部分员工，同时规章制度应当至少在颁布之后生效，对以前的事情无溯及力。

 典型案例

案例68：关联企业的规章制度不当然适用于本企业（2021年北京市劳动人事争议仲裁十大典型案例）

案情简介

　　袁某于2018年3月20日入职某金融服务公司，担任高级产品经理。双方订立了为期3年的劳动合同，约定袁某月工资标准为2.5万元，由基本工资1万元、岗位工资1万元及绩效工资5000元构成。2020年9月1日，某金融服务公司在微信工作群中通知，因经营出现困难，依据其上级集团公司制定的《绩效管理办法》的相关规定，决定自即日起停发绩效工资。袁某对停发绩效工资有异议，故向仲裁委提出仲裁申请，要求某金融服务公司支付2020年9月至10月期间绩效工资1万元。

　　仲裁委裁决支持了袁某的仲裁请求。

案例评析

根据《劳动合同法》第4条的规定，用人单位在制定、修改或者决定直接涉及劳动者切身利益的规章制度或者重大事项时，应当经法定程序并向劳动者公示或告知。劳动关系具有较强的人身依附性，因此用人单位的规章制度也当然存在较强的"人身属性"，即只有本单位的规章制度才能对本单位劳动者有效，其他单位的规章制度对本单位劳动者不当然具有约束力。本案中，某金融服务公司对上级集团公司制定的《绩效管理办法》，未经过法定程序转化即直接适用，故未能获得仲裁委认可。

仲裁委提示

实践中，为充分保障规章制度在企业内部的统一性和权威性，企业集团制定的规章制度往往适用于集团内部全部关联企业。由于集团内各关联企业均是独立的法人，建议在适用集团统一制定的规章制度时，也应当履行法定民主协商和公示、告知等程序。如果总公司制定的规章制度需要适用于分公司，则应当向包括分公司员工在内的全体员工或员工代表履行民主协商和公示、告知等程序，避免规章制度因存在程序瑕疵而造成用工管理上的缺失。

4. 企业规章制度中应当避免没有责任约束的条款。

很多用人单位在规章制度中规定了很多禁止员工从事的行为等，但对于员工如果违反了这些规定有什么处罚，并没有作出规定。如果用人单位在规章制度中对员工违纪行为没有作出惩罚规定，那么用人单位就不能有效地管理员工，一旦员工出现违纪，用人单位也无法采取措施来处罚员工。

因此，用人单位规章制度应当尽量避免出现没责任约束的条款，如果用人单位禁止员工从事某项行为，那么用人单位一定要在规章制度中对于违反规定的行为作出规定。

 **典型案例**

案例69：规章制度中应明确规定责任条款

某单位在规章制度中规定，禁止员工在工作时间用公司电话打私人电话。赵某一个月内两次被发现打私人电话，于是公司以违反公司的规章制度为由与其解除劳动合同。赵某不服提起仲裁，要求恢复劳动关系。劳动争议仲裁委员会经过审理认为，公司规章制度中虽然规定了禁止员工用公司电话打私人电话，但此举是否严重违反公司的规章制度，公司并没有作出规定，因此，劳动争议仲裁委员会裁定恢复劳动关系。

律师点评

本案中，用人单位之所以败诉，是因为规章制度中对于员工的禁止性行为并没有作出处罚性规定，没有明确员工违反规定后，用人单位如何处理。如果用人单位事先作出明确的规定，比如，用人单位在规章制度中规定，在上班时间打私人电话属于严重违反公司的规章制度的行为，一个月内被用人单位发现两次者，用人单位有权与其解除劳动合同，那么用人单位可能就不会败诉了。

5. 用人单位应当在规章制度中对法律授权事项作进一步明确规定。

对于法律法规中已经明确规定的事项，用人单位规章制度中不需要再作规定，对于法律法规中授权企业作进一步规定的事项，用人单位可以在规章制度中作进一步明确具体的规定。例如《劳动合同法》规定，在试用期间被证明不符合录用条件的，用人单位有权与其解除劳动合同；严重违反用人单位的规章制度的，用人单位有权与其解除劳动合同；严重失职，营私舞弊，给用人单位造成重大损害的，用人单位有权与其解除劳动合同；劳动者不能胜任工作，经过培训或者调整工作岗位仍然不胜任的，用人单位有权解除劳动合同。对于什么算不符合录用条件、什么算严重违反用人单位的规章制度、什么算重大损害、什么算不能胜任工作岗位，用人单位需要结合本单位的实际情况作出界定。对于这些界定，用人单位必须认真对待。

6. 严格执行，依章治企。

企业规章制度是企业的"法律"，只有做到"法律面前人人平等"，自觉地依据完善的规章制度实施管理，管理才会是行之有效的。企业职工对规章制度的意见经常集中在执行过程中的不公正方面，就是对违反规章制度职工处理的标准并不一致，管理者在执行规章制度时带有非常大的主观性，从而造成职工对规章制度的反感。

7. 清理现有规章制度，及时修改、重建与新《劳动合同法》不一致的内容，完善法定程序。

规章制度应及时修改、补充。一是企业要随时关注现行法律的修改及新法律的出台，修改不合法的内容；二是企业要尊重法律赋予工会或职工在规章制度实施过程中的建议修改权，协商修改相应内容；三是企业要依据自身发展及内外环境的变化，依法修改、补充不适合的相关内容；四是企业要制定员工手册，公示现有规章制度；五是企业要依法对现有规章制度重新修改后，采取适合的方式公示或告知劳动者，完善法定程序。

8. 提升企业文化内涵，构建和谐稳定的劳动关系。

完善的规章制度体现了职、权、责的统一，能够充分调动企业部门、人员的积极性。通过对企业规章制度的良性实施，实现企业与职工发展的目标、行为统一，在劳动者身上体现企业精神，形成完整的企业文化，构建和谐稳定的劳动关系。

第二节　如何利用规章制度对违纪员工进行处罚

一、员工常见违纪的类型及处罚类型

实践中，员工违纪的类型多种多样，由于每个企业的自身特点不同，因此员工违纪的类型也不尽相同，在此不能一一列举。

二、违纪员工处理的原则

用人单位在日常的管理过程中经常会遇到各种各样的员工违纪问题，如何处理违纪员工是一件非常重要的事情。如果没有按照规定处理，或者处理太轻，则起不到警告和惩罚的作用，今后员工可能会继续违反规章制度，对其他员工也起不到警示的作用。如果处理得太重，可能引起员工过激行为，甚至引起劳动争议，双方对簿公堂。因此，如何合法合理地处理违纪员工，避免劳动争议的发生，达到既惩罚了违纪员工，同时对其他员工起到教育和警示作用，就成为用人单位需要重点掌握的技巧。用人单位在处理违纪员工时，需要掌握以下几个技巧。

1. 遵循公开、公平、公正的原则。

用人单位在处理违纪员工时，必须遵循公开、公平、公正的原则。

公平、公正是指依据规章制度，同样的情形，必须作出同样的处罚，不管是普通员工还是领导，如果违反了公司的规章制度，对于同样的情形，必须作出同样的处罚。如果用人单位对于同样的情形作出不一样的处罚，那么就很难让员工服从，甚至引起诉讼。

公开是指对于员工违反规章制度作出的处罚，必须公开进行，不能悄悄进行，如果悄悄进行，其他员工可能会认为单位并没有对违纪员工作出处罚，对其他员工起不到教育作用，当其他员工再犯同样的错误时，如果单位对其作出处罚，该员工可能以其他员工并没有受到处罚作为抗辩。

2. 以事实为依据，要重视证据，严格依照规章制度进行处罚。

企业规章制度就是企业内部的法律，劳动者违反了规章制度，用人单位依据规章制度对劳动者进行处罚时，首先，必须有劳动者违反规章制度的事实；其次，用人单位要有劳动者违反规章制度的证据，该证据既可以是书面的，也可以是口头的，劳动者自己承认的也可以；最后，用人单位必须严格依据规章制度对劳动者进行处罚，如果处罚太重，将引起劳动者的不满，如果从轻处罚，将使规章制度失去存在的意义，有法不依，规章制度将失去严肃性，对其他人也起不到教育作用。

3. 以教育违纪员工、对其他员工起到警示作用为主，惩罚为辅。

用人单位制定规章制度的目的在于，保证企业有序运作，引导员工正确行使自己的权利，履行自己的义务。因此，对于员工，应当以教育为主，即使处罚，也应当本着"教育为主，惩罚为辅"的精神进行，主要是为了教育违反规章制度的员工本人和对其他员工起到警示作用。

三、违纪员工处理的程序

1. 违纪发生后，及时收集证据，对违纪事实进行证据固定。

劳动者如果有违反用人单位规章制度的行为，用人单位首先要做的是收集员工违纪的证据，对证据进行固定。因为时间越长，证据越不容易收集。

一旦劳动者出现违纪行为，用人单位就需要立即组织有关人员对员工的违纪行为收集证据，并需要对证据进行固定。关于收集和固定证据，用人单位可以采取以下方式进行。

（1）通过一些书面记录、电子设备进行证据收集和固定。

比如，用人单位的考勤有的是通过人工签字进行，有的是通过电子打卡机。如果通过人工签字考勤，那么劳动者缺勤时就没有签字记录，如果通过电子打卡机考勤，员工缺勤，在电子打卡机上同样没有考勤记录。

但用人单位需要注意的是，由于今后一旦发生诉讼，劳动者有可能否认或者主张用人单位造假，因此，一旦劳动者有违反规章制度的行为出现，而用人单位又能够掌握一些证据，最好要求劳动者对这些行为进行书面确认。

 典型案例

案例 70：用人单位应注意固定相关的证据

某单位一共只有 5 个员工，单位考勤一向是每天由负责行政的人员记录，单位规章制度规定，员工一个月累计迟到 6 次，单位有权与其解除劳动合同。赵某在该公司担任销售工作，2018 年 6 月前 15 天，赵某迟到 5 次，单位为此找赵某谈话，赵某也表示改正，但后来，赵某又迟到 3 次。赵某在 6 月一共迟到 8 次，单位为此与赵某解除了劳动合同。赵某以单位违法解除劳动合同为由提起仲裁，要求支付双倍的经济赔偿金。在仲裁审理中，赵某主张单位考勤是单位单方制定的，单位已经修改了考勤记录，考勤记录上没有自己的签字，而单位又无法提供其他证据，于是劳动争议仲裁委员会裁决单位支付双倍的经济赔偿金。

 律师点评

在本案中，用人单位的考勤记录方式存在很大的缺陷，由行政人员单方面制作，而且没有经过劳动者确认。如果用人单位在找赵某谈话时，要求赵某确认，赵某可能不会拒绝，而后即使发生仲裁，用人单位也有证据。

（2）通过其他劳动者的证人证言及其他设备进行证据收集和固定。

劳动者发生违纪行为后，用人单位可以通过收集劳动者周围同事的证人证言及通过其他设备，如监控录像来收集和固定证据。用人单位需要注意的是，由于监控录像只能保存一段时间，监控录像中一旦有劳动者违纪行为的录像，用人单位最好完整刻录下来。

 典型案例

案例71：充分的证据调查和固定有利于用人单位避免法律风险

员工张某与刘某在车间因为平时的生活琐事打架，造成当时车间停产，在公司造成的影响非常恶劣。事情发生不久，公司人力资源部门就找张某和刘某谈话，但张某一直不承认自己动手打人，而说是刘某打了他，自己一直没有动手。人力资源部门对当时在场员工进行调查，很多员工都说是张某先动手打了刘某，并且写了证言。同时公司人力资源部门通过调取车间录像，发现确实是张某先动手打了刘某，便对录像进行了保存。公司规章制度中明确规定，员工上班期间打架的，属于严重违反公司的规章制度，公司有权与其解除劳动合同。公司据此解除了与张某的劳动合同。张某不服提起仲裁。在仲裁中，张某主张自己没有动手打刘某，但由于公司事先进行了充分的证据调查和固定，将员工证言和录像提交给仲裁机构，因此劳动争议仲裁委员会驳回了张某的仲裁请求。

✎ **律师点评**

本案中，用人单位之所以能够胜诉，就是因为用人单位在员工违纪行为发生后，及时收集和整理证据，对证据进行了固定。

（3）通过与劳动者谈话，进行征得同意的电话录音。

员工违纪行为发生后，公司让员工进行书面确认可能比较困难，但进行谈话时，员工否认事实的可能性往往比较小，用人单位可以在征得员工同意后，将谈话过程进行录音，今后一旦员工否认，用人单位可以以录音作为证据。

 典型案例

案例72：可以采用录音方式进行证据固定

张某在某酒店担任厨师，有员工反映张某经常偷偷地将酒店的肉、菜带回家。于是酒店主管找张某谈话，张某表示，自己以前确实经常带肉、菜回家。主管问张某总共带了多少钱的东西回家，张某表示总共带了500元左右的东西回家，并表示今后自己一定改正，以前带回家的东西可以从工资中扣除。酒店规章制度中规定，严禁员工私自将酒店物品带回家，如果超过50元，酒店有权与其解除劳动合同。酒店于是据此解除劳动合同。张某提起仲裁，在劳动仲裁中，张某开始不承认自己有偷偷带肉、菜回家的事实，当单位拿出录音时，张某认为单位未经其同意私自录音，不能作为证据使用。劳动争议仲裁委员会询问张某是否申请录音鉴定，张某不申请录音鉴定。劳动争议仲裁委员会经过审理后认为，酒店录音虽然没有经过张某同意，但可以作为证据使用，录音的证据可以证明张某有将肉、菜带回家的事实，根据酒店的规章制度，酒店有权与张某解除劳动合同，因此驳回了张某的仲裁申请。

 **律师点评**

在本案中，如果让张某书面承认错误，进行书面确认，估计很难，但如果采用谈话的方式，由于劳动者与用人单位还没有完全处于对立面，劳动者很少会否认基本事实，此时用人单位进行录音，就可以把事实完整地记录下来，为今后处理违纪的劳动者提供依据。本案中，用人单位之所以能够胜诉，录音起了最为关键的作用。

（4）劳动者自认。

劳动者违反用人单位的规章制度，用人单位应当及时找劳动者了解情况，要求劳动者就违反规章制度的情况写一个书面报告，并写明自己的态度，很多单位称之为"认错书"。今后一旦劳动者再违反规章制度，用人单位可以作为证据使用。

典型案例

案例 73：劳动者的"检查书"，用人单位可以作为证据使用

某单位规章制度中规定，职工上班打游戏达到 3 次者，视为严重违反公司的规章制度，公司有权与其解除劳动合同。石某连续两次在上班期间打游戏被公司发现，于是公司要求石某写检查。石某在检查书中写道："我因对自己疏于约束，分别于 2 月 5 日和 2 月 20 日在上班期间打游戏，今后我保证不再在上班期间打游戏，如果再在上班期间打游戏，公司有权与我解除劳动合同。" 3 月 20 日，公司再次发现石某上班期间打游戏，便据此与石某解除了劳动合同。石某提起仲裁，要求恢复劳动关系。劳动争议仲裁委员会经过审理后认为，公司规章制度有明确规定，职工上班打游戏达到 3 次，视为严重违反公司的规章制度，公司有权与其解除劳动合同。前两次石某已经书面承认上班打游戏，现在石某再一次上班打游戏，公司有权与其解除劳动合同。劳动争议仲裁委员会驳回了石某的仲裁申请。

（5）通过一系列证据形成证据链。

也许单个证据无法直接证明问题，但通过一系列证据组成的证据链可以间接地证明。在劳动者违反规章制度的行为发生后，如果不能通过直接证据来证明，那么用人单位可以收集相关证据组成证据链来证明问题。

2. 由所在部门及有关部门提出处理意见。

员工发生违反公司规章制度的行为，用人单位应当首先听取其所在部门领导的意见，因为所在部门对该员工最了解，也最熟悉员工的情况，由所在部门领导根据公司的规章制度提出处理意见。

3. 与违纪员工进行谈话，提出处理意见，听取员工意见。

用人单位根据所在部门领导提出的处理意见制定出对违纪员工的处理意见。用人单位作出处理意见后，不应当直接公布，应当将处理意见告诉员工，听取员工对该处理意见的看法，应当给员工一个申辩的机会，如果员工讲得有道理，公司应当修改自己的处理意见。

4. 作出处理，并在全公司公布。

对于员工的处理，用人单位最好对外公布，对其他员工也起到警示和教育作用，同时用人单位需要注意，对于违纪员工的处罚，用人单位最好让员工签收，同时单位留存。

员工奖惩通知单（存根联）

编号：

您于　　年　　月　　日，因　　　　　　行为，按照公司《员工奖惩管理条例》　　规定，给予　　处理。如您本人对处理有异议，请在接本通知单后10天内与　　（部门）联系，逾期视作认同。

特此通知

人力资源部

年　　月　　日

签收人：

日期：

员工奖惩通知单（通知联）

编号：

您于　　年　　月　　日，因　　　　　　的行为，按照公司《员工行为与规范及奖惩管理条例》　　规定，给予　　　　处理。如您本人对处理有异议，请在接本通知单后2天内与　　　　（部门）联系，逾期视作认同。

特此通知

公司人力资源部

年　　月　　日

四、用人单位在处理违纪员工过程中需要注意的问题

1. 处罚不得超过法律规定，不得超过必要的限度。

企业规章制度的规定一定要合法，不能违反法律法规的强制性规定。劳动者违反规章制度时，很多用人单位都采取罚款的方式，但用人单位必须注意，不能超过必要

的限度，不能违反法律的强制性规定。例如，《劳动部工资支付暂行规定》第 16 条规定："因劳动者本人原因给用人单位造成经济损失的，用人单位可按照劳动合同的约定要求其赔偿经济损失。经济损失的赔偿，可以从劳动者本人的工资中扣除。但每月扣除的部分不得超过劳动者当月工资的 20%……"根据该规定，即使由于劳动者本人的原因而给用人单位造成损失，用人单位每月扣除的部分不能超过劳动者当月工资的 20%。

对于罚款，虽然法律并没有规定范围，但用人单位必须在合理的范围内行使权利，如果超过了必要的限度，明显不合理的，一旦劳动者提起仲裁，往往会被认定为无效。

 典型案例

案例 74：用人单位对员工的处罚不得超过必要限度

1. 高某担任某公司出纳，每月工资 4000 元。一次由于高某个人疏忽，导致公司损失 3 万元。公司规章制度规定，由于员工个人的原因而给公司造成损失的，公司有权扣除员工工资，直到全部扣除为止。于是公司根据规章制度的规定，每月扣除高某4000 元。由于高某家庭经济比较困难，每月一分钱不发，高某实在无法继续生活。后高某得知，国家规定每月扣除的工资不得超过本人当月工资的 20%，于是高某向劳动监察部门反映情况。劳动监察部门经过调查，责令该公司改正。最后该公司决定每月扣除高某工资 800 元。

2. 某公司规定，迟到一次罚款 300 元，每月累计迟到 3 次以上者，扣除全部工资。肖某每月工资 3500 元，因为搬家后离家较远，肖某连续 3 个月都被扣除全部工资。肖某不服，提起劳动仲裁。劳动争议仲裁委员会经过审理后认为，公司虽然有制定规章制度的权利，有权对员工作出适当处罚，但不能超过必要的限度。迟到一次罚款 300元，每月累计迟到 3 次以上者扣除全部工资，已经远远超过必要的限度。因此裁定公司支付肖某工资。

律师点评

对于什么样的情形，应该在什么样的范围内罚款，法律并没有作出明确的规定，需要用人单位根据本单位的实际情况制定。但用人单位的处罚必须合理，不能超过必要的限度，一旦超出必要的限度，就容易引起纠纷，最终仲裁机构和法院有权对处罚是否合理作出认定。

2. 及时进行证据收集和固定。

员工违纪行为发生后，用人单位要及时进行证据收集和固定，因为随着时间的推移，证据会越来越难以收集。在劳动者与用人单位劳动争议诉讼中，很多情况下，用人单位败诉并不是因为处理得不得当，而是因为没有及时地对证据进行收集和固定，导致在仲裁中，无法提供充分的证据。

典型案例

案例75：用人单位应做好证据的收集和固定工作

彭某是某公司的业务员，后来公司发现彭某同时兼职另外一家与其有竞争关系的公司的业务员，于是公司人力资源部门找彭某谈话，彭某承认了自己确实兼任了另外一家公司的业务员，但公司并没有让彭某对该事实进行书面确认。过了一个星期，公司以彭某在与本公司有竞争业务的其他公司兼职为由，与彭某解除劳动合同。彭某不服，提起仲裁，声称自己从未在其他公司兼职，公司违法解除劳动合同，要求支付经济赔偿金。在仲裁中，公司虽然主张彭某在其他公司兼职，但由于在彭某承认时，公司并没有让彭某书面确认，而公司现在又无法提供其他证据，最后劳动争议仲裁委员会裁决公司支付经济赔偿金。

 律师点评

在本案中，公司之所以败诉，就是因为没有及时地收集和整理证据，如果在彭某承认时，公司要求彭某书面确认或者进行电话录音，就不会败诉了。可见，及时地收集和固定证据有多么重要。

3. 及时对违纪员工作出处理。

已经废除的《企业职工奖惩条例》第20条规定，审批职工处分的时间，从证实职工犯错误之日起，开除处分不得超过5个月，其他处分不得超过3个月。《劳动法》《劳动合同法》对员工处罚的时间问题，并没有作出明确的规定。虽然《企业职工奖惩条例》已经废除，但它也提醒我们，对于违纪员工的处理，必须及时进行，不能拖延时间。很多用人单位不注意对违纪员工的及时处理，平时员工违纪比较多，但一直没有处分，等到用人单位忍无可忍进行处理时，才发现对员工之前所犯的错误并没有作出处分，现在再寻找员工违纪的证据，已经很难了，而且由于过了太长的时间，用人单位再依据员工以前所犯的错误进行处分，就可能得不到仲裁和法院的支持。

 典型案例

案例76：不及时对违法员工作出处分，公司将面临法律风险

某公司规定，上班期间打游戏，第一次记警告处分，第二次记严重警告，第三次为严重违反公司的规章制度，公司有权与其解除劳动合同。蔡某是个游戏迷，经常偷偷地在上班期间玩游戏，后被公司连续发现3次，公司仅仅口头警告了一下。此后半年，蔡某又被发现经常打游戏，光被主管发现在上班期间打游戏的次数就多达6次，公司于是直接与蔡某解除了劳动合同。蔡某不服，提起仲裁。蔡某虽然承认自己打过游戏，但不承认打游戏次数那么多，同时蔡某认为，按照公司规定，必须是第一次记警告处分，第二次记严重警告，第三次才可以解除劳动合同，因此公司直接与其解除

劳动合同是违法的。公司辩称，公司多次发现蔡某打游戏，但并没有进行处理，蔡某已经构成了直接解除劳动合同的条件，因此公司有权直接与其解除劳动合同。劳动争议仲裁委员会经过审理后认为，公司在没有对蔡某作出警告和严重警告的情况下，直接与蔡某解除劳动合同是不合适的，裁定恢复劳动关系。

✎ **律师点评**

蔡某虽然违反了公司的规章制度，但公司并没有及时作出处分，直到最后公司在忍无可忍的情况下，直接与蔡某解除劳动合同，公司的做法是不合适的。如果公司能够及时对蔡某作出处分，在蔡某第一次违反规章制度时给予其警告处分，在他第二次违反规章制度时给予其严重警告处分，那么当他第三次违反规章制度时，公司就有权与其解除劳动合同。在本案中，公司之所以败诉，就是因为没有及时对违纪员工做出处分。

4. 不断总结经验教训，制定出新规定。

企业规章制度的制定不是一朝一夕就能够完成的，需要不断地在实践中总结经验教训，针对实践中出现的新问题新情况，将规章制度中成功的经验继续进行推广，对于规章制度中没有涉及或者规定的不合理的地方，加以改进。因此，用人单位在日常管理中，对于出现的新问题新情况，需要及时地进行记录，在修改规章制度的时候进行修订。

五、员工违纪典型案例解析

 典型案例

案例 77：在仲裁或诉讼中，用人单位应提供充分的证据

某公司员工吴某，一直以来大错不犯，小错不断，先后违纪 10 余次，仅 2017 年就有 8 次。每次吴某都向公司表示要改，但事情一过又继续犯错，结果受到公司一次口头警告、两次书面警告。后来，吴某与同事在车间里争吵斗殴，导致生产秩序严重混乱。公司决定予以严惩，经同工会磋商后，通知吴某，称由于其不知悔改，多次违纪，决定将其辞退。吴某不服，申请劳动仲裁。吴某称，公司所称口头警告和书面警告，自己未收到。公司认为，吴某刚刚进入公司时已经签收了《员工手册》，且公司此前对吴某的警告处罚均已告知吴某，并扣发其奖金，处罚通知在布告栏公布，因此吴某完全清楚。公司同时提供了公司处罚制度、吴某各次违纪情况及处罚措施、吴某写的多份检讨、奖金扣发记录、工会的有关证明为证。最后，公司还出具了有吴某签名的两份书面警告处分的回执单。

劳动争议仲裁委认为，吴某历次违纪事实清楚，该公司依据公司制度予以处罚并无不当，判决驳回吴某仲裁请求。

✎ 律师提醒

对于"大错不犯，小错不断"的员工的违纪行为，用人单位平时需要注意记录在案。员工每次违纪时，用人单位都要作出相应的书面处理材料，要求员工签字确认；为记录方便，如果采取了扣奖金的处理方式，应在每次的工资单中扣除相应的奖金数额，并注明违纪事由，由员工在领取工资时签字确认。司法实践中，违纪员工签字的书面材料，往往是劳动争议仲裁委员会和法院乐于采纳的最有力的证据。

由于此类劳动争议案件中，用人单位负有举证责任。用人单位必须将规章制度告知员工，证明员工存在违纪行为的事实，且该违纪行为与规章制度的规定相吻合。因此，用人单位所要保全和收集的证据主要是两类：其一是员工所违反的企业规章及劳动纪律的具体条款；其二是员工的违纪行为记录。

对于用人单位的规章及劳动纪律，用人单位除尽量详细地制定条款外，还应以适当方式告知职工。一些用人单位在制定和公布规章制度时，会交由员工阅读，并由员工签字确认。如果在劳动合同期间企业规章制度进行修改的，还要再次交由员工阅读并确认。这样，一旦纠纷发生，员工否认自己悉知规定就不成立了。

 **典型案例**

案例 78：员工拒绝签字是否会影响规章制度的效力？

左某 2018 年 6 月进入某互联网公司做网络管理员，双方签订了为期 1 年的劳动合同。同年 11 月，该公司制定了《公司员工违纪处理制度》，公示在公司内网，要求全体员工都要给人力资源部发邮件表示同意，即相当于在该制度上签字。该《公司员工违纪处理制度》中规定，为严肃纪律，整顿风气，员工上班期间玩游戏，一经发现，将予以辞退。左某认为该条规定过于严苛，不同意签字，并且在新制度颁布后，继续在上班期间玩游戏，对公司管理负面影响很大，公司便以左某违纪为由辞退了他。

左某申请仲裁，他认为，公司的制度不合理，员工只是表达不同意见，公司不应以此为借口即予辞退，且公司并没有掌握自己在上班期间玩游戏的证据。劳动争议仲裁委员会审理后认为，公司违法解除劳动合同，应当支付双倍的经济补偿金。

✎ 律师点评

公司制定规章制度只要是依据法定程序进行，不违反法律规定、能够保障员工享有劳动权利和履行劳动义务，且通过民主程序制定，并提前向员工公示，即对全体员工产生约束效力；并非一定要以每一名员工都同意才作为其生效、实施的前提条件。

本案中，如果该公司的《公司员工违纪处理制度》系经过法定程序制定，并已向全体员工公示，则即使左某不同意该规定也不能成为其不遵守该规定的理由。但是公司只有在通过合法的技术手段获得相关证据，能够证明左某在新制度颁布后，仍在上班期间玩游戏的条件下，其主张才能得到法律的支持，否则，辞退左某就缺少足够的理由和依据。

 典型案例

案例 79：及时收集、固定证据意义重大

李某在上夜班时违反公司的夜班规定，趴在监控室的仪器上睡着了。虽然没有引起事故，但是恰巧被公司总裁看到，李某的顶头上司知道这一情况之后很生气，就让他写一份检讨，并且保证以后不再发生上班睡觉的事情。李某担心工作不保，就通过电子邮件给自己的上司和总裁发了一份检讨，希望公司"从轻发落"。但是，公司仍以他"上班睡觉"严重违反监控室规章为由，与他解除了劳动关系。李某提起了仲裁，认为自己睡觉不算"严重"违反公司制度，而且其有改过的行为。劳动争议仲裁委员会经过审理后认为：鉴于监控室的责任重大——事关其他员工人身安全，所以夜班睡觉是非常严重的违纪，且有李某自己写的检讨为证据，李某的请求被驳回。

 律师提醒

不管是《劳动法》，还是《劳动合同法》，都将员工严重违纪设定为单位可以随时单方解除劳动合同的条件之一。但是，最高人民法院的司法解释同时规定，因单位作出解除劳动合同的决定而产生劳动争议的，由用人单位负举证责任。这就要求用人单位在处理违纪员工时要注意保留证据。因此，用人单位在平时应该非常注意第一时间收集固定证据，如照片、录音、录像、记录证言、当事人的事件说明或者检讨书等。很多用人单位与劳动者仲裁胜诉，是因为及时收集和整理了证据，而很多用人单位败诉，往往是因为没有及时收集和固定证据。

在仲裁、诉讼过程中，能够作为员工违纪事实的证据较多，其中包括：员工自己写的检查、悔过书、检讨书，员工签字确认的情况说明书，员工填写的确认违纪惩戒单等。

在员工违纪行为发生后，用人单位最好能立刻让违纪员工就违纪事实写书面报告，并写出自己对此事的看法，通过保留劳动者自己亲笔书写的材料，用人单位往往能在诉讼中立于不败之地。

 典型案例

案例 80：劳动者重大过失造成用人单位损失应赔偿（2021 年北京市劳动人事争议仲裁十大典型案例）

案情简介

邱某于 2019 年 4 月 1 日入职某建筑设计公司，担任会计并兼任财务主管，月工资6000 元。某建筑设计公司未建立规范的财务制度，平时对外付款流程为出纳出示付款申请单，交由邱某审核确认后，再由出纳与邱某共同操作 U 盾协作完成付款。2019 年6 月 13 日，某建筑设计公司出纳的 QQ 账号接到与公司经理姓名一致的 QQ 账号发来的付款信息，出纳向邱某出具付款申请单，告知邱某公司经理指示付款，两人均未通过其他途径向公司经理核实确认，随后两人操作 U 盾对外付款 42 万元。付款后邱某得知公司经理未发送上述付款信息，向出纳发送付款信息 QQ 账号系伪造。某建筑设计公司向公安机关报案后损失未能追回。2019 年 6 月 19 日，邱某签署财务主管失职检讨书，自认失职，并表示愿意赔偿公司的经济损失。2020 年 4 月，双方未能就赔偿金额达成一致，某建筑设计公司向仲裁委提出仲裁申请，要求邱某赔偿因其重大过失造成的经济损失 20 万元。

仲裁委裁决邱某赔偿某建筑设计公司经济损失 2 万元。

 案例评析

《北京市劳动合同规定》（北京市人民政府令第 91 号）第 30 条第 3 项规定，严重失职、营私舞弊，对用人单位利益造成重大损害的，用人单位可以解除劳动合同；第 50 条规定："因劳动者存在本规定第三十条第（二）项、第（三）项规定的情形，被用人单位解除合同，且给用人单位造成损失的，应当承担赔偿责任。"因此，劳动者在工作中由于故意或重大过失等原因给用人单位造成经济损失，应承担赔偿责任。确定劳动者赔偿责任时，应结合权利义务相一致的原则，根据劳动关系的从属性、劳动者的工作性质、薪酬待遇、用人单位的经营利益以及双方的过错程度和对风险的承受能力等因素综合考虑。某建筑设计公司遭受诈骗，对外付款损失 42 万元，实施欺诈行为的主体应为主要承担赔偿责任人，但在付款过程中，邱某作为会计及财务主管，应具备职务所需的专业知识技能并负有岗位所需的审慎义务，其仅凭出纳的口头告知公司经理要求付款即审核汇款行为，不符合会计工作的审慎性要求，存在重大过失，对其失职行为造成的损失应承担赔偿责任。某建筑设计公司无健全的财务管理制度，对受诈骗产生的损失也应承担相应责任。同时，考虑到邱某非涉案付款行为的发起人，以及邱某的收入情况，故酌情裁决邱某赔偿某建筑设计公司损失 2 万元。

仲裁委提示

用人单位应建立完善规范的财务制度，详细规定付款流程，以避免因制度不完善导致的损失。在日常人员管理中，用人单位应加强监管，组织员工技能，确保财务人员严格执行用人单位的财务制度。同时，从事财务工作的人员自身也应加强执业素养及执业技能提升，遵守执业纪律要求，严格遵守用人单位的财务制度，审慎处理财务相关工作内容，避免因自身疏忽给用人单位造成难以挽回的损失。

 典型案例

案例 81：公司应避免其自身制度存在漏洞

周女士是北京某科技公司的地区销售经理，2017 年 12 月，她和公司签订了入职通知，双方约定，周女士任深圳区域销售经理，试用期 3 个月，试用期工资为每月 4200 元。试用期届满后，周女士仍在该公司工作，月工资不变。自 2018 年 4 月 11 日至 6 月 15 日，公司未向其支付工资，在此情况下周女士被迫解除劳动合同并向劳动争议仲裁委员会提起仲裁。周女士认为，她在公司一直工作到 6 月 15 日，4 月 11 日至 6 月 15 日期间仍然正常工作，但是公司没有向她支付 4 月至 6 月 15 日的工资。根据我国《劳动合同法》的规定，单位无故克扣工资，劳动者可以随时解除劳动合同。因此，自己单方解除劳动合同是合法的，单位应当补发工资，支付经济补偿金。公司辩称，周女士在 2018 年 4 月 11 日至 6 月 15 日期间擅自离职，公司已向其支付了 2018 年 3 月的工资，并未拖欠其工资。因周女士系深圳区域销售经理，故单位未对其做严格的考勤管理，但其必须每周五与单位联系汇报工作。但是，公司并未向法院提交双方曾就此工作方式进行协商的证据，也未能提交充分证据证明周女士自 2018 年 4 月 11 日后一直未来公司上班。最后劳动争议仲裁委员会支持了周女士的仲裁请求。

 **律师点评**

本案是公司本身在制度上的漏洞而造成的不必要的麻烦。在制定考勤制度时就应明确考勤的确认方式及缺勤的处理结果。在此案例中，如果公司要证明周女士是擅自离岗，那应该有相应的举证说明，如可以找在同一个区域内工作的同事予以证明。如果未能举证的话，那对公司本身是非常不利的，公司肯定要承担相应的责任。最高人民法院的司法解释规定，因单位作出解除劳动合同的决定而产生劳动争议的，由用人单位负举证责任。这就要求，用人单位在处理违纪员工时要注意保留证据。因此，用人单位在处理违纪员工时，要注意如下几点。

1. 第一时间收集固定证据。照片、录音、录像、证人证言、当事人的事件说明或者检讨书等，这些都应当在员工违纪行为发生后第一时间收集固定。

2. 寻找制度依据。这里要特别提醒用人单位注意的是，不仅要看规章制度中是否规定员工的行为属于严重违纪，还要看规章制度是否有效。这一点非常重要，实践中用人单位败诉往往是其规章制度被认定为无效所致。

3. 程序合法。这也是实践中用人单位经常出问题的地方。根据《工会法》第 22 条第 2 款的规定，用人单位单方解除劳动合同的，要事先将理由通知工会。然而，实践中很多用人单位没有做到这一点。司法实践中也有不少单位因此而在劳动争议中败下阵来。

具体到本案中，用人单位之所以败诉，就在于其缺少证据。用人单位在没有考勤记录的情况下作出了辞退决定，直接为自己后面的败诉埋下了种子。

因此，我们提醒用人单位，处理违纪员工时一定要慎重，在没有充足的事实证据和有效的制度依据的情况下，千万不可任意作出辞退决定。

典型案例

案例 82：公司可以将员工违纪行为的录像及时进行固定

某烟草公司的郑某因报销事宜与财务总监发生了冲突，被训斥了一顿，怀恨在心。下班后，郑某看到财务总监的窗户未锁，就随手拿起一杯咖啡从窗户泼进去，导致财务总监的电脑无法正常运行，为此给公司造成了 3 万元损失。这一切都被财务室上方的监控设备记录下来。郑某不知有监控摄像头的存在，在被人力资源部门找去谈话时，拒不承认自己的行为，公司于是将录像放给郑某，郑某只好承认确实是自己做的。公司根据规章制度的规定，决定与郑某解除劳动合同。解除劳动合同后，郑某因为与公司技术部门的一个同事高某关系比较好，从高某处得知，公司的录像只能保存 5 天，但公司并没有对高某泼咖啡的录像进行刻录。于是郑某提起仲裁，认为公司违法解除劳动合同，不承认有泼咖啡的事实存在。在仲裁审理中，公司虽然主张郑某已经承认了泼咖啡的事实，但事后郑某不承认，而公司又没有录像为证，最终劳动争议仲裁委员会裁定公司违法解除劳动合同，支付郑某双倍的经济赔偿金。

律师点评

对规模比较大的公司来说，在重要的地方进行录像监控还是非常有必要的，因为一旦员工有违纪行为的发生，可以及时将员工的违纪行为拍摄下来，作为证据使用。遗憾的是，在本案中，公司虽然将郑某违法的行为拍摄下来，但由于没有好好保存，致使公司在仲裁中败诉。败诉的根本原因不是用人单位解除劳动合同违法，而是因为用人单位没有保存好证据。

用人单位需要注意的是，如果有员工违纪行为的录像，用人单位最好能够将其刻录成光盘，以免时间过长，录像被覆盖，一旦今后与员工发生纠纷，用人单位拿不出证据。在本案中，如果用人单位事先将其刻录成光盘，就不会出现因缺乏证据而败诉的情况了。

第五章　员工离职风险防范与操作指导

本章导读

　　用人单位与劳动者在解除劳动关系时，经常会因为经济补偿的问题发生劳动争议。在本章中，我们将重点讲述：在劳动者与用人单位解除劳动合同时，哪些情况下用人单位应当支付经济补偿金；哪些情况下，用人单位不需要支付经济补偿金；哪些情况下，属于用人单位违法解除劳动合同，用人单位应当支付经济赔偿金；在什么情况下，用人单位可以要求劳动者支付违约金。通过这些讲述，使企业能够在与劳动者解除劳动合同时，正确处理经济补偿问题，尽量避免产生纠纷，预防劳动争议的发生。本章还讲述在劳动者办理离职过程中，作为用人单位应当注意的问题，以避免劳动争议的发生。

第一节 用人单位需要支付经济补偿金的 情形及计算标准

本节导读

本节主要讲述用人单位在哪些情况下需要支付经济补偿金，以及经济补偿金的计算标准等问题。

一、用人单位应当支付经济补偿金的情形

在下列情况下，用人单位应当向劳动者支付经济补偿金。

1. 用人单位未按照劳动合同约定提供劳动保护或者劳动条件，劳动者解除劳动合同的。

劳动保护和劳动条件是指在劳动合同中约定的用人单位对劳动者所从事的劳动必须提供的生产、工作和劳动安全卫生保护措施，包括劳动场所、设备、劳动安全卫生设施、劳动防护用品等。如果用人单位未按照国家规定的标准或劳动合同规定提供劳动条件，致使劳动安全卫生条件恶劣，严重损害劳动者的身体健康的，劳动者可以与用人单位解除劳动合同。

 典型案例

案例83：用人单位未提供劳动保护的，劳动者有权解除劳动合同

2017年7月，刘某从某矿冶学校毕业后，被某有色金属矿山企业录用，并签订了5年期劳动合同。劳动合同中约定，刘某负责指导一线开采工作，企业提供必要的劳动保护条件，工资待遇与企业管理人员相同。刘某工作后，企业为刘某提供了半年的培训，同时与刘某签订了服务期协议，要求刘某至少为矿山工作5年，然后按劳动合同约定安排刘某到一线工作，但一直没有提供相应的劳动保护设备。刘某感觉在矿山工作比较危险，于是找到企业负责人。但该负责人答复说公司对刘某是按管理人员对待的，不是真正的一线工人，不能像一线工人那样领取劳动保护设备，由于工作需要，也无法享受企业机关科室人员的工作环境。刘某于是提起仲裁，要求解除劳动合同，支付经济补偿金，矿山提起反诉，要求刘某支付违约金。劳动争议仲裁委员会审理后裁定：企业违反了劳动合同中关于劳动条件的规定，刘某可以解除劳动合同，矿山应当支付刘某经济补偿金，同时裁定驳回矿山的仲裁请求。

✏ **律师点评**

关于劳动者的劳动条件，《劳动合同法》第 17 条明确将其规定为劳动合同的必备内容之一。第 38 条规定："用人单位有下列情形之一的，劳动者可以解除劳动合同：（一）未按照劳动合同约定提供劳动保护或者劳动条件的……"本案当事人双方已经在劳动合同中约定了劳动条件，企业以刘某的工作性质比较特殊为由，不予提供，违反了劳动合同约定，刘某根据上述规定，可以提出解除劳动合同。在劳动合同的几项主要内容中，人们往往对合同期限、工作内容、劳动报酬等"硬件"要素比较注意，忽视劳动条件等"软件"要素。实际上，必要的劳动条件不但是劳动者身体健康的保障，也是劳动者顺利履行义务的保障。企业违反了《劳动合同法》关于劳动条件的规定和劳动合同的约定，劳动者的身体健康和履行义务都失去了保障，劳动者依法提出解除劳动合同是合法的。

【企业防范】

关于劳动保护和劳动条件，用人单位在劳动合同中最好不要约定得过于明确和具体，同时用人单位必须为劳动者提供必要的劳动条件和劳动保护，既有利于劳动者工作，也有利于保护劳动者的安全。

2. 用人单位未及时足额支付劳动报酬，劳动者解除劳动合同的。

劳动部《对〈工资支付暂行规定〉有关问题的补充规定》中规定，"无故拖欠"系指用人单位无正当理由超过规定付薪时间未支付劳动者工资。不包括：

（1）用人单位遇到非人力所能抗拒的自然灾害、战争等原因，无法按时支付工资。

（2）用人单位确因生产经营困难、资金周转受到影响，在征得本单位工会同意后，可暂时延期支付劳动者工资，延期时间的最长限制可由各省、自治区、直辖市劳动行政部门根据各地情况确定。其他情况下拖欠工资均属无故拖欠。

因此，用人单位一定要及时足额地支付劳动者劳动报酬。

【地方规定】

北京市高级人民法院、北京市劳动人事争议仲裁委员会关于审理劳动争议案件法律适用问题的解答（2017）

20. 劳动者因用人单位不支付未休年休假工资，而依据《劳动合同法》第三十八条"未及时足额支付劳动报酬"的规定要求解除劳动合同并支付经济补偿，如何处理？

劳动者未休年休假，根据《职工带薪年休假条例》第 5 条规定，用人单位按职工日工资收入 300% 支付年休假工资报酬。支付未休年休假的工资报酬与正常劳动工资报酬、加班工资报酬的性质不同，其中包含用人单位支付职工正常工作期间的工资收入（100%部分）及法定补偿（200%部分）。《职工带薪年休假条例》在于维护劳动者休息休假权利，劳动者以用人单位未支付其未休带薪年休假工资中法定补偿（仅200%部分）而提出解除劳动合同时，不宜认定属于用人单位"未及时足额支付劳动报酬"的情形。

3. 用人单位未依法为劳动者缴纳社会保险费，劳动者解除劳动合同的。

社会保险是指国家对劳动者在患病、伤残、失业、工伤、年老以及其他生活困难的情况下给予物质帮助的制度，它包括养老、工伤、医疗、失业、生育保险，我国《劳动法》第72条规定："社会保险基金按照保险类型确定资金来源，逐步实行社会统筹。用人单位和劳动者必须依法参加社会保险，缴纳社会保险费。"对于拒不缴纳保险费用的用人单位，劳动行政部门可以责令限期缴纳；逾期仍不缴纳的，可以强制缴纳并且加收滞纳金。

因此，用人单位必须为员工缴纳保险，否则法律风险非常大。需要提醒用人单位的是，社会保险不存在超过时效的问题，只要劳动者发现用人单位有不缴或者少缴的情况，随时可以投诉，要求用人单位补缴。所以用人单位不要抱有侥幸心理，以为只要过一段时间，劳动者就无权追要社会保险了。

 典型案例

案例84：用人单位必须为员工缴纳社会保险

李某自2014年起就在北京某公司担任司机工作，但该公司一直没有为其缴纳各种社会保险。2018年2月，李某以公司未缴纳各种社会保险为由，提起仲裁，要求解除劳动合同，支付经济补偿金；同时李某向劳动监察部门投诉，要求单位补缴社会保险。最后劳动争议仲裁委员会裁决该公司支付李某经济补偿金。劳动监察部门经过调查，责令该公司于2018年3月1日之前为李某补缴社会保险。但该公司过了2018年3月1日，仍然没有为李某补缴，于是劳动监察部门除要求该公司补缴，并缴纳相应的利息外；还要求其自欠缴之日起，按日加收千分之二的滞纳金。

✎ **律师点评**

用人单位必须为员工缴纳社会保险，否则法律风险非常大。《中华人民共和国社会保险法》第86条规定"用人单位未按时足额缴纳社会保险费的，由社会保险费征收机构责令限期缴纳或者补足，并自欠缴之日起，按日加收万分之五的滞纳金；逾期仍不缴纳的，由有关行政部门处欠缴数额一倍以上三倍以下的罚款。"在本案中，由于公司没有为李某缴纳社会保险，不但需要补缴，还需要缴纳滞纳金；如果逾期仍不缴纳的，还会被罚款。

【地方规定】

北京市高级人民法院、北京市劳动人事争议仲裁委员会关于审理劳动争议案件法律适用问题的解答（2017）

24. 劳动者以用人单位未依法为其缴纳社会保险为由提出解除劳动合同，要求用人单位支付经济补偿的，如何处理？

劳动者提出解除劳动合同前一年内，存在因用人单位过错未为劳动者建立社保账户或虽建立了社保账户但缴纳险种不全情形的，劳动者依据《劳动合同法》第三十八条的规定以用人单位未依法为其缴纳社会保险为由提出解除劳动合同并主张经济补偿的，一般应予支持。

用人单位已为劳动者建立社保账户且险种齐全，但存在缴纳年限不足、缴费基数低等问题的，劳动者的社保权益可通过用人单位补缴或社保管理部门强制征缴的方式实现，在此情形下，劳动者以此为由主张解除劳动合同经济补偿的，一般不予支持。

25. 劳动者要求用人单位不缴纳社会保险，后又以用人单位未缴纳社会保险为由提出解除劳动合同并主张经济补偿的，应否支持？

依法缴纳社会保险是《劳动法》规定的用人单位与劳动者的法定义务，即便是因劳动者要求用人单位不为其缴纳社会保险，劳动者按照《劳动合同法》第三十八条的规定主张经济补偿的，仍应予支持。

4. 用人单位的规章制度违反法律、法规的规定，损害劳动者权益，劳动者解除劳动合同的。

劳动者以此为理由解除劳动合同，必须具备以下两个条件：

（1）用人单位的规章制度违反了法律法规的规定；

（2）损害了劳动者的权益。

必须同时具备以上两点才可以，如果用人单位的规章制度虽然违反了法律法规的规定，但并没有损害劳动者的权益，劳动者也不能以此为理由解除劳动合同。

因此提醒用人单位的是，制定规章制度一定要严格遵守法律规定，不得违反法律法规的规定。

 典型案例

案例85：企业的规章制度要合法，不得侵犯员工合法权益

熊小姐至某航空公司应聘，公司对熊小姐的情况十分满意，决定录用熊小姐，但同时告知熊小姐，公司规定熊小姐从事的工作岗位每周工作45小时，并且不支付加班工资。熊小姐对此无异议。于是，双方签订劳动合同。5年后，熊小姐以航空公司不支付加班工资为由提出辞职，不久后又提起劳动仲裁，要求公司支付5年期间加班工资、未支付加班工资而提出解除劳动合同的经济补偿金。经劳动争议仲裁委员会开庭审理后裁决，支持了熊小姐的全部请求。航空公司对此不服，又诉至法院。法院仍判决航空公司须支付熊小姐的加班工资及经济补偿金，理由为航空公司的规章制度违反了延长劳动者工作时间，应当支付加班工资的法律规定，应视为无效规定。而航空公司不支付加班工资，侵害了熊小姐获得劳动报酬的权益，故熊小姐因此解除劳动合同并要求航空公司支付经济补偿金、加班工资的请求，符合法律规定，应予以支持。

 律师点评

这也是《劳动合同法》赋予劳动者的一项重要权利，也是对企业人力资源工作者提出的一项重要考验。因为规章制度的内容包括方方面面，很难有哪家企业的所有规章制度都是完全合法的。而《劳动合同法》赋予了劳动者相应的解约权，这是非常厉害的，因此，企业用人单位不得不全面修订企业规章制度，力争合法，避免处于被动地位。用人单位在制定、修改直接涉及劳动者利益的规章制度时，不能违反或者超越法律法规，否则不仅是无效规定，不能制约劳动者，而且如果因此损害了劳动者权益，劳动者还可以随时解除劳动合同。

5. 用人单位以欺诈、胁迫、乘人之危，使劳动者在违背真实意思的情况下订立或者变更劳动合同，致使劳动合同无效的。

如果用人单位以欺诈、胁迫、乘人之危，使劳动者在违背真实意思的情况下订立或者变更劳动合同，致使劳动合同无效的，那么无效劳动合同从订立时就没有法律约束力，劳动者可以不予履行，对已经履行的，用人单位应当支付劳动报酬，给劳动者造成损害的，用人单位还应当承担赔偿责任。

典型案例

案例86：违背劳动者真实意思订立的劳动合同无效

某公司招聘技术员，赵某毕业于名牌大学，专业素质非常好，该公司正在从事某项目的开发，而赵某正好有这方面的经验，于是该公司要求赵某先上班，同时要求赵某把身份证、毕业证等资料交给他们复印存档。经过几天的工作，赵某感觉该公司管理非常混乱，而且听其他同事讲，公司经常拖欠工资，于是赵某决定不再继续上班。但公司要求与赵某签订2年的劳动合同，赵某必须帮公司完成项目后才能辞职，否则公司就扣留赵某的身份证和毕业证。由于赵某交给公司身份证和毕业证时并没有让公司写收条，只好被迫签订了劳动合同。后赵某在与公司人力资源谈话的过程中进行了录音，录下了公司胁迫其签订劳动合同的过程。之后赵某提起仲裁，要求解除劳动合同，支付经济补偿金。在仲裁中，公司不承认胁迫赵某签订劳动合同，赵某于是提交了录音。最后劳动争议仲裁委员会支持了赵某的仲裁请求。

6. 用人单位以暴力、威胁或者非法限制人身自由的手段强迫劳动者劳动的，或者用人单位违章指挥、强令冒险作业危及劳动者人身安全的，劳动者可以立即解除劳动合同，不需事先告知用人单位。

在这种情况下，由于用人单位的行为已经严重侵犯了劳动者的合法权益，给劳动者带来了极大的危害，因此，劳动者有权立即解除劳动合同，不需要事先告知用人单位。

 典型案例

案例 87：工厂用工可以限制工人的人身自由吗？

某工厂从贵州招聘了一批女工人，要求女工人每天工作 13 个小时，必须完成指定的工作任务，如果完不成就不让吃饭，并且限制女工人随便出入，工厂还有专人看管。后一名女工人趁吃饭的时候逃了出来，找到当地劳动监察部门投诉。劳动监察部门接到投诉后，及时去核实有关情况，并对该工厂处以罚款。女工人提起仲裁，要求解除合同，支付经济补偿金。后劳动争议仲裁委员会支持了女工人的仲裁请求。

7. 法律、行政法规规定劳动者可以解除劳动合同的其他情形。

这属于法律的兜底条款，其他只要符合法律、法规规定的用人单位存在违法行为的，劳动者也有权解除劳动合同。

以上七种情况都是由于用人单位的违法行为，劳动者解除劳动合同后，要求用人单位支付经济补偿金的情形。尽管在这些情况下都是劳动者主动提出解除劳动合同，但由于用人单位的违法行为，存在损害劳动者合法利益的情形，因此用人单位应当支付经济补偿金。

8. 用人单位向劳动者提出协商解除劳动合同，双方协商一致解除劳动合同的。

需要强调的是，双方协商解除劳动合同，如果是用人单位主动提出协商解除劳动合同，那么用人单位就需要支付经济补偿金；如果是劳动者主动提出协商解除劳动合同，用人单位就不需要支付经济补偿金。

 典型案例

案例 88：双方协商一致解除劳动合同就不需要支付补偿金吗？

郭小姐与公司签订了为期三年的劳动合同。郭小姐结婚后，由于身体不好，又想怀孕生孩子，便准备辞职休息一段时间。公司看郭小姐有辞职的想法，就提出与其解除劳动合同，郭小姐同意了公司的要求，双方协商一致解除劳动合同。劳动合同解除后，郭小姐要求公司支付经济补偿金。公司认为双方协商一致解除劳动合同，不需要支付经济补偿金。郭小姐提起仲裁，最后劳动争议仲裁委员会裁决公司支付郭小姐两个月的经济补偿金。

 律师点评

公司虽然与郭小姐协商一致解除劳动合同，但由于劳动合同的解除首先是由公司提出的，因此公司应当支付经济补偿金。因此，如果员工有辞职的想法，用人单位最好不要主动提出与员工解除劳动合同。

 典型案例

案例89：某通讯（杭州）有限责任公司诉王鹏劳动合同纠纷案（最高人民法院指导案例18号）

2005年7月，被告王鹏进入原告某通讯（杭州）有限责任公司（以下简称某通讯）工作，劳动合同约定王鹏从事销售工作，基本工资每月3840元。该公司的《员工绩效管理办法》规定：员工半年、年度绩效考核分别为S、A、C1、C2四个等级，分别代表优秀、良好、价值观不符、业绩待改进；S、A、C（C1、C2）等级的比例分别为20%、70%、10%；不胜任工作原则上考核为C2。王鹏原在该公司分销科从事销售工作，2009年1月后因分销科解散等原因，转岗至华东区从事销售工作。2008年下半年、2009年上半年及2010年下半年，王鹏的考核结果均为C2。某通讯认为，王鹏不能胜任工作，经转岗后，仍不能胜任工作，故在支付了部分经济补偿金的情况下解除了劳动合同。

2011年7月27日，王鹏提起劳动仲裁。同年10月8日，仲裁委作出裁决：某通讯支付王鹏违法解除劳动合同的赔偿金余额36596.28元。某通讯认为其不存在违法解除劳动合同的行为，故于同年11月1日诉至法院，请求判令不予支付解除劳动合同赔偿金余额。

裁判结果

浙江省杭州市滨江区人民法院于2011年12月6日作出（2011）杭滨民初字第885号民事判决：原告某通讯（杭州）有限责任公司于本判决生效之日起十五日内一次性支付被告王鹏违法解除劳动合同的赔偿金余额36596.28元。宣判后，双方均未上诉，判决已发生法律效力。

裁判理由

法院生效裁判认为：为了保护劳动者的合法权益，构建和发展和谐稳定的劳动关系，《劳动法》《劳动合同法》对用人单位单方解除劳动合同的条件进行了明确限定。原告某通讯以被告王鹏不胜任工作，经转岗后仍不胜任工作为由，解除劳动合同，对此应负举证责任。根据《员工绩效管理办法》的规定，"C（C1、C2）考核等级的比例为10%"，虽然王鹏曾经考核结果为C2，但是C2等级并不完全等同于"不能胜任工作"，某通讯仅凭该限定考核等级比例的考核结果，不能证明劳动者不能胜任工作，不符合据此单方解除劳动合同的法定条件。虽然2009年1月王鹏从分销科转岗，但是转岗前后均从事销售工作，并存在分销科解散导致王鹏转岗这一根本原因，故不能证明王鹏系因不能胜任工作而转岗。因此，某通讯主张王鹏不胜任工作，经转岗后仍然不胜任工作的依据不足，存在违法解除劳动合同的情形，应当依法向王鹏支付经济补偿标准2倍的赔偿金。

9. 劳动者患病或者非因工负伤，在规定的医疗期满后不能从事原工作，也不能从事由用人单位另行安排的工作的，用人单位解除劳动合同的。

10. 劳动者不能胜任工作，经过培训或者调整工作岗位，仍不能胜任工作的，用人单位解除劳动合同的。

11. 劳动合同订立时所依据的客观情况发生重大变化，致使劳动合同无法履行，经用人单位与劳动者协商，未能就变更劳动合同内容达成协议的，用人单位解除劳动合同的。

第9种至第11种情形，属于用人单位应当事先通知解除劳动合同的情形，在这三种情形下，用人单位应当提前30日以书面形式通知劳动者本人或者额外支付劳动者一个月工资后，才可以解除劳动合同。关于这三种情形用人单位需要注意的问题，在本书第一章已经做了详细讲解，在此不再重复。

12. 依照企业破产法规定进行重整的，企业进行经济性裁员的。

13. 生产经营发生严重困难的，企业进行经济性裁员的。

14. 企业转产、重大技术革新或者经营方式调整，经变更劳动合同后，仍需裁减人员的，企业进行经济性裁员的。

15. 其他因劳动合同订立时所依据的客观经济情况发生重大变化，致使劳动合同无法履行的，企业进行经济性裁员的。

第12种至第15种情形属于用人单位进行经济性裁员。用人单位进行经济性裁员必须向劳动者支付经济补偿金，但用人单位必须符合经济性裁员的条件，否则就属于非法解除劳动合同。关于经济性裁员的条件及用人单位注意的事项，本书第一章已经做了详细讲解，在此不再详细论述。

16. 除用人单位维持或者提高劳动合同约定条件续订劳动合同，劳动者不同意续订的情形外，劳动合同期满后用人单位终止劳动合同的。

如果用人单位同意续订劳动合同，但降低劳动合同约定条件，劳动者不同意续订劳动合同的，劳动合同终止，用人单位应当支付经济补偿金；如果用人单位不同意续订劳动合同，无论劳动者是否同意续订劳动合同，劳动合同终止，用人单位都应当支付经济补偿金。该规定属于《劳动合同法》的新规定，《劳动法》并没有这样的规定。

 **典型案例**

案例90：续签劳动合同，可以降低劳动者的待遇吗？

毛某在公司担任行政人员，每月工资4500元。2018年8月合同到期后，毛某要求与公司继续签订劳动合同，公司同意续签劳动合同，但只同意毛某的工资为4000元，毛某不同意。毛某要求公司支付经济补偿金，公司不同意支付。于是毛某投诉到当地劳动行政部门，劳动行政部门调查情况后，责令公司必须在2018年10月15日将经济补偿金支付给毛某。但到期后，公司仍然没有支付给毛某。于是劳动行政部门除要求支付毛某4500元的经济补偿金外，还要求公司向毛某支付4800元的赔偿金。

17. 用人单位被依法宣告破产的。

《企业破产法》第 107 条第 1 款规定："人民法院依照本法规定宣告债务人破产的，应当自裁定作出之日起五日内送达债务人和管理人，自裁定作出之日起十日内通知已知债权人，并予以公告。"用人单位一旦被依法宣告破产，就进入破产清算程序，用人单位的主体资格消失，意味着劳动合同一方主体资格消失，劳动合同归于终止。在这种情况下，用人单位应当支付经济补偿金。

根据《企业破产法》第 113 条第 1 款、第 2 款的规定，破产财产在优先清偿破产费用和共益债务后，依照下列顺序清偿：

（一）破产人所欠职工的工资和医疗、伤残补助、抚恤费用，所欠的应当划入职工个人账户的基本养老保险、基本医疗保险费用，以及法律、行政法规规定应当支付给职工的补偿金；

（二）破产人欠缴的除前项规定以外的社会保险费用和破产人所欠税款；

（三）普通破产债权。

破产财产不足以清偿同一顺序的清偿要求的，按照比例分配。

因此劳动者的经济补偿金仅排在破产费用和共益债务之后优先受偿。

根据《企业破产法》第 41 条的规定，人民法院受理破产申请后发生的下列费用，为破产费用：

（一）破产案件的诉讼费用；

（二）管理、变价和分配债务人财产的费用；

（三）管理人执行职务的费用、报酬和聘用工作人员的费用。

根据《企业破产法》第 42 条的规定，人民法院受理破产申请后发生的下列债务，为共益债务：

（一）因管理人或者债务人请求对方当事人履行双方均未履行完毕的合同所产生的债务；

（二）债务人财产受无因管理所产生的债务；

（三）因债务人不当得利所产生的债务；

（四）为债务人继续营业而应支付的劳动报酬和社会保险费用以及由此产生的其他债务；

（五）管理人或者相关人员执行职务致人损害所产生的债务；

（六）债务人财产致人损害所产生的债务。

 典型案例

案例 91：公司破产，仍需支付员工经济补偿金

老刘是某企业职工，2009 年到 2012 年企业长期停产，公司已经严重亏损，资不抵债。2012 年 3 月，公司申请破产，经法院依法裁定，进入破产程序。2012 年 4 月破产清算组进驻公司。公司破产，老刘也成了失业者。后法院在扣除破产费用和共益费用后，仅剩余 500 万元的资产，但公司欠职工工资、社会保险费用、经济补偿金就达到 480 万元，欠其余外债 1000 万元。于是法院裁定优先支付工人工资、社会保险费用和经济补偿金 480 万元。

18. 用人单位被吊销营业执照、责令关闭、撤销或者用人单位决定提前解散的。

所谓吊销营业执照，是指剥夺用人单位已经取得的营业执照，使其丧失继续从事生产或者经营的资格。所谓责令关闭，是指行为人违反了法律、行政法规的规定，被行政机关作出了停止生产或者经营的处罚决定，从而停止生产或者经营。所谓被撤销，是指由行政机关撤销有瑕疵的公司登记。用人单位被依法吊销营业执照、责令关闭或者被撤销，已经不能进行生产或者经营，应当解散，以该用人单位为一方的劳动合同终止。

所谓用人单位决定提前解散，是指在股东会或者股东大会上决议解散，或者公司合并或者分立需要解散，或者持有公司全部股东表决权 10% 以上的股东，请求人民法院解散公司的情形下，用人单位提前于公司章程规定的公司终止时间解散公司的。

19. 以完成一定任务为期限的劳动合同因任务完成而终止的，用人单位也需要向劳动者支付经济补偿金。

以完成一定工作任务为期限的劳动合同，是指用人单位与劳动者约定以某项工作的完成为合同期限的劳动合同。用人单位与劳动者协商一致，可以订立以完成一定工作任务为期限的劳动合同。如果用人单位与劳动者签订以完成一定任务为期限的劳动合同，在因任务完成而终止劳动合同时，用人单位用不用对劳动者进行经济补偿是有争论的。《劳动合同法》对此也没有明确的规定，因为《劳动合同法》第 46 条规定的劳动合同期满后终止劳动合同的，用人单位应当支付经济补偿金，但劳动合同期满是否包括以完成一定任务为期限的劳动合同任务完成，并没有明确的规定。为此，《劳动合同法》实施以后，用人单位为了避免在劳动合同终止时支付经济补偿金，纷纷与劳动者签订了以完成一定任务为期限的劳动合同。《劳动合同法实施条例》第 22 条对此明确规定，以完成一定任务为期限的劳动合同因任务完成而终止的，用人单位仍然需要支付劳动者经济补偿金。

很多用人单位认为，既然以完成一定工作任务为期限的劳动合同因任务完成而终止时也需要支付经济补偿金，那么签订以完成一定任务为期限的劳动合同与签订固定期限的劳动合同就没有区别了。其实不然，在某些情况下，签订以完成一定任务为期限的劳动合同对用人单位仍然有利。例如，某公司承建一栋大楼，大楼预计半年能建设完，于是与工人签订了半年的劳动合同，但由于各种原因，半年过后大楼没有建设完，该公司于是又与工人签订了 3 个月的劳动合同，3 个月后仍然没有建设完，此时该公司只能与工人签订无固定期限的劳动合同，这对公司来说是不利的。如果公司与劳动者签订了固定期限的劳动合同，在大楼提前建设完毕的情况下，公司也不能与工人提前解除劳动合同。因此，在适合签订以完成一定任务为期限的劳动合同的情况下，用人单位最好签订以完成一定工作任务为期限的劳动合同。

一般下列情况下，用人单位与劳动者可以签署以完成一定工作任务为期限的劳动合同：

（1）以完成单项工作任务为期限的劳动合同，如开发某个软件等。

（2）以项目承包的形式完成承包任务的劳动合同，如某个房子的装修、安装某个设备等。

（3）因季节的原因用工的劳动合同，如遇到秋季收获庄稼临时雇用工人等。

（4）其他双方约定的以完成一定工作任务为期限的劳动合同。

 典型案例

案例 92：以完成一定任务为期限的劳动合同终止，需要支付经济补偿金吗？

陈某是一名程序开发员，2018 年 1 月 4 日陈某与某公司签订了以完成一定任务为期限的劳动合同，合同中约定，陈某与该公司的合同以该公司所开发的游戏完成并且首次上市作为终止条件。经过一年零一个月的工作，该游戏终于上市，于是该公司终止了与陈某的劳动合同。陈某要求公司支付经济补偿金，公司不同意支付。陈某有权要求支付经济补偿金吗？

 律师点评

该公司与陈某签订的是以完成一定任务为期限的劳动合同，在劳动合同终止时，根据《劳动合同法实施条例》第 22 条的规定，公司应当支付经济补偿金。陈某在该公司工作了 1 年零 1 个月，因此公司应当支付 1.5 个月的经济补偿金。

 律师提醒

用人单位签署以完成一定任务为期限的劳动合同需要注意的问题：

（1）并不是所有的情况都适用于签订以完成一定工作任务为期限的劳动合同，只有在任务明确或者季节性强或者临时性的情况下，才适合签署这种劳动合同。

（2）因此，企业在签署这一类型的劳动合同时，一定要慎重，在确实可以签署这一类型的劳动合同时，才应该签订，而不能只是为了规避法律风险。

（3）合同期间，用人单位仍然需要为劳动者缴纳各种社会保险。

（4）工资仍然需要按月发放。

20. 用人单位经营期限届满不再继续经营导致劳动合同不能继续履行的。

如果用人单位经营期限届满，用人单位不再继续经营而决定解散，导致劳动合同不能继续履行的情形下，用人单位应当支付经济补偿金。

《最高人民法院关于审理劳动争议案件适用法律问题的解释（一）》第 48 条规定，劳动合同法施行后，因用人单位经营期限届满不再继续经营导致劳动合同不能继续履行，劳动者请求用人单位支付经济补偿的，人民法院应予支持。

 典型案例

案例 93：用人单位经营期限届满导致劳动合同不能履行的，用人单位要支付经济补偿金

孙某与公司签订了为期 5 年的劳动合同，但是工作了 3 年后，公司的经营期限届满，公司股东经过研究后决定，公司不再继续经营，到期后解散公司。孙某认为，既然公司终止，由于公司的原因导致劳动合同不能继续履行，那么公司应当支付自己经济补偿金。但公司认为，由于公司的经营期限届满不再继续经营，并不是公司开除孙某，因此，公司不应当支付经济补偿金。孙某于是提起仲裁，劳动争议仲裁委员会经过审理认为：如果由于用人单位经营期限届满导致劳动合同不能继续履行的，用人单位应当支付经济补偿金。

二、经济补偿金的计算标准

《劳动合同法》第 47 条规定："经济补偿按劳动者在本单位工作的年限，每满一年支付一个月工资的标准向劳动者支付。六个月以上不满一年的，按一年计算；不满六个月的，向劳动者支付半个月工资的经济补偿。

"劳动者月工资高于用人单位所在直辖市、设区的市级人民政府公布的本地区上年度职工月平均工资三倍的，向其支付经济补偿的标准按职工月平均工资三倍的数额支付，向其支付经济补偿的年限最高不超过十二年。

"本条所称月工资是指劳动者在劳动合同解除或者终止前十二个月的平均工资。"

1. 关于经济补偿中的工作年限。

（1）劳动者在单位工作的年限，应当自劳动者在该用人单位开始工作之日起计算，如果由于各种原因，用人单位未与劳动者及时签订劳动合同的，不影响工作年限的计算。如果劳动者连续为同一用人单位提供劳动，先后签订了几份劳动合同，工作年限应该自劳动者在该用人单位开始工作之日起计算。例如，孙某自 2008 年 1 月 1 日开始在某单位工作，前 5 个月没有签订劳动合同，后来签订了为期 2 年的劳动合同，后来又签订了为期 3 年的劳动合同，到 2013 年 5 月 1 日，孙某在该单位应当是工作了 5 年零 4 个月的时间。因此，劳动者在本单位工作的年限不能理解为连续几个合同的最后一个合同期限，原则上应该连续计算。

（2）如果劳动者在同一用人单位工作时间有间隔的，应该以最后连续工作的时间为准，不能累计计算。例如，郭某在 2016 年 1 月 1 日至 10 月 1 日在某公司工作，后因各种原因，郭某离开公司。2016 年 12 月 1 日至 2018 年 11 月 30 日郭某又在该公司工作，那么郭某在该公司的工作年限就应该是 2 年，而不是 2 年零 9 个月。

（3）企业分立、合并后工作年限的计算。根据《劳动部关于终止或解除劳动合同计发经济补偿金有关问题的请示的复函》的规定，因用人单位的合并、兼并、合资、单位改变性质、法人改变名称等原因而改变工作单位的，其改变前的工作时间可以计算为"在本单位的工作时间"。《劳动合同法实施条例》第 10 条规定："劳动者非因本人原因从原用人单位被安排到新用人单位工作的，劳动者在原用人单位的工作年限合并计算为新用人单位的工作年限。原用人单位已经向劳动者支付经济补偿的，新用人单位在依法解除、终止劳动合同计算支付经济补偿的工作年限时，不再计算劳动者在原用人单位的工作年限。"

关于怎样才算"劳动者非因本人原因从原用人单位被安排到新用人单位工作"，《劳动合同法实施条例》并没有作明确的规定，而《最高人民法院关于审理劳动争议案件适用法律问题的解释（一）》对此作了明确的规定。《最高人民法院关于审理劳动争议案件适用法律问题的解释（一）》第 46 条规定，劳动者非因本人原因从原用人单位被安排到新用人单位工作，原用人单位未支付经济补偿，劳动者依照劳动合同法第 38 条规定与新用人单位解除劳动合同，或者新用人单位向劳动者提出解除、终止劳动合同，在计算支付经济补偿或赔偿金的工作年限时，劳动者请求把在原用人单位的工作年限合并计算为新用人单位工作年限的，人民法院应予支持。

用人单位符合下列情形之一的，应当认定属于"劳动者非因本人原因从原用人单位被安排到新用人单位工作"：

①劳动者仍在原工作场所、工作岗位工作，劳动合同主体由原用人单位变更为新用人单位。

②用人单位以组织委派或任命形式对劳动者进行工作调动。

③因用人单位合并、分立等原因导致劳动者工作调动。

④用人单位及其关联企业与劳动者轮流订立劳动合同。

⑤其他合理情形。

 典型案例

案例 94：孙某某诉某国际贸易公司、某石油销售公司劳动争议案（北京法院参阅案例第 66 号）

基本案情

2011 年，孙某某通过招聘方式入职某国际贸易公司，岗位为综合部部长。2013 年 3 月 11 日，某国际贸易公司出具《关于人事调动的函》，委派孙某某自 2013 年 3 月 12 日起至某石油销售公司工作，并载明孙某某的工作关系转移。2013 年 3 月 12 日起，孙某某至某石油销售公司工作，工作岗位仍为综合部部长，某石油销售公司为孙某某支付工资并缴纳社会保险。2017 年 6 月 23 日，某石油销售公司向某国际贸易公司发送《关于退回孙某某的函》，载明因孙某某组织纪律差、责任心不强，认为其不能胜任目前岗位，不适合继续在某石油销售公司工作，经总经理办公会研究通过，决定将孙某某退回某国际贸易公司。2017 年 6 月 30 日，某石油销售公司向孙某某发送《通知》，载明：公司决定将你退回派出单位某国际贸易公司，经公司与某国际贸易公司沟通后，7月21日按时到原派出单位某国际贸易公司报到。2017年7月6日孙某某收到该通知，并表示对内容有异议。2017年7月，某石油销售公司停止为孙某某缴纳社会保险，工资支付至该月。2017年7月21日，某国际贸易公司复函某石油销售公司，表示不同意接收孙某某回其公司工作，要求某石油销售公司根据孙某某工作表现按照相关规章制度办理。后某国际贸易公司、某石油销售公司均未安排孙某某工作。

孙某某提起劳动仲裁，要求某国际贸易公司、某石油销售公司支付其工资、违法解除劳动关系赔偿金等。仲裁委员会作出裁决，对孙某某要求某石油销售公司支付违法解除劳动关系赔偿金等请求不予支持。

孙某某不服仲裁裁决，起诉至法院，请求判令某国际贸易公司、某石油销售公司支付孙某某违法解除劳动关系的赔偿金236802.3元。

北京市丰台区人民法院判决某国际贸易公司于判决生效之日起10日内支付孙某某解除劳动合同经济补偿108584.5元。判决后，孙某某、某国际贸易公司均不服，分别提起上诉。北京市第二中级人民法院判决某石油销售公司于判决生效之日起10日内支付孙某某违法解除劳动关系赔偿金201656.91元。

裁判理由

本案主要争议在于孙某某与某国际贸易公司、某石油销售公司劳动关系的认定，以及孙某某是否系被违法解除及相应责任主体的确定。

一、关于有关联关系的两家用人单位在委派劳动者时劳动关系的认定问题。孙某某与两公司劳动关系的认定需结合用人单位发放工资、缴纳社会保险、工作内容等作为具体的判断依据。某国际贸易公司通过《关于人事调动的函》委派孙某某自2013年3月12日起至某石油销售公司工作，该委派并未明确孙某某的劳动关系保留在某国际贸易公司，亦未明确委派的具体期限和是否可以退回孙某某，同时，该函件的名称为人事调动，内容显示"以上同志的工作关系转移"。孙某某到某石油销售公司任综合部部长后，由某石油销售公司发放工资并缴纳社会保险，孙某某为某石油销售公司提供劳动，并受某石油销售公司管理，故综合考虑孙某某被委派时的实际情况和被委派后的工作情况，一审法院认定孙某某2013年3月12日起仍与某国际贸易公司存在劳动关系不妥，应认定2013年3月12日起至争议发生时孙某某与某石油销售公司存在劳动关系。

二、劳动者被退回后是否可认定为被解除劳动关系及相应责任主体的确定。孙某某与某石油销售公司自2013年3月12日起存在劳动关系，某石油销售公司于2017年6月23日向某国际贸易公司发函退回孙某某，并告知孙某某于2017年7月21日至原派出单位即某国际贸易公司报到。某石油销售公司退回孙某某、停发其工资、停缴其社会保险的行为，可认定为某石油销售公司解除与孙某某劳动关系的意思表示。鉴于某石油销售公司未能就其公司退回孙某某的具体事实及其公司所依据的规章制度提供充分且有力的证据予以证明，故某石油销售公司应支付孙某某违法解除劳动关系赔偿偿金。

参阅要点

1. 用人单位指派劳动者到另一用人单位工作，各方对劳动者的劳动关系归属、委派性质及期限均无约定，劳动者为接收单位提供劳动，由接收单位进行管理、发放工资并缴纳社会保险的，在不存在对劳动者不利的情形下，可以认定劳动者与接收单位存在劳动关系。

2. 认定劳动者与接收单位存在劳动关系的，接收单位将劳动者退回原派出单位、停发工资、停缴社会保险，该行为可认定为接收单位解除与劳动者之劳动关系。

（4）合资、合作企业中工作年限的计算。对于一些原来在中国企业工作，由于中方企业与外国企业进行合资、合作而被派驻到中外合资企业或者中外合作企业中的员工，其工作年限如何计算？

《劳动部关于贯彻〈外商投资企业劳动管理规定〉有关问题的复函》第2条第6项规定："由合资、合作的中方单位安排到合资、合作企业工作的中方职工，其连续工龄按在原单位工作时间和在合资、合作企业工作时间合并计算。"1996年劳动部办公厅《关于贯彻外〈商投资企业劳动管理规定〉有关问题的复函》中规定，《劳动部关于贯彻〈外商投资企业劳动管理规定〉有关问题的复函》（劳办发〔1995〕163号，以下简称《复函》）第2条第6项主要是针对合资、合作企业的特殊情况作出的规定。规定把合资、合作企业与合资、合作的中方单位视为同一用人单位。职工续签劳动合同时，其在合资、合作的中方单位连续工作的时间应当与在合资、合作企业连续工作的时间合并计算。因此，《复函》中所讲的"连续工龄"与《劳动法》第20条"在同一用人单位连续工作"的含义相同。

（5）军人的军龄是否计算为工作年限？

《中华人民共和国兵役法》以及《关于退伍义务兵安置工作随用人单位改革实行劳动合同制度的意见》中规定，军队退伍、复员、转业军人的军龄，计算为接收安置单位的连续工龄。

因此企业与职工解除劳动关系时，退伍、转业军人的军龄应当计算为"本单位工作年限"。

2. 关于经济补偿金的计算标准。

经济补偿金的计算标准为：以每满一年支付一个月工资的标准向劳动者支付。6个月以上不满1年的，按1年计算；不满6个月的，向劳动者支付半个月工资的经济补偿。

需要提醒企业的是，《劳动合同法》实施以后，关于经济补偿，不满6个月的，向劳动者支付半个月的经济补偿。在《劳动合同法》实施之前，不满6个月的，仍然按照1个月支付劳动者经济补偿。例如，《违反和解除劳动合同的经济补偿办法》① 第

———

① 2017年11月24日废止。现依据《最高人民法院关于审理劳动争议案件适用法律问题的解释（一）》《劳动法》《劳动合同法》等。

5 条规定，经劳动合同当事人协商一致，由用人单位解除劳动合同的，用人单位应根据劳动者在本单位工作年限，每满 1 年发给相当于 1 个月工资的经济补偿金，最多不超过 12 个月。工作时间不满 1 年的按 1 年的标准发给经济补偿金。

例如，宋某在某单位工作了 1 年零 4 个月，用人单位提出解除劳动合同，宋某表示同意。如果按照《劳动法》的规定，用人单位应当支付宋某 2 个月的经济补偿金，如果按照《劳动合同法》的规定，用人单位只需要支付宋某一个半月的经济补偿金就可以了。

因为有些企业每年都招用很多季节工和临时工，这些人员工作时间比较短，只有几个月的时间，如果按一年的标准支付经济补偿金，加大了用人单位的负担。因此，《劳动合同法》进一步细化，以 6 个月为界限，分别支付 1 个月和半个月工资作为经济补偿。

3. 关于月工资的计算标准。

《违反和解除劳动合同的经济补偿办法》第 11 条规定："本办法中经济补偿金的工资计算标准是指企业正常生产情况下劳动者解除合同前十二个月的月平均工资。用人单位依据本办法第六条、第八条、第九条解除劳动合同时，劳动者的月平均工资低于企业月平均工资的，按企业月平均工资的标准支付。"这样的规定在一定程度上有利于保护低收入劳动者的权益，但计算非常复杂，不利于劳动者掌握。因此《劳动合同法》做了改变，规定月工资是指劳动者在劳动合同解除或者终止前 12 个月的平均工资。《劳动合同法实施条例》第 27 条又作了进一步的规定："劳动合同法第四十七条规定的经济补偿的月工资按照劳动者应得工资计算，包括计时工资或者计件工资以及奖金、津贴和补贴等货币性收入。劳动者在劳动合同解除或者终止前 12 个月的平均工资低于当地最低工资标准的，按照当地最低工资标准计算。劳动者工作不满 12 个月的，按照实际工作的月数计算平均工资。"

如果劳动者在劳动合同解除或者终止前 12 个月的平均工资低于当地最低工资标准的，应该按照当地最低工资标准计算，同时劳动者有权要求补足实际工资与最低工资标准之间的差额部分。

实践中，可能劳动者工作时间不足 12 个月，那么就按照劳动者实际工作月数计算平均工资，即用劳动者所发的工资总额除以劳动者工作的月数。

关于工资的组成部分，国家统计局 1990 年 1 月 1 日发布的《关于工资总额组成的规定》第 3 条规定："工资总额是指各单位在一定时期内直接支付给本单位全部职工的劳动报酬总额。工资总额的计算应以直接支付给职工的全部劳动报酬为根据。"各单位支付给职工的劳动报酬以及其他根据有关规定支付的工资，不论是计入成本的还是不计入成本的，不论是按国家规定列入计征奖金税项目的还是未列入计征奖金税项目的，不论是以货币形式支付的还是以实物形式支付的，均应列入工资总额的计算范围。

根据《关于工资总额组成的规定》和《〈关于工资总额组成的规定〉若干具体范

围的解释》的规定，工资总额包括：

（1）计时工资。

计时工资是指按计时工资标准（包括地区生活费补贴）和工作时间支付给个人的劳动报酬。包括：

①对已做工作按计时工资标准支付的工资；

②实行结构工资制的单位支付给职工的基础工资和职务（岗位）工资；

③新参加工作职工的见习工资（学徒的生活费）；

④运动员体育津贴。

（2）计件工资。

计件工资是指对已做工作按计件单价支付的劳动报酬。包括：

①实行超额累进计件、直接无限计件、限额计件、超定额计件等工资制，按劳动部门或主管部门批准的定额和计件单价支付给个人的工资；

②按工作任务包干方法支付给个人的工资；

③按营业额提成或利润提成办法支付给个人的工资。

（3）奖金。

奖金是指支付给职工的超额劳动报酬和增收节支的劳动报酬。包括：

①生产奖，包括超产奖、质量奖、安全（无事故）奖、考核各项经济指标的综合奖、提前竣工奖、外轮速遣奖、年终奖（劳动分红）等；

②节约奖，包括各种动力、燃料、原材料等节约奖；

③劳动竞赛奖，包括发给劳动模范、先进个人的各种奖金和实物奖励；

④机关、事业单位的奖励工资；

⑤其他奖金，包括从兼课酬金和业余医疗卫生服务收入提成中支付的奖金等。

（4）津贴和补贴。

津贴和补贴是指为了补偿职工特殊或额外的劳动消耗和因其他特殊原因支付给职工的津贴，以及为了保证职工工资水平不受物价影响支付给职工的物价补贴。

①津贴包括：

第一，补偿职工特殊或额外劳动消耗的津贴。具体有：高空津贴、井下津贴、流动施工津贴、野外工作津贴、林区津贴、高温作业临时补贴、海岛津贴、艰苦气象台（站）津贴、微波站津贴、高原地区临时补贴、冷库低温津贴、基层审计人员外勤工作补贴、邮电人员外勤津贴、夜班津贴、中班津贴、班（组）长津贴、学校班主任津贴、三种艺术（舞蹈、武功、管乐）人员工种补贴、运动队班（队）干部驻队补贴、公安干警值勤岗位津贴、环卫人员岗位津贴、广播电视天线岗位津贴、盐业岗位津贴、废品回收人员岗位津贴、殡葬特殊行业津贴、城市社会福利事业单位岗位津贴、环境监测津贴、收容遣送岗位津贴等。

第二，保健性津贴。具体有：卫生防疫津贴、医疗卫生津贴、科技保健津贴、各种社会福利院职工特殊保健津贴等。

第三，技术性津贴。具体有：特级教师补贴、科研津贴、工人技师津贴、中药老药工技术津贴、特殊教育津贴等。

第四，年功性津贴。具体有：工龄津贴、教龄津贴和护士工龄津贴等。

第五，其他津贴。具体有：直接支付给个人的伙食津贴（火车司机和乘务员的乘务津贴、航行和空勤人员伙食津贴、水产捕捞人员伙食津贴、专业车队汽车司机行车津贴、体育运动员和教练员伙食补助费、少数民族伙食津贴、小伙食单位补贴等）、合同制职工的工资性补贴以及书报费等。

②物价补贴包括：

为保证职工工资水平不受物价上涨或变动影响而支付的各种补贴。如肉类等价格补贴、副食品价格补贴、粮价补贴、煤价补贴、房贴、水电贴等。

（5）加班加点工资。

加班加点工资是指按规定支付的加班工资和加点工资。

（6）特殊情况下支付的工资。

具体包括：

①根据国家法律、法规和政策规定，因病、工伤、产假、计划生育假、婚丧假、事假、探亲假、定期休假、停工学习等原因按计时工资标准或计时工资标准的一定比例支付的工资；

②附加工资、保留工资。

工资总额不包括：

（1）根据国务院发布的有关规定颁发的发明创造奖、自然科学奖、科学技术进步奖和支付的合理化建议和技术改进奖以及支付给运动员、教练员的奖金。

（2）有关劳动保险和职工福利方面的各项费用。

具体有：职工死亡丧葬费及抚恤费、医疗卫生费或公费医疗费用、职工生活困难补助费、集体福利事业补贴、工会文教费、集体福利费、探亲路费、冬季取暖补贴、上下班交通补贴以及洗理费等。

（3）有关离休、退休、退职人员待遇的各项支出。

（4）劳动保护的各项支出。

具体有：工作服、手套等劳保用品，解毒剂、清凉饮料，以及按照1963年7月19日劳动部等七单位规定的对接触有毒物质、矽尘作业、放射线作业和潜水、沉箱作业、高温作业等五类工种所享受的由劳动保护费开支的保健食品待遇。

（5）稿费、讲课费及其他专门工作报酬。

（6）出差伙食补助费、午餐补助、调动工作的旅费和安家费。

（7）对自带工具、牲畜来企业工作职工所支付的工具、牲畜等的补偿费用。

（8）实行租赁经营单位的承租人的风险性补偿收入。

（9）对购买本企业股票和债券的职工所支付的股息（包括股金分红）和利息。

（10）劳动合同制职工解除劳动合同时由企业支付的医疗补助费、生活补助费等。

（11）因录用临时工而在工资以外向提供劳动力单位支付的手续费或管理费。

（12）支付给家庭工人的加工费和按加工订货办法支付给承包单位的发包费用。

（13）支付给参加企业劳动的在校学生的补贴。

（14）计划生育独生子女补贴。

 **典型案例**

案例 95：吴某的经济补偿金该如何计算？

吴某在某公司工作了 7 个月，因公司战略发生调整，公司与吴某协商解除劳动合同。吴某在该公司每月工资都是变化的，7 个月一共发放工资 5.6 万元，那么吴某应当得到多少经济补偿金？

律师点评

由于吴某工作时间并不足 12 个月，其月平均工资只能是 7 个月的工资收入总额除以 7，即 8000 元，因此公司应当支付吴某经济补偿金 8000 元。

典型案例

案例 96：奖金是否计入月平均工资？

何某在某公司担任部门经理，每月工资为 9000 元。2018 年年底，公司发给何某奖金 3.6 万元。2019 年年初，公司进行业务调整，实行经济性裁员，于是公司决定与何某解除劳动合同。何某在公司工作了 3 年的时间。在经济补偿金的计算标准上双方发生了争议，公司认为应当按照何某每月工资 9000 元计算，但何某认为，由于 2018 年年底发了 3.6 万元的奖金，应当按照每月 12000 元的标准计算。于是何某提起仲裁，最后劳动争议仲裁委员会裁决公司应当按照每月 12000 元的标准向何某支付经济补偿金。

律师点评

月平均工资指的是劳动者在劳动合同解除或者终止前 12 个月的平均工资，公司的计算方式是不正确的，在本案中，应当把奖金计算进去。

律师提醒

企业在劳动合同中应当写清楚劳动报酬的具体数额、支付日期，如果是计件工资，必须写清楚计算标准和依据，即使是计件工资，也不能低于当地最低工资标准。

有些企业为了偷税漏税或者担心员工离职时，向其索要较高的赔偿，故意在劳动合同中不约定报酬或者仅约定最低工资，实际发放的数额与员工私下约定。这样一旦产生纠纷，根据《劳动合同法》第 18 条的规定："劳动合同对劳动报酬和劳动条件等标准约定不明确，引发争议的，用人单位与劳动者可以重新协商；协商不成的，适用集体合同规定；没有集体合同或者集体合同未规定劳动报酬的，实行同工同酬；没有集体合同或者集体合同未规定劳动条件等标准的，适用国家有关规定。"如果员工主张较高的赔偿数额，而用人单位又没有证据反驳时，用人单位就可能丧失主动权。

4. 对高收入者经济补偿金的限制。

在经济补偿金方面，法律对高收入者从工作年限和月工资基数方面进行了双重限制。规定劳动者月工资高于用人单位所在直辖市、设区的市级人民政府公布的本地区上年度职工月平均工资三倍的，向其支付经济补偿的标准按职工月平均工资三倍的数额支付，向其支付经济补偿的年限最高不超过12年。

用人单位需要注意的是，在《劳动合同法》实施之前，根据《违反和解除劳动合同的经济补偿办法》的规定，在两种情况下，经济补偿金不得超过12个月，但对于每月经济补偿金的数额没有作出限制，对于高收入者同样没有作出限制。第一种情况是，经劳动合同当事人协商一致，由用人单位解除劳动合同的，用人单位应根据劳动者在本单位工作年限，每满一年发给相当于一个月工资的经济补偿金，最多不超过12个月的工资。第二种情况是，劳动者不能胜任工作，经过培训或者调整工作岗位仍不能胜任工作，由用人单位解除劳动合同的，用人单位应按其在本单位工作的年限，工作时间每满一年，发给相当于一个月工资的经济补偿金，最多不超过12个月。

《劳动合同法》实施以后，对于协商一致解除劳动合同及劳动者不能胜任工作岗位解除劳动合同的情形并没有作出限制，而只对高收入者作出限制，只要月平均工资高于用人单位所在直辖市、设区的市级人民政府公布的本地区上年度职工月平均工资3倍的，那么用人单位向其支付经济补偿的标准按照职工月平均工资3倍的数额支付，向其支付经济补偿的年限最高不超过12年。

 典型案例

案例97：月工资超过当地月平均工资的三倍的，经济补偿金如何计算？

2018年1月1日吴某与北京某外资企业签订了劳动合同，合同期限为5个月，工资标准为每月2.6万元。合同到期后，公司没有再与其续签劳动合同，在经济补偿标准上，双方发生争议，公司认为由于吴某的工资超过了北京市上一年度职工月平均工资的3倍，因此经济补偿的标准应当按照职工月平均工资的3倍进行支付，吴某认为经济补偿的标准应当按照他本人月工资标准支付。那么公司应当按照什么标准支付呢？

 律师点评

由于吴某的工资超过了北京市上一年度职工月平均工资的3倍，因此经济补偿的标准应当按照北京市上一年度职工月平均工资的3倍支付，公司的做法是正确的。

 **典型案例**

案例 98：耿某应获得多少经济补偿金？

耿某在某公司担任财务总监，月工资 1.2 万元，耿某在该公司工作了 15 年，2008 年因为公司被收购，业务调整，公司进行了经济性裁员，耿某被解除劳动合同。该地区上一年度职工月平均工资为 2000 元，那么耿某应该获得多少经济补偿金呢？

律师点评

由于耿某的月工资已经超过了当地职工月平均工资的 3 倍，因此只能按照 3 倍计算。耿某虽然在公司工作了 15 年，但由于耿某的月工资超过了当地月平均工资的 3 倍，因此公司最多按照 12 年向耿某支付经济补偿。因此，耿某应当获得的经济补偿金为 7.2 万元。

三、关于经济补偿金的纳税问题

对于经济补偿金是否纳税的问题，很多劳动者和用人单位都不是太清楚，用人单位支付给劳动者经济补偿金，对于劳动者来说，属于收入，是应当纳税的。

根据《财政部、国家税务总局关于个人与用人单位解除劳动关系取得的一次性补偿收入免征个人所得税问题的通知》及《国家税务总局关于个人因解除劳动合同取得经济补偿金征收个人所得税问题的通知》的有关规定，企业需要注意以下几点：

1. 个人因与用人单位解除劳动关系而取得的一次性补偿收入（包括用人单位发放的经济补偿金、生活补助费和其他补助费用），其收入在当地上年职工平均工资 3 倍数额以内的部分，免征个人所得税；超过的部分按照《国家税务总局关于个人因解除劳动合同取得经济补偿金征收个人所得税问题的通知》的有关规定，计算征收个人所得税。

2. 个人领取一次性补偿收入时按照国家和地方政府规定的比例实际缴纳的住房公积金、医疗保险费、基本养老保险费、失业保险费，可以在计征其一次性补偿收入的个人所得税时予以扣除。

3. 企业依照国家有关法律规定宣告破产，企业职工从该破产企业取得的一次性安置费收入，免征个人所得税。

4. 考虑到个人取得的一次性经济补偿收入数额较大，而且被解聘的人员可能在一段时间内没有固定收入，因此，对于个人取得的一次性经济补偿收入，可视为一次取得数月的工资、薪金收入，允许在一定期限内进行平均。具体平均办法为：以个人取得的一次性经济补偿收入，除以个人在本企业的工作年限数，以其商数作为个人的月工资、薪金收入，按照税法规定计算缴纳个人所得税。个人在本企业的工作年限数按实际工作年限数计算，超过 12 年的按 12 年计算。

对于劳动者应缴纳的个人所得税部分，由于单位有代扣代缴的义务，因此用人单位有权直接从劳动者应得的经济补偿金中扣除，劳动者不得拒绝。

四、不支付经济补偿金的法律后果

《劳动合同法》第 85 条第 4 项规定，用人单位解除或者终止劳动合同，未依照规定向劳动者支付经济补偿的，由劳动行政部门责令限期支付经济补偿；逾期不支付的，责令用人单位按应付金额 50% 以上 100% 以下的标准向劳动者加付赔偿金。

 典型案例

案例 99：逾期不支付经济补偿金的，将加付赔偿金

黄某与公司协商解除劳动合同，公司同意支付黄某 4 个月的经济补偿金，双方达成协议后，公司一直拒不支付。黄某于是向当地劳动行政部门投诉，劳动行政部门责令黄某的公司限期支付，但过了劳动行政部门规定的期限后，黄某的公司仍然没有支付，于是劳动行政部门责令黄某的公司除支付黄某 4 个月的经济补偿金外，再支付黄某 4 个月的经济赔偿金。

律师点评

用人单位一定要按照规定支付经济补偿金，特别是在劳动行政部门责令限期支付时，一定要按时支付，否则劳动行政部门有权要求用人单位按照应付金额 50% 以上 100% 以下的标准向劳动者加付赔偿金。

第二节　用人单位不需要支付经济补偿金的情形

本节导读

本节主要讲述用人单位在哪些情况下与劳动者终止劳动合同不需要支付经济补偿金。

一、由于劳动者的过错，用人单位解除劳动合同，用人单位不需要支付经济补偿金的六种情形

在下列情况下，劳动合同终止，用人单位不需要支付经济补偿金。

1. 在试用期间被证明不符合录用条件的，用人单位与其解除劳动合同的。
2. 严重违反用人单位的规章制度的，用人单位与其解除劳动合同的。

3. 严重失职，营私舞弊，给用人单位造成重大损害的，用人单位与其解除劳动合同的。

4. 劳动者同时与其他用人单位建立劳动关系，对完成本单位的工作任务造成严重影响，或者经用人单位提出，拒不改正的，用人单位与其解除劳动合同的。

5 劳动者以欺诈、胁迫的手段或者乘人之危，使对方在违背真实意思的情况下订立或者变更劳动合同的，致使劳动合同无效的。

6. 被依法追究刑事责任的。

以上六种情形属于劳动者存在过失而用人单位解除劳动合同的情形，用人单位不需要支付经济补偿金。关于这六种情形用人单位需要注意的事项，在本书第一章已经做了详细讲解，在此不再做详细的论述。

 典型案例

案例 100：劳动者在求职时假造简历，用人单位可以解除劳动合同

罗某在简历中虚构学历与工作经历信息，借此通过某信息技术公司考核，于 2016 年 11 月入职该公司，试用期为 6 个月。罗某本人签署的录用条件确认书显示，不符合录用条件的情况包括：向公司提供的材料和信息内容有虚假或有隐瞒的（学历学位证书、工作经历、教育经历、体检证明材料等）。2017 年 3 月，某信息技术公司以罗某不符合试用期录用情形为由，与罗某解除劳动合同。罗某认为，其工作状态良好，符合录用条件，某信息技术公司解除劳动合同的行为属于违法解除，遂申请劳动仲裁。由于罗某对求职过程中简历造假行为不能作出合理解释，经二审法院查明，罗某在入职时存在学历造假、编造工作经历的事实，因此认定某信息技术公司与罗某解除劳动合同合法。

律师点评

劳动者凭借假学历、假工作经历与用人单位订立劳动合同，属于欺诈行为。用人单位与劳动者在建立劳动关系以及履行劳动合同期间均应遵守诚实信用原则。某信息技术公司在录用条件通知书中，明确告知劳动者向公司提供的材料和信息内容有虚假或隐瞒的，属于不符合录用条件的情况。罗某存在学历造假以及编造工作经历的行为，某信息技术公司主张与罗某在试用期内解除劳动合同，法院予以认可。

诚实守信作为劳动合同的基本原则，贯穿于劳动合同的建立时、履行中，甚至终止后。招聘和求职应聘是建立劳动关系的前提，不能以"骗"的方式蒙混过关，否则必将适得其反。对于劳动者而言，求职应聘过程中，应当保证简历信息真实，就学历和工作经历等招聘要求中着重强调的信息尤其值得注意，要纠正先夸大其词或者虚构事实入职，事后再弥补的侥幸心理。对于用人单位而言，在招聘过程中应当明确录用条件，待遇、岗位要求要具体、明确，具有可操作性，当劳动者确实不符合录用条件时，才能够依法解除劳动合同。

 **典型案例**

案例 101：劳动者严重违反用人单位制度、损害用人单位利益，用人单位可以解除劳动合同

顾某于 2010 年 12 月入职某软件公司，在劳动关系存续期间，顾某将其依据《员工购买优惠计划》享有的 2014 年及 2015 年购买指标购得的产品分三次倒卖给某软件公司成都分公司的员工吴某，吴某又转卖。顾某前两次每次倒卖了 3 个中央处理器（CPU）、第三次倒卖了 5 个硬盘，共计倒卖 11 个产品、获利数千元，且在某软件公司与其面谈时，不配合调查，隐瞒事实。

某软件公司的《员工购买优惠计划》规定，通过购买优惠计划购买的产品不得转卖或谋取私利，严禁员工参与转卖，不得请求、拉拢或诱使其他员工代购，所有违背这些条款与条件的可疑行为都将遭到调查，违反这些条款与条件将面临严重的处罚，甚至可能终止雇佣合同。某软件公司认为，顾某的行为严重违反了公司的规章制度，即与其解除了劳动合同。

顾某认可曾出于朋友间帮忙的目的向吴某提供账户及密码，让吴某使用其指标购买了 CPU 或硬盘，称事后吴某过意不去向其支付了好处费 2000 元或 2500 元，他与吴某之间不存在对外转卖的共同故意。因此，顾某不认可公司与其解除劳动的决定，认为某软件公司系违法解除劳动合同，据此提出劳动仲裁申请。

法院经审理后认为，顾某的行为构成利用职务之便谋取私利、损害某软件公司利益，违反了双方签订的《劳动合同》及《员工购买优惠计划》，亦不符合某软件公司《行为准则》《员工手册》等制度的规定。对于顾某的此种行为《员工购买优惠计划》中明确规定某软件公司有权解除劳动合同，因此未予支持顾某要求某软件公司支付违法解除劳动合同赔偿金的诉讼请求。

律师点评

劳动者应当遵守用人单位依法制定的规章制度，遵守劳动纪律和职业道德。某软件公司给员工提供优惠购买产品的指标，系为让顾某及其亲属以优惠的价格购买、使用公司产品，公司明确规定禁止转卖，顾某是明知的。顾某违反规定将优惠购买指标转让他人，法院无法确信其仅为帮忙而没有获利的主张。

用人单位和劳动者之间签订的《劳动合同》及相关协议，用人单位依法制定的《员工手册》《行为准则》，劳动者应予以遵守。劳动者作为用人单位的员工，在享受用人单位内部福利的同时，应当恪守诚信，遵守法律法规和用人单位的规章制度。顾某倒卖公司优惠产品（指标）获利的行为违反诚实信用和公司规章制度，损害了公司的利益，某软件公司解除劳动合同，获得法院认可。

典型案例

案例 102：劳动者利用职务之便谋取私利、损害用人单位利益的，用人单位可以解除劳动合同

黄某于 2011 年 7 月入职某网络科技公司，工作岗位经调整后为商品开发经理，负责为某网络科技公司及其关联公司遴选供应商。

2015 年 9 月，黄某签署廉洁自律承诺书，承诺："在采购过程中，严格依照公司规定程序办理，达到质优价廉，不以任何形式从中牟取个人利益；在选择各类服务商、供应商时，不以权谋私，不以任何方式或借口设置障碍并攫取私利；不利用工作之便或以公司名义招摇撞骗为本人或亲友谋取利益。若违反上述承诺，本人自愿接受公司处分，包括解除劳动合同等。"

黄某配偶及配偶之父出资设立某商贸公司，商贸公司通过黄某主管的部门遴选，成为某网络科技公司的供应商。2014 年至 2016 年间，商贸公司通过向第三方公司采购商品，由第三方公司将商品发送给某网络科技公司的关联公司、由商贸公司结算货款的方式，向某网络科技公司的关联公司供货，累计货值逾 1000 万元。

2016 年 4 月，某网络科技公司以黄某在职期间严重违反公司规章制度，严重违背社会商业准则，极大损害公司的声誉和利益为由与黄某解除了劳动合同。

黄某认为某网络科技公司解除劳动合同的行为系违法解除，遂申请劳动仲裁，主张相关权利，仲裁委员会驳回了黄某的仲裁请求。随后，黄某向法院提起诉讼，法院经审理判决驳回黄某的诉讼请求。

 **律师点评**

黄某作为某网络科技公司的供应商遴选负责人，负有廉洁自律义务，在商贸公司系由其配偶及配偶之父出资设立的情况下，未向某网络科技公司披露其与商贸公司投资人之间的特殊关系，并使商贸公司通过其主管部门的遴选，成为某网络科技公司的供应商。黄某的做法侵害了某网络科技公司的知情权，影响了某网络科技公司的选择权。黄某在作为公司供应商遴选负责人并承诺廉洁自律的情况下，仍以权谋私，违背了劳动者忠诚义务，其行为严重违背诚实信用和职业道德，经法院认定，某网络科技公司与黄某解除劳动合同的做法并无不当，对黄某提出的用人单位违法解除劳动合同的主张未予支持，就是对黄某违反忠诚义务的行为给予了否定性评价。

  典型案例

案例 103：劳动者虚构事假理由，用人单位解除劳动合同获支持

刘某于 2012 年入职某信息科技公司。后刘某怀孕，诊断预产期为 2016 年 11 月 2 日。2016 年 9 月 5 日，刘某称需要照看孩子，向部门主管申请 9 月 12 日至 14 日休事假 3 天，且未获得公司直接领导批准即不到岗上班。刘某自 2016 年 9 月 12 日从北京出境前往美国，此后未再出勤。刘某于 9 月 20 日至 22 日期间又以"身体不适，无法每天在路上往返 4 个小时到公司上班，需请假在家安胎待产"为由申请事假，与其已出国多日的事实不符。刘某于 2016 年 10 月 25 日在美国某医院生下一子。

由于刘某怀有身孕，通州区妇幼保健院于 2016 年 9 月 8 日根据刘某的身体状况嘱托其于 9 月 9 日至 22 日全休两周，但刘某并未向公司申请 9 月 9 日至 18 日休病假。之后，刘某未按公司要求提供医院的诊断证明及休假证明，欲依据 9 月 8 日开具的病假条，申请 9 月 23 日至 30 日休病假，未获公司批准。

某信息科技公司根据《规章制度》，以刘某自 2016 年 9 月 12 日起至 10 月 25 日止累计旷工 23 天，属于严重违纪为由，于 2016 年 10 月 26 日向刘某送达解除劳动关系通知书。

刘某以某信息科技公司违法解除劳动合同为由提起劳动仲裁并起诉至法院。经法院认定，刘某作为劳动者，旷工时间已十余日，严重违反公司劳动纪律，某信息科技公司解除劳动合同符合法律规定。

✎ 律师点评

刘某因事需请假，未向某信息科技公司告知真实理由，而是编造理由，隐瞒出国的事实，并且旷工多日，行为严重违反劳动纪律和职业道德，也明显违反诚实信用原则。刘某作为公司的员工，需要接受用人单位的管理，请假应遵守用人单位请假流程。某信息科技公司解除刘某劳动合同的行为并不违反法律规定，不属于违法解除劳动合同，不应支付赔偿金。

信用是立身之本，劳动者编造请假事由的行为违背诚实信用原则。劳动者请假应当有明确、真实、合理的理由，切不可隐瞒实情、胡编乱造请假事由，并应严格遵照用人单位的规章制度办理请假手续。劳动者未经用人单位同意擅自缺勤时间较长，即使怀有身孕也无法成为免责理由。女职工在孕期、产期、哺乳期严重违反用人单位规章制度的，用人单位可以依照法律和规章制度解除劳动合同。

二、劳动者提出解除劳动合同，用人单位不需要支付经济补偿金

《劳动合同法》第 37 条规定："劳动者提前三十日以书面形式通知用人单位，可以解除劳动合同。劳动者在试用期内提前三日通知用人单位，可以解除劳动合同。"

在劳动关系中，劳动者相对于用人单位始终处于弱势地位，从保护劳动者权益出发，法律赋予了劳动者单方面解除劳动关系的权利，即不管签订了多长时间的劳动合同，劳动者无需任何理由，只要提前 30 天书面通知用人单位；在试用期内，只要提前 3 天通知用人单位，就可以解除劳动合同。

典型案例

案例 104：提前 30 天通知公司，员工即可解除劳动合同

高某与某公司签订了为期 3 年的劳动合同，试用期为 2 个月，工作岗位为程序员。工作 5 个月后，高某感觉公司的工作氛围不适合自己，此时正好另外一家公司想请高某去担任技术总监，高某于是向公司递交了书面的辞职书，向公司说明自己 30 天后将正式辞职。但公司认为，高某所在的部门目前正处于关键时期，而且公司与高某签订了为期 3 年的劳动合同，因此不同意高某辞职。30 天后，高某将所有与工作有关的资料都交接给公司后，就不再来上班。高某所在的公司向劳动争议仲裁委员会提起仲裁，要求高某及高某的新公司赔偿公司各种损失 10 万元。劳动争议仲裁委员会经过审理后认为，高某已经提前 30 天书面通知了其所在的公司，并且已经向公司办理了交接手续，因此高某不需要承担任何责任，高某的新公司招聘高某没有任何过错，也不需要承担任何责任。

 律师点评

只要劳动者遵循解除合同的预告期，用人单位就不得以任何理由阻止劳动者解除劳动合同。在本案中，高某已经履行了提前 30 天书面通知的义务，因此高某所在的公司应当予以配合，不得以各种理由阻止。

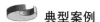 **典型案例**

案例 105：员工主动要求辞职的，公司不需支付经济补偿

宋某听说自己所在的部门要进行大规模裁员，担心自己被裁掉，对自己名声不好，而且影响自己今后找工作，于是主动向公司提出辞职，公司批准了宋某的要求。宋某办理完离职手续后，发现他所在的部门并没有裁员，于是要求恢复工作岗位，公司不同意，宋某于是要求公司支付经济补偿金，公司也不同意。宋某申请劳动仲裁。劳动争议仲裁委员会经过审理后认为，由于宋某主动提出解除劳动合同，双方协商达成一致，公司有权不支付经济补偿金，因此驳回宋某的仲裁请求。

 律师点评

双方协商一致解除劳动合同，用人单位是否支付经济补偿金取决于由谁先提出解除劳动合同，如果先由用人单位提出解除劳动合同，用人单位就需要支付经济补偿金；如果先由劳动者提出解除劳动合同，双方达成一致的，用人单位就不需要支付经济补偿金。

在本案中，正是由于宋某先提出解除劳动合同，因此公司有权不支付经济补偿金。

律师提醒

由于在劳动合同解除方面，《劳动合同法》赋予了劳动者较大的选择权，而用人单位的选择权相对小得多，但并不意味着对用人单位一点保护都没有，完全是保护劳动者。如果劳动者提前解除劳动合同未遵守相关规定，用人单位有权予以拒绝，如果给用人单位造成损失的，用人单位有权追偿。

1. 劳动者提前解除劳动合同，必须提前 30 天书面通知，口头通知是不可以的；在试用期内，只要提前 3 天通知就可以了。劳动者未按照规定提前通知的，用人单位有权拒绝劳动者的辞职要求。如果因此而给用人单位造成损失的，用人单位有权要求劳动者赔偿损失。

2. 劳动者必须按照规定办理交接手续，否则给用人单位造成损害的，劳动者应承担赔偿责任。

3. 劳动者不能以一个月的工资代替不提前 30 天书面通知。

 **典型案例**

案例 106：员工离职，应以书面形式提前 30 天通知公司

陈某与公司签订了为期 3 年的劳动合同，2008 年 3 月，陈某口头向公司总经理提出自己准备 30 天后辞职，总经理既没有表示同意，也没有表示反对。30 天后，陈某要求办理交接手续，转移社会保险。公司不同意陈某解除劳动合同，陈某认为自己已经提前 30 天通知了公司，有权解除劳动合同，因此第二天就不再来上班。公司于是提起仲裁，要求陈某赔偿由于擅自离职而给公司造成的各种损失 4 万元。最后劳动争议仲裁委员会经过审理后认为，陈某并没有提前 30 天书面通知公司，因此公司有权拒绝陈某的离职要求，陈某在没有经过公司同意的情况下不上班，属于擅自离职，因此应赔偿由此给公司造成的损失，最后裁决陈某赔偿公司各种损失 1 万元。

 律师点评

劳动者在劳动合同期限内提前解除劳动合同，必须以书面形式通知用人单位，而不能以口头形式。如果劳动者违反规定擅自离职，根据《劳动合同法》第 90 条的规定，给用人单位造成损失的，应当承担赔偿责任。

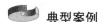 **典型案例**

案例 107：解除劳动合同后，员工必须依法进行工作交接

赵某与公司签订了为期 4 年的劳动合同，由于赵某经常迟到早退，被公司在全体员工大会上点名批评，赵某为此一直耿耿于怀，私下偷偷地准备换工作。赵某找到新工作后，提前 30 天书面通知公司将解除劳动合同，公司也表示同意，要求赵某进行工作交接。由于赵某一直对公司点名批评的事情耿耿于怀，因此私自隐藏了很多资料，很多重要的客户资料故意没有进行交接，导致公司签订的一份合同违约，为此给公司造成了 10 万元的损失。公司提起仲裁，最后劳动争议仲裁委员会裁决赵某赔偿公司各种损失 10 万元。

✎ 律师点评

劳动者解除劳动合同，必须按照规定办理交接手续，包括掌握的公司的各种资料，都应该进行交接。在本案中，赵某虽然提前 30 天书面通知公司，但没有进行完整的工作交接，因此而给公司造成损失，根据《劳动合同法》第 90 条的规定，应当承担赔偿责任。

三、由于劳动合同终止，用人单位不需要支付经济补偿金的两种情形

在下面三种情况下，劳动合同终止，用人单位不需要支付经济补偿金。

1. 劳动者开始依法享受基本养老保险待遇的或者达到法定退休年龄的，劳动合同终止，用人单位不需要支付经济补偿金。

基本养老保险又被称为国家基本养老保险，它是按国家统一政策规定强制实施的为保障广大离退休人员基本生活需要的一种保险。20 世纪 90 年代之前，企业职工实行的是单一的养老保险制度。1991 年《国务院关于企业职工养老保险制度改革的决定》中明确提出："随着经济的发展，逐步建立起基本养老保险与企业补充养老保险和职工个人储蓄性养老保险相结合的制度。"在这种多层次养老保险体系中，基本养老保险可称为第一层次的保险。企业职工基本养老保险体现了养老保险的适用范围：企业职工基本养老保险适用于国有企业、城镇集体企业、外商投资企业、城镇私营企业和其他城镇企业及其职工、城镇个体工商户、实行企业化管理的事业单位及其职工。它有别于机关、事业单位的养老保险。

现行企业职工基本养老保险体现了养老保险的时代特点：社会统筹与个人账户相结合的基本养老保险制度是我国在世界上首创的一种新型的基本养老保险制度。这个制度在基本养老保险基金的筹集上采用传统型的基本养老保险费用的筹集模式，即由国家、单位和个人共同负担；基本养老保险基金实行社会互济；社会保险部门要依据单位和职工缴费情况，为每一个职工按照 11% 的规模建立个人账户；在基本养老金的计发上采用结构式的计发办法，强调个人账户养老金的激励因素和劳动贡献差别。因此，该制度既吸收了传统型的养老保险制度的优点，又借鉴了个人账户模式的长处；既体现了传统意义上的社会保险的社会互济、分散风险、保障性强的特点，又强调了职工的自我保障意识和激励机制。

但是由于我国情况复杂，一般国有企业、事业单位、机关才有比较完善的养老保险制度。按照现行有关基本养老保险的规定和实际做法，劳动者达到法定退休年龄是依法享受基本养老保险的前提，享受基本养老保险基本可以包括达到退休年龄的情形，

但是退休制度主要发生在国有企业，覆盖面小，而且退休情形比较复杂，有正常退休，有内退等。因此劳动者享受基本养老保险肯定达到了法定退休年龄，但达到法定退休年龄的未必能享受基本养老保险。很多其他性质的单位即使达到了法定退休年龄，劳动者也无法享受基本养老保险待遇。

按照《劳动合同法》的规定，如果劳动者无法享受基本养老保险，用人单位就不能与其终止劳动合同，但劳动者达到了法定退休年龄，就不适合继续工作，如果不允许企业与其终止劳动合同，这对企业来说是非常不公平的，也不利于对劳动者身体的保护。因此，《劳动合同法实施条例》第 21 条规定，劳动者达到法定退休年龄的，劳动合同终止。

 典型案例

案例 108：劳动者开始享受基本养老保险的，劳动合同自然终止

孙某与公司签订了为期 5 年的劳动合同，劳动合同于 2018 年 2 月 1 日到期，但 2015 年 3 月 1 日，由于已经达到了退休年龄，孙某办理了退休手续，自 2015 年 3 月 1 日起，开始享受基本养老保险。单位于是通知孙某，终止了与孙某的劳动合同。孙某不服，提起仲裁，要求支付经济补偿金，劳动争议仲裁委员会经过审理后裁决驳回孙某的仲裁请求。

✏️ **律师点评**

由于孙某已经开始享受基本的养老保险，劳动合同自然终止，用人单位不需要支付经济补偿金。

2. 劳动者死亡，或者被人民法院宣告死亡或者宣告失踪的，劳动合同终止，用人单位不需要支付经济补偿金。

（1）劳动者死亡

劳动者死亡，由于作为劳动合同一方劳动者的主体资格消失，劳动者不再具有民事权利和民事行为能力，不能继续提供劳动服务，用人单位当然有权终止劳动合同。

（2）劳动者被人民法院宣告死亡

《民法典》第 46 条规定："自然人有下列情形之一的，利害关系人可以向人民法院申请宣告该自然人死亡：（一）下落不明满四年；（二）因意外事件，下落不明满二年。因意外事件下落不明，经有关机关证明该自然人不可能生存的，申请宣告死亡不受二年时间的限制"

（3）劳动者被人民法院宣告失踪

《民法典》第 40 条规定："自然人下落不明满二年的，利害关系人可以向人民法院申请宣告该自然人为失踪人。"第 47 条规定："对同一自然人，有的利害关系人申请宣告死亡，有的利害关系人申请宣告失踪，符合本法规定的宣告死亡条件的，人民法院应当宣告死亡。"第 48 条规定："被宣告死亡的人，人民法院宣告死亡的判决作出之日视为其死亡的日期；因意外事件下落不明宣告死亡的，意外事件发生之日视为其死亡的日期。"

企业需要注意的是，并不是劳动者符合宣告失踪或者宣告死亡的条件，用人单位就有权直接终止劳动合同，必须是在人民法院裁决劳动者为宣告失踪或者宣告死亡的人时，用人单位才有权终止与劳动者签订的无固定期限的劳动合同。如果被宣告死亡或者被宣告失踪的人重新出现，人民法院应当撤销对他的死亡或者失踪宣告，但能不能恢复劳动关系呢？我们认为，撤销死亡或者失踪的宣告，是对身份关系的恢复，但并不意味着所有的关系都能恢复，劳动关系终止就意味着劳动关系不可能再恢复，否则就是中止。因此宣告死亡或者失踪被撤销后，劳动关系是不能恢复的。

 典型案例

案例 109：员工被宣告死亡的，单位需要支付经济补偿金吗？

胡某是某单位职工，2004 年，胡某在一次外出登山过程中失踪。2008 年，胡某的妻子向法院申请宣告胡某死亡，人民法院依法宣告胡某死亡。在人民法院宣告胡某死亡后，单位终止了与胡某的劳动合同，胡某的妻子要求单位支付胡某经济补偿金，单位不同意支付。单位应当支付经济补偿金吗？

 律师点评

胡某被依法宣告死亡，胡某与单位的劳动合同终止，单位不需要支付经济补偿金。

3. 劳动合同期满，用人单位维持或者提高劳动合同约定条件续订劳动合同，劳动者不同意的，用人单位不需要支付经济补偿金。

《劳动合同法》实施以后，很多劳动者和用人单位存在误解，认为只要劳动合同期满，用人单位与劳动者没有续签劳动合同，用人单位就需要支付经济补偿金，其实这种理解是错误的。

在劳动合同期满后，如果用人单位维持或者提高劳动合同约定条件续订劳动合同的，劳动者仍然不同意续订劳动合同的，用人单位是不需要支付经济补偿金的。

 典型案例

案例 110：只要不续签劳动合同，用人单位就需要支付经济补偿金吗？

秦某担任某公司程序员，月工资 5000 元。2008 年 10 月，秦某与公司为期 1 年的劳动合同到期后，公司决定以月工资 5000 元的标准继续按照原合同与秦某续签劳动合同。此时正好秦某找到了一家新公司，月工资 8000 元。于是秦某不同意续签，公司只好为秦某办理了离职手续。秦某要求公司支付 1 个月的经济补偿金，公司认为其同意续签劳动合同，是秦某不同意续签，因此公司不需要支付经济补偿金。秦某认为，自已在公司工作 1 年，现在自己与公司终止了劳动合同，公司就应当支付经济补偿金。秦某提起仲裁，劳动争议仲裁委员会经过审理认为，公司维持原劳动合同约定的条件续签劳动合同，但秦某不同意续签，因此公司不需要支付经济补偿金，裁定驳回秦某的仲裁请求。

四、法律法规规定的其他情形

这是为了便于与其他法律法规的衔接，如《国营企业实行劳动合同制度暂行规定》中规定，国营企业的老职工在劳动合同期满与企业终止劳动关系后可以领取相当于经济补偿的有关生活补助费。尽管《国营企业实行劳动合同制度暂行规定》已经于2001 年被废止，但是 2001 年之前参加工作的劳动者，在劳动合同终止后，仍可以领取工作之日至 2001 年的生活补助费。在《劳动合同法》施行以后，劳动者仍可以按照有关规定领取生活补助费。

第三节　经济赔偿金

本节导读

《劳动合同法》第 48 条规定："用人单位违反本法规定解除或者终止劳动合同，劳动者要求继续履行劳动合同的，用人单位应当继续履行；劳动者不要求继续履行劳动合同或者劳动合同已经不能继续履行的，用人单位应当依照本法第八十七条规定支付赔偿金。"

为保护劳动者的合法权益，《劳动合同法》对用人单位解除或者终止劳动合同作了明确的规定，这些规定都是强制性规定，如果用人单位违反这些强制性规定，非法与劳动者解除劳动合同，就属于非法解除劳动关系，劳动者可以要求恢复劳动关系，如果劳动者不要求恢复劳动关系的，用人单位需要支付经济赔偿金。

一、用人单位应当支付经济赔偿金的情形

所谓"违反本法规定"是指违反《劳动合同法》第 36 条、第 39 条、第 40 条、第41 条、第 42 条、第 44 条、第 45 条的规定，具体情形包括不符合法定条件时用人单位单方面解除劳动合同，解除时没有履行法定义务等。

用人单位违反规定解除或者终止劳动合同的，首先要保护劳动者的合法劳动权益，使劳动关系"恢复原状"，不能让用人单位从违法行为中获益，但是也需要尊重劳动者本人的意愿，应当让劳动者选择是否继续履行劳动合同。如果劳动者要求继续履行

合同的，用人单位应当继续履行合同；如果劳动者不想继续履行合同，劳动合同可以解除，但用人单位必须付出代价，支付经济赔偿金。

二、经济赔偿金的标准

《劳动合同法》第 87 条规定，用人单位违反本法规定解除或者终止劳动合同的，应当依照《劳动合同法》第 47 条规定的经济补偿标准的 2 倍向劳动者支付赔偿金。

 典型案例

案例 111：劳动合同违法解除后不能继续履行的，公司高管可主张违法解除劳动合同赔偿金（北京市第一中级人民法院 2020 年 12 月 4 日发布涉公司高管劳动争议十大典型案例）

案情简介

范某于 2014 年 6 月 8 日入职某游戏公司任运营总监。2017 年 5 月 19 日，某游戏公司向其送达解聘通知书。后范某诉至法院，要求与某游戏公司继续履行劳动合同。法院审理后认为，某游戏公司属于违法解除劳动合同，但鉴于范某与公司董事长就公司经营存在严重分歧，且仍有其他纠纷在诉讼过程中，双方缺乏继续履行劳动合同的信任基础，故双方劳动关系于 2017 年 5 月 19 日解除，范某可就违法解除劳动合同赔偿金的请求另案主张权利。

法官释法

公司高管接触并掌握用人单位的核心业务、技术内容等重要信息，其工作内容和工作性质对用人单位具有较强的唯一性和不可替代性，其与用人单位之间劳动关系的履行也要在双方互信的基础上才能达到良好的效果。在双方合作基础较为薄弱，不能建立充分信任时，继续履行劳动合同也不利于和谐劳动关系的构建。此时，公司高管可以通过另行主张违法解除劳动合同赔偿金的方式，维护自己的合法权益。

三、用人单位支付了经济赔偿金后，不需要再支付经济补偿金

《劳动合同法实施条例》第 25 条规定，用人单位违反劳动合同法的规定解除或者终止劳动合同，依照劳动合同法第 87 条的规定支付了赔偿金的，不再支付经济补偿。赔偿金的计算年限自用工之日起计算。

第四节　用人单位要求劳动者承担违约金的
　　　　　情形及处理技巧

本节导读

在《劳动合同法》实施之前，关于违约金方面并没有做太多的限制，只要用人单位和劳动者约定，在劳动者违反约定时，用人单位就可以要求劳动者支付违约金，至于违约金的数额，国家并没有统一的规定。对此虽然有些地方做了限制，但大多数地方并没有做限制。例如，《北京市劳动合同规定》中规定，订立劳动合同可以约定劳动者提前解除劳动合同的违约责任，劳动者向用人单位支付的违约金最多不得超过本人解除劳动合同前 12 个月的工资总额。但劳动者与用人单位协商一致解除劳动合同的除外。

在《劳动合同法》实施以后，只有在以下两种情形下，用人单位才能与劳动者约定违约金，除此之外，用人单位不能与劳动者约定由劳动者承担违约金。

一、服务期

根据《劳动合同法》第 22 条的规定，用人单位为劳动者提供专项培训费用，对其进行专业技术培训的，可以与该劳动者订立协议，约定服务期。如果劳动者违反服务期约定的，应当按照约定向用人单位支付违约金。

但用人单位必须注意以下几点。

1. 用人单位必须提供专项培训费用。

用人单位必须提供的是专项培训费用，比如从外国引进一条生产线，必须有能够操作的人，为此把劳动者送到国外去培训。用人单位对劳动者进行必要的职业培训不可以约定服务期，比如上岗前必要的职业培训就不可以约定服务期。

 典型案例

案例 112：培训期间工资是否属于专项培训费用（人力资源和社会保障部、最高人民法院联合发布第一批劳动人事争议典型案例）

基本案情

2013 年 6 月 1 日，张某与某体检公司签订无固定期限劳动合同，到体检公司工作。2014 年 7 月 3 日，张某与体检公司签订培训协议，该公司安排张某到外地参加 1 年专业技术培训。培训协议约定：由体检公司支付培训费、差旅费，并按照劳动合同约定正常支付张某培训期间工资；张某培训完成后在体检公司至少服务5年；若张某未满服务期解除劳动合同，应当按照体检公司在培训期间所支出的所有费用支付违约金。培训期间，体检公司实际支付培训费47000元、差旅费5600元，同时支付张某工资33000元。培训结束后，张某于2015年7月3日回体检公司上班。2018年3月1日，张某向体检公司递交书面通知，提出于2018年4月2日解除劳动合同。体检公司要求张某支付违约金85600元（47000元+5600元+33000元），否则拒绝出具解除劳动合同的证明。为顺利入职新用人单位，张某支付了违约金，但认为违约金数额违法，遂申请仲裁，裁决体检公司返还违法收取的违约金85600元。

仲裁委员会裁决体检公司返还张某61930元（85600元-23670元）。

案例分析

本案的争议焦点是体检公司支付给张某培训期间的工资是否属于专项培训费用。

《劳动合同法》第22条第1款和第2款规定："用人单位为劳动者提供专项培训费用，对其进行专业技术培训的，可以与该劳动者订立协议，约定服务期。劳动者违反服务期约定的，应当按照约定向用人单位支付违约金。违约金的数额不得超过用人单位提供的培训费用。用人单位要求劳动者支付的违约金不得超过服务期尚未履行部分所应分摊的培训费用。"《劳动合同法实施条例》第16条规定："劳动合同法第二十二条第二款规定的培训费用，包括用人单位为了对劳动者进行专业技术培训而支付的有凭证的培训费用、培训期间的差旅费用以及因培训产生的用于该劳动者的其他直接费用。"《劳动法》第50条规定："工资应当以货币形式按月支付给劳动者本人。不得克扣或者无故拖欠劳动者的工资。"《劳动部关于贯彻执行〈中华人民共和国劳动法〉若干问题的意见》第53条规定："劳动法中的'工资'是指用人单位依据国家有关规定或劳动合同的约定，以货币形式直接支付给本单位劳动者的劳动报酬……"从上述条款可知，专项培训费用与工资存在明显区别：（1）从性质看，专项培训费用是用于培训的直接费用，工资是劳动合同履行期间用人单位支付给劳动者的劳动报酬；（2）从产生依据看，专项培训费用是因用人单位安排劳动者参加培训产生，工资是依据国家有关规定或劳动合同约定产生；（3）从给付对象看，专项培训费用由用人单位支付给培训服务单位等，工资由用人单位支付给劳动者本人。

本案中，张某脱产参加培训是在劳动合同履行期间，由体检公司安排，目的是提升其个人技能，使其能够创造更大的经营效益，张某参加培训的行为，应当视为履行对体检公司的劳动义务。综合前述法律规定，体检公司支付给张某培训期间的33000元工资不属于专项培训费用。仲裁委员会结合案情依法计算得出：培训期间体检公司支付的专项培训费用为52600元（47000元+5600元）；培训协议约定张某培训结束后的服务期为5年（即60个月），张某已实际服务33个月，服务期未履行部分为27个月。因此，张某依法应当支付的违约金为23670元（52600元÷60个月×27个月），体检公司应当返还张某61930元（85600元-23670元）。

典型意义

《中共中央国务院关于构建和谐劳动关系的意见》提出，要统筹处理好促进企业发展和维护职工权益的关系。用人单位可以与劳动者约定专业技术培训服务期，保障用人单位对劳动者技能培训投入的相应收益，这既有利于劳动者人力资源的开发，也有利于用人单位提升市场竞争力，对增强劳动关系的稳定性具有积极意义。实践中，用人单位在与劳动者订立服务期协议时，应当注意依法对服务期限、违约金等事项进行明确约定。特别要注意的是，协议约定的违约金不得超过用人单位提供的专项培训费用、实际要求劳动者支付的违约金数额不得超过服务期尚未履行部分所应分摊的培训费用等问题。劳动者参加了用人单位提供的专业技术培训，并签订服务期协议的，应当尊重并依法履行该约定，一旦违反，应当依法承担违约责任。

2. 培训的形式。

至于培训的形式，可以是脱产的、半脱产的，也可以是不脱产的。

3. 培训的费用的确定。

究竟哪些算作培训费用，《劳动合同法实施条例》第 16 条对此作出了明确的规定。《劳动合同法》第 22 条第 2 款所指的培训费用，包括用人单位为了对劳动者进行专业技术培训而支付的有凭证的培训费用、培训期间的差旅费用，以及因培训产生的用于该劳动者的其他直接费用。

所谓有支付凭证的培训费用，指的是用人单位支付给培训单位的有支付凭证的培训费、学费、课本费等。支付凭证主要指发票、收据等。

培训期间的差旅费主要指培训期间的交通费、住宿费、伙食费等。

因培训产生的用于该劳动者的其他直接费用指的是培训期间用人单位支付的其他补贴、用人单位因培训而支付的其他直接费用等，不包括因培训而产生的间接费用。例如，如果用人单位因派劳动者培训而造成工作的延误，因此而给用人单位造成损失，该损失就不属于因培训产生的用于该劳动者的其他直接费用。

需要提醒用人单位的是，用人单位必须与劳动者签订服务期协议，如果用人单位没有与劳动者签订服务期协议，即使用人单位为劳动者提供了专项培训，也不得要求支付违约金。

4. 服务期限。

至于服务期限，《劳动合同法》并没有做任何限制，应当理解为服务期的长短由双方当事人协商确定。因此，需要提醒用人单位的是，服务期尽量不要太短，但是用人单位应当按照工资调整提高劳动者在服务期间的劳动报酬。

如果劳动合同到期，但用人单位与劳动者约定的服务期尚没有到期的，该如何处理?《劳动合同法实施条例》第 17 条规定："劳动合同期满，但是用人单位与劳动者依照劳动合同法第二十二条的规定约定的服务期尚未到期的，劳动合同应当续延至服务期满;双方另有约定的，从其约定。"

5. 违约金的数额。

违约金的数额不得超过用人单位提供的培训费用。用人单位要求劳动者支付的违约金不得超过服务期尚未履行部分所应分摊的培训费用。

 典型案例

案例 113：劳动者未满服务期辞职无需退还培训期间工资（广东省高级人民法院 2022 年 4 月 28 日发布劳动争议十大典型案例）

陈某于 2014 年入职某医院。2016 年 3 月，双方签订《进修合同》约定派陈某进修 3 个月，费用由医院承担，期满后陈某必须服务满 5 年，否则要退回进修期间的工资、补助、进修费等一切费用，同时少服务 1 年应赔偿违约金 1 万元及其他损失。该次进修共花费 8560 元，医院按相关规定向陈某发放了进修期间的工资。陈某进修结束后回到某医院工作，于 2021 年 5 月提出辞职。医院遂申请劳动仲裁要求陈某退回进修期间一切费用并支付违约金。

裁判结果

梅州市中级人民法院审理认为，《进修合同》中关于服务期未满须退回进修期间一切费用的约定违反了劳动合同法的相关规定，故医院要求陈某退还进修期间的一切费用，依据不足。陈某提出离职时离服务期满还差 48 天，故应向医院支付该 48 天对应的培训费用作为违约金。

典型意义

获取劳动报酬是劳动者的一项重要权利。用人单位不得违法与劳动者作出未满服务期须退回进修期间工资待遇的约定，变相要求劳动者支付违约金。本案对推动用人单位依法保障劳动者获取劳动报酬具有积极意义。

 典型案例

案例 114：飞行员违约，航空公司要求天价违约金

高某曾是一名战斗机飞行员，退伍后于 1993 年 6 月到南方航空公司河南分公司中某航空公司从事飞行工作，并与中某航空公司签订了无固定期限的劳动合同。合同约定，如果高某未满服务年限离开公司，必须支付公司相关培训费用、违约金及其他损失。2006 年 3 月 31 日，高某突然向中某航空公司提交辞职申请，该公司于 2006 年 4 月 4 日复函，不同意其辞职的申请。然而，高某在提出辞职申请 30 天后的 2006 年 5 月 1 日，不再为中某航空公司提供正常的劳动。该公司告到法院，要求高某赔偿人民币 813.4 万元。

一审法院审理后认为，被告高某要求解除合同，在没有与原告中某航空公司协商一致的情况下离职已构成违约。据此一审法院判令被告高某赔偿原告中某航空公司违约金、培训费共计 200 余万元。

原告航空公司当即表示不服，遂上诉到了郑州市中级人民法院。2007 年 5 月 18

日，郑州中级人民法院开庭审理了此案。经二审法院审理后认为，一审判决事实清楚，证据确凿，适用法律正确，维持原审判决。

原告航空公司不服，向郑州市中级人民法院提出再审。2007 年 6 月 25 日上午，郑州市中级人民法院对此案作出再审判决，认为终审法院作出的判决证据确凿、认定事实清楚，对上诉人提出的其他赔偿要求不予支持，维持终审判决。

📝 律师点评

因航空公司飞行员跳槽引发的索要巨额赔偿案，各地时有发生。劳动自由原则是《劳动法》的一项基本原则，劳动者有权依法定程序提出辞职而不受限制。当然，如果劳动者在与用人单位的劳动合同中有特殊约定，劳动者提前辞职则虽属合法却是违约，因此就要依据劳动合同的约定承担违约责任。就本案来讲，法院的判决是合理的。根据权利义务对等的原则，飞行员有权辞职，但同时也要承担违约责任，需要赔偿南航公司相应的违约金。作为用人单位，南航公司既有要求辞职员工支付赔偿金的权利，也有为其办理离职手续的义务。尽管航空业和飞行员的岗位自有其特殊性，但航空公司与飞行员之间仍是一种劳动关系，需要遵守《劳动法》。

本案的重要意义在于，它为民航界飞行员因流动而引发的种种纠纷提供了又一例可资借鉴的案例。但需指出的是，有关劳动合同中针对员工的违约金问题，目前各地法律规定差别较大，因此，同样的案件，在不同的地区可能会有不同的判决结果。《劳动合同法》已对违约金问题进行了统一规范调整，根据规定，只有两种情况才可以约定违约金：用人单位利用专项培训费用、提供专业技术培训并约定服务期的；以及用人单位约定竞业限制的。同时，《劳动合同法》对于违约金的数额也规定了上限，即不能超过用人单位为员工的培训所支付的实际培训费用。因此，可以预见，此类天价违约金的索赔案将越来越少。在新法律规定前提下，用人单位亦应将留人的策略从"法律契约留人"向"心理契约留人"转变。

6. 例外规定。

《劳动合同法实施条例》规定了例外情形，在有些情形下，即使劳动者提前解除劳动合同，也不需要支付违约金；在另外一些情形下，即使是用人单位提前解除劳动合同，劳动者也需要支付违约金。

《劳动合同法实施条例》第 26 条规定："用人单位与劳动者约定了服务期，劳动者依照劳动合同法第三十八条的规定解除劳动合同的，不属于违反服务期的约定，用人单位不得要求劳动者支付违约金。

有下列情形之一，用人单位与劳动者解除约定服务期的劳动合同的，劳动者应当按照劳动合同的约定向用人单位支付违约金：

（一）劳动者严重违反用人单位的规章制度的；

（二）劳动者严重失职，营私舞弊，给用人单位造成重大损害的；

（三）劳动者同时与其他用人单位建立劳动关系，对完成本单位的工作任务造成严重影响，或者经用人单位提出，拒不改正的；

（四）劳动者以欺诈、胁迫的手段或者乘人之危，使用人单位在违背真实意思的情况下订立或者变更劳动合同的；

（五）劳动者被依法追究刑事责任的。"

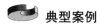 **典型案例**

案例115：取得北京户口后提前辞职给单位造成损失的，劳动者应当予以赔偿

周某于2015年毕业入职某证券公司工作。入职时，周某向公司出具《承诺书》，承诺："本人申请占用公司2015年度应届毕业生落户指标1个，办理户口进京手续，本人知晓公司每年为应届毕业生解决北京户口的名额稀缺，此名额仅提供给承诺长期在公司服务的员工使用。经慎重考虑，承诺自本人户口进京5年内不会主动辞职，如果本人未完成此承诺，自愿赔偿给公司造成的应届毕业生落户名额损失，该损失双方核定为10万元，此金额按本人实际履行的承诺服务年限，以每年20%的比例逐年递减。"

2015年年底，周某落户北京。2017年6月，周某提出辞职。某证券公司向周某发出关于支付离职赔偿金的通知，要求在办理离职手续之前，根据《承诺书》的约定向公司支付赔偿金6万元，如未及时赔偿损失，将影响离职手续等相关手续的办理。2017年6月27日，周某向某证券公司支付6万元赔偿金，某证券公司为周某出具了离职证明。随后，周某提起劳动仲裁申请，要求证券公司返还离职赔偿金6万元。后经法院生效判决确认某证券公司无须返还周某离职赔偿金6万元。

✒️ **律师点评**

周某入职某证券公司时承诺自本人户口进京5年内不会主动辞职，如果本人未完成此承诺，愿意赔偿公司造成的应届毕业生落户名额损失等内容。某证券公司对此认可，并依承诺履行。该承诺是基于劳动关系产生的，属于劳动合同的组成部分，由此引发的争议，应按劳动争议处理。

根据法律规定，用人单位为招用的劳动者办理本市户口，双方约定了服务期及违约金，由于该约定违反法律规定，因此用人单位以双方约定为依据要求劳动者支付违约金的，不予支持。但确因劳动者违反了诚实信用原则，给用人单位造成损失的，劳动者应当予以赔偿。本案中，周某明知进京户口指标系重要的稀缺资源，并认可在服务期届满前违反诚实信用原则单方提出辞职，会给某证券公司造成相应经济损失，故周某在承诺的服务期限届满前离职，应当按照承诺向某证券公司赔偿经济损失。诉讼中，某证券公司向法院提供员工离职损益分析，证明周某因不满服务期向公司提出辞职，给公司造成重大经济损失，且周某在离职时，已经履行承诺义务支付6万元给某证券公司赔偿经济损失。周某在某证券公司出具离职证明，办理了离职手续后，要求某证券公司返还6万元离职赔偿金的主张，未获得法院支持。

培训服务期合同

甲方：

住址：

联系电话：

乙方（培训人员）：

身份证号：　　　　　　　　　　联系电话：

住址：

根据《劳动法》等有关规定，甲乙双方在平等互惠、协商一致的基础上达成如下条款，以共同遵守。

一、培训服务事项

甲方根据企业发展的需要，同意出资送乙方参加培训，乙方参加培训后，回到甲方单位继续工作服务。

二、培训时间与方式

1. 培训时间：自_____年____月____日至_____年____月____日（共计____天）。

2. 培训方式：□ 脱产　　□ 半脱产　　□ 函授　　□ 业余　　□ 自学

三、培训项目与内容

1. 参加培训项目

_____

_____

2. 培训主要内容

（1）

（2）

（3）

四、培训效果与要求

乙方在培训结束时，要保证达到以下水平与要求。

1. 取得培训机构颁发的成绩单、相关证书、证明材料等；

2. 甲方提出的学习目标与要求。

（1）能够熟练掌握应用专业或相关理论知识。

（2）具备胜任岗位或职务实践操作技能和关键任务能力。

（3）其他要求。

五、培训服务费用

1. 费用项目、范围及标准。

（1）培训期内甲方为乙方出资费用项目包括：工资及福利费、学杂费、教材费、往返交通费、住宿费等。

（2）费用支付标准。（单位：人民币）

①工资：享受相应岗位级别工资标准。

②福利：保险按甲方统一规定标准执行。

③学杂费：_____元。

④教材资料费：_____元。

⑤往返交通费：依甲方《财务报销管理制度》实施执行。

⑥住宿费：□依甲方《财务报销管理制度》实施执行。

　　　　　□培训机构_____元。

⑦生活补助费：_____元/月。

⑧其他费用项目：_____元。

⑨培训费用合计：_____元。

2. 费用支付的条件、时间与期限。

（1）满足本协议第四条各款约定，甲方向乙方应支付出资费用范围内全部培训费。

（2）工资及福利性费用发放。

□按月发放　　　　　□分学期发放　　　　　□培训结束后一次性发放

□随甲方统一发放　　□分次预借发放

（3）其他费用，包括学杂费、教材资料费、交通费、食宿费、通讯费等。

□分期预借报销　　　　□一次性预借报销　　　　□分次凭票报销

□一次性凭票报销

（4）所有培训费用的报销支付在培训结束后一个月内办理完毕，过期后由乙方自行负担。

六、甲方责任与义务

1. 在培训前与乙方签订劳动用工合同，确立劳动关系。

2. 保证及时向乙方支付约定范围内的各培训费用。

3. 保证向乙方提供必要的服务和条件。

4. 在培训期间，做好培训指导、监督、协调和服务工作。

5. 保证在乙方完成培训任务后，安排在适合的工作岗位或职务，并给予相应的工资待遇（可明确）。

七、乙方责任与义务

1. 保证完成培训目标和学习任务，取得相关学习证书证明材料。

2. 保证在培训期服从管理，不违反甲方与培训单位的各项政策、制度与规定。

3. 保证在培训期内服从甲方各项安排。

4. 保证在培训期内定期与甲方沟通，汇报学习情况。

5. 保证在培训期内维护自身安全和甲方一切利益。

6. 保证在培训期结束后，回到甲方参加工作，服从甲方分配，胜任工作岗位（或职务），服务期限达到_____年以上。

八、违约责任

1. 发生下列情况之一，乙方承担的经济责任。

（1）在培训期结束时，未能完成培训目标任务，未取得相应证书证明材料，乙方向甲方赔偿两倍的全部培训成本费用（全部培训成本费用包括甲方出资全部培训费用和因乙方参加培训不能为甲方提供服务所损失的机会成本）。

（2）在培训期内违反了甲方和培训单位的管理和规定，按甲方和培训单位奖惩规定执行。

（3）在培训期内损坏甲方形象和利益，造成了一定经济损失，乙方补偿甲方全部经济损失。

（4）培训中期自行提出中止培训或解除劳动用工合同，乙方向甲方赔偿两倍全部培训成本费用和劳动合同违约补偿金。

（5）培训期结束回到甲方工作后，未达到协议约定的工作年限，乙方赔偿部分培训费用：

最低服务工作年限为____年以上，第一年离职赔偿____%；第二年离职赔偿____%；第三年离职赔偿____%；第四年离职赔偿____%；第五年离职赔偿____%。

2. 发生下列情况之一，甲方承担的经济责任。

（1）甲方未按约定向乙方支付全部或部分培训费用，按协议向乙方支付培训费用。

（2）因甲方原因提出与乙方终止培训协议或解除劳动用工合同，向乙方支付劳动合同违约补偿金。

（3）发生违约情况时，除补偿经济损失外，另一方可提出解除培训协议或终止劳动用工合同。

九、法律效力

本协议自双方签字盖章之日起生效。

十、附则

1. 未尽事宜双方可另作约定。

2. 本协议一式二份，甲、乙双方各执一份。

甲方：   乙方：

    年   月   日   年   月   日

二、竞业限制

1. 竞业限制概述。

竞业限制，又称竞业禁止，指的是企业为防止一些商业秘密泄露或者员工利用企业原有的信息、资源跳槽到与其有竞争关系的企业中从事工作，而与员工约定，在员工解除劳动关系后的一定时间内，不得到与其本单位生产或者经营同类产品、从事同类业务的有竞争关系的其他用人单位，或者自己开业生产或者经营同类产品、从事同类业务的竞业限制。

关于竞业限制，最早出现于《劳动部关于企业职工流动若干问题的通知》，在该通知中规定，劳动合同可以规定职工在终止或解除劳动合同后的一定期限内承担限制义务，但时间不得超过 3 年，同时应给予补偿。原国家科委《关于加强科技人员流动中技术秘密管理的若干意见》也明确规定了竞业限制的问题。

2. 竞业限制的前提条件。

竞业限制的前提条件是有可以保守的商业秘密，并且这些商业秘密有可能被接触到。如果用人单位根本没有商业秘密，或者虽然有商业秘密，但员工根本就不可能接触到，就没有必要签订竞业限制协议。因为签订竞业限制协议也是需要付出代价的。

《中华人民共和国反不正当竞争法》第 9 条第 4 款规定，商业秘密是指不为公众所知悉、具有商业价值并经权利人采取相应保密措施的技术信息、经营信息等商业信息。具体究竟哪些算商业秘密，用人单位需要根据本单位的实际情况作出规定。

3. 竞业限制的对象。

根据《劳动合同法》第 24 条第 1 款的规定，竞业限制的人员限于用人单位的高级管理人员、高级技术人员和其他负有保密义务的人员。

对于所谓的企业高级管理人员，《劳动合同法》并没有明确规定，是副总以上才算高级管理人员，还是中层以上的都算高级管理人员，而且高级技术人员也不是必须取得资格证书的技术人员。究竟哪些属于高级管理人员，哪些属于高级技术人员，哪些是负有保密义务的人员，国家并不作强制性规定，由企业根据自己的实际情况自由判断，如果企业认为需要与某个员工签订竞业禁止协议，即使该员工不属于高级管理人员或者高级技术人员，也是可以签订的。

因此，在签订竞业限制协议的对象上，并没有强制性的规定，只要用人单位认为员工掌握单位一定的秘密，都可以与其签订。

4. 竞业限制的期限、范围、地域。

竞业限制期限最长为 2 年，超过的期间无效。

《劳动合同法》第 24 条第 2 款明确规定，在解除或者终止劳动合同后，前款规定的人员到与本单位生产或者经营同类产品、从事同类业务的有竞争关系的其他用人单位，或者自己开业生产或者经营同类产品、从事同类业务的竞业限制期限，不得超过二年。

需要提醒企业的是，1996 年劳动部颁发的《劳动部关于企业职工流动若干问题的通知》中第 2 条规定，用人单位与掌握商业秘密的职工在劳动合同中约定保守商业秘密事项时，可以约定职工在终止或解除劳动合同后的一定期限内（不超过 3 年），不得到生产同类产品或经营同类业务且有竞争关系的其他用人单位任职，也不得自己生产与原单位有竞争关系的同类产品或经营同类业务。原国家科委① 1997 年颁布的《关于加强科技人员流动中技术秘密管理的若干意见》第 7 条也规定：竞业限制的期限最长不得超过 3 年。

在《劳动合同法》中，这一期限由 3 年变成了 2 年，由于《劳动合同法》属于法律，要比这两个规章效力高，而且颁布的时间晚，因此应以《劳动合同法》的规定为准，即竞业限制的最长期限不得超过 2 年。只要在 2 年之内，都是由单位与职工协商确定的，如果竞业限制期限超过了 2 年，则超过的期限无效。

 典型案例

案例 116：马筱楠诉北京搜狐新动力信息技术有限公司竞业限制纠纷案（最高人民法院指导案例 184 号）

基本案情

马筱楠于 2005 年 9 月 28 日入职北京搜狐新动力信息技术有限公司（以下简称搜狐新动力公司），双方最后一份劳动合同期限自 2014 年 2 月 1 日起至 2017 年 2 月 28 日止，马筱楠担任高级总监。2014 年 2 月 1 日，搜狐新动力公司（甲方）与马筱楠（乙方）签订《不竞争协议》，其中第 3.3 款约定："……，竞业限制期限从乙方离职之日开始计算，最长不超过 12 个月，具体的月数根据甲方向乙方实际支付的竞业限制补偿费计算得出。但如因履行本协议发生争议而提起仲裁或诉讼时，则上述竞业限制期限应将仲裁和诉讼的审理期限扣除；即乙方应履行竞业限制义务的期限，在扣除仲裁和诉讼审理的期限后，不应短于上述约定的竞业限制月数。"2017 年 2 月 28 日劳动合同到期，双方劳动关系终止。2017 年 3 月 24 日，搜狐新动力公司向马筱楠发出《关于要求履行竞业限制义务和领取竞业限制经济补偿费的告知函》，要求其遵守《不竞争协议》，全面并适当履行竞业限制义务。马筱楠自搜狐新动力公司离职后，于 2017 年 3 月中旬与优酷公司开展合作关系，后于 2017 年 4 月底离开优酷公司，违反了《不竞争协议》。搜狐新动力公司以要求确认马筱楠违反竞业限制义务并双倍返还竞业限制补偿金、继续履行竞业限制义务、赔偿损失并支付律师费为由向北京市劳动人事争议仲裁委员会申请仲裁，仲裁委员会作出如下裁决：一、马筱楠一次性双倍返还搜狐新动力公司 2017 年 3 月、4 月竞业限制补偿金共计 177900 元；二、马筱楠继续履行对搜狐新动力公司的竞业限制义务；三、驳回搜狐新动力公司的其他仲裁请求。马筱楠不服，于法定期限内向北京市海淀区人民法院提起诉讼。

---

① 现为中华人民共和国科学技术部。本书余同。

北京市海淀区人民法院作出判决：一、马筱楠于判决生效之日起7日内向搜狐新动力公司双倍返还2017年3月、4月竞业限制补偿金共计177892元；二、确认马筱楠无需继续履行对搜狐新动力公司的竞业限制义务。搜狐新动力公司不服一审判决，提起上诉。北京市第一中级人民法院判决：驳回上诉，维持原判。

裁判理由

法院生效裁判认为：本案争议焦点为《不竞争协议》第3.3款约定的竞业限制期限的法律适用问题。搜狐新动力公司上诉主张该协议第3.3款约定有效，马筱楠的竞业限制期限为本案仲裁和诉讼的实际审理期限加上12个月，以实际发生时间为准且不超过二年，但本院对其该项主张不予采信。

一、竞业限制协议的审查

法律虽然允许用人单位可以与劳动者约定竞业限制义务，但同时对双方约定竞业限制义务的内容作出了强制性规定，即以效力性规范的方式对竞业限制义务所适用的人员范围、竞业领域、限制期限均作出明确限制，且要求竞业限制约定不得违反法律、法规的规定，以期在保护用人单位商业秘密、维护公平竞争市场秩序的同时，亦防止用人单位不当运用竞业限制制度对劳动者的择业自由权造成过度损害。

二、"扣除仲裁和诉讼审理期限"约定的效力

本案中，搜狐新动力公司在《不竞争协议》第3.3款约定马筱楠的竞业限制期限应扣除仲裁和诉讼的审理期限，该约定实际上要求马筱楠履行竞业限制义务的期限为：仲裁和诉讼程序的审理期限+实际支付竞业限制补偿金的月数（最长不超过12个月）。从劳动者择业自由权角度来看，虽然法律对于仲裁及诉讼程序的审理期限均有法定限制，但就具体案件而言该期限并非具体确定的期间，将该期间作为竞业限制期限的约定内容，不符合竞业限制条款应具体明确的立法目的。加之劳动争议案件的特殊性，相当数量的案件需要经过"一裁两审"程序，上述约定使劳动者一旦与用人单位发生争议，则其竞业限制期限将被延长至不可预期且相当长的一段期间，乃至达到二年。这实质上造成了劳动者的择业自由权在一定期间内处于待定状态。另外，从劳动者司法救济权角度来看，对于劳动者一方，如果其因履行《不竞争协议》与搜狐新动力公司发生争议并提起仲裁和诉讼，依照该协议第3.3款约定，仲裁及诉讼审理期间劳动者仍需履行竞业限制义务，即出现其竞业限制期限被延长的结果。如此便使劳动者陷入"寻求司法救济则其竞业限制期限被延长""不寻求司法救济则其权益受损害"的两难境地，在一定程度上限制了劳动者的司法救济权利；而对于用人单位一方，该协议第3.3款使搜狐新动力公司无需与劳动者进行协商，即可通过提起仲裁和诉讼的方式单方地、变相地延长劳动者的竞业限制期限，一定程度上免除了其法定责任。综上，法院认为，《不竞争协议》第3.3款中关于竞业限制期限应将仲裁和诉讼的审理期限扣除的约定，即"但如因履行本协议发生争议而提起仲裁或诉讼时……乙方应履行竞业限制义务的期限，在扣除仲裁和诉讼审理的期限后，不应短于上述约定的竞业限制月数"的部分，属于劳动合同法第26条第1款第2项规定的"用人单位免除自己的法

定责任、排除劳动者权利"的情形，应属无效。而根据该法第 27 条规定，劳动合同部分无效，不影响其他部分效力的，其他部分仍然有效。

三、本案竞业限制期限的确定

据此，依据《不竞争协议》第 3.3 款仍有效部分的约定，马筱楠的竞业限制期限应依据搜狐新动力公司向其支付竞业限制补偿金的月数确定且最长不超过 12 个月。鉴于搜狐新动力公司已向马筱楠支付 2017 年 3 月至 2018 年 2 月期间共计 12 个月的竞业限制补偿金，马筱楠的竞业限制期限已经届满，其无需继续履行对搜狐新动力公司的竞业限制义务。

 典型案例

案例 117：劳动者在职期间成立同业公司，用人单位解除合同合法（北京市人力资源和社会保障局 2022 年度劳动人事争议仲裁典型案例）

案情简介

曹某于 2013 年 8 月 1 日入职某汽车金融公司，岗位为部门经理，双方订立了无固定期限劳动合同。曹某签收的《员工手册》中规定：未经公司书面批准，任何员工不得兼职；如发现员工未经批准私自兼职，属于严重违反公司的规章制度，公司有权立即解除员工的劳动合同。2018 年 8 月 31 日，曹某签署《声明函》称：如本人在某汽车金融公司工作以外从事其他外部活动，可能引起利益冲突或存在其他违反某汽车金融公司《诚信行为守则》和公司政策方针情况的，本人将立即向本人上司、人力资源部或法律合规部报告。2020 年 9 月，某汽车金融公司廉政部门调查发现，2017 年 2 月至 2020 年 7 月期间，曹某担任案外某公司的执行董事及法定代表人，且系该公司成立时的股东，该公司的经营范围与某汽车金融公司经营范围有相同之处。2020 年 11 月 23 日，某汽车金融公司以严重违反规章制度为由，与曹某解除劳动合同。曹某离职前 12 个月平均工资为 27000 元。曹某于 2021 年 2 月向劳动人事争议仲裁委员会（以下简称仲裁委员会）提出仲裁申请，要求某汽车金融公司支付违法解除劳动合同赔偿金。仲裁庭审中，曹某称，其只是替同学贾某代持股份，案外公司未实际经营及获利，其代持股份行为并非兼职行为，且未对某汽车金融公司造成任何伤害，故某汽车金融公司的解除行为系违法解除。贾某出庭作证称，其系案外公司实际经营者，现担任法定代表人，因其之前担任法定代表人的公司被吊销了营业执照，导致其不能注册新的公司担任法定代表人，其和曹某是大学同学，相互非常信任，所以其邀请曹某当其公司的法定代表人，当时签署了股权代持协议，是无偿的，其公司未经营过与汽车相关的业务。某汽车金融公司不认可证人证言的真实性及证明目的，称证人与曹某存在利害关系。

曹某要求某汽车金融公司支付违法解除劳动合同赔偿金 432000 元。

仲裁委员会裁决驳回曹某的仲裁请求，一审、二审判决结果与仲裁裁决结果一致。

✎ **案例评析**

本案争议的焦点在于，某汽车金融公司与曹某解除劳动合同是否具有充分的事实依据？

《中华人民共和国劳动争议调解仲裁法》（以下简称《劳动争议调解仲裁法》）第6条规定："发生劳动争议，当事人对自己提出的主张，有责任提供证据。与争议事项有关的证据属于用人单位掌握管理的，用人单位应当提供；用人单位不提供的，应当承担不利后果。"本案中，曹某主张，其在职期间成立与某汽车金融公司经营范围相同的公司，不违反某汽车金融公司规章制度的规定，其应就该主张承担证明责任。虽然曹某的证人贾某出庭作证，但因两人明显具有利害关系，且无其他有力证据佐证，故贾某的证言无法被采信；曹某在签署《声明函》时，明知两公司经营范围有相同之处，为避嫌其应按照某汽车金融公司《诚信行为守则》要求如实申报，但其却故意隐瞒不报；曹某另主张其担任案外公司股东的行为并非《员工手册》中规定的兼职行为，诚然，该行为属于公司法上的行为而非劳动合同法上的兼职行为，但该行为显然比普通的兼职行为更能给某汽车金融公司造成危害。因此，举轻明重，曹某的行为既属于严重规章制度的行为，其隐瞒不报的行为亦属于严重违反《诚信行为准则》的行为，某汽车金融公司据此解除合同具有充分的事实和制度依据，应属于合法解除，曹某的仲裁请求不应得到支持。

仲裁委员会提示

《劳动合同法》第3条规定："订立劳动合同，应当遵循合法、公平、平等自愿、协商一致、诚实信用的原则。依法订立的劳动合同具有约束力，用人单位与劳动者应当履行劳动合同约定的义务。"《民法典》第7条规定："民事主体从事民事活动，应当遵循诚信原则，秉持诚实，恪守承诺。"《民法典》的立法目的之一就是弘扬社会主义核心价值观，社会主义核心价值观就包含"诚信"的要求。从上述法律条文规定可知，劳动者在劳动合同订立、履行、变更、解除或终止等各个环节，都应当履行忠实义务，遵守诚信原则，遵照用人单位规章制度，完成用人单位的指示和工作任务，维护、增进而不损害用人单位利益。用人单位应加强企业诚信文化建设，把诚信用工管理和经营贯穿于企业发展之中，使全体员工树立诚信意识，双方共同打造同心同德同行的事业共同体、利益共同体和命运共同体。

5. 竞业限制的经济补偿。

关于竞业限制的经济补偿，用人单位需要注意以下几点。

（1）经济补偿的数额。

《劳动合同法》虽然规定了对于签订竞业限制的员工需要进行经济补偿，但具体经济补偿的数额，有没有最低数额限制，《劳动合同法》中并没有作规定。

一般来说，合理的经济补偿数额，应当综合考虑保守商业秘密的范围、竞业限制的范围和地域、劳动者在企业中的地位、劳动者的收入情况、竞业限制的期限等因素作出决定。但是《劳动合同法》中并没有作出规定。

《劳动合同法》中并没有规定竞业限制经济补偿的最低数额限制，在原国家科委《关于加强科技人员流动中技术秘密管理的若干意见》中明确规定，在竞业限制的年限内，补偿额一般不低于受竞业限制人员原工资的 50%。江苏省 2003 年施行的《江苏省劳动合同条例》中也规定，竞业限制的期限不得超过 3 年，年经济补偿额不得低于该劳动者离开用人单位前 12 个月从该用人单位获得的报酬总额的三分之一。北京市颁布的《中关村科技园区条例》第 44 条规定："知悉或者可能知悉商业秘密的员工应当履行竞业限制合同的约定，在离开企业一定期限内不得自营或者为他人经营与原企业有竞争的业务。企业应当依照竞业限制合同的约定，向负有竞业限制义务的原员工按年度支付一定的补偿费，补偿数额不得少于该员工在企业最后一年年收入的二分之一。"

在《劳动合同法》颁布后，有些企业负责人在咨询关于竞业限制的问题时，曾提出非常极端的想法，就是如果与劳动者约定每月竞业限制的经济补偿是 1 元，那么这个竞业限制的协议是否有效？从《劳动合同法》规定来说，即使每月竞业限制的经济补偿是 1 元，也没有违反法律规定的地方，因为《劳动合同法》并没有规定竞业限制经济补偿的最低数额。于是有些用人单位与劳动者签署了竞业限制协议，并给予了极低的经济补偿，这不利于对劳动者的保护。针对经济补偿的问题，《最高人民法院关于审理劳动争议案件适用法律问题的解释（一）》第 36 条作了明确的规定，当事人在劳动合同或者保密协议中约定了竞业限制，但未约定解除或者终止劳动合同后给予劳动者经济补偿，劳动者履行了竞业限制义务，要求用人单位按照劳动者在劳动合同解除或者终止前 12 个月平均工资的 30% 按月支付经济补偿的，人民法院应予支持。前款规定的月平均工资的 30% 低于劳动合同履行地最低工资标准的，按照劳动合同履行地最低工资标准支付。

（2）经济补偿的支付方式。

《劳动合同法》第 23 条第 2 款规定："对负有保密义务的劳动者，用人单位可以在劳动合同或者保密协议中与劳动者约定竞业限制条款，并约定在解除或者终止劳动合同后，在竞业限制期限内按月给予劳动者经济补偿。劳动者违反竞业限制约定的，应当按照约定向用人单位支付违约金。"

因此，根据《劳动合同法》的规定，竞业限制的经济补偿必须在解除或者终止劳动合同后，在竞业限制期限内由用人单位按月给予劳动者补偿。这属于法律的强制性规定，经济补偿不能由用人单位在劳动者任职期间就随工资发给劳动者。如果是由用人单位在劳动者任职期间发给劳动者的，视为没有给予劳动者经济补偿，给予经济补偿必须是在解除或者终止劳动合同后。

典型案例

案例 118：竞业限制补偿金应在劳动合同解除或终止后发放

曹某是一名技术开发人员，在与公司签订劳动合同时，公司同时与曹某签订了一份竞业限制协议。在竞业限制协议中双方约定，曹某与公司的劳动合同期限为两年，曹某在与公司解除或者终止劳动合同后，不得到与本公司生产或者经营同类产品、从事同类业务的有竞争关系的其他用人单位，或者自己开业生产或者经营同类产品、从事同类业务。公司在曹某任职期间，每月发给曹某竞业限制补偿金2000元，随工资一起发放。曹某与公司的劳动合同到期后，曹某认为公司应当在劳动合同终止后按月补偿竞业限制补偿金，在任职期间补偿的不算。曹某要求公司在解除劳动合同后的两年内，按每月2000元的标准补偿自己，否则自己将不遵守竞业限制协议。但公司认为已经补偿了曹某，因此不同意再补偿。于是曹某到了一家与原来公司经营同类产品的公司做技术开发工作。曹某原来的公司向劳动争议仲裁委员会提起劳动仲裁。劳动争议仲裁委员会经过审理后认为，由于曹某原来的公司在曹某任职期间发的经济补偿金不符合规定，应该是在解除劳动合同后按月发经济补偿金。曹某在解除劳动合同后，要求原来的公司按月发放，但该公司并没有发放，视为曹某原来的公司没发放，因此驳回了公司的仲裁请求。

 律师点评

竞业限制的经济补偿必须是在解除或者终止劳动合同后，在竞业限制期限内按月给予劳动者，不能在劳动者任职期间给予，否则视为没有给予经济补偿金，劳动者有权继续要求经济补偿金，否则劳动者可以不遵守竞业限制协议。

 典型案例

案例 119：发放保密费不等同于已支付竞业限制补偿（2021年北京市劳动人事争议仲裁十大典型案例）

案情简介

严某系某软件开发公司员工，于2017年8月1日入职，双方订立了期限为3年的书面劳动合同，约定严某从事技术研发岗位，月工资为2万元。入职当日，双方签署《保密及竞业限制协议》，约定严某应当遵守公司《员工手册》中有关"知识产权与保密制度"的规定，某软件开发公司根据该规定按月向严某支付保密费，作为严某离职后1年内保守公司的商业秘密和履行竞业限制义务的补偿。在职期间，某软件开发公司以每月500元的标准，按月根据严某的出勤情况向其支付保密费。2020年7月31日，某软件开发公司与严某终止劳动合同并支付了终止劳动合同经济补偿。2020年11月，严某向某软件开发公司提出要求支付竞业限制经济补偿未果，于是向仲裁委提出仲裁申请，要求某软件开发公司支付2020年8月1日至10月31日期间的竞业限制经济补偿 1.8 万元（计算方法为：2 万元×30%×3 个月）。

仲裁委裁决支持了严某的仲裁请求。

 案例评析

《劳动合同法》第 23 条第 2 款规定："对负有保密义务的劳动者，用人单位可以在劳动合同或者保密协议中与劳动者约定竞业限制条款，并约定在解除或者终止劳动合同后，在竞业限制期限内按月给予劳动者经济补偿。劳动者违反竞业限制约定的，应当按照约定向用人单位支付违约金。"竞业限制经济补偿是用人单位因限制劳动者离职后的就业范围而对劳动者作出的补偿，该补偿以劳动者在离职后不从事与用人单位相竞争的业务为支付前提，通常自劳动者离职之日起按月支付。本案中，某软件开发公司与严某签署的协议中约定，将严某在职期间的保密费随工资一同发放，并不考虑严某离职后的就业情况，且保密费的发放与考勤挂钩。此外，严某提供了某软件开发公司的门卫刘某的工资条及银行转账记录佐证公司员工均享有保密费。上述情形均不符合竞业限制经济补偿的基本特征，该保密费应属于工资范畴，而非对竞业限制的补偿。现严某主张已履行竞业限制义务，而某软件开发公司未对此提供反证，故仲裁委对严某离职后履行了竞业限制义务的主张予以采纳。因双方缺少对竞业限制经济补偿标准的明确约定，故按照法定标准即解除或者终止前 12 个月平均工资的 30%，对严某的仲裁请求予以支持。

仲裁委提示

保护自身商业秘密是用人单位的法定权利之一，任何知晓用人单位商业秘密的人员，在未获得用人单位同意前，都不应当向外泄露商业秘密。保守用人单位商业秘密是劳动者应尽的法定义务，不受时间、地域和范围的限制，且不以用人单位支付保密费为前提和对价。竞业限制是用人单位对特定劳动者（高级管理人员、高级技术人员和其他负有保密义务的人员）离职后工作权利的限制，为了弥补特定劳动者的经济损失，用人单位应当在竞业限制期限内支付相应的经济补偿。用人单位切勿为了"赶时髦"与不负有保密义务的劳动者约定竞业限制义务，从而加重自身支付竞业限制经济补偿的负担。

（3）如果没有约定经济补偿金，竞业限制协议效力的问题。

很多情况下，企业与员工签订了竞业限制协议，但并没有约定经济补偿金，企业因此也没有支付经济补偿金。在《劳动合同法》施行之前，各地对竞业限制有规定的，差别也非常大。有些地方规定，如果竞业限制协议没有经济补偿金，该竞业限制协议自动终止。但是《上海市劳动和社会保障局关于实施〈上海市劳动合同条例〉若干问题的通知（二）》第 4 条规定，用人单位与负有保守用人单位商业秘密义务的劳动者在竞业限制协议中对经济补偿金的标准、支付形式有约定的，从其约定；未作约定的，劳动者可以要求用人单位支付经济补偿金。双方当事人因此发生争议的，可按劳动争议处理程序解决。用人单位要求劳动者继续履行竞业限制协议的，应当按劳动争议处理机构确认的标准及约定的竞业限制期限一次性支付经济补偿金；如果用人单位放弃对剩余期限竞业限制要求的，应当按劳动争议处理机构确认的标准支付已经履行部分的经济补偿金。

针对签署了竞业限制协议而没有约定经济补偿金或约定的经济补偿金过低的问题，《最高人民法院关于审理劳动争议案件适用法律问题的解释（一）》第36条明确规定，当事人在劳动合同或者保密协议中约定了竞业限制，但未约定解除或者终止劳动合同后给予劳动者经济补偿，劳动者履行了竞业限制义务，要求用人单位按照劳动者在劳动合同解除或者终止前12个月平均工资的30%按月支付经济补偿的，人民法院应予支持。前款规定的月平均工资的30%低于劳动合同履行地最低工资标准的，按照劳动合同履行地最低工资标准支付。

 典型案例

案例120：用人单位未支付竞业限制经济补偿，劳动者是否需承担竞业限制违约责任（人力资源和社会保障部、最高人民法院联合发布第一批劳动人事争议典型案例）

2013年7月，乐某入职某银行，在贸易金融事业部担任客户经理。该银行与乐某签订了为期8年的劳动合同，明确其年薪为100万元。该劳动合同约定了保密与竞业限制条款，约定乐某须遵守竞业限制协议约定，即离职后不能在诸如银行、保险、证券等金融行业从事相关工作，竞业限制期限为2年。同时，双方还约定了乐某如违反竞业限制义务应赔偿银行违约金200万元。2018年3月1日，银行因乐某严重违反规章制度而与乐某解除了劳动合同，但一直未支付乐某竞业限制经济补偿。2019年2月，乐某入职当地另一家银行依旧从事客户经理工作。2019年9月，银行申请仲裁，裁决乐某支付违反竞业限制义务违约金200万元并继续履行竞业限制协议。仲裁委员会裁决驳回银行的仲裁请求。

案例分析

本案的争议焦点是银行未支付竞业限制经济补偿，乐某是否需承担竞业限制违约责任。

依据《劳动合同法》第23条第2款规定："对负有保密义务的劳动者，用人单位可以在劳动合同或者保密协议中与劳动者约定竞业限制条款，并约定在解除或者终止劳动合同后，在竞业限制期限内按月给予劳动者经济补偿。劳动者违反竞业限制约定的，应当按照约定向用人单位支付违约金。"由此，竞业限制义务，是关于劳动者在劳动合同解除或终止后应履行的义务。本案中，双方当事人在劳动合同中约定了竞业限制条款，劳动合同解除后，竞业限制约定对于双方当事人都有约束力。《劳动合同法》第29条规定："用人单位与劳动者应当按照劳动合同的约定，全面履行各自的义务。"

《最高人民法院关于审理劳动争议案件适用法律若干问题的解释（四）》（法释〔2013〕4号）第8条规定："当事人在劳动合同或者保密协议中约定了竞业限制和经济补偿，劳动合同解除或者终止后，因用人单位的原因导致三个月未支付经济补偿，劳动者请求解除竞业限制约定的，人民法院应予支持。"① 用人单位未履行竞业限制期间经济补偿支付义务并不意味着劳动者可以"有约不守"，但劳动者的竞业限制义务与用人单位的经济补偿义务是对等给付关系，用人单位未按约定支付经济补偿已构成违反其在竞业限制约定中承诺的主要义务。具体到本案中，银行在竞业限制协议履行期间长达11个月未向乐某支付经济补偿，造成乐某遵守竞业限制约定却得不到相应补偿的后果。根据公平原则，劳动合同解除或终止后，因用人单位原因未支付经济补偿达3个月，劳动者此后实施了竞业限制行为，应视为劳动者以其行为提出解除竞业限制约定，用人单位要求劳动者承担违反竞业限制违约责任的不予支持，故依法驳回银行的仲裁请求。

典型意义

随着新兴行业迅猛发展，越来越多的用人单位增强了知识产权和核心技术的保密意识，强化了其高级管理人员、高级技术人员及负有保密义务的其他人员的竞业限制约束力。用人单位应当严格按照劳动合同的约定向劳动者履行竞业限制期间的经济补偿支付义务，劳动者亦应秉持诚实守信原则履行竞业限制义务。同时，仲裁与司法实务中应始终关注劳动关系的实质不平等性，避免用人单位免除自己的法定责任，而排除劳动者的合法权益的情形，依法公正地维护双方的合法权益。

6. 竞业限制的违约责任。

按照《劳动合同法》的规定，除了向劳动者提供了专项培训或者签订了竞业限制协议外，用人单位不得与劳动者约定由劳动者承担违约金。《劳动合同法》第23条第2款规定，劳动者违反竞业限制约定的，应当按照约定向用人单位支付违约金。

单位与劳动者签订了竞业限制协议，由于单位给予了劳动者经济补偿，如果劳动者违反了竞业限制的规定，劳动者将要承担相应的违约责任，用人单位可以向劳动者主张违约金。

关于违约金的数额，法律上并没有作明确的规定，可以由用人单位和劳动者协商决定，但建议企业约定的违约金数额不要太低，如果约定的违约金数额太低，将很容易使劳动者故意违反竞业限制的约定，以违约金换取择业的自由，达不到协议本来的目的；但违约金数额也不宜太高，远远超过劳动者的承受能力。

---

① 已废止，现为《最高人民法院关于审理劳动争议案件适用法律问题的解释（一）》第38条。

典型案例

案例 121：刘某诉益高安捷信息技术有限公司劳动争议纠纷案（北京法院参阅案例第 45 号）

刘某原为益高安捷信息技术有限公司（以下简称益高安捷公司）员工，在职期间担任销售经理。2013 年 9 月 1 日，益高安捷公司（甲方）与刘某（乙方）签署《保密协议书》约定离职后两年内的竞业限制义务，并约定"竞业限制经济补偿自乙方离职的次月起支付，补偿数额为该员工离职时当月基本工资的 10%，按月支付……如乙方违反本协议的规定，包括保密、知识产权以及竞业限制等，应支付给甲方违约金，违约金的数额相当于乙方在甲方工作期间年薪（包括基本工资、奖金和年终奖等）的十倍"。

刘某在职期间从事销售工作，主要工作职责为承担具体地域、行业或产品类型的销售任务，积累客户资源和创造销售机会等。刘某负责区域为华北地区，客户指向保险、汽车、汽车金融，证券和信托等行业电子发票的电商应用。2015 年 8 月 12 日，刘某自益高安捷公司离职，离职前 12 个月工资总额为 151640.77 元，离职后刘某竞业限制经济补偿金标准为每月 1450 元。2015 年 9 月，刘某入职印达科技（上海）有限公司（以下简称印达公司）从事销售工作；2015 年 9 月 17 日至 9 月 18 日，刘某以印达公司经理的身份出席中国保险产业国际峰会并以《数字化保险将成为焦点》为题作出发言。两公司在业务、经营地域及面向的客户群体方面存在重合及竞争关系。

后益高安捷公司以要求刘某继续履行竞业限制义务、支付竞业限制违约金等为由向北京市海淀区劳动人事争议仲裁委员会提起仲裁申请，该委审理后作出裁决：1. 刘某继续履行《保密协议书》中的竞业限制协议内容；2. 刘某支付益高安捷公司竞业限制违约金 151640 元；3. 驳回益高安捷公司其他仲裁申请。刘某与益高安捷公司均不服该裁决结果，提起诉讼。

刘某诉称，我并未违反竞业限制义务，无须支付竞业限制违约金；益高安捷公司向我支付的竞业限制补偿费远低于法律规定的数额，该竞业限制条款无效；益高安捷公司仅支付 1450 元竞业限制补偿金，但要求我支付高达 150 万元的赔偿金，数额明显过高。综上，我不服裁决结果，请求判决：1. 我无需继续履行《保密协议书》中的竞业限制协议内容；2. 我无需向公司支付任何违反竞业限制违约金；3. 益高安捷公司承担本案诉讼费。

益高安捷公司诉称，我公司与刘某签订的《保密协议书》合法有效。刘某违反双方竞业限制约定，在离职当月即入职与我公司具有竞争关系的印达公司。刘某的行为违反了《保密协议书》中关于竞业限制义务的约定，故应当按照《保密协议书》第十四条的约定向我公司支付违约金。综上，我公司不服裁决结果，请求判决：刘某向我公司支付违反竞业限制违约金 1516407.7 元；刘某继续履行竞业限制义务。

一审判决作出后，刘某、益高安捷公司均提出上诉。

北京市海淀区人民法院判决：一、刘某继续履行与益高安捷公司签署的《保密协议书》约定的竞业限制义务；二、刘某于本判决生效之日起 10 日向益高安捷公司支付竞业限制违约金 69600 元；三、驳回益高安捷公司其他诉讼请求。

北京市第一中级人民法院判决：驳回上诉，维持原判。

裁判理由

法院认为：刘某在职期间与益高安捷公司签订的《保密协议书》约定有竞业限制条款，该竞业限制约定有效且对双方具有约束力。益高安捷公司业已举证证明：两公司存在竞争关系；刘某离职前任销售主管；刘某 2015 年 8 月离职后于 2015 年 9 月入职印达公司的行为违反双方竞业限制义务。故益高安捷公司要求刘某继续履行《保密协议书》中约定的竞业限制义务并无不当。至于竞业限制违约金，因刘某存在违反竞业限制约定的行为，故益高安捷公司要求刘某支付竞业限制违约金的请求并无不当。但对于违约金的具体金额，本院认为：刘某在庭审中明确表示竞业限制违约金约定过高；故结合双方约定的竞业限制补偿金标准、刘某在益高安捷公司任职期间的职务及工资标准、刘某在益高安捷公司的工作时间；再考虑到益高安捷公司未提交充足的证据证明刘某给其公司造成的实际损失；结合上述情况，本院判定刘某应向益高安捷公司支付违反竞业限制违约金 69600 元。

 典型案例

案例 122：员工提供虚假就业信息违反竞业限制应承担违约责任（北京市人力资源和社会保障局 2022 年度劳动人事争议仲裁典型案例）

案情简介

李某于 2010 年 7 月入职某科技公司，双方订立过两次固定期限劳动合同，第二份劳动合同的到期日为 2020 年 8 月 31 日。2020 年 6 月 4 日，某科技公司与李某签订《竞业限制协议书》，其中约定：李某的竞业限制期限为 1 年，自李某离职之日开始计算，某科技公司每月向李某支付竞业限制经济补偿 6360 元（税前）；在竞业限制期内，李某非经某科技公司同意，不在与某科技公司生产或经营同类产品、从事同类业务的有竞争关系的单位工作，其中包括但不限于深圳某技术公司等；在竞业限制期内，李某应当每月书面向某科技公司汇报自己的就业情况，其中包括社会保险缴纳等情况；李某违反协议约定应当承担下列违约责任：1. 退还某科技公司已经支付但李某违反竞业限制义务期间的竞业限制经济补偿；2. 违约金为某科技公司已支付竞业限制经济补偿的五倍。2020 年 6 月 23 日，李某从某科技公司离职，其离职前 12 个月平均月工资为 38000 元。自 2020 年 7 月起，某科技公司按照双方约定的标准向李某支付竞业限制经济补偿，并安排人事部员工姜某负责与李某进行按月对接，了解李某的再就业状况。对接过程中，李某告知姜某，其自离职后一直待业，由朋友开办的某物流公司为其办理社会保险缴纳，并向姜某提交了其与某物流公司签订的劳动合同。姜某最后一次与李某进行对接的时间为 2021 年 1 月 28 日。2021 年 2 月，某科技公司向劳动人事争议仲裁委员会（以下简称仲裁委员会）提出仲裁申请，要求李某返还竞业限制经济补偿、支付违反竞业限制义务违约金 38 万元。

在仲裁庭审中，仲裁庭查明，2020 年 7 月至 10 月期间，李某的社会保险缴费单位为甲人力资源服务公司；2020 年 11 月至 2021 年 5 月期间，李某的社会保险缴费单位为乙人力资源公司；就如何联系甲人力资源服务公司为其缴纳社会保险费、其向某科技公司告知的社会保险费缴纳单位与实际缴费单位不符的原因、如何与甲人力资源服务公司核定社会保险费缴费基数、如何将社会保险费转交给甲人力资源服务公司、为何将社会保险费从甲人力资源服务公司转移至乙人力资源公司等问题的答复，分别为"不清楚""时间较长记不清了""记不清楚"。在仲裁庭释明并进一步询问后，李某仍拒绝就相应问题进行解释。仲裁委员会就上述问题向甲人力资源服务公司发出《协查函》，甲人力资源服务公司于 2021 年 3 月 12 日回函，载明"我公司与李某不存在劳动关系。李某的社会保险费为我公司深圳关联公司委托至我公司缴纳，委托深圳关联公司缴纳社会保险费的公司为深圳某技术公司"。

仲裁委员会裁决：1. 李某返还某科技公司已支付的全部竞业限制经济补偿；2. 李某支付违反竞业限制义务的违约金 19 万元。该案一审、二审判决结果与仲裁裁决结果一致。

✎ 案例评析

本案争议的焦点在于：1. 李某是否存在违反其与某科技公司所签《竞业限制协议书》中约定的竞业限制义务的行为？2. 如李某违约，其违约金应如何裁判？

《劳动合同法》第 23 条规定："用人单位与劳动者可以在劳动合同中约定保守用人单位的商业秘密和与知识产权相关的保密事项。对负有保密义务的劳动者，用人单位可以在劳动合同或者保密协议中与劳动者约定竞业限制条款，并约定在解除或者终止劳动合同后，在竞业限制期限内按月给予劳动者经济补偿。劳动者违反竞业限制约定的，应当按照约定向用人单位支付违约金。"《劳动人事争议仲裁办案规则》（人力资源和社会保障部令第 33 号）第 18 条规定："争议处理中涉及证据形式、证据提交、证据交换、证据质证、证据认定等事项，本规则未规定的，可以参照民事诉讼证据规则的有关规定执行。"《最高人民法院关于民事诉讼证据的若干规定》第 4 条规定："一方当事人对于另一方当事人主张的于己不利的事实既不承认也不否认，经审判人员说明并询问后，其仍然不明确表示肯定或者否定的，视为对该事实的承认。"本案中，某科技公司与李某签订的《竞业限制协议书》是双方真实意思表示，不违反法律规定，双方均应依照履行。某科技公司已在李某离职后依据协议约定按月向李某支付竞业限制经济补偿，李某虽亦按月向某科技公司报告无再就业情况，但李某社会保险费通过甲、乙人力资源公司办理缴纳的记录，与其向某科技公司报告本人社会保险办理缴纳的方式不符，且经甲人力资源服务公司出具回函，该公司为李某办理社会保险缴纳系基于其深圳关联公司及深圳某技术公司的委托，而深圳某技术公司属于李某的竞业限制范围，李某明显存在违反竞业限制义务之嫌，且李某未能对此予以合理解释及澄清，根据前述证据规则，应认定李某存在违反竞业限制义务行为，并对某科技公司要求李某返还竞业限制经济补偿及支付违反竞业限制义务违约金的请求予以支持。

关于违反竞业限制义务违约金的金额问题，参照李某离职某科技公司前12个月的平均工资收入金额，相较双方协议约定的竞业限制经济补偿金额及违反竞业限制义务违约金标准，存在金额比例失衡及权利义务不对等，对李某而言显失公平，结合李某违反竞业限制义务的时间长度、某科技公司与李某约定的竞业限制经济补偿的标准及李某应向某科技公司返还违反竞业限制经济补偿的情况，并考虑李某向某科技公司提供虚假就业信息、先后通过隐藏真实社会保险缴费单位和以变更社会保险缴费单位的方式掩盖违反竞业限制义务事实的情况，以及李某在劳动争议仲裁及诉讼中表现出的较为明显的负面主观态度等情况，酌情裁判李某向某科技公司支付违反竞业限制义务的违约金190000元。

仲裁委员会提示

近年来，竞业限制劳动争议案件不断涌现，引发社会广泛关注。劳动合同法设立的竞业限制制度发挥着两方面的功效：一方面，惩戒劳动者违约失信行为，保护用人单位的知识产权和商业秘密，激发用人单位的创造性；另一方面，防止用人单位权利滥用，保护劳动者的自主择业权和生存权，促进人才流动，做到人尽其才。现行法律对竞业限制经济补偿金额及违反竞业限制义务违约金金额的上下限都没有规定。鉴于此，用人单位在与劳动者订立竞业限制协议或条款时，应当根据权利义务对等原则合理把握，既要防止约定在竞业限制期限内按月向劳动者支付过低的竞业限制经济补偿，致使劳动者难以维持基本生活而被迫违反竞业限制义务，从而给用人单位造成难以估量和举证证明的经济损失，也要避免约定劳动者在违反竞业限制义务时承担过高的违约金，从而被仲裁委员会或人民法院根据公平合理原则予以调整（降低），致使与自身预期及实际损失不符；劳动者在与用人单位订立竞业限制协议或条款时，应充分了解法律规定，权衡利弊，做好条款沟通协商，并信守承诺审慎履行竞业限制义务，避免出现违约情形产生不良诚信记录影响再就业，更要避免消极对抗仲裁庭、法庭查清事实，从而被裁判承担更高的违约金。

7. 竞业限制协议的履行。

竞业限制协议签署以后，双方都应该按照协议履行。

（1）劳动者有权要求用人单位按照协议支付竞业限制补偿金。

竞业限制协议签署后，如果劳动者履行了竞业限制的义务，而用人单位没有支付竞业限制补偿金，根据《最高人民法院关于审理劳动争议案件适用法律问题的解释（一）》第37条的规定，那么劳动者有权要求用人单位支付竞业限制补偿金。

（2）用人单位有权要求劳动者履行竞业限制义务。

如果用人单位签署了竞业限制协议，当事人解除劳动合同时，用人单位要求劳动者履行竞业限制义务的，劳动者必须履行竞业限制义务。

如果劳动者没有履行竞业限制义务，根据《最高人民法院关于审理劳动争议案件适用法律问题的解释（一）》第40条的规定，劳动者违反竞业限制约定，向用人单位支付违约金后，用人单位要求劳动者按照约定继续履行竞业限制义务的，人民法院应予支持。

8. 竞业限制协议的解除。

由于竞业限制协议的目的主要是保护企业的商业秘密，因此，用人单位和劳动者签署竞业限制协议后，劳动者不能擅自解除竞业限制协议，除非用人单位不支付竞业限制补偿金，而法律赋予了用人单位解除竞业限制补偿金的权利，但用人单位需要支付一定的竞业限制补偿金。

（1）劳动者解除竞业限制协议的权利。

根据《最高人民法院关于审理劳动争议案件适用法律问题的解释（一）》第38条的规定，当事人在劳动合同或者保密协议中约定了竞业限制和经济补偿，劳动合同解除或者终止后，因用人单位的原因导致3个月未支付经济补偿，劳动者请求解除竞业限制约定的，人民法院应予支持。

（2）用人单位解除竞业限制协议的权利。

根据《最高人民法院关于审理劳动争议案件适用法律问题的解释（一）》第39条的规定，在竞业限制期限内，用人单位请求解除竞业限制协议的，人民法院应予支持。在解除竞业限制协议时，劳动者请求用人单位额外支付劳动者3个月的竞业限制经济补偿的，人民法院应予支持。

9. 企业在签订竞业限制过程中需要注意的问题。

（1）并不是签订竞业限制协议的员工越多就越好。

有些企业认为，既然竞业限制协议可以限制员工到竞争对手处工作，为了以防万一，那就与所有的员工都签订竞业限制协议，这样就可以防止员工跳槽到竞争对手处工作。其实这种理解是片面和错误的，因为签订竞业限制协议，用人单位在员工离职时就需要支付相应的经济补偿金，因此签订竞业限制协议，对于企业来说，是需要付出很大的代价的。对于不掌握商业秘密的员工来说，是不需要签订竞业限制协议的。只需要对高级管理人员、高级技术人员或者掌握其他重大秘密的员工签订竞业限制协议就可以了。

（2）竞业限制协议不能强制签订，必须与员工协商一致，因此最好在与员工签订劳动合同时就签订竞业限制协议。

有些企业在竞业限制的签订上存在误区，认为只要单位提出与员工签订竞业限制的协议，员工就必须接受，员工只有服从的义务，是否签订竞业限制协议由单位决定。其实这种理解是错误的。竞业限制协议是用人单位与劳动者在平等的基础上协商一致达成的，如果用人单位与劳动者无法达成一致，就不能强迫劳动者签订竞业限制协议，更不能以劳动者不同意签订竞业限制协议为理由，与劳动者解除劳动合同。如果用人单位以劳动者不同意签订竞业限制协议为由与劳动者解除了劳动合同，属于违法解除劳动合同，劳动者有权要求用人单位继续履行劳动合同或者要求用人单位支付经济补偿金和违法解除劳动合同的经济赔偿金。

基于以上原因，如果用人单位打算与劳动者签订竞业限制协议，最好在与劳动者签订劳动合同的同时就签订。如果劳动者不同意签订竞业限制协议，用人单位可以考虑不与劳动者签订劳动合同。但一旦用人单位与劳动者签订了劳动合同，用人单位再与劳动者协商签订竞业限制协议，就比较困难，特别是在用人单位与劳动者发生纠纷时，要想达成竞业限制协议更是困难，而此时即使达成竞业限制协议，用人单位也将会付出更大的代价。

（3）应该明确竞业限制的地域、范围，越具体越好。

企业在与员工签订竞业限制协议时，有些企业担心有些方面可能考虑不周全，所以就在竞业限制的地域、范围上，写得非常笼统。但是需要提醒企业的是，并不是写得越笼统、越宽泛，对企业的保护力度就越大。

如果企业有比较明确的竞争对象，可以在竞业限制协议中列明该员工不得到某些企业任职，同时对于哪些属于有竞争关系的企业，最好界定得清楚些。

（4）违约责任一定要约定明确。

企业在与员工签订竞业限制协议时，一定不要忘了约定违约责任，如果没有与员工约定违约责任，员工违反了协议给企业造成损失的，企业虽然可以追究员工的责任，要求员工赔偿损失，但由于举证责任非常困难，而且如果没有造成损失，企业也无法主张员工承担违约责任，因此企业一定要与员工约定违约责任。

 典型案例

案例 123：劳动者违反竞业限制协议，应当承担违约责任

2012 年 3 月，闫某与某科技公司签订劳动合同，约定闫某从事开发工作，在双方解除或终止合同 1 年内，闫某不能以任何方式向有竞争关系的组织或者公司提供服务。双方签署《保密协议》，约定了竞业限制业务范围及情形，某科技公司在竞业限制期内支付竞业限制经济补偿，如果闫某违反约定，需向某科技公司支付违约金 20 万元，该违约金不足以弥补某科技公司损失的，不足部分仍应赔偿。2013 年 5 月，闫某离职，某科技公司发出《关于要求履行竞业限制以及严格遵守保密义务的通知》，通知闫某自劳动关系解除之日起 1 年内，不得进入与某科技公司从事任何同类业务的公司，同时对限制的工作内容进行了进一步明确，并告知构成竞争关系的公司包括 A 及其下属公司；B 及其下属公司；C 及其下属公司……闫某在该通知上签字，表示收到通知并阅读知晓上述内容。同月，闫某入职 C 集团的某下属公司。

2013 年 12 月，某科技公司以闫某入职 C 集团的某下属公司，违反双方的竞业限制协议为由，提出劳动仲裁申请。劳动争议仲裁委员会裁决闫某继续履行与某科技公司约定的竞业限制义务，返还某科技公司竞业限制经济补偿金 12 万余元，支付违约金

20 万元。闫某不服仲裁结果，向法院提起诉讼。

法院审理认为，针对闫某是否违反竞业限制义务，从 C 集团的某下属公司股东和股权质押等情况来看，闫某和 C 集团存在实质关联关系；从某科技公司和 C 集团及其下属公司之间的业务范围来看，二者属于竞争关系。因此，闫某违反了竞业限制义务。最终，法院驳回了闫某的诉讼请求。

✒️ 律师点评

诚实信用原则作为维系劳动关系的基石，不仅体现在劳动合同的存续期间，在特定情况下还会延伸到劳动合同解除或终止之后，典型的表现形式就是竞业限制义务。劳动者在享受劳动权益的同时，应当基于诚信原则履行劳动合同义务，如果与用人单位约定了竞业限制，在用人单位按期支付竞业限制补偿时，应当遵守相关约定，在入职其他用人单位时，及时向原用人单位反映就业情况，避免不必要的纠纷。

📎 典型案例

案例 124：公司高管违反竞业限制约定的，应当向用人单位支付违约金（北京市第一中级人民法院 2020 年 12 月 4 日发布涉公司高管劳动争议十大典型案例）

杜某于 2014 年 8 月 11 日入职某金融公司，先后担任总经理助理、董事会秘书。入职时双方签订劳动合同并约定了竞业限制条款。2016 年 3 月 21 日双方签署《解除劳动合同协议书》，其中约定：双方原先签订的竞业限制等协议继续有效。后某金融公司以杜某在职期间成立竞业公司为由诉至法院，要求其返还竞业限制补偿金。法院经审理后认为，杜某在职期间及离职后均未履行竞业限制义务，某金融公司无需向其支付相应补偿，杜某应当向公司返还已经支付的竞业限制补偿金，并支付违约金。

✒️ 案例评析

对负有保密义务的劳动者，用人单位可以在劳动合同或者保密协议中与劳动者约定竞业限制条款。对于公司高管而言，更应当遵守诚实信用原则，履行忠实义务。即使在职期间用人单位与公司高管未就竞业限制进行专门约定，公司高管亦不能违反诚实信用原则，从事竞业行为，损害公司利益。公司高管违反竞业限制约定的，应当按照约定向用人单位支付违约金。

竞业限制协议书

甲方：

住址：

法定代表人：

邮政编码：

乙方：
住址：
身份证号码：

鉴于乙方已经（可能）知悉甲方重要商业秘密或者对甲方的竞争优势具有重要影响，为保护双方的合法权益，甲、乙双方根据国家有关法律法规，本着平等、自愿、公平、诚信的精神，经充分协商一致后，共同订立本协议。本协议的制定遵循如下原则：既要防止出现针对甲方的不正当竞争行为，又要保证乙方依法享有的劳动权利得到实现。

一、双方确认，已经仔细审阅过协议的内容，并完全了解协议各条款的法律含义。

二、乙方在任职期内及双方之间的《劳动合同》解除或终止之日起两年内承担以下竞业限制义务。

1. 不得自办与甲方有竞争关系的企业或者从事与甲方保密信息有关的生产和服务。

2. 不得到与甲方有竞争关系或者从事相同或类似业务的其他企业、事业单位、社会团体内担任任何职务（包括但不限于股东、合伙人、董事、监事、经理、员工、代理人、顾问等）。

3. 不直接或间接地劝说、引诱、鼓励或以其他方式促使甲方的任何管理人员或员工终止该管理人员或员工与甲方的聘用关系。

4. 不直接或间接地劝说、引诱、鼓励或以其他方式促使甲方的任何客户、供应商、被许可人、许可人或与甲方有实际或潜在业务关系的其他人或实体（包括任何潜在的客户、供应商或被许可人等）终止或以其他方式改变与甲方的业务关系。

5. 不直接或间接地以个人名义或以一个企业的所有者、许可人、被许可人、本人、代理人、员工、独立承包商、业主、合伙人、出租人、股东或董事或管理人员的身份或以其他任何名义实施下列行为：

（1）投资或从事甲方业务之外的竞争业务。

（2）成立从事竞争业务的组织。

（3）向甲方的竞争对手提供任何服务或披露任何保密信息。

三、竞业限制补偿金。

根据相关规章、政策规定，甲、乙协商确定，甲方每年向乙方支付竞业限制补偿费总金额为双方终止劳动合同前12个月工资总额的　30%　，即人民币＿＿＿＿＿＿＿＿＿＿＿＿＿＿＿＿元（￥＿＿＿＿）。

四、竞业限制补偿金以下述第＿＿种方式支付。

1. 本协议签署之日起＿＿日内，甲方向乙方一次性支付竞业限制补偿金。

2. 竞业限制期限内，甲方于每月＿＿日前，向乙方支付竞业限制补偿金人民币＿＿＿＿＿＿＿＿＿＿＿＿＿＿元（￥＿＿＿＿）。

乙方指定的收款方式为：

开户行：

开户名：

账号：

五、在竞业限制期限内，如甲方经营过程中需要乙方提供其所掌握的与其原工作相关的信息、数据或技术协助时，乙方应当给予必要的协助和配合。

乙方必须在离职后每半年提供其在职证明，或其他以证明其在职状态或具体工作单位的书面文件。如果乙方拒绝提供，甲方有权不支付乙方竞业限制补偿金；超过3个月乙方不提供书面证明的，视为乙方违反竞业限制约定，乙方需要承担相应的责任。

六、违约责任。

1. 乙方不履行本协议第二条第1项规定的义务，应当承担违约责任，一次性向甲方支付违约金人民币_____元，乙方因违约行为所获得的收益应当归还甲方。公司有权对乙方给予处分。

2. 如果乙方不履行本协议第二条第2项、第3项、第4项、第5项所列义务，应当承担违约责任，一次性向甲方支付违约金人民币_____元。因乙方违约行为给甲方造成损失的，乙方应当承担赔偿责任。

3. 前款所述损失赔偿按照如下方式计算：

（1）损失赔偿额为甲方因乙方的违约行为所受的实际经济损失和甲方可预期收益。

（2）甲方因调查乙方的违约行为而支付的合理费用，应当包含在损失赔偿额之内。

（3）因乙方的违约行为侵犯了甲方的合法权益，甲方可以选择根据本协议要求乙方承担违约责任，或者依照有关法律法规要求乙方承担侵权责任。

4. 甲方逾期向乙方支付竞业限制补偿费的，每逾期一天，按照应付金额的千分之一向乙方支付违约金，超过三个月的，乙方有权解除合同。

七、争议的解决办法。

因本协议引起的纠纷，可以由甲、乙双方协商解决或者委托双方信任的第三方调解。如一方拒绝协商、调解或者协商、调解不成的，任何一方均有权提起诉讼，由甲方所在地人民法院管辖。

甲方：（盖章）　　　　　　　　乙方：（签名）

法定代表人：（签名）　　　　　身份证号码：

　　年　月　日　　　　　　　　　年　月　日

第五节　用人单位在为员工办理离职手续 过程中需要注意的问题

一、劳动合同终止的相关文书样本

1. 员工辞职申请书。

员工辞职申请书

姓名		岗位名称	
部门		劳动合同期限	
		拟离职期限	
辞职理由			
部门意见			
人力资源意见			
备注			

需要提醒企业的是，员工辞职申请书必须由辞职员工亲笔签字。

2. 员工处罚单。

员工处罚单

姓名		部门		职务	
处罚事实描述					
处罚结果					

续表

	以上事实描述属实，受处分人签字： 年　月　日
	本人愿意接受处罚结果，受处分人签字： 年　月　日
处分执行情况	该处分已经于　年　月　日执行完毕 经办人签字： 年　月　日

3. 协商解除劳动合同协议书。

本样本适合于双方协商解除劳动合同的情形。

解除劳动合同协议书

甲　方：_____公司

乙　方：_____（员工工号：_____）

甲、乙双方于____年____月____日签订了有/无固定期限劳动合同，现由_____方提出协商解除劳动合同要求，经甲、乙双方协商一致，同意解除劳动合同，并达成如下协议：

一、解除劳动合同的日期为：____年____月____日。

二、_____方支付_____方经济补偿金（违约金）_____元。

三、其他补充条款：_____。

四、本协议自甲、乙双方签字（盖章）之日起生效。

五、本协议一式两份，甲、乙双方各执一份。

公司签名（盖章）：　　　　　　员工签名：

___年___月___日　　　　　　　　___年___月___日

4. 因员工违纪用人单位辞退通知书。

本辞退通知书主要适用于劳动者有过失，被用人单位辞退的情形。

辞退通知书

先生/女士（身份证号码：_____）：

您与公司于____年____月____日签订了劳动合同，但由于您违反了双方签订的合同中第_____项规定及公司规章制度中的第_____项规定，现公司通知您，自____年

____月____日起，公司与您正式解除劳动合同，请您与____年____月____日之前办理离职手续，并转移有关社会保险及档案。根据国家有关规定，公司将不支付您经济补偿金。

逾期未办理的，公司将把您的劳动手册、退工单、辞退通知书以挂号信形式寄送到您登记的地址，请注意查收。

公司签名（盖章）：
年　月　日

员工签收：
本人已于　　年　　月　　日收到上述劳动合同辞退通知书。
签字：
日期：

5. 劳动者无过错辞退通知书。

辞退通知书

_____先生/女士：

因为本公司的经营方针和业务发生重大的调整和变化，您所学的专业和您的工作经历、能力均不符合公司的要求。经过调整工作岗位（或者经过培训），您仍然无法胜任工作，故公司决定于____年____月____日正式与您解除劳动合同。请您于____年____月____日之前办理完毕交接手续。

谢谢您多年来对本公司的支持和帮助。

您的一切待遇均按照国家法律法规、我公司的_____规定和劳动合同的约定处理。

公司签名（盖章）：
年　月　日

员工签收：
本人已于　　年　　月　　日收到上述劳动合同辞退通知书。
签字：
日期：

6. 劳动合同终止通知书。
本通知书适用于劳动合同到期后不再续签劳动合同的情形。

劳动合同终止通知书

先生/女士（身份证号码：＿＿＿＿＿＿＿＿）：

根据双方于＿＿年＿＿月＿＿日签订的劳动合同约定以及法律规定，双方的劳动关系将于＿＿年＿＿月＿＿日到期终止，公司将不再与您续签劳动合同。

现公司特此通知您，您的劳动合同将终止，您的工资福利均截止到＿＿年＿＿月＿＿日，您的社保福利截止到＿＿年＿＿月。请在上述截止日期前办理完毕相应的工作交接手续，公司将在交接手续办理完结时根据法律规定向您支付经济补偿金，总计人民币＿＿＿＿＿元。

请于＿＿年＿＿月＿＿日之前至公司人力资源部办理离职交接手续，公司将为您出具离职证明，逾期未办理的，公司将把您的劳动手册、退工单、离职证明以挂号信形式寄送到您登记的地址，请注意查收。

公司名称：

　年　　月　　日

员工签收：

本人已于　　年　　月　　日收到上述劳动合同终止通知书。

签字：

日期：

二、文书的送达

文书制作好以后，还需要送达对方，只有对方接到后，才产生相应的法律效力。需要提醒企业的是，不但要送达，而且要保存好对方收到的证据。送达的主要方式有以下几种。

1. 直接送达。

直接送达是指企业直接将文书交给劳动者本人的一种送达方式。实践中，这是最常见也是最省时间和精力的一种送达方式，但企业需要注意的是，在送达劳动者本人时，一定要让劳动者签收通知书，以便作为证据。

如果用人单位与劳动者在劳动合同中约定，其他人也可以代劳动者收取相关文件，那么送达代收人也视为送达劳动者本人。

2. 留置送达。

留置送达是受送达人无理拒收文书时，送达人依法将文书放置在受送达人的住所并产生送达的法律效力的送达方式。留置送达主要适用于司法文书的送达，实践中，劳动合同终止文书一般很少用留置送达。

3. 委托送达。

委托送达是指用人单位委托他人送达劳动者。这种实践中用得也比较少。

4. 邮寄送达。

邮寄送达是指企业通过邮局将通知书送达劳动者。实践中，在劳动者拒绝接收通知书时，最常用的就是邮寄送达的方式。但企业在采取这一方式时需要注意的是，一定要采取挂号信或者快递的方式，并且要保存好回执，同时在寄送的文件的内容中注明"劳动合同解除或者终止通知书"。

5. 转交送达。

转交送达是指企业将通知书交由某人，然后由其转交给受送达人的送达方式。转交送达有三种情况：①受送达人是军人，通过其所在部队团以上单位的政治机关转交。②受送达人被监禁的，通过其所在的监所和劳动改造单位转交。③受送达人正在被劳动教养的，通过其劳动教养单位转交。代为转交的机关、单位代收到诉讼文书后，必须立即交受送达人签收，并以其在送达回证上签收的时间为送达时间。实践中，这种情况很少适用，但如果劳动者被监禁或被采取强制措施时，用人单位与其解除劳动合同的，可以采取这种方式。

6. 公告送达。

公告送达是指在劳动者下落不明或者采取其他方式无法送达时，将需要送达的通知书的主要内容予以公告，经过一定时间，法律上即视为送达的送达方式。公告送达必须是受送达人下落不明或者用前5种方式无法送达时，才能适用的送达方式。自发出公告之日起，经过60日，即为公告期满，视为送达。

公告送达主要是司法机关用的一种方式，对于企业来说，很少采取这种方式。

三、离职手续的交接

1. 离职手续通知书。

离职手续通知书

_____（女士/先生）：

请持本通知单到下列部门办理工作移交及其他未尽事宜手续。

　　　　　　　　　　　　　　　　　　××公司
　　　　　　　　　　　　　　　　年　　月　　日

部门	移交内容	移交结果	接收人签字	移交时间
所属部门	□是否已移交业务与保管物			
	□是否交出有关业务档案和资料			
	□是否交还办公室及抽屉钥匙			
	□是否缴回或转移固定资产			

行政部	□是否退回小推柜钥匙			
	□是否交还胸卡、门卡			
	□是否已缴回借用物品和产品			
	□是否交还图书资料			
	□是否交还领用办公用品			
网络部	□是否已取消使用个人邮箱			
	□是否已归还电话			
	□是否已缴回计算机			
	□是否已取消门禁权限			
财务部	□是否已归还公司借款			
	□有无罚款或其他扣款			
其他部门				
部门主管领导签字		人事主管领导签字		

2. 工作交接表。

工作交接表

部门　　　　姓名　　　　职务　　　　直接主管

工作事项	工作流程或项目进程	联系人	联系方式	接收人	接收人签字
1.					
2.					
3.					
4.					
5.					

离职员工签字：　　　　　　　　　　　　直接主管签字：

四、在办理离职手续过程中用人单位应当注意的问题

1. 对从事有职业危害作业的员工进行离职体检。

根据《劳动合同法》第42条第1项的规定，从事接触职业病危害作业的劳动者未进行离岗前职业健康检查，或者疑似职业病病人在诊断或者医学观察期间的，不得解除劳动合同，必须进行离岗检查。

进行离职前的健康检查，有利于用人单位和员工进行责任划分，避免劳动者在离职后患上职业病，再来要求前一单位承担责任。

《职业病防治法》第35条规定："对从事接触职业病危害的作业的劳动者，用人单位应当按照国务院卫生行政部门的规定组织上岗前、在岗期间和离岗时的职业健康检查，并将检查结果书面告知劳动者。职业健康检查费用由用人单位承担。用人单位不得安排未经上岗前职业健康检查的劳动者从事接触职业病危害的作业；不得安排有职业禁忌的劳动者从事其所禁忌的作业；对在职业健康检查中发现有与所从事的职业相关的健康损害的劳动者，应当调离原工作岗位，并妥善安置；对未进行离岗前职业健康检查的劳动者不得解除或者终止与其订立的劳动合同。职业健康检查应当由取得《医疗机构执业许可证》的医疗卫生机构承担。卫生行政部门应当加强对职业健康检查工作的规范管理，具体管理办法由国务院卫生行政部门制定。"

因此，如果没有进行离职前的健康体检，一旦离职后发现患有职业病，极有可能由用人单位承担责任，而如果离职前进行了健康体检，确保没有问题，以后再发现患有职业病，就与原用人单位无关。

因此提醒企业的是，对于有职业危害作业的员工，离职前一定要进行体检。

2. 应立即支付劳动者的工资、经济补偿等。

用人单位与劳动者解除、终止劳动合同时，应当立即支付应付给劳动者的工资、经济补偿等，不得拖欠。但现实中由于企业自身财务制度的原因，都拖到工资发放日结清，有些企业为了防止员工不配合交接工作以及其他一些原因，故意扣留员工的一部分工资，其实这些做法都是错误的。

《工资支付暂行规定》第9条规定："劳动关系双方依法解除或终止劳动合同时，用人单位应在解除或终止劳动合同时一次付清劳动者工资。"

《劳动合同法》第50条第2款规定："劳动者应当按照双方约定，办理工作交接。用人单位依照本法有关规定应当向劳动者支付经济补偿的，在办结工作交接时支付。"

因此，用人单位必须在解除劳动合同时，支付劳动者工资和经济补偿，对于未按时支付的，《劳动合同法》第85条第1项及第4项也作出了规定，未按照劳动合同的约定或者国家规定及时足额支付劳动者劳动报酬的或解除或者终止劳动合同，未依照本法规定向劳动者支付经济补偿的，由劳动行政部门责令限期支付；逾期不支付的，责令用人单位按应付金额50%以上100%以下的标准向劳动者加付赔偿金。

典型案例

案例 125：劳动者在离职文件上签字确认加班费已结清，是否有权请求支付欠付的加班费（人力资源和社会保障部、最高人民法院联合发布第二批劳动人事争议典型案例）

2017 年 7 月，肖某与某科技公司（已依法取得劳务派遣行政许可）订立劳动合同，被派遣至某快递公司担任配送员，月工资为基本工资加提成。肖某主张某快递公司在用工期间安排其双休日及法定节假日加班，并提交了工资表。工资表加盖有某科技公司公章，某科技公司和某快递公司均认可其真实性。该工资表显示，2017 年 7 月至 2019 年 10 月期间肖某存在不同程度的双休日加班及法定节假日加班，但仅获得少则 46.15 元、多则 115.40 元的出勤补款或节假日补助。2019 年 11 月，肖某向某科技公司提出离职，当日双方签署离职申请交接表。该表"员工离职原因"一栏显示："公司未上社会保险，工作压力大、没给加班费。""员工确认"一栏显示："经说明，我已知悉《劳动合同法》上的权利和义务，现单位已经将我的工资、加班费、经济补偿结清，我与单位无其他任何争议。本人承诺不再以任何理由向某科技公司及用工单位主张权利。"员工签名处有肖某本人签名。肖某对离职申请交接表的真实性认可，但认为表中"员工确认"一栏虽系其本人签字，但并非其真实意思，若不签字，某科技公司就不让其办理工作交接，该栏内容系某科技公司逃避法律责任的一种方法。肖某不服仲裁裁决，诉至人民法院，请求判决某科技公司与某快递公司支付加班费 82261 元。

一审法院判决：驳回肖某加班费的诉讼请求。肖某不服，提起上诉。二审法院改判：某科技公司与某快递公司连带支付肖某加班费 24404.89 元。

案例分析

本案的争议焦点是肖某是否与用人单位就支付加班费达成合法有效的协议。

《最高人民法院关于审理劳动争议案件适用法律问题的解释（一）》第 35 条第 1 款规定："劳动者与用人单位就解除或者终止劳动合同办理相关手续、支付工资报酬、加班费、经济补偿或者赔偿金等达成的协议，不违反法律、行政法规的强制性规定，且不存在欺诈、胁迫或者乘人之危情形的，应当认定有效。"司法实践中，既应尊重和保障双方基于真实自愿合法原则签订的终止或解除劳动合同的协议，也应对劳动者明确持有异议的、涉及劳动者基本权益保护的协议真实性予以审查，依法保护劳动者的合法权益。

本案中，肖某认为离职申请交接表"员工确认"一栏不是其真实意思表示，上面记载的内容也与事实不符。该表中"员工离职原因"与"员工确认"两处表述确实存在矛盾。两家公司均未提供与肖某就加班费等款项达成的协议及已向肖某支付上述款项的证据，且肖某否认双方就上述款项已达成一致并已给付。因此，离职申请交接表中员工确认的"现单位已将我的工资、加班费、经济补偿结清，我与单位无其他任何争议"与事实不符，不能认定为肖某的真实意思表示。本案情形并不符合《最高人民法院关于审理劳动争议案件适用法律问题的解释（一）》第35条之规定，故二审法院依法支持肖某关于加班费的诉讼请求。

典型意义

实践中，有的用人单位在终止或解除劳动合同时，会与劳动者就加班费、经济补偿或赔偿金等达成协议。部分用人单位利用其在后续工资发放、离职证明开具、档案和社会保险关系转移等方面的优势地位，借机变相迫使劳动者在用人单位提供的格式文本上签字，放弃包括加班费在内的权利，或者在未足额支付加班费的情况下让劳动者签字确认加班费已经付清的事实。劳动者往往事后反悔，提起劳动争议仲裁与诉讼。本案中，人民法院最终依法支持劳动者关于加班费的诉讼请求，既维护了劳动者合法权益，对用人单位日后诚信协商、依法保护劳动者劳动报酬权亦有良好引导作用，有助于构建和谐稳定的劳动关系。劳动者在签署相关协议时，亦应熟悉相关条款含义，审慎签订协议，通过合法途径维护自身权益。

3. 为劳动者出具解除、终止劳动合同的证明。

目前大多数企业并没有为离职者出具解除或终止劳动合同的证明，大多数劳动者也没有要求用人单位出具解除或者终止劳动合同的证明。这是因为，目前大多数用人单位在录用新员工时，并没有要求提供这些证明，只有在一些比较大的企业或者外企，才要求新员工提供这些证明。其实早在《劳动部关于实行劳动合同制度若干问题的通知》第15条中就规定："在劳动者履行了有关义务终止、解除劳动合同时，用人单位应当出具终止、解除劳动合同证明书，作为该劳动者按规定享受失业保险待遇和失业登记、求职登记的凭证。证明书应写明劳动合同期限、终止或解除的日期、所担任的工作。如果劳动者要求，用人单位可在证明中客观地说明解除劳动合同的原因。"

随着我国劳动制度的完善，用人单位在招聘新员工时，都应该要求员工提供与前一用人单位终止劳动合同的证明。

根据《劳动合同法》第50条第1款的规定，用人单位应当在解除或者终止劳动合同时出具解除或者终止劳动合同的证明，并在15日内为劳动者办理档案和社会保险关系转移手续。

很多用人单位因为与员工产生了纠纷，故意不给员工出具终止劳动合同的证明，《劳动合同法》对此也作了规定，其第89条规定，用人单位违反本法规定未向劳动者出具解除或者终止劳动合同的书面证明，由劳动行政部门责令改正；给劳动者造成损害的，应当承担赔偿责任。

需要提醒企业的是，在为劳动者出具终止劳动合同的证明时，应当让劳动者签字，证明其已经收到了用人单位为其出具的终止劳动合同证明。

用人单位在为离职员工开具离职证明过程中，应尽量避免出现一些主观判断用语。一些用人单位因为与离职员工在日常工作过程中发生过纠纷或者员工表现不好，或者因为在离职过程中双方发生过争议，所以在离职证明中故意写了不好的话，影响了离职员工的就业，最后双方又因为离职证明的问题发生纠纷，甚至再引起官司。对用人单位来说，这是得不偿失的。

 典型案例

案例 126：用人单位应及时出具终止劳动合同的证明

几年前小居通过熟人介绍进入北京市一家房产中介公司工作，具体负责房屋置换、购房、房贷等工作。小居每月工资为 4000 元，另外根据工作业绩每做成一笔业务按金额提成。2018 年 6 月合同到期后，由于公司对小居表现不满，便终止了与小居的劳动合同，没有再与其续签劳动合同。小居向公司要求支付经济补偿金，公司一开始不同意，后来被迫同意。办理完工作交接后，小居要求公司为其出具终止劳动合同的证明，以便申请失业登记，但公司由于对小居要求支付经济补偿金的事情不满，一直拒不出具终止劳动合同的证明，致使小居既没有办法领取失业金，在找到新工作后也没办法上班。于是小居提起劳动仲裁，最后劳动争议仲裁委员会裁决公司为小居出具终止劳动合同证明，赔偿小居损失 2 万元。

 律师点评

用人单位应当在解除劳动关系的同时，为劳动者出具终止劳动合同的证明，如果不及时出具给劳动者造成损失的，应当赔偿损失。

终止劳动合同证明书

兹有本单位职工＿＿＿＿＿＿＿＿，性别＿＿＿＿，年龄＿＿＿＿，住址＿＿＿＿＿＿＿＿，身份证号码：（＿＿＿＿＿＿＿＿）。该同志自＿＿＿年＿＿＿月＿＿＿日至＿＿＿年＿＿＿月＿＿＿日在我单位工作，双方已于＿＿＿年＿＿＿月＿＿＿日正式终止劳动合同关系，该职工与本单位的劳动合同已经终止，双方无任何纠纷。特此证明。

（用人单位盖章）

＿＿＿＿年＿＿＿月＿＿＿日

终止劳动合同证明书（用人单位存档）

兹有本单位职工＿＿＿＿＿＿＿＿，性别＿＿＿＿，年龄＿＿＿＿，住址＿＿＿＿＿＿＿＿，身份证号码：（＿＿＿＿＿＿＿＿）。该同志自＿＿＿年＿＿＿月＿＿＿日至＿＿＿年＿＿＿月＿＿＿日在我单位工作，双方已于＿＿＿年＿＿＿月＿＿＿日正式终止劳动合同关系，该职工与本单位的劳动合同已经终止，双方无任何纠纷。特此证明。

（用人单位盖章）

＿＿＿＿年＿＿＿月＿＿＿日

本人于＿＿＿年＿＿＿月＿＿＿日收到＿＿＿＿＿＿＿公司出具的上述内容的终止劳动合同证明书，双方再无其他任何纠纷。

签字人：＿＿＿＿＿＿

＿＿＿年＿＿＿月＿＿＿日

4. 及时转移社会保险、档案关系。

有些用人单位因为与劳动者发生了纠纷，故意扣留劳动者的社会保险、档案关系，其实这种做法是不明智的，也是违法的。《劳动合同法》第 50 条规第 1 款定，用人单位应当在 15 日内为劳动者办理档案和社会保险关系转移手续。

《劳动合同法》第 84 条规定，劳动者依法解除或者终止劳动合同，用人单位扣押劳动者档案或者其他物品的，由劳动行政部门责令限期退还劳动者本人，并以每人 500 元以上 2000 元以下的标准处以罚款；给劳动者造成损害的，应当承担赔偿责任。

如果劳动者与用人单位因为社会保险、档案关系转移发生了纠纷，劳动者有权提起劳动争议诉讼。《最高人民法院关于审理劳动争议案件适用法律问题的解释（一）》第 1 条第 4 项也规定，劳动者与用人单位解除或者终止劳动关系后，请求用人单位办理劳动者的人事档案、社会保险关系等移转手续产生的争议，当事人不服劳动争议仲裁机构作出的裁决，依法起诉的，人民法院应予受理。

如果用人单位没有及时转移档案而给劳动者造成损失，用人单位应当承担赔偿责任。如果用人单位将档案丢失，劳动者是否也有权要求赔偿？各地做法不一致。对此，北京市作出了较明确的规定。

 典型案例

案例 127：劳动合同终止后，用人单位应及时为劳动者办理档案、保险转移手续

刘女士 1990 年到色织厂工作，后因工厂经营状况不好，2003 年，色织厂与刘女士签订了下岗职工再就业协议书。至 2006 年，双方的再就业协议期满，色织厂与刘女士解除了劳动关系，并且支付了刘女士相应的经济补偿金。但直到 2007 年 7 月，工厂才将解除劳动合同证明书送达刘女士，将刘女士的劳动档案移交劳动和社会保障部门。刘女士认为，由于工厂迟延转交自己的劳动档案，使自己没有享受到失业保险待遇，失去了及时再就业的机会。于是，刘女士起诉至法院，要求色织厂赔偿经济损失 6242 元。法院判令色织厂赔偿刘女士损失 3000 元。

律师点评

我国《失业保险条例》第 14 条规定，具备下列条件的失业人员，可以领取失业保险金：按照规定参加失业保险，所在单位和本人已按照规定履行缴费义务满 1 年的；非因本人意愿中断就业的；已办理失业登记，并有求职要求的。失业人员在领取失业保险金期间，按照规定同时享受其他失业保险待遇。其中，"非因本人意愿中断就业的"指下列情形：终止劳动合同的；被用人单位解除劳动合同的；被用人单位开除、除名和辞退的；因用人单位以暴力、威胁或者非法限制人身自由的手段强迫劳动，或因用人单位未按照劳动合同约定支付劳动报酬或者提供劳动条件，以致劳动者通知用人单位解除劳动合同的；法律、行政法规另有规定的。本案中，刘女士是被工厂解除劳动合同的，属于"非因本人意愿中断就业的"情形，应当享受失业保险待遇。

《北京市失业保险规定》第 31 条规定，用人单位不按规定缴纳失业保险费或不按规定及时为失业人员转移档案关系，致使失业人员不能享受失业保险待遇或影响其再就业的，用人单位应当赔偿由此给失业人员造成的损失。本案中，色织厂在 2006 年就与刘女士解除了劳动合同关系，但没有及时将刘女士的档案转移到户口所在地的社会保险经办机构，致使刘女士无法办理失业登记，领取失业保险金，生活上失去了经济来源。因此，工厂应当赔偿刘女士的经济损失。

5. 与员工解除劳动合同，应当书面通知员工。

 典型案例

案例 128：与员工解除劳动合同的，应书面通知

1974 年，兰先生因招聘进入宜州市印刷厂工作，成为该厂的正式职工。1993 年 1 月 1 日至 1994 年 12 月 31 日，兰先生根据国家政策、地方政府文件精神及厂里的号召，与厂方办理了停薪留职手续，下海经商。期满后，兰先生继续回厂里工作了半年，后又与厂方办理停薪留职手续一年，即从 1994 年 6 月 1 日起至 1995 年 5 月 31 日止。停薪留职期间，兰先生按规定每月向厂里缴纳 125 元停薪留职费。

1995 年 5 月停薪留职期满后，兰先生回厂里要求安排工作，而厂里根据当时的实际情况未能安排工作。此后，厂里一直没有书面通知兰先生回厂上班，并且停止了对兰先生的一切待遇，而兰先生也没有再缴纳停薪留职费。

2006 年 11 月中旬，兰先生再次到厂里找厂领导请求安排工作。现任领导班子调出当年的档案资料，发现在 1995 年 12 月 24 日厂职代会通过的 1995 年 12 月 25 日厂部下达的对兰先生除名处理决定书一份。除处理决定书外，并没有其他相关的会议材料和文字记录，也没有将处理决定书送达兰先生的证明材料。宜州市印刷厂现任领导班子根据 1995 年 12 月 25 日厂部下达的处理决定，不同意兰先生回厂工作。

2006 年 12 月，兰先生以自己不知道被厂里除名为由，向宜州市劳动争议仲裁委员会提出申诉。宜州市劳动争议仲裁委员会经过审理，于 2007 年 2 月 15 日作出宜劳仲案字（2006）第 35 号仲裁裁决书，裁决：一、被诉人 1995 年 12 月 25 日作出的"对兰先生除名处理决定"，在程序上违反劳办发〔1995〕179 号文件关于送达程序的规定，应予撤销。二、恢复申诉人原职工身份，按政策规定享受相应待遇。

该厂收到仲裁裁决书后向宜州市人民法院提起诉讼，法院经审理后作出如下判决：

撤销原告宜州市印刷厂于 1995 年 12 月 25 日作出的"对兰先生除名处理决定"。恢复被告兰先生在原告宜州市印刷厂的劳动关系。驳回原告宜州市印刷厂的诉讼请求。

 律师点评

此案曾被《法制日报》[①] 评为"2007 年十大劳动争议案件"之一。用人单位应当建立完善的企业管理的规章制度，对企业职工的奖惩，应当严格依照有关劳动法律法规规定进行，履行有关法定程序，遵循对企业职工负责的原则。

在《劳动法》《劳动合同法》的背景下，企业一般不再使用"除名"的概念，而以解除劳动合同来处理。但《劳动合同法》对用人单位单方解除劳动合同一以贯之采取的仍是严格的法定主义，即用人单位必须符合法律规定的条件和程序，才可以不经劳动者同意单方解除劳动合同，同时，在解除劳动合同的过程中，提前通知、征求工会意见及通知员工本人等法定程序仍然有着重要的法律风险防范意义。根据《劳动合同法》的规定，企业与劳动者解除劳动关系，应当书面通知劳动者。

6. 与工伤职工终止劳动合同时，还应当按照国家有关工伤保险的规定支付一次性工伤医疗补助金和伤残就业补助金。

《劳动合同法实施条例》第 23 条明确规定，用人单位依法终止工伤职工的劳动合同的，除依照劳动合同法第 47 条的规定支付经济补偿外，还应当依照国家有关工伤保险的规定支付一次性工伤医疗补助金和伤残就业补助金。

根据我国《工伤保险条例》的规定，职工因工致残被鉴定为五级、六级伤残的，经工伤职工本人提出，该职工可以与用人单位解除或者终止劳动关系，由工伤保险基金支付一次性工伤医疗补助金，由用人单位支付一次性伤残就业补助金。具体标准由省、自治区、直辖市人民政府规定。

职工因工致残被鉴定为七级至十级伤残的，劳动合同期满终止，或者职工本人提出解除劳动合同的，由工伤保险基金支付一次性工伤医疗补助金，由用人单位支付一次性伤残就业补助金。具体标准由省、自治区、直辖市人民政府规定。

但遗憾的是，《工伤保险条例》对于与因工受伤的劳动者解除劳动合同时未支付一次性工伤医疗补助金和伤残就业补助金的情况，并没有规定惩罚措施。《劳动合同法》第 85 条中只是对逾期支付劳动报酬、加班费、经济补偿的情况规定了惩罚措施，但对于未支付一次性工伤医疗补助金和伤残就业补助金并没有作出相应的规定。

 **典型案例**

案例 129：工伤职工可以获得哪些经济补偿？

赵某在北京某运输公司担任司机，在一次运输中，由于车辆发生故障，赵某受伤。

经过鉴定，赵某被认定为八级伤残。现劳动合同已经到期，赵某有权要求单位继续与其签订劳动合同吗？赵某可以获得哪些经济补偿？

律师点评

根据《工伤保险条例》的规定，职工因工致残被鉴定为七至十级伤残的，劳动合同期满，或者职工本人提出解除劳动合同的，由用人单位支付一次性伤残就业补助金。由于赵某被鉴定为八级伤残，劳动合同期满，公司有权不与其继续签订劳动合同。

由于赵某被认定为八级伤残，工伤保险基金应当支付赵某一次性工伤医疗补助金，一次性工伤医疗补助金为赵某 11 个月的工资。如果用人单位没有为其缴纳工伤保险，那么用人单位就要按照此标准支付给劳动者。

7. 员工未休年假的，应当支付未休年假工资。

很多企业的规章制度规定，员工离职时，员工未休的年假作废，公司不给予任何的补偿。很多单位也想当然地认为，年假申请是由员工提出，公司予以批准，如果员工在离职时有没有休完的年假，是由员工自身的原因造成的，公司不需要支付员工任何补偿，其实这种想法是错误的。

《企业职工带薪年休假实施办法》第 12 条规定，用人单位与职工解除或者终止劳动合同时，当年度未安排职工休满应休年休假的，应当按照职工当年已工作时间折算应休未休年休假天数并支付未休年休假工资报酬，但折算后不足 1 整天的部分不支付未休年休假工资报酬。

前款规定的折算方法为：（当年度在本单位已过日历天数÷365 天）×职工本人全年应当享受的年休假天数-当年度已安排年休假天数。

用人单位当年已安排职工年休假的，多于折算应休年休假的天数不再扣回。

而根据《职工带薪年休假条例》第 5 条第 3 款的规定，对职工应休未休的年休假天数，单位应当按照该职工日工资收入的 300% 支付年休假工资报酬。

因此，根据以上规定，如果用人单位未安排员工休满应休年假的，应当按照该职工日工资收入的 300% 支付未休年假的工资。

例如：小赵每月工资为 4350 元，其在本单位 2010 年应休年假为 10 天。2010 年 7 月 31 日，小赵正式从单位离职。2010 年小赵已经休了 2 天年假，那么单位应当支付小赵多少未休年假的工资？

小赵 2010 年应休年假为：212÷365×10-2 = 3.8 天。那么小赵未休满的年假为 3 天。由于 300% 的工资包括工作人员正常工作期间的工资收入。因此，用人单位补偿给小赵未休年假的工资为：4350÷21.75×3×300% = 1800 元。

律师提醒

为了防止出现员工离职时索赔未休年假的情形，用人单位尽量合理安排职工的年休假时间。尽量不要出现离职时员工还有大量年休假未休的情形。如果离职员工确实存在年假未休满的情形，用人单位可以在员工离职前先安排员工休假，再办理离职手续。

另外，用人单位需要注意的是，尽量不要在年初就安排员工把全年的年假休完，而应当让员工只能休根据已经工作时间可以休的年假。因为用人单位当年已安排职工年休假的，多于折算应休年休假的天数不再扣回。

8. 终止劳动关系时与劳动者签订协议的效力问题。

《最高人民法院关于审理劳动争议案件适用法律问题的解释（一）》第 35 条规定，劳动者与用人单位就解除或者终止劳动合同办理相关手续、支付工资报酬、加班费、经济补偿或者赔偿金等达成的协议，不违反法律、行政法规的强制性规定，且不存在欺诈、胁迫或者乘人之危情形的，应当认定有效。但是协议存在重大误解或者显失公平情形，当事人请求撤销的，人民法院应予支持。

 典型案例

案例 130：离职证明存根上的格式条款不能排除劳动者相应权利（北京市人力资源和社会保障局 2022 年度劳动人事争议仲裁典型案例）

常某于 2020 年 1 月 4 日入职某教育科技公司，岗位为研发工程师，双方签订期限为 3 年的书面劳动合同，约定常某的月工资为 16000 元。在职期间，某教育科技公司采取大小周工作制度，安排常某大周上六天班，并以补贴形式向其发放了单倍加班工资。2021 年 1 月 25 日，常某因个人原因离职。当日，某教育科技公司向常某出具离职证明，常某在离职证明存根上签字。该离职证明存根内容为："本人确认，在职期间的工资、奖金、加班费、经济补偿等（如有）均已结清；本人放弃向公司主张任何权利，并已于 2021 年 1 月 25 日领取离职证明。"2021 年 3 月 15 日，常某要求支付在职期间另一倍休息日加班费，某教育科技公司以常某已在离职证明存根上签字、表明双方在加班费等方面无争议为由予以拒绝。因某教育科技公司不同意就该加班费争议进行协商，常某遂向劳动人事争议仲裁委员会（以下简称仲裁委员会）提出仲裁申请，要求某教育科技公司支付 2020 年 1 月 4 日至 2021 年 1 月 25 日期间休息日加班 25 天的加班费差额 18390 元。

仲裁委员会裁决支持常某的仲裁请求，一审、二审判决结果与仲裁裁决结果一致。

✎ **案例评析**

本案争议的焦点在于，常某在离职证明存根上的签字是否具有放弃相应权利的法律效果？

《劳动合同法》第 50 条第 1 款规定："用人单位应当在解除或者终止劳动合同时出具解除或者终止劳动合同的证明，并在十五日内为劳动者办理档案和社会保险关系转移手续。"《劳动合同法实施条例》第24条规定："用人单位出具的解除、终止劳动合同的证明，应当写明劳动合同期限、解除或者终止劳动合同的日期、工作岗位、在本单位的工作年限。"从上述规定可知，及时向劳动者出具离职证明是用人单位的法定义务，离职证明是用人单位在解除或者终止劳动合同时向劳动者出具的证明，其功能是证明劳动者与原用人单位劳动合同的解除或终止情况，从而有利于劳动者与新的用人单位建立劳动关系，且离职证明的内容法律也有明确规定。常某在离职证明存根上签字，仅代表其签收了离职证明，该离职证明存根并非劳动者与用人单位就双方之间民事权利义务进行协商、处分的协议，不具有处分、放弃民事权利的功能，故常某仍有权主张其加班费差额并依法得到支持。

仲裁委员会提示

用人单位与劳动者是和谐劳动关系的建设者和享有者。劳动关系双方由于价值取向、利益诉求的差异和看问题角度的不同，产生一些矛盾纠纷难以避免，关键在于有没有一套解决矛盾和化解纠纷的有效机制。用人单位应提高争议协商意识，建立健全沟通对话机制，畅通劳动者诉求表达渠道，完善内部申诉、协商回应制度，及时回应劳动者协商诉求，只有这样才能做到最大可能将矛盾纠纷化解在内部和萌芽状态，最大限度减少不和谐因素。本案中，某教育科技公司将功夫做在表面，发生争议后采取"鸵鸟"心态拒绝沟通协商，反而将离职证明存根上免除自己的法定责任、排除劳动者权利的格式条款当作"护身符"，无疑会在人力、物力、财力和企业声誉上造成更大损失。

五、对不辞而别员工的处理

《劳动合同法》第37条规定："劳动者提前三十日以书面形式通知用人单位，可以解除劳动合同。劳动者在试用期内提前三日通知用人单位，可以解除劳动合同。"因此，劳动者如果提前解除劳动合同，在试用期内，必须提前3天通知用人单位；如果已经过了试用期，则必须提前30天书面通知用人单位，才能解除劳动合同。法律之所以这么规定，是因为对于用人单位来说，每一个岗位都是有固定职责的，劳动者的辞职，对用人单位正常的工作秩序将造成极大的影响。这一规定可以使劳动者的离职对用人单位的工作秩序产生最小的影响，让用人单位有一个准备的过程。

但现实生活中经常出现这种情况，员工今天提出离职，而第二天就不来上班了，不管单位是否同意。即使用人单位不同意，辞职的员工第二天也不来上班，工资也不要了，弄得单位非常被动，甚至给用人单位造成了极大的经济损失。

对于一些管理性质的职位，出现不辞而别的情况比较少，而一些劳动密集型企业，像生产工人、快递员等，出现不辞而别的情况比较多。

对于不辞而别的员工，如果用人单位处理不当，将带来极大的危机，因此用人单位必须重视对不辞而别员工的处理。

1. 对不辞而别员工处理不当可能存在的风险。

（1）发生交通事故可能被认定为工伤。

（2）与劳动者的劳动关系没有解除，一旦劳动者在外面失踪或者死亡，家属将向用人单位索赔。

（3）由于劳动关系并没有解除，劳动者可能会向用人单位主张其他一些权益。

因此，用人单位一定要重视处理不辞而别员工的问题。

2. 员工不辞而别，用人单位如何通过合法程序解聘？

《劳动部办公厅关于通过新闻媒介通知职工回单位并对逾期不归者按自动离职或旷工处理问题的复函》（劳办发〔1995〕179号）（以下简称179号文件）对于旷工员工的解聘规定了明确性程序要求，虽然179号文件及其所依据的《企业职工奖惩条例》均已经作废，但从保护员工权益及程序设置合理性角度来看，参考179号文件规定的程序处理"不辞而别"的员工的解聘问题是比较稳妥的。

对于"不辞而别"员工的解聘，应当履行如下程序。

（1）以书面形式直接送达职工本人；本人不在的，交其同住成年亲属签收。

（2）直接送达有困难的可以邮寄送达，以挂号查询回执上注明的收件日期为送达日期。

（3）只有在受送达职工下落不明，或者用上述送达方式无法送达的情况下，方可公告送达，即张贴公告或通过新闻媒介通知。自发出公告之日起，经过30日，即视为送达。

（4）可以采取微信、短信、录音方式送达。由于现在各种电子平台都在推行实名制，对于不辞而别的员工，可以采取微信、短信、录音等方式送达，只要保存证据，证明对方已经收到，就可以了。

（5）解除劳动合同需要办理的一些事项，如工资及费用结算、工作交接、档案及社会保险转移等，按照相关法律法规、用人单位规章制度办理。

【企业防范】

1. 根据179号文件的规定，能够向员工直接送达或者邮寄送达而不用，直接采用公告送达，视为无效。为了避免公告送达被认为无效，在采用公告送达方式前，无论是否实现直接送达或者邮寄送达，均应该先采用上述两种方式送达，并保留采取上述两种方式送达的证据。

2. 为了保留邮寄送达的证据，建议尽量对邮寄过程进行公证。

第六章　企业劳动争议预防及处理技巧

本章导读

　　劳动争议纠纷虽然类型多种多样，但大体来说，最主要的发生劳动争议的原因就那么几种。本章通过讲述企业常见劳动争议的类型，并提供预防技巧，使企业最大限度地避免劳动争议的发生。通过讲述劳动争议的时间成本和费用成本，使企业了解到一场劳动争议需要花费的时间成本和费用，使企业尽量避免劳动争议的发生。本章还告诉企业怎样通过完善规章制度，搜集证据，来避免劳动争议的发生；在劳动争议发生后，企业该如何做。通过本章的学习，企业可以了解如何避免劳动争议的发生，在劳动争议发生后，怎么做才能最大限度地保护自己的利益。

第一节　劳动争议常见类型及预防技巧

本节导读

本节主要介绍常见的劳动争议类型及用人单位如何预防，在此只能就用人单位经常遇见的劳动争议类型做介绍，不可能面面俱到。

一、调岗降薪

调岗降薪是很容易引起劳动争议的行为，有些用人单位为了降低成本或者为了故意让劳动者主动提出辞职，在没有任何理由的情况下，调整劳动者的工作岗位、降低劳动者的工资，这是不合法的。用人单位调整劳动者的工作岗位、降低劳动者工资必须符合法律规定，如果不符合法律规定，劳动者有权要求继续按照劳动合同的约定在原工作岗位履行劳动合同，或者主动要求解除劳动合同，要求用人单位支付经济补偿金。

关于用人单位如何进行调岗调薪，在调岗调薪的过程中需要注意什么问题，我们在本书的第二章已经做了充分的论述，在此不再多讲。

二、少缴或者不缴社会保险

《中共中央办公厅、国务院办公厅国税地税征管体制改革方案》，明确从 2019 年 1 月 1 日起，将基本养老保险费、基本医疗保险费、失业保险费、工伤保险费、生育保险费等各项社会保险费交由税务部门统一征收。按照便民、高效的原则，合理确定非税收入征管职责划转到税务部门的范围，对依法保留、适宜划转的非税收入项目成熟一批划转一批，逐步推进。增强政策透明度和执法统一性，统一税收、社会保险费、非税收入征管服务标准。因此，对于不缴或者少缴社保的行为，将查处得越来越厉害，用人单位如果不缴或者少缴社会保险，法律后果将越来越严重。

如果用人单位不为劳动者依法缴纳社会保险，根据《劳动合同法》第 38 条的规定，劳动者有权解除劳动合同，要求支付经济补偿金，同时劳动者可以到劳动监察部门投诉，要求补缴。

1. 少缴或者不缴社会保险的法律后果。

根据《中华人民共和国社会保险法》（以下简称《社会保险法》）的规定，用人单位没有按时足额为劳动者缴纳社会保险的，将面临下列处罚。

（1）限期缴纳或者补足。

用人单位没有按时足额缴纳社会保险费的，由社会保险费征收机构责令限期缴纳或者补足。

（2）缴纳滞纳金。

自欠缴之日起，按日加收万分之五的滞纳金。

（3）逾期不缴纳的，处以罚款。

如果用人单位在主管部门指定日期内仍然不缴纳或者补足社会保险费和滞纳金的，那么有关主管部门可以按照欠缴数额的 1 倍以上 3 倍以下处以罚款。

例如，某单位欠缴社会保险费 10 万元，那么主管部门有权对其处以 10 万元到 30 万元的罚款。

2. 用人单位未缴或者少缴社会保险，社会保险费征收机构可以采取的强制措施。

根据《社会保险法》的规定，用人单位未按时足额缴纳社会保险费的，劳动者可以向当地社会保险费征收机构投诉。对于用人单位未按时足额缴纳保险费的，社会保险费征收机构可以采取如下强制措施：

（1）责令限期缴纳或者补足。

用人单位未按时足额缴纳社会保险费的，社会保险费征收机构可以责令其限期缴纳或者补足。

（2）向银行或者其他金融机构查询存款账户。

如果用人单位在社会保险费征收机构指定日期内仍然没有缴纳或者补足，社会保险费征收机构可以向银行和其他金融机构查询其存款账户。

（3）申请强制划拨社会保险费。

在查询到用人单位的存款情况后，社会保险费征收机构可以向县级以上行政主管部门申请作出划拨社会保险费的决定，并书面通知用人单位的开户银行在其账户中划扣社会保险费。需要注意的是，社会保险费征收机构不能直接作出划扣用人单位社会保险费的决定，必须由县级以上行政主管部门作出决定后才能要求用人单位的开户银行在其账户中划扣社会保险费。

（4）要求用人单位提供担保，签订延期缴费协议。

用人单位账户里的余额少于用人单位应当缴纳的社会保险费的，社会保险费征收机构可以要求用人单位提供担保，签订延期缴费协议，用人单位承诺定期还款。

（5）申请人民法院强制扣押、查封财产。

用人单位既未足额缴纳社会保险费又没有提供担保的，社会保险费征收机构可以直接向人民法院申请扣押、查封其价值相当于应当缴纳的社会保险费用的财产，并且有权将查封的财产拍卖，以抵缴社会保险费。

这些规定可以说是强化了社会保险基金征收的手段。之所以要作出这样的规定，是因为在过去 20 多年的社会保险制度实施过程中，确实出现了社会保险费征缴困难的问题。其中有一些企业是因为客观原因，比如经营困难、濒临破产，确实没有能力缴纳，但是也有一些是因为社会保险意识淡薄，有意规避或者逃避缴纳社会保险费。如果在社会保险费的缴费上没有强制手段的话，社会保险这样一个强制实施的制度就难以持续发展下去，它所涉及的劳动者和其他公民的权益就难以得到真正的保障。这些规定的目的还是要通过这样一些措施强化社会保险费的征缴，保证所有受益人应得的权益。

3. 社会保险的处理机构。

根据《社会保险法》的规定，用人单位或者个人对社会保险经办机构不依法办理社会保险登记、核定社会保险费、支付社会保险待遇、办理社会保险转移接续手续或者侵害其他社会保险权益的行为，可以依法申请行政复议或者提起行政诉讼。

个人与所在用人单位发生社会保险争议的，可以依法申请调解、仲裁、提起诉讼。用人单位侵害个人社会保险权益的，个人也可以要求社会保险行政部门或者社会保险费征收机构依法处理。

4. 用人单位未为劳动者办理社会保险手续造成损失的，属于人民法院的受理范围。

关于社会保险争议是否属于劳动争议的范围，《最高人民法院关于审理劳动争议案件适用法律问题的解释（一）》第 1 条明确规定，下列关于社会保险的争议属于劳动争议，当事人不服劳动争议仲裁机构作出的裁决，依法提起诉讼的，人民法院应予受理。

（1）劳动者以用人单位未为其办理社会保险手续，且社会保险经办机构不能补办导致其无法享受社会保险待遇为由，要求用人单位赔偿损失发生的纠纷；

（2）劳动者退休后，与尚未参加社会保险统筹的原用人单位因追索养老金、医疗费、工伤保险待遇和其他社会保险待遇而发生的纠纷；

（3）劳动者因为工伤、职业病，请求用人单位依法给予工伤保险待遇发生的纠纷。

但是需要强调的是，根据《最高人民法院关于审理劳动争议案件适用法律问题的解释（一）》第 2 条第 1 项的规定，劳动者请求社会保险经办机构发放社会保险金的纠纷不属于劳动争议。

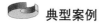 **典型案例**

案例 131：劳动者承诺放弃缴纳社会保险无效，用人单位仍需支付解除劳动合同经济补偿

王某在某鞋业公司担任店长职务，双方于 2008 年 12 月至 2015 年 2 月期间存在劳动关系。因王某与某鞋业公司解除劳动关系产生纠纷，双方诉至法院。

王某为农村户口，王某主张因工作期间某鞋业公司未为其缴纳社会保险而被迫解除劳动合同，公司应依法支付经济补偿。某鞋业公司认为未缴纳社会保险是由于王某签署承诺书，放弃缴纳社会保险，承诺书内容为："因自身原因拒绝提供缴纳社会保险所需要的一切材料，且自愿放弃办理社会保险，若日后出现医疗报销等社保纠纷时，自愿承担其后果，如有任何事情与公司无关。"

法院认为，虽然王某本人书写承诺书放弃缴纳社会保险，但该约定违反国家关于社会保险的法律规定，应属无效。王某主张因某鞋业公司未缴纳社会保险而要求公司支付解除劳动合同经济补偿的诉讼请求，法院予以支持。

✎ **律师点评**

根据《劳动法》第72条规定："用人单位和劳动者必须依法参加社会保险，缴纳社会保险费。"社会保险具有强制性，不可通过约定排除适用，用人单位和劳动者必须依法参加社会保险。为职工办理社会保险是用人单位法定义务，无论用人单位还是劳动者都不能随意处分这项权利义务。

在现实生活中，劳动者本人书写的关于放弃缴纳社会保险的承诺虽属真实意思表示，但因违反法律法规的强制性规定而无效。劳动者以此为由解除劳动合同的，有权主张用人单位支付经济补偿金。

【企业防范】

企业自与员工签订劳动合同正式用工之日起，就应当为员工缴纳各种保险，如果确实由于员工自身的原因，社会保险手续一时无法转过来，用人单位也应当及时就该情况让员工签字确认，并且督促员工尽早办理好社会档案手续。需要提醒用人单位的是，缴纳社会保险不存在诉讼时效的问题，只要员工一直在公司工作，而公司没有为员工缴纳社会保险，不管过了多长时间，只要员工投诉，劳动监察部门肯定会责令公司补缴，如果用人单位不补缴的，劳动行政部门可以责令补缴并且罚款，同时员工有权随时解除劳动合同。

因此，建议用人单位一定要依法为员工缴纳各种社会保险。

【地方规定】

北京市高级人民法院、北京市劳动人事争议仲裁委员会关于审理劳动争议案件法律适用问题的解答（2017）

23. 劳动者先后曾在几家用人单位工作，其中的一家用人单位没有为其缴纳过养老保险，但是劳动者在其他单位的累计缴费年限已经符合办理退休的条件。劳动者达到法定退休年龄时被告知无法补缴养老保险，劳动者起诉要求赔偿养老金差额能否支持？

由于劳动者符合办理退休的条件，只是因其中的一家或几家用人单位未为其缴纳养老保险影响了其养老金水平，不属于无法享受养老保险待遇的情形，不符合《民事诉讼法》第一百一十九条第四项的规定，应裁定驳回劳动者的起诉。

三、不支付加班工资

1. 加班的认定。

《最高人民法院关于审理劳动争议案件适用法律问题的解释（一）》第 42 条规定，劳动者主张加班费的，应当就加班事实的存在承担举证责任。但劳动者有证据证明用人单位掌握加班事实存在的证据，用人单位不提供的，由用人单位承担不利后果。

在发布《最高人民法院关于审理劳动争议案件适用法律问题的解释（三）》① 时，最高人民法院相关人员答记者问："在认定时由于劳动者所能提供的加班证据极其有限，这类证据大都由用人单位持有，劳动者很难取得。在这种情况下，由劳动者举证证明其加班天数及加班费数额的多少，将置劳动者于不利之地。反之，若将加班费列入举证责任倒置的范围，由用人单位举证，当用人单位不提供加班证据或提供不出否认加班事实的证据，则推定劳动者所称的加班事实成立，这样既缺乏法律依据，也会诱使劳动者不顾客观实际随意主张加班费。"

因《劳动争议调解仲裁法》第 6 条规定了劳动争议适用"谁主张，谁举证"的原则，追索加班费案件也不应例外。劳动者主张加班费应当就加班事实举证，考虑到劳动者举证的实际困难，对劳动者的举证不能过于苛求，可适当减轻劳动者的举证责任，只要劳动者一方提出的基本证据或者说初步证据可以证明有加班的事实，即可视为其举证责任已经完成。劳动者提供的加班证据既可以是考勤表、交接班记录、加班通知，也可以是工资条、证人证言等，凡是能够证明其加班的证据都可以提供。同样，对于劳动者主张加班事实的证据由用人单位掌握管理的，劳动者仍然要对这一主张负有举证责任，当劳动者举证证明了加班事实的证据属于用人单位掌握管理后，用人单位即应当提供；用人单位不提供的，就应当承担不利后果。只有这样，才能避免劳动者滥用举证责任分配从而导致对用人单位极其不公正的后果。

2. 加班费的支付。

根据《工资支付暂行规定》第 13 条的规定，用人单位在劳动者完成劳动定额或规定的工作任务后，根据实际需要安排劳动者在法定标准工作时间以外工作的，应按以下标准支付工资：

（1）用人单位依法安排劳动者在日法定标准工作时间以外延长工作时间的，按照不低于劳动合同规定的劳动者本人小时工资标准的 150% 支付劳动者工资。

---

① 现为《最高人民法院关于审理劳动争议案件适用法律问题的解释（一）》。

 **典型案例**

案例 132：用人单位与劳动者自行约定实行不定时工作制是否有效（人力资源和社会保障部、最高人民法院联合发布第一批劳动人事争议典型案例）

基本案情

2017 年 11 月 1 日，张某与某物业公司签订 3 年期劳动合同，约定张某担任安全员，月工资为 3500 元，所在岗位实行不定时工作制。物业公司于 2018 年 4 月向当地人力资源社会保障部门就安全员岗位申请不定时工作制，获批期间为 2018 年 5 月 1 日至 2019 年 4 月 30 日。2018 年 9 月 30 日，张某与物业公司经协商解除了劳动合同。双方认可 2017 年 11 月至 2018 年 4 月、2018 年 5 月至 2018 年 9 月期间，张某分别在休息日工作 15 天、10 天，物业公司既未安排调休也未支付休息日加班工资。张某要求物业公司支付上述期间休息日加班工资，物业公司以张某实行不定时工作制为由未予支付。2018 年 10 月，张某申请仲裁，请求裁决物业公司支付 2017 年 11 月至 2018 年 9 月的休息日加班工资共计 8046 元（3500 元÷21.75 天×25 天×200%）。

仲裁委员会裁决物业公司支付张某 2017 年 11 月至 2018 年 4 月的休息日加班工资 4828 元（3500 元÷21.75 天×15 天×200%），张某不服仲裁裁决起诉，一审法院判决与仲裁裁决一致，后不服一审判决向上一级人民法院提起上诉，二审判决维持原判。

案例分析

本案的争议焦点是未经审批，物业公司能否仅凭与张某的约定实行不定时工作制。

《劳动法》第 39 条规定："企业因生产特点不能实行本法第三十六条、第三十八条规定的，经劳动行政部门批准，可以实行其他工作和休息办法。"《劳动部关于企业实行不定时工作制和综合计算工时工作制的审批办法》第 4 条规定："企业对符合下列条件之一的职工，可以实行不定时工作制。（一）企业中的高级管理人员、外勤人员、推销人员、部分值班人员和其他因工作无法按标准工作时间衡量的职工……"从上述条款可知，用人单位对劳动者实行不定时工作制，有严格的适用主体和适用程序要求。只有符合国家规定的特殊岗位劳动者，并经过人力资源社会保障部门审批，用人单位才能实行不定时工作制，否则不能实行。

本案中，张某所在的安全员岗位经审批实行不定时工作制的期间为 2018 年 5 月 1 日至 2019 年 4 月 30 日，此期间内根据《工资支付暂行规定》（劳部发〔1994〕489 号）第 13 条规定，物业公司依法可以不支付张某休息日加班工资。2017 年 11 月至 2018 年 4 月期间，物业公司未经人力资源社会保障部门审批，对张某所在岗位实行不定时工作制，违反相关法律规定。因此，应当认定此期间张某实行标准工时制，物业公司应当按照《劳动法》第 44 条第 2 项规定"休息日安排劳动者工作又不能安排补休的，支付不低于工资的百分之二百的工资报酬"支付张某休息日加班工资。

典型意义

不定时工作制是针对因生产特点、工作特殊需要或职责范围的关系，无法按标准工作时间衡量或需要机动作业的劳动者所采用的一种工时制度。法律规定不定时工作制必须经审批方可实行。一方面，用人单位不能仅凭与劳动者约定就实行不定时工作制，而应当及时报人力资源社会保障部门批准后实行。对实行不定时工作制的劳动者，也应当根据有关规定，采用集中工作、集中休息、轮休调休、弹性工作时间等方式，确保劳动者休息休假权利。另一方面，人力资源社会保障部门应当不断完善特殊工时工作制的审批机制，及时满足用人单位经营管理需要。比如，规定批复时效在疫情防控期间到期且无法通过邮寄、网络等方式办理的，经原审批部门同意并备案后，原批复有效期可顺延至疫情防控措施结束。

 典型案例

案例 133：员工的加班工资该如何计算？

小李每月工资为 2175 元，公司实行每天工作 8 小时，每周工作 5 天的工作制度。某个月，由于公司需要紧急完成一批订单，要求小李连续加班了 4 天，每天加班 2 小时，那么小李的加班工资如何计算？

律师点评

根据劳动部《关于职工全年月平均工作时间和工资折算问题的通知》的规定，小时工资＝月工资收入÷（月计薪天数×8 小时）。月计薪天数＝（365 天－104 天）÷12 月＝21.75 天。因此小李每小时的工资为：2175 元÷（21.75 天×8 小时）＝12.5 元。小李的加班工资为：12.5 元×4 天×2 小时×150%＝150 元。

（2）用人单位依法安排劳动者在休息日工作，而又不能安排补休的，按照不低于劳动合同规定的劳动者本人日或小时工资标准的 200% 支付劳动者工资。

比如，正常工作时间为周一到周五，如果用人单位安排劳动者在周六、周日工作，就要按照劳动者本人日或者小时工资标准的 200% 支付劳动者工资。

需要提醒用人单位的是，法律并没有强行规定周一到周五为工作日，周六、周日为休息日，用人单位可以根据本单位实际情况灵活安排休息日。同时，如果安排劳动者在休息日工作，那么用人单位可以安排劳动者在工作日补休，这样用人单位就不需要支付加班工资；如果用人单位安排劳动者在休息日工作，而又不能安排补休的，就需要支付加班工资。

（3）用人单位依法安排劳动者在法定休假日工作的，按照不低于劳动合同规定的劳动者本人日或小时工资标准的 300% 支付劳动者工资。实行计件工资的劳动者，在完成计件定额任务后，由用人单位安排延长工作时间的，应根据上述规定的原则，分别按照不低于其本人法定工作时间计件单价的 150%、200%、300% 支付其工资。经劳动行政部门批准实行综合计算工时工作制的，其综合计算工作时间超过法定标准工作时间的部分，应视为延长工作时间，并应按本规定支付劳动者延长工作时间的工资。实行不定时工时制度的劳动者，不执行上述规定。

根据国务院《全国年节及纪念日放假办法》的规定，下列属于全体公民放假的节日：新年，放假1天（1月1日）；春节，放假3天（农历除夕、正月初一、初二）；清明节，放假1天（农历清明当日）；劳动节，放假1天（5月1日）；端午节，放假1天（农历端午当日）；中秋节，放假1天（农历中秋当日）；国庆节，放假3天（10月1日、2日、3日）。如果用人单位在上述节假日安排劳动者工作，就需要按照不低于劳动者本人日或者小时工资标准的300%支付劳动者工资。

很多用人单位安排员工加班而不支付加班费，最终在劳动者离职时，因为加班费的问题提起仲裁的纠纷特别多。

 典型案例

案例134：高级管理人员执行不定时工作制企业无须支付加班费（北京市人力资源和社会保障局2022年度劳动人事争议仲裁典型案例）

刘某于2011年7月15日入职某互联网科技公司，任职副总经理。2014年12月12日，双方签订无固定期限的劳动合同，其中对工作时间的约定为"本公司实行每周5天、每天8小时标准工时制"。刘某每月基本工资25000元，2017年至2020年每年绩效奖金为350000元至550000元不等。2021年4月14日，刘某向某互联网科技公司发送《解除劳动合同通知书》，载明"因贵司未足额支付劳动报酬，现根据《劳动合同法》第38条的规定，特通知贵司，自即日起我与贵司的劳动合同解除"。2021年5月，刘某向劳动人事争议仲裁委员会（以下简称仲裁委员会）提出仲裁申请，要求某互联网科技公司支付加班费及解除劳动合同经济补偿。庭审中，某互联网科技公司则主张，刘某是公司高级管理人员，适用不定时工作制；刘某称，双方签订的劳动合同中约定"本公司实行每周5天、每天8小时标准工作制"，其并非适用不定时工作制，且其需要进行打卡考勤，每月由人力资源部对打卡汇总后，通过邮件发送考勤表给其确认，公司通过此种方式进行考勤管理，2017年1月1日至2021年3月31日期间其延时加班556小时、休息日加班10天、法定节假日加班1天。刘某提交与人力资源部的邮件及考勤表予以证明，邮件载有"此考勤表仅供部门负责人做参考使用，由于人员流动频繁、流程审批延迟，导致数据导出会有偏差，请负责人务必认真核对部门人员数量、休假类型、休假天数，若有休假未提交相关手续者，督促员工按公司要求OA提交相关资料，最终将以部门负责人确认考勤为准。请您于……纸质版部门考勤……交至人力资源部"，2017年至2020年各月考勤记录为邮件附件，其上显示考勤项目包含"事假、病假、迟到/早退、旷工、年假、调休、婚假、丧家、产检、考试假"，其他员工栏偶有记录休假情况，刘某一栏均为空白；某互联网科技公司认可邮件及考勤表的真实性，但称邮件是公司人力资源部向刘某发送的其主管部门人员的请假等内容的记录，刘某列入该表仅是系统自动生成，未体现其有任何的请假、缺勤、加班记录，不能证明公司对其进行打卡考勤。

刘某提出仲裁请求如下：1. 要求某互联网科技公司支付 2017 年 1 月 1 日至 2021 年 3 月 31 日期间延时加班费 332230 元；2. 要求某互联网科技公司支付 2017 年 1 月 1 日至 2021 年 3 月 31 日期间休息日加班费 63680 元；3. 要求某互联网科技公司支付 2017 年 10 月 3 日法定节假日加班费 9500 元；4. 要求某互联网科技公司支付解除劳动合同经济补偿 666000 元。

仲裁委员会裁决驳回刘某的全部仲裁请求，一审、二审判决结果与仲裁裁决结果一致。

✎ 案例评析

本案争议的焦点在于，某互联网科技公司是否应向担任高级管理人员的刘某支付加班费？

《北京市企业实行综合计算工时工作制和不定时工作制的办法》（京劳社资发〔2003〕157 号）第 16 条中规定，企业中的高级管理人员实行不定时工作制，不办理审批手续。《工资支付暂行规定》（劳部发〔1994〕489 号）第 13 条及《北京市工资支付规定》第 17 条均规定，执行不定时工作制的劳动者不适用（执行）支付加班费的相关规定。本案中，从刘某提交的与人力资源部的邮件和考勤表的内容可知，考勤表主要用于部门负责人对部门人员休假情况的确认，并非刘某所述的打卡汇总；退一步讲，若如刘某所述是打卡汇总，由人力资源部发给其确认，公司通过该种方式对其进行考勤管理，则已经过其确认的考勤表，也没有显示其存在任何加班情况；因此，刘某被纳入考勤表，其记录均为空白，更符合某互联网科技公司所述系因系统自动生成，公司不对其进行考勤管理；虽然双方签订的劳动合同中约定"本公司实行每周 5 天、每天 8 小时标准工作制"，但刘某作为公司高级管理人员，公司不对其进行考勤管理，其工作时间自由灵活，综合考虑其工作岗位、履职情况等因素，故仲裁委员会采信某互联网科技公司关于刘某实行不定时工作制的主张，并对刘某要求支付加班费的请求不予支持。由于某互联网科技公司不存在拖欠刘某劳动报酬的情形，故刘某的辞职理由不能成立，其要求支付解除劳动合同经济补偿的请求，因无事实依据也不能得到支持。

仲裁委员会提示

近年来，部分企业行业超时加班现象较为突出。加班不仅影响劳动者休息，易引发劳动争议，而且增加用工成本。为减少不必要的加班，有效控制用工成本，用人单位除采取合理安排工作、加强劳动定额和岗位职责考核、完善考勤管理制度、及时安排休息日加班的劳动者补休等措施外，还应用好工时制度。对符合实行综合计算工时制和不定时工作制度的劳动者，报经劳动行政部门批准执行不定时工作制和综合工时制，最大限度地利用法定工作时间。由于对企业高级管理人员实行不定时工作制无须劳动行政部门审批，故应在劳动合同中对高级管理人员实行的工时制度进行明确约定，避免引发争议。此外，对"高级管理人员"的认定，应严格适用《公司法》第 216 条对"高级管理人员"的界定，即"是指公司的经理、副经理、财务负责人，上市公司董事会秘书和公司章程规定的其他人员"，而不是仅依据双方当事人在劳动合同中的约定或双方当事人的"自认"。

 典型案例

案例 135：劳动者与用人单位订立放弃加班费协议，能否主张加班费（人力资源和社会保障部、最高人民法院联合发布第二批劳动人事争议典型案例）

基本案情

张某于 2020 年 6 月入职某科技公司，月工资 20000 元。某科技公司在与张某订立劳动合同时，要求其订立一份协议作为合同附件，协议内容包括"我自愿申请加入公司奋斗者计划，放弃加班费"。半年后，张某因个人原因提出解除劳动合同，并要求支付加班费。某科技公司认可张某加班事实，但以其自愿订立放弃加班费协议为由拒绝支付。张某向劳动人事争议仲裁委员会（简称仲裁委员会）申请仲裁，请求裁决某科技公司支付 2020 年 6 月至 12 月加班费 24000 元。

仲裁委员会裁决某科技公司支付张某 2020 年 6 月至 12 月加班费 24000 元。

案例分析

本案的争议焦点是张某订立放弃加班费协议后，还能否主张加班费。

《劳动合同法》第 26 条规定："下列劳动合同无效或者部分无效：……（二）用人单位免除自己的法定责任、排除劳动者权利的……"《最高人民法院关于审理劳动争议案件适用法律问题的解释（一）》第 35 条规定："劳动者与用人单位就解除或者终止劳动合同办理相关手续、支付工资报酬、加班费、经济补偿或者赔偿金等达成的协议，不违反法律、行政法规的强制性规定，且不存在欺诈、胁迫或者乘人之危情形的，应当认定有效。前款协议存在重大误解或者显失公平情形，当事人请求撤销的，人民法院应予支持。"加班费是劳动者延长工作时间的工资报酬，《劳动法》第 44 条、《劳动合同法》第 31 条明确规定了用人单位支付劳动者加班费的责任。约定放弃加班费的协议免除了用人单位的法定责任、排除了劳动者权利，显失公平，应认定无效。

本案中，某科技公司利用在订立劳动合同时的主导地位，要求张某在其单方制定的格式条款上签字放弃加班费，既违反法律规定，也违背公平原则，侵害了张某工资报酬权益。故仲裁委员会依法裁决某科技公司支付张某加班费。

典型意义

崇尚奋斗无可厚非，但不能成为用人单位规避法定责任的挡箭牌。谋求企业发展、塑造企业文化都必须守住不违反法律规定、不侵害劳动者合法权益的底线，应在坚持按劳分配原则的基础上，通过科学合理的措施激发劳动者的主观能动性和创造性，统筹促进企业发展与维护劳动者权益。

 典型案例

案例 136：用人单位未按规章制度履行加班审批手续，能否认定劳动者加班事实（人力资源和社会保障部、最高人民法院联合发布第二批劳动人事争议典型案例）

基本案情

吴某于 2019 年 12 月入职某医药公司，月工资为 18000 元。某医药公司加班管理制度规定："加班需提交加班申请单，按程序审批。未经审批的，不认定为加班，不支付加班费。"吴某入职后，按照某医药公司安排实际执行每天早 9 时至晚 9 时，每周工作 6 天的工作制度。其按照某医药公司加班管理制度提交了加班申请单，但某医药公司未实际履行审批手续。2020 年 11 月，吴某与某医药公司协商解除劳动合同，要求某医药公司支付加班费，并出具了考勤记录、与部门领导及同事的微信聊天记录、工作会议纪要等。某医药公司虽认可上述证据的真实性但以无公司审批手续为由拒绝支付。吴某向劳动人事争议仲裁委员会（简称仲裁委员会）申请仲裁，请求裁决某医药公司支付 2019 年 12 月至 2020 年 11 月加班费 50000 元。

仲裁委员会裁决某医药公司支付吴某 2019 年 12 月至 2020 年 11 月加班费 50000 元。某医药公司不服仲裁裁决起诉，一审法院判决与仲裁裁决一致，某医药公司未上诉，一审判决已生效。

案例分析

本案的争议焦点是某医药公司能否以无公司审批手续为由拒绝支付吴某加班费。

《劳动法》第 44 条规定："有下列情形之一的，用人单位应当按照下列标准支付高于劳动者正常工作时间工资的工资报酬：（一）安排劳动者延长工作时间的，支付不低于工资的百分之一百五十的工资报酬；（二）休息日安排劳动者工作又不能安排补休的，支付不低于工资的百分之二百的工资报酬……"《工资支付暂行规定》（劳部发〔1994〕489 号）第 13 条规定："用人单位在劳动者完成劳动定额或规定的工作任务后，根据实际需要安排劳动者在法定标准工作时间以外工作的，应按以下标准支付工资：……"从上述条款可知，符合"用人单位安排""法定标准工作时间以外工作"情形的，用人单位应当依法支付劳动者加班费。

本案中，吴某提交的考勤记录、与部门领导及同事的微信聊天记录、工作会议纪要等证据形成了相对完整的证据链，某医药公司亦认可上述证据的真实性。某医药公司未实际履行加班审批手续，并不影响对"用人单位安排"加班这一事实的认定。故仲裁委员会依法裁决某医药公司支付吴某加班费。

典型意义

劳动规章制度对用人单位和劳动者都具有约束力。一方面，用人单位应严格按照规章制度的规定实施管理行为，不得滥用优势地位，侵害劳动者合法权益；另一方面，劳动者在合法权益受到侵害时，要注意保留相关证据，为维权提供依据。仲裁委员会、

人民法院应准确把握加班事实认定标准，纠正用人单位规避法定责任、侵害劳动者合法权益的行为。

 典型案例

案例 137：用人单位与劳动者约定实行包薪制，是否需要依法支付加班费（人力资源和社会保障部、最高人民法院联合发布第二批劳动人事争议典型案例）

基本案情

周某于 2020 年 7 月入职某汽车服务公司，双方订立的劳动合同约定月工资为 4000 元（含加班费）。2021 年 2 月，周某因个人原因提出解除劳动合同，并认为即使按照当地最低工资标准认定其法定标准工作时间工资，某汽车服务公司亦未足额支付加班费，要求支付差额。某汽车服务公司认可周某加班事实，但以劳动合同中约定的月工资中已含加班费为由拒绝支付。周某向劳动人事争议仲裁委员会（简称仲裁委员会）申请仲裁，请求裁决某汽车服务公司支付加班费差额 17000 元。

仲裁委员会裁决某汽车服务公司支付周某加班费差额 17000 元（裁决为终局裁决），并就有关问题向某汽车服务公司发出仲裁建议书。

案例分析

本案的争议焦点是某汽车服务公司与周某约定实行包薪制，是否还需要依法支付周某加班费差额。

《劳动法》第 47 条规定："用人单位根据本单位的生产经营特点和经济效益，依法自主确定本单位的工资分配方式和工资水平。"第 48 条第 1 款规定："国家实行最低工资保障制度。"《最低工资规定》（劳动和社会保障部令第 21 号）第 3 条第 1 款规定："本规定所称最低工资标准，是指劳动者在法定工作时间或依法签订的劳动合同约定的工作时间内提供了正常劳动的前提下，用人单位依法应支付的最低劳动报酬。"从上述条款可知，用人单位可以依法自主确定本单位的工资分配方式和工资水平，并与劳动者进行相应约定，但不得违反法律关于最低工资保障、加班费支付标准的规定。

本案中，根据周某实际工作时间折算，即使按照当地最低工资标准认定周某法定标准工作时间工资，并以此为基数核算加班费，也超出了 4000 元的约定工资，表明某汽车服务公司未依法足额支付周某加班费。故仲裁委员会依法裁决某汽车服务公司支付周某加班费差额。

典型意义

包薪制是指在劳动合同中打包约定法定标准工作时间工资和加班费的一种工资分配方式，在部分加班安排较多且时间相对固定的行业中比较普遍。虽然用人单位有依法制定内部薪酬分配制度的自主权，但内部薪酬分配制度的制定和执行须符合相关法律的规定。实践中，部分用人单位存在以实行包薪制规避或者减少承担支付加班费法定责任的情况。实行包薪制的用人单位应严格按照不低于最低工资标准支付劳动者法定标准工作时间的工资，同时按照国家关于加班费的有关法律规定足额支付加班费。

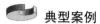 **典型案例**

案例 138：处理加班费争议，如何分配举证责任（人力资源和社会保障部、最高人民法院联合发布第二批劳动人事争议典型案例）

林某于 2020 年 1 月入职某教育咨询公司，月工资为 6000 元。2020 年 7 月，林某因个人原因提出解除劳动合同，并向劳动人事争议仲裁委员会（简称仲裁委员会）申请仲裁。林某主张其工作期间每周工作 6 天，并提交了某打卡软件的打卡记录（显示林某及某教育咨询公司均实名认证，林某每周一至周六打卡；每天打卡两次，第一次打卡时间为早 9 时左右，第二次打卡时间为下午 6 时左右；打卡地点均为某教育咨询公司所在位置，存在个别日期未打卡情形）、工资支付记录打印件（显示曾因事假扣发工资，扣发日期及天数与打卡记录一致，未显示加班费支付情况）。某教育咨询公司不认可上述证据的真实性，主张林某每周工作 5 天，但未提交考勤记录、工资支付记录。请求裁决某教育咨询公司支付加班费 10000 元。

仲裁委员会裁决某教育咨询公司支付林某加班费 10000 元（裁决为终局裁决）。

案例分析

本案的争议焦点是如何分配林某与某教育咨询公司的举证责任。

《劳动争议调解仲裁法》第 6 条规定："发生劳动争议，当事人对自己提出的主张，有责任提供证据。与争议事项有关的证据属于用人单位掌握管理的，用人单位应当提供；用人单位不提供的，应当承担不利后果。"《最高人民法院关于审理劳动争议案件适用法律问题的解释（一）》（法释〔2020〕26 号）第 42 条规定："劳动者主张加班费的，应当就加班事实的存在承担举证责任。但劳动者有证据证明用人单位掌握加班事实存在的证据，用人单位不提供的，由用人单位承担不利后果。"从上述条款可知，主张加班费的劳动者有责任按照"谁主张，谁举证"的原则，就加班事实的存在提供证据，或者就相关证据属于用人单位掌握管理提供证据。用人单位应当提供而不提供有关证据的，可以推定劳动者加班事实存在。

本案中，虽然林某提交的工资支付记录为打印件，但与实名认证的软件打卡记录互相印证，能够证明某教育咨询公司掌握加班事实存在的证据。某教育咨询公司虽然不认可上述证据的真实性，但未提交反证或者作出合理解释，应承担不利后果。故仲裁委员会依法裁决某教育咨询公司支付林某加班费。

典型意义

我国劳动法律将保护劳动者的合法权益作为立法宗旨之一，在实体和程序方面都作出了相应规定。在加班费争议处理中，要充分考虑劳动者举证能力不足的实际情况，根据"谁主张，谁举证"原则、证明妨碍规则，结合具体案情合理分配用人单位与劳动者的举证责任。

典型案例

案例 139：加班费的仲裁时效应当如何认定（人力资源和社会保障部、最高人民法院联合发布第二批劳动人事争议典型案例）

基本案情

张某于 2016 年 7 月入职某建筑公司从事施工管理工作，2019 年 2 月离职。工作期间，张某存在加班情形，但某建筑公司未支付其加班费。2019 年 12 月，张某向劳动人事争议仲裁委员会申请仲裁，请求裁决某建筑公司依法支付其加班费，某建筑公司以张某的请求超过仲裁时效为由抗辩。张某不服仲裁裁决，诉至人民法院，请求判决某建筑公司支付加班费 46293 元。

一审法院判决：某建筑公司支付张某加班费 18120 元。张某与某建筑公司均未提起上诉，一审判决已生效。

案例分析

本案争议焦点是张某关于加班费的请求是否超过仲裁时效。

《劳动争议调解仲裁法》第 27 条规定："劳动争议申请仲裁的时效期间为一年。仲裁时效期间从当事人知道或者应当知道其权利被侵害之日起计算。……劳动关系存续期间因拖欠劳动报酬发生争议的，劳动者申请仲裁不受本条第一款规定的仲裁时效期间的限制；但是，劳动关系终止的，应当自劳动关系终止之日起一年内提出。"《劳动法》第 44 条规定："有下列情形之一的，用人单位应当按照下列标准支付高于劳动者正常工作时间工资的工资报酬……"《关于工资总额组成的规定》（国家统计局令第 1 号）第 4 条规定："工资总额由下列六个部分组成：……（五）加班加点工资……"仲裁时效分为普通仲裁时效和特别仲裁时效，在劳动关系存续期间因拖欠劳动报酬发生劳动争议的，应当适用特别仲裁时效，即劳动关系存续期间的拖欠劳动报酬仲裁时效不受"知道或者应当知道权利被侵害之日起一年"的限制，但是劳动关系终止的，应当自劳动关系终止之日起一年内提出。加班费属于劳动报酬，相关争议处理中应当适用特别仲裁时效。

本案中，某建筑公司主张张某加班费的请求已经超过了 1 年的仲裁时效，不应予以支持。人民法院认为，张某与某建筑公司的劳动合同于 2019 年 2 月解除，其支付加班费的请求应自劳动合同解除之日起 1 年内提出，张某于 2019 年 12 月提出仲裁申请，其请求并未超过仲裁时效。根据劳动保障监察机构在执法中调取的工资表上的考勤记录，人民法院认定张某存在加班的事实，判决某建筑公司支付张某加班费。

典型意义

时效是指权利人不行使权利的事实状态持续经过法定期间，其权利即发生效力减损的制度。作为权利行使尤其是救济权行使期间的一种，时效既与当事人的实体权利密切相关，又与当事人通过相应的程序救济其权益密不可分。获取劳动报酬权是劳动权益中最基本、最重要的权益，考虑到劳动者在劳动关系存续期间的弱势地位，法律对于拖欠劳动报酬争议设置了特别仲裁时效，对于有效保护劳动者权益具有重要意义。

【企业防范】

公司如果安排员工加班，一定要按照国家规定支付加班费。用人单位在安排员工工作时，一定不要超过国家法定工作时间，特别是有些用人单位在规章制度或者劳动合同中直接约定了超过国家法定的工作时间，今后一旦劳动者主张加班费，用人单位往往都会败诉。

建议用人单位在规章制度和劳动合同中约定工作时间不要超过国家法定的工作时间，同时用人单位应当在规章制度中规定，劳动者如果需要加班，必须先经过用人单位批准，未经批准而主动加班的，不视为加班；由于劳动者工作效率低下未在工作时间内完成任务而在下班时间继续工作的，不视为加班。通过对加班的有效控制，也可以防止员工随便地主张加班费。

【地方规定】

北京市高级人民法院、北京市劳动人事争议仲裁委员会关于审理劳动争议案件法律适用问题的解答（2017）

22. 如何确定劳动者加班费计算基数？

劳动者加班费计算基数，应当按照法定工作时间内劳动者提供正常劳动应得工资确定，劳动者每月加班费不计到下月加班费计算基数中。具体情况如下：

（1）用人单位与劳动者在劳动合同中约定了加班费计算基数的，以该约定为准；双方同时又约定以本市规定的最低工资标准或低于劳动合同约定的工资标准作为加班费计算基数，劳动者主张以劳动合同约定的工资标准作为加班费计算基数的，应予支持。

（2）劳动者正常提供劳动的情况下，双方实际发放的工资标准高于原约定工资标准的，可以视为双方变更了合同约定的工资标准，以实际发放的工资标准作为计算加班费计算基数。实际发放的工资标准低于合同约定的工资标准，能够认定为双方变更了合同约定的工资标准的，以实际发放的工资标准作为计算加班费的计算基数。

（3）劳动合同没有明确约定工资数额，或者合同约定不明确时，应当以实际发放的工资作为计算基数。用人单位按月直接支付给职工的工资、奖金、津贴、补贴等都属于实际发放的工资，具体包括国家统计局《〈关于工资总额组成的规定〉若干具体范围的解释》中规定"工资总额"的几个组成部分。加班费计算基数应包括"基本工资"、"岗位津贴"等所有工资项目。不能以"基本工资"、"岗位工资"或"职务工资"单独一项作为计算基数。在以实际发放的工资作为加班费计算基数时，加班费（前月）、伙食补助等应当扣除，不能列入计算基数范围。国家相关部门对工资组成规定有调整的，按调整的规定执行。

（4）劳动者的当月奖金具有"劳动者正常工作时间工资报酬"性质的，属于工资组成部分。劳动者的当月工资与当月奖金发放日期不一致的，应将这两部分合计作为加班费计算基数。用人单位不按月、按季发放的奖金，根据实际情况判断可以不作为加班费计算基数。

（5）在确定职工日平均工资和小时平均工资时，应当按照原劳动和社会保障部《关于职工全年月平均工作时间和工资折算问题的通知》规定，以每月工作时间为21.75天和174小时进行折算。

（6）实行综合计算工时工作制的用人单位，当综合计算周期为季度或年度时，应将综合周期内的月平均工资作为加班费计算基数。

四、拖欠工资及提成款、奖金

有的企业对于按时支付员工工资并不重视，经常是过了规定的工资支付时间，还迟迟不支付员工工资，甚至拖延员工两三个月工资都是很常见的事情，岂不知这隐藏了巨大的法律风险。很多员工由于打算继续在用人单位工作，所以可能并不与单位太计较，但如果有些员工打算换工作，正好可以以此为借口解除劳动合同并索取经济补偿金。

《劳动合同法》第38条第1款第2项规定，用人单位未及时足额支付劳动报酬的，劳动者有权解除劳动合同；第46条规定，劳动者有权要求经济补偿；第85条规定，劳动行政部门责令用人单位限期支付，用人单位逾期不支付的，劳动行政部门可以责令用人单位按应付金额50%以上100%以下的标准向劳动者加付赔偿金。

《工资支付暂行规定》第18条第1款第1项也规定，用人单位克扣或者无故拖欠劳动者工资的，由劳动行政部门责令其支付劳动者工资和经济补偿，并可责令其支付赔偿金。

根据原劳动部1995年颁布的《对〈工资支付暂行规定〉有关问题的补充规定》中的规定，"克扣"系指用人单位无正当理由扣减劳动者应得工资（即在劳动者已提供正常劳动的前提下用人单位按劳动合同规定的标准应当支付给劳动者的全部劳动报酬）。不包括以下减发工资的情况：（1）国家的法律、法规中有明确规定的；（2）依法签订的劳动合同中有明确规定的；（3）用人单位依法制定并经职代会批准的厂规、厂纪中有明确规定的；（4）企业工资总额与经济效益相联系，经济效益下浮时，工资必须下浮的（但支付给劳动者工资不得低于当地的最低工资标准）；（5）因劳动者请事假等相应减发工资等。

"无故拖欠"系指用人单位无正当理由超过规定付薪时间未支付劳动者工资。不包括：（1）用人单位遇到非人力所能抗拒的自然灾害、战争等原因，无法按时支付工资；（2）用人单位确因生产经营困难、资金周转受到影响，在征得本单位工会同意后，可暂时延期支付劳动者工资，延期时间的最长限制可由各省、自治区、直辖市劳动行政部门根据各地情况确定。其他情况下拖欠工资均属无故拖欠。

 典型案例

案例 140：彭宇翔诉南京市城市建设开发（集团）有限责任公司追索劳动报酬纠纷案（最高人民法院指导案例 182 号）

南京市城市建设开发（集团）有限责任公司（以下简称城开公司）于 2016 年 8 月制定《南京城开集团关于引进投资项目的奖励暂行办法》（以下简称《奖励办法》），规定成功引进商品房项目的，城开公司将综合考虑项目规模、年化平均利润值合并表等综合因素，以项目审定的预期利润或收益为奖励基数，按照 0.1%~0.5% 确定奖励总额。该奖励由投资开发部拟定各部门或其他人员的具体奖励构成后提出申请，经集团领导审议、审批后发放。2017 年 2 月，彭宇翔入职城开公司担任投资开发部经理。2017 年 6 月，投资开发部形成《会议纪要》，确定部门内部的奖励分配方案为总经理占部门奖金的 75%、其余项目参与人员占部门奖金的 25%。

彭宇翔履职期间，其所主导的投资开发部成功引进无锡红梅新天地、扬州 GZ051 地块、如皋约克小镇、徐州焦庄、高邮鸿基万和城、徐州彭城机械六项目，后针对上述六项目投资开发部先后向城开公司提交了六份奖励申请。

直至彭宇翔自城开公司离职，城开公司未发放上述奖励。彭宇翔经劳动仲裁程序后，于法定期限内诉至法院，要求城开公司支付奖励 1689083 元。

案件审理过程中，城开公司认可案涉六项目初步符合《奖励办法》规定的受奖条件，但以无锡等三项目的奖励总额虽经审批但具体的奖金分配明细未经审批，及徐州等三项目的奖励申请未经审批为由，主张彭宇翔要求其支付奖金的请求不能成立。对于法院"如彭宇翔现阶段就上述项目继续提出奖励申请，城开公司是否启动审核程序"的询问，城开公司明确表示拒绝，并表示此后也不会再启动六项目的审批程序。此外，城开公司还主张，彭宇翔在无锡红梅新天地项目、如皋约克小镇项目中存在严重失职行为，二项目存在严重亏损，城开公司已就拿地业绩突出向彭宇翔发放过奖励，但均未提交充分的证据予以证明。

南京市秦淮区人民法院作出判决：驳回彭宇翔的诉讼请求。彭宇翔不服，提起上诉。江苏省南京市中级人民法院作出判决：一、撤销南京市秦淮区人民法院（2018）苏 0104 民初 6032 号民事判决；二、城开公司于本判决生效之日起 15 日内支付彭宇翔奖励 1259564.4 元。

裁判理由

法院生效裁判认为：本案争议焦点为城开公司应否依据《奖励办法》向彭宇翔所在的投资开发部发放无锡红梅新天地等六项目奖励。

首先，从《奖励办法》设置的奖励对象来看，投资开发部以引进项目为主要职责，且在城开公司引进各类项目中起主导作用，故其系该文适格的被奖主体；从《奖励办法》设置的奖励条件来看，投资开发部已成功为城开公司引进符合城开公司战略发展目标的无锡红梅新天地、扬州 GZ051 地块、如皋约克小镇、徐州焦庄、高邮鸿基万和城、徐州彭城机械六项目，符合该文规定的受奖条件。故就案涉六项目而言，彭宇翔所在的投资开发部形式上已满足用人单位规定的奖励申领条件。城开公司不同意发放相应的奖励，应当说明理由并对此举证证明。但本案中城开公司无法证明无锡红梅新天地项目、如皋约克小镇项目存在亏损，也不能证明彭宇翔在二项目中确实存在失职行为，其关于彭宇翔不应重复获奖的主张亦因欠缺相应依据而无法成立。故而，城开公司主张彭宇翔所在的投资开发部实质不符合依据《奖励办法》获得奖励的理由法院不予采纳。

其次，案涉六项目奖励申请未经审核或审批程序尚未完成，不能成为城开公司拒绝支付彭宇翔项目奖金的理由。城开公司作为奖金的设立者，有权设定相应的考核标准、考核或审批流程。其中，考核标准系员工能否获奖的实质性评价因素，考核流程则属于城开公司为实现其考核权所设置的程序性流程。在无特殊规定的前提下，因流程本身并不涉及奖励评判标准，故而是否经过审批流程不能成为员工能否获得奖金的实质评价要素。城开公司也不应以六项目的审批流程未启动或未完成为由，试图阻却彭宇翔获取奖金的实体权利的实现。此外，对劳动者的奖励申请进行实体审批，不仅是用人单位的权利，也是用人单位的义务。本案中，《奖励办法》所设立的奖励系城开公司为鼓励员工进行创造性劳动所承诺给员工的超额劳动报酬，其性质上属于《关于工资总额组成的规定》第 7 条规定中的"其他奖金"，此时《奖励办法》不仅应视为城开公司基于用工自主权而对员工行使的单方激励行为，还应视为城开公司与包括彭宇翔在内的不特定员工就该项奖励的获取形成的约定。现彭宇翔通过努力达到《奖励办法》所设奖励的获取条件，其向城开公司提出申请要求兑现该超额劳动报酬，无论是基于诚实信用原则，还是基于按劳取酬原则，城开公司皆有义务启动审核程序对该奖励申请进行核查，以确定彭宇翔关于奖金的权利能否实现。如城开公司拒绝审核，应说明合理理由。本案中，城开公司关于彭宇翔存在失职行为及案涉项目存在亏损的主张因欠缺事实依据不能成立，该公司也不能对不予审核的行为作出合理解释，其拒绝履行审批义务的行为已损害彭宇翔的合法权益，对此应承担相应的不利后果。

综上，法院认定案涉六项目奖励的条件成就，城开公司应当依据《奖励办法》向彭宇翔所在的投资开发部发放奖励。

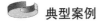 **典型案例**

案例 141：房玥诉中美联泰大都会人寿保险有限公司劳动合同纠纷案（最高人民法院指导案例 183 号）

房玥于 2011 年 1 月至中美联泰大都会人寿保险有限公司（以下简称大都会公司）工作，双方之间签订的最后一份劳动合同履行日期为 2015 年 7 月 1 日至 2017 年 6 月 30 日，约定房玥担任战略部高级经理一职。2017 年 10 月，大都会公司对其组织架构进行调整，决定撤销战略部，房玥所任职的岗位因此被取消。双方就变更劳动合同等事宜展开了近两个月的协商，未果。12月29日，大都会公司以客观情况发生重大变化、双方未能就变更劳动合同协商达成一致，向房玥发出《解除劳动合同通知书》。房玥对解除决定不服，经劳动仲裁程序后起诉要求恢复与大都会公司之间的劳动关系并诉求2017年8月至12月未签劳动合同的2倍工资差额、2017年度奖金等。大都会公司《员工手册》规定：年终奖金根据公司政策，按公司业绩、员工表现计发，前提是该员工在当年度10月1日前已入职，若员工在奖金发放月或之前离职，则不能享有。据查，大都会公司每年度年终奖会在次年3月左右发放。

裁判结果

上海市黄浦区人民法院作出判决：一、大都会公司于判决生效之日起七日内向原告房玥支付2017年8月至12月期间未签劳动合同双倍工资差额人民币192500元；二、房玥的其他诉讼请求均不予支持。房玥不服，上诉至上海市第二中级人民法院。上海市第二中级人民法院作出判决：一、维持上海市黄浦区人民法院（2018）沪0101民初10726号民事判决第一项；二、撤销上海市黄浦区人民法院（2018）沪0101民初10726号民事判决第二项；三、大都会公司于判决生效之日起七日内支付上诉人房玥2017年度年终奖税前人民币138600元；四、房玥的其他请求不予支持。

裁判理由

法院生效裁判认为：本案的争议焦点系用人单位以客观情况发生重大变化为依据解除劳动合同，导致劳动者不符合员工手册规定的年终奖发放条件时，劳动者是否可以获得相应的年终奖。对此，一审法院认为，大都会公司的《员工手册》明确规定了奖金发放情形，房玥在大都会公司发放2017年度奖金之前已经离职，不符合奖金发放情形，故对房玥要求2017年度奖金之请求不予支持。二审法院经过审理后认为，现行法律法规并没有强制规定年终奖应如何发放，用人单位有权根据本单位的经营状况、员工的业绩表现等，自主确定奖金发放与否、发放条件及发放标准，但是用人单位制定的发放规则仍应遵循公平合理原则，对于在年终奖发放之前已经离职的劳动者可否获得年终奖，应当结合劳动者离职的原因、时间、工作表现和对单位的贡献程度等多方面因素综合考量。本案中，大都会公司对其组织架构进行调整，双方未能就劳动合同的变更达成一致，导致劳动合同被解除。房玥在大都会公司工作至2017年12月29日，此后两日系双休日，表明房玥在2017年度已在大都会公司工作满1年；在大都会公司未举证房玥的2017年度工作业绩、表现等方面不符合规定的情况下，可以认定房玥在该年度为大都会公司付出了一整年的劳动且正常履行了职责，为大都会公司做出了应有的贡献。基于上述理由，大都会公司关于房玥在年终奖发放月之前已离职而不能享有该笔奖金的主张缺乏合理性。故对房玥诉求大都会公司支付2017年度年终奖，应予支持。

五、拒不支付劳动报酬罪

国家持续加大对不支付劳动者劳动报酬的打击力度，如果拒不支付劳动者劳动报酬，情节严重的，根据《刑法》第276条的规定，将构成拒不支付劳动报酬罪。针对拒不支付劳动报酬的刑事犯罪，2013年1月23日起实施的《最高人民法院关于审理拒不支付劳动报酬刑事案件适用法律若干问题的解释》针对拒不支付劳动报酬作出了更详细的规定。

具有下列情形的，构成拒不支付劳动报酬罪：

1. 以转移财产、逃匿等方法逃避支付劳动者的劳动报酬或者有能力支付而不支付劳动者的劳动报酬。

根据《最高人民法院关于审理拒不支付劳动报酬刑事案件适用法律若干问题的解释》的规定，劳动者依照《劳动法》和《劳动合同法》等法律的规定应得的劳动报酬，包括工资、奖金、津贴、补贴、延长工作时间的工资报酬及特殊情况下支付的工资等，应当认定为刑法第276条之一第1款规定的"劳动者的劳动报酬"。

根据《最高人民法院关于审理拒不支付劳动报酬刑事案件适用法律若干问题的解释》的规定，以逃避支付劳动者的劳动报酬为目的，具有下列情形之一的，应当认定为刑法第276条之一第1款规定的"以转移财产、逃匿等方法逃避支付劳动者的劳动报酬"：

（1）隐匿财产、恶意清偿、虚构债务、虚假破产、虚假倒闭或者以其他方法转移、处分财产的；

（2）逃跑、藏匿的；

（3）隐匿、销毁或者篡改账目、职工名册、工资支付记录、考勤记录等与劳动报酬相关的材料的；

（4）以其他方法逃避支付劳动报酬的。

2. 劳动报酬数额较大。

根据《最高人民法院关于审理拒不支付劳动报酬刑事案件适用法律若干问题的解释》的规定，具有下列情形之一的，应当认定为刑法第276条之一第1款规定的"数额较大"：

（1）拒不支付1名劳动者3个月以上的劳动报酬且数额在5000元至20000元以上的；

（2）拒不支付10名以上劳动者的劳动报酬且数额累计在3万元至10万元以上的。

各省、自治区、直辖市高级人民法院可以根据本地区经济社会发展状况，在前款规定的数额幅度内，研究确定本地区执行的具体数额标准，报最高人民法院备案。

3. 经政府有关部门责令支付仍不支付的。

根据《最高人民法院关于审理拒不支付劳动报酬刑事案件适用法律若干问题的解释》的规定，经人力资源社会保障部门或者政府其他有关部门依法以限期整改指令书、行政处理决定书等文书责令支付劳动者的劳动报酬后，在指定的期限内仍不支付的，应当认定为刑法第276条之一第1款规定的"经政府有关部门责令支付仍不支付"，但有证据证明行为人有正当理由未知悉责令支付或者未及时支付劳动报酬的除外。行为人逃匿，无法将责令支付文书送交其本人、同住成年家属或者所在单位负责收件的人的，如果有关部门已通过在行为人的住所地、生产经营场所等地张贴责令支付文书等方式责令支付，并采用拍照、录像等方式记录的，应当视为"经政府有关部门责令支付"。

4. 构成拒不支付劳动报酬罪的，处 3 年以下有期徒刑或者拘役，并处或者单处罚金；造成严重后果的，处 3 年以上 7 年以下有期徒刑，并处罚金。

根据《最高人民法院关于审理拒不支付劳动报酬刑事案件适用法律若干问题的解释》的规定，拒不支付劳动者的劳动报酬，符合本解释第 3 条的规定，并具有下列情形之一的，应当认定为刑法第 276 条之一第 1 款规定的"造成严重后果"：

（1）造成劳动者或者其被赡养人、被扶养人、被抚养人的基本生活受到严重影响、重大疾病无法及时医治或者失学的；

（2）对要求支付劳动报酬的劳动者使用暴力或者进行暴力威胁的；

（3）造成其他严重后果的。

5. 单位犯罪的，对单位判处罚金，并对其直接负责的主管人员和其他直接责任人员，依照前款的规定处罚。

根据《最高人民法院关于审理拒不支付劳动报酬刑事案件适用法律若干问题的解释》的规定，不具备用工主体资格的单位或者个人，违法用工且拒不支付劳动者的劳动报酬，数额较大，经政府有关部门责令支付仍不支付的，应当依照刑法第 276 条之一的规定，以拒不支付劳动报酬罪追究刑事责任。

用人单位的实际控制人实施拒不支付劳动报酬行为，构成犯罪的，应当依照刑法第 276 条之一的规定追究刑事责任。

单位拒不支付劳动报酬，构成犯罪的，依照本解释规定的相应个人犯罪的定罪量刑标准，对直接负责的主管人员和其他直接责任人员定罪处罚，并对单位判处罚金。

6. 尚未造成严重后果，在提起公诉前支付劳动者的劳动报酬，并依法承担相应赔偿责任的，可以减轻或者免除处罚。

根据《最高人民法院关于审理拒不支付劳动报酬刑事案件适用法律若干问题的解释》的规定，拒不支付劳动者的劳动报酬，尚未造成严重后果，在刑事立案前支付劳动者的劳动报酬，并依法承担相应赔偿责任的，可以认定为情节显著轻微危害不大，不认为是犯罪；在提起公诉前支付劳动者的劳动报酬，并依法承担相应赔偿责任的，可以减轻或者免除刑事处罚；在一审宣判前支付劳动者的劳动报酬，并依法承担相应赔偿责任的，可以从轻处罚。

对于免除刑事处罚的，可以根据案件的不同情况，予以训诫、责令具结悔过或者赔礼道歉。

拒不支付劳动者的劳动报酬，造成严重后果，但在宣判前支付劳动者的劳动报酬，并依法承担相应赔偿责任的，可以酌情从宽处罚。

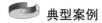 **典型案例**

案例 142：王某生拒不支付农民工工资案（最高人民法院 2015 年 12 月 4 日公布拖欠劳动报酬典型案例）

基本案情

2010 年 6 月，葫芦岛某建筑工程有限公司（简称某建筑公司）与某某集团签订合同，由某建筑公司负责承建葫芦岛市龙港区某小区其中六栋住宅楼的工程。被告人王某生作为某建筑公司该公司项目负责人承建该小区 15 号楼的施工工程。王某生先后找到刘某（力工）、岳某某（放线工人）、乔某某（散水工人）、田某某（水暖工人）、满某某（抹灰、砌砖工人）、于某某（外墙保温）等人，随即开始施工。该工程于2011 年 10 月交工，其间某建筑公司负责人宋某某多次以现金、转账等方式将工程款支付给王某生 20 余笔，总金额达 230 万余元。在工程结束后，王某生便更换电话号码失去联系，工人多次寻找王某生，王某生均以"现在手里没钱""甲方未结账"等言辞推脱工人，拒绝支付工资，后王某生在给个别工人打下欠条后便再次失去联系。因某某集团与某建筑公司（王某生承建的 15 号楼工程）无法结算，为此某某集团于2013 年 1 月 16 日将上述情况公告于葫芦岛日报，但因未找到王某生，造成工程无法结算。经龙港区劳动监察大队核实，王某生共拖欠工人工资达 50 余万元。2014 年 1 月13 日，龙港区人力资源和社会保障局劳动监察大队向某建筑公司下达了《劳动保障监察责令改正决定书》责令其支付工资，1 月 22 日某建筑公司先后分别支付刘某、于某某工资款 10 万元和 5 万元。被告人王某生被抓获后对其通过更换电话号码、推脱等方式将工程款以隐匿、转移，拒不支付劳动者劳动报酬的犯罪事实供认不讳，但对欠款数额存在异议，后经过王某生与上述工人逐一核对账目，欠刘某 178500 元（某建筑公司已支付 10 万元），欠岳某某 10000 元，欠乔某某 4000 元，欠田某某 30000 元，欠满某某 60000 元，欠于某某 65000 元（某建筑公司已支付 5 万元），应欠劳动者工资共计347500 元。2014 年 12 月，某建筑公司将此款全部支付。

裁判结果

葫芦岛市龙港区人民法院经审理认为，被告人王某生作为某建筑公司名下的项目负责人是工人工资发放的实际主体，在收到工程款后逃匿、拒不支付拖欠的工人工资，龙港区人力资源和社会保障局劳动监察大队对某建筑公司已下发并送达《劳动保障监察责令改正决定书》，被告人王某生作为某建筑公司的项目负责人，因其逃匿行为导致某建筑公司在收到责令改正决定书后无法找到被告人王某生，应视为该决定书已经对被告人王某生送达。被告人王某生以逃匿的方式逃避支付劳动者的劳动报酬，数额较大，经政府有关部门责令支付仍不支付，构成拒不支付劳动报酬罪，公诉机关指控正确，应予确认。鉴于被告人王某生自愿认罪，在提起公诉前已经由某建筑公司支付工人工资，可以从轻处罚。依照《刑法》第 276 条之一、第 52 条的规定，判决被告人王某生犯拒不支付劳动报酬罪，判处有期徒刑一年六个月，并处罚金人民币 10 万元。

典型意义

一段时期以来，部分地方用工单位拒不支付劳动者的劳动报酬的现象比较突出，广大劳动者特别是农民工成了拒不支付劳动报酬行为的主要受害者。《刑法修正案（八）》增设拒不支付劳动报酬罪。各级法院高度重视运用法律手段惩治拒不支付劳动报酬行为，认真贯彻执行拒不支付劳动报酬罪的规定。依法惩治拒不支付劳动报酬犯罪，对于维护劳动者的合法权益，促进社会和谐稳定发挥了重要作用。

 典型案例

案例 143：徐成海拒不支付劳动报酬案（最高人民法院 2015 年 12 月 4 日公布拖欠劳动报酬典型案例）

基本案情

1999 年被告人徐成海与林殿杰、崔淑霞投资成立吉林市金马实业有限责任公司，主营日用百货等批发零售。被告人徐成海为对外投资，于 2008 年 10 月 22 日与张建军投资注册成立大德公司，两公司法定代表人均为被告人徐成海。

2008 年 11 月，蛟河市盛财煤矿投资人冷淑奎找被告人徐成海为其煤矿投资。同年 11 月 18 日，冷淑奎作为甲方蛟河市盛财煤矿法人代表，徐成海代表大德公司作为乙方，大德公司的股东张建军作为丙方，三方签订《合作协议书》，由甲方以整合后的蛟河市盛财煤矿及全部固定资产和大型设备、材料出资，乙方、丙方出资 1200 万元，对盛财煤矿改造和开采。利润按甲方 47%，乙方 45%，丙方 8%比例分配，合作期限为自乙、丙方第一笔资金到位之日起至本矿区域内资源枯竭停采止。

2011 年 5 月 16 日，三方签订《解除合作协议书》，甲方和丙方放弃了盛财煤矿，由乙方大德公司独自经营，乙方补偿给甲方 1 万吨原煤及现金 30 万元，如两年内甲方不能拉足 1 万吨原煤，煤矿所有权归甲乙双方。2011 年 12 月拖欠侯建锋、张广秋等 174 名工人工资 33.9 万余元，由市财政借款发放给工人 29 万余元（有部分工人未来领取）。2012 年 8 月，蛟河市劳动监察大队责令其支付拖欠的工人工资，徐成海采取逃匿的方式拒不支付工人工资。

2011 年 5 月至 2012 年年末，被告人徐成海经营的吉林市大德公司和吉林市金马实业有限责任公司，拖欠公司员工林殿杰、张扬、梁志强、孙明研等 11 人的工资 38 万余元。2013 年 3 月 28 日，吉林市劳动监察支队责令其支付拖欠的工人工资，徐成海采取逃匿的方式拒不支付工人工资。

裁判结果

吉林省蛟河市人民法院经审理认为，被告人徐成海采取逃匿的方式拒不支付其实际经营蛟河市盛财煤矿期间拖欠的工人工资和其作为法定代表人的吉林市大德公司和吉林市金马实业有限责任公司职工工资，数额较大，经劳动监察机关责令支付仍不支付，其行为已构成拒不支付劳动报酬罪。依照刑法有关规定，判决被告人徐成海犯拒不支付劳动报酬罪，判处有期徒刑 1 年，并处罚金人民币 7 万元。

典型意义

拖欠农民工工资问题一度成为社会关注的热点，刑法修正案八将"拒不支付劳动报酬罪"写进刑法，经过几年的打击，取得了很大成效，但该类犯罪还时有发生。作为一名企业的经营者应当合法经营、诚信经营，当企业经营出现困难时，要正确面对，妥善解决，而不能采取逃避的方式进行处理。本案被告人由于经营不善导致亏损，却逃之夭夭，导致大批劳动者的劳动报酬无法兑现，数额较大，其行为构成拒不支付劳动报酬罪，但尚未造成严重后果。依据刑法第 276 条之一规定，应当判处三年以下有期徒刑或者拘役，并处或者单处罚金。本案对被告人判处有期徒刑的同时判处罚金，彰显刑法的打击力度。

六、离职不支付或者少支付经济补偿

用人单位在与劳动者解除劳动合同时不支付经济补偿金、经济赔偿金可能是劳动争议中较为常见的情形，因为无论是不缴或者少缴保险，还是不按时支付工资报酬，大多数情况下，由于劳动者继续在用人单位工作，不想因此而和单位闹翻，因此发生争议相对较少。而在劳动者与用人单位解除劳动合同后，由于劳动者已不再担心用人单位打击报复，因此，因用人单位不支付经济补偿金、经济赔偿金而引起的劳动争议就相对较多。按照原来《劳动法》的规定，合同到期后终止的，是不需要支付经济补偿金的，而按照《劳动合同法》的规定，除用人单位维持或者提高劳动合同约定条件续订劳动合同，劳动者不同意续订的情形外，用人单位依照《劳动合同法》第 44 条第 1 项规定终止固定期限劳动合同的，仍然需要支付经济补偿金；同时对于违法解除劳动合同的，用人单位需要支付双倍经济赔偿金。因此《劳动合同法》实施以后，如果用人单位违法解除劳动合同，补偿将比原来提高很多，也会导致劳动争议案件增多。

根据《劳动合同法》第 85 条的规定，用人单位有下列情形之一的，由劳动行政部门责令限期支付劳动报酬、加班费或者经济补偿；劳动报酬低于当地最低工资标准的，应当支付其差额部分；逾期不支付的，责令用人单位按应付金额 50% 以上 100% 以下的标准向劳动者加付赔偿金：

1. 未按照劳动合同的约定或者国家规定及时足额支付劳动者劳动报酬的；
2. 低于当地最低工资标准支付劳动者工资的；
3. 安排加班不支付加班费的；
4. 解除或者终止劳动合同，未依照本法规定向劳动者支付经济补偿的。

但《劳动合同法》实施以后，有些地方并没有严格执行《劳动合同法》第 85 条的规定，当劳动者主张要求用人单位按照应付金额 50% 以上 100% 以下的标准向劳动者加付赔偿金时，有些法院不予支持。为了加大对用人单位这种违法行为的打击力度，《最高人民法院关于审理劳动争议案件适用法律问题的解释（一）》规定，劳动者依据劳动合同法第 85 条规定，向人民法院提起诉讼，要求用人单位支付加付赔偿金的，人民法院应予受理。

加付赔偿金问题规定在《劳动合同法》第 85 条，但对于加付赔偿金纠纷，实践中处于主流地位的观点却是应当去司法化，即不属于人民法院受案范围。对于《劳动合同法》第 85 条正确的理解应当是：对于用人单位拖欠劳动者劳动报酬、加班费或者经济补偿的，劳动者可以向法院起诉，要求用人单位支付劳动报酬、加班费或者经济补偿，同时也可以主张加付的赔偿金。但其加付的赔偿金如果想要获得法院的支持，必须有一个前提，即劳动者必须就用人单位拖欠其劳动报酬、加班费或者经济补偿的违法行为先向劳动行政部门投诉，劳动行政部门在责令用人单位限期支付后，用人单位仍未支付，此种情况下才存在加付赔偿金。如果未经过这一前提程序，劳动者直接主张加付赔偿金，人民法院是不予支持的。

因此，今后用人单位违法成本将越来越高，用人单位一定要遵守相关的劳动法律法规。

 **典型案例**

案例 144：公司不按时支付补偿金的，将面临罚责

2016 年 2 月郭某与公司签订了为期一年的劳动合同，每月工资 7000 元。2018 年 2 月，劳动合同到期后，郭某要求继续以原条件签订劳动合同，公司不同意续签，于是双方终止了劳动合同。郭某要求公司支付经济补偿金，但公司不同意支付，于是郭某向当地劳动监察部门投诉。劳动监察部门受理后，经过认真调查，责令公司必须在 2018 年 2 月 28 日之前支付郭某经济补偿金 9000 元，但公司一直没有支付。2018 年 3 月 10 日，郭某再次去劳动监察部门投诉，劳动监察部门除责令公司向郭某支付 9000 元的经济补偿金外，还责令公司向郭某支付 9000 元的赔偿金。

【企业防范】

企业在与劳动者终止劳动合同时，如果是合同到期不续签的，应当提前通知劳动者不再续签劳动合同，并按照规定支付经济补偿金。如果是需要提前解除劳动合同，企业最好与劳动者提前协商，争取双方能够达成和解，尽量将双方的矛盾减小。如果企业不按照规定支付经济补偿金和赔偿金，一旦仲裁，将会付出更大的代价。

七、女职工"三期"

所谓女职工"三期"是指女职工的怀孕期、产期、哺乳期。女职工怀孕后，一方面由于身体情况变化，工作精力不够充沛；另一方面由于把部分精力放在宝宝身上，可能导致该职工不适合继续从事目前的工作。比如，怀孕前做强度较高的工作，可能怀孕后就不适合继续从事该项工作。于是很多用人单位借故调整孕妇的工作岗位，降低孕妇的工资，甚至采取种种措施逼迫孕妇离职。用人单位的这些做法都是不正确的，一旦该职工提起仲裁，往往都是用人单位败诉，不但经济上无法占到便宜，也不利于对其他员工的管理。因此，用人单位必须了解女职工在"三期"内享有哪些权利，才能保证职工和自己的权益。

1. 怀孕期间的特殊保护。

（1）怀孕期间用人单位不得降低其基本工资、解除劳动合同。

需要提醒企业的是，怀孕期间不得解除劳动合同指的是不得以怀孕为由与孕妇解除劳动合同，但并不意味着企业绝对不可以解除劳动合同。

需要提醒用人单位的是，如果女职工具有下列情形之一的，即使女职工怀孕，企业也有权与其解除劳动合同。

①在试用期间被证明不符合录用条件的；

②严重违反用人单位的规章制度的；

③严重失职，营私舞弊，给用人单位造成重大损害的；

④劳动者同时与其他用人单位建立劳动关系，对完成本单位的工作任务造成严重影响，或者经用人单位提出，拒不改正的；

⑤因劳动者的原因致使劳动合同无效的；

⑥被依法追究刑事责任的。

根据《劳动合同法》的规定，在下列情况下，如果职工怀孕，企业不得与职工解除劳动合同：

①劳动者患病或者非因工负伤，在规定的医疗期满后不能从事原工作，也不能从事由用人单位另行安排的工作的；

②劳动者不能胜任工作，经过培训或者调整工作岗位，仍不能胜任工作的；

③劳动合同订立时所依据的客观情况发生重大变化，致使劳动合同无法履行，经用人单位与劳动者协商，未能就变更劳动合同内容达成协议的；

④企业依照企业破产法规定进行重整的；

⑤企业生产经营发生严重困难的；

⑥企业转产、重大技术革新或者经营方式调整，经变更劳动合同后，仍需裁减人员的；

⑦其他因劳动合同订立时所依据的客观经济情况发生重大变化，致使劳动合同无法履行的。

（2）女职工在怀孕期间，所在单位不得安排其从事国家规定的第三级体力劳动强度的劳动和孕期禁忌从事的劳动，不得在正常劳动日以外延长劳动时间，对不能胜任原工作的，应当根据医务部门的证明，予以减轻劳动量或者安排其他劳动。

怀孕7个月以上（含7个月）的女职工，一般不安排其从事夜班劳动；在劳动时间内应当安排一定的休息时间。

怀孕的女职工，在劳动时间内进行产前检查，应当算作劳动时间。

孕妇产前检查算作劳动时间是指为了保证孕妇和胎儿的健康，应按卫生部门的要求做产前检查。女职工产前检查应按出勤对待，不能按病假、事假、旷工处理。对在生产第一线的女职工，要相应地减少生产定额，以保证产前检查时间。

2. 产期的特殊保护。

（1）产假的天数。

《女职工劳动保护特别规定》第 7 条第 1 款规定："女职工生育享受 98 天产假，其中产前可以休假 15 天；难产的，增加产假 15 天；生育多胞胎的，每多生育 1 个婴儿，增加产假 15 天。"

各地根据本地实际情况在国家规定基础上，还有延长生育假（延长产假）、陪产假等规定。例如，《北京市人口与计划生育条例》第 19 条规定："按规定生育子女的夫妻，女方除享受国家规定的产假外，享受延长生育假六十日，男方享受陪产假十五日。男女双方休假期间，机关、企业事业单位、社会团体和其他组织不得将其辞退、与其解除劳动或者聘用合同，工资不得降低；法律另有规定的，从其规定。女方经所在机关、企业事业单位、社会团体和其他组织同意，可以再增加假期一至三个月……"《上海市人口与计划生育条例》第 31 条规定："……符合法律、法规规定生育的夫妻，女方除享受国家规定的产假外，还可以再享受生育假六十天，男方享受配偶陪产假十天。生育假享受产假同等待遇，配偶陪产假期间的工资，按照本人正常出勤应得的工资发给……"根据《河北省人口与计划生育条例》第 25 条的规定，符合法律法规规定生育子女的夫妻，除享受国家规定的产假外，生育第一、二个子女的延长产假 60 天，生育第三个以上子女的延长产假 90 天，并给予配偶护理假 15 天。

所谓产前假 15 天，系指预产期前 15 天的休假。产前假一般不得放到产后使用。若孕妇提前生产，可将不足的天数和产后假合并使用；若孕妇推迟生产，可将超出的天数按病假处理。

国家规定产假 98 天，是为了保证产妇能恢复身体健康。因此，休产假不能提前或推后。至于教师产假正值寒暑假期间，能否延长寒暑假的时期，则由主管部门确定。

至于什么算难产，法律上并没有给出明确的定义，属于医学上的术语，应当由医院出具难产证明，如果医院出具了难产证明的，孕妇可以多享受 15 天的产假。

（2）产期的特殊保护。

女职工产期期间，用人单位不得降低其基本工资或者解除劳动合同。

3. 哺乳期的特殊保护。

所谓哺乳期指的是从孩子出生到孩子出生后一年的时间，在这段时间内可以给予女职工哺乳时间。女职工哺乳婴儿满周岁后，一般不再延长哺乳期。如果婴儿身体特别虚弱，经医疗单位证明，可将哺乳期酌情延长。如果哺乳期满时正值夏季，也可延长 1 个月至 2 个月。

（1）有不满 1 周岁婴儿的女职工，其所在单位应当在每班劳动时间内给予其 2 次哺乳（含人工喂养）时间，每次 30 分钟。多胞胎生育的，每哺乳一个婴儿，每次哺乳时间增加 30 分钟。女职工每班劳动时间内的两次哺乳时间，可以合并使用。哺乳时间和在本单位内哺乳往返途中的时间，算作劳动时间。

至于哺乳时间的适用，建议用人单位允许女职工晚上班 1 小时或者提前下班 1 小时，或者早上晚上班半小时同时晚上早下班半小时。

（2）对哺乳未满 1 周岁婴儿的女职工，用人单位不得延长其劳动时间或者安排夜班劳动。

（3）哺乳期不得降低其基本工资或者解除劳动合同。

（4）乳母禁忌从事的劳动范围包括：

①作业场所空气中铅及其化合物、汞及其化合物、苯、镉、铍、砷、氰化物、氮氧化物、一氧化碳、二硫化碳、氯、己内酰胺、氯丁二烯、氯乙烯、环氧乙烷、苯胺、甲醛等有毒物质浓度超过国家卫生标准的作业；

②非密封源放射性物质的操作，核事故与放射事故的应急处置；

③体力劳动强度分级标准中规定的第三级、第四级体力劳动强度的作业；

④作业场所空气中锰、氟、溴、甲醇、有机磷化合物、有机氯化合物的浓度超过国家卫生标准的作业。

典型案例

案例 145：只要女职工在孕期，公司就不得与其解除劳动合同吗？

安女士形象气质条件较好，应聘到某合资环保公司，并与公司签订了为期 3 年的劳动合同。在合同中双方约定：安女士的月薪是 4500 元，工作部门是公司的公关部。她所在的部门主要负责与主管行政机关的日常沟通。她出色的工作能力赢得了全公司上下的好评，很快被提升为公关部经理。1 年后，安女士怀孕了。安女士虽刻意隐瞒喜悦，但这个消息也不胫而走，传遍了整个公司。公司总经理知道后认为，安女士主要负责的工作对外形有一定要求，怀孕工作既不方便，也影响公司形象。于是人力资源部门与安女士谈话，准备将她调整为文员，月工资 3500 元。安女士不同意，伪造了一张医院的病假条，并向人力资源部门请假，要求休息两个星期。按照公司规章制度的规定，休假 3 天以上的，须向公司总经理请假，于是人力资源部门相关负责人告诉安女士，这件事他做不了主，要由职工向总经理请假才行。安女士因为之前与总经理的矛盾，并不愿意向总经理请假。撂下一句"你们看着办吧"，再也不理会请假的事了。两个星期后，安女士返岗上班。不久公司通知她，由于她连续旷工两个星期，违反公司《员工手册》中的请假制度，公司与她解除劳动合同。安女士申请劳动仲裁。在仲裁时安女士称："我是孕妇，受法律的特别保护，我再怎样做，公司也不能与我解除劳动合同。"她要求公司撤销解除劳动合同的决定，继续履行原劳动合同。公司认为，安女士不按照公司《员工手册》的规定履行请假手续，其行为构成旷工，同时经过调查得知，安女士提供的病假条也是伪造的，公司与她解除劳动合同并无不当，要求仲裁驳回她的申诉请求。劳动争议仲裁委员会经过审理，维持公司与安女士解除劳动合同的决定。

律师点评

《劳动合同法》第 39 条规定，严重违反劳动纪律或者用人单位规章制度的，用人单位可以解除劳动合同。本来公司想擅自改变安女士的工作岗位和工资是一种违法行为，安女士理应利用《劳动法》来保护自己的合法权益，肯定会得到法律的支持，但是她却因为赌气，以伪造假条，不履行请假手续就不上班的方式，来表达自己的不满。结果公司依照《员工手册》的规定合理合法地与她解除了劳动合同。双方将公司的《员工手册》约定为《劳动合同》的附件，也就是说公司已就《员工手册》的内容向安女士履行了告知义务。公司以安女士违反公司的规章制度为由，与她解除劳动合同并无不当，所以安女士要求继续履行劳动合同的申诉请求，不能被仲裁支持。

典型案例

案例 146：女职工休产假仍应享有当年度带薪年休假（2021 年北京市劳动人事争议仲裁十大典型案例）

案情简介

孔某为某物流公司员工，于 2017 年 1 月入职，月工资标准 6000 元，双方签订有为期 3 年的劳动合同。2019 年 1 月，孔某生育一子，并享受产假、哺乳假，当年度未休带薪年休假。2020 年 1 月，物流公司与孔某终止劳动合同，未支付其 2019 年度未休年休假工资报酬。某物流公司以孔某已享受产假及哺乳假，不符合享受带薪年休假的条件为由，不同意支付其 2019 年度未休年休假工资，双方因此发生争议。

孔某要求公司支付 2019 年未休 5 天年休假的工资报酬 2758 元。

经仲裁委主持调解，物流公司同意向孔某支付上述未休年休假工资报酬 2758 元。

案例评析

《企业职工带薪年休假实施办法》第 6 条规定："职工依法享受的探亲假、婚丧假、产假等国家规定的假期以及因工伤停工留薪期间不计入年休假假期。"第 10 条第 1 款规定："用人单位经职工同意不安排年休假或者安排职工年休假天数少于应休年休假天数，应当在本年度内对职工应休未休年休假天数，按照其日工资收入的 300% 支付未休年休假工资报酬，其中包含用人单位支付职工正常工作期间的工资收入。"本案中，张某虽于 2019 年依法享受了产假、哺乳假假期，但上述假期依法不应计入年休假假期。某物流公司与张某终止劳动合同时，未按照上述规定支付未休年休假工资报酬，于法相悖。

仲裁委提示

国家对"三期"（孕期、产期、哺乳期）女职工实行特殊劳动保护，用人单位往往更重视女职工在"三期"中应享有的权利，而忽视"三期"女职工还应享有休带薪年休假等权利。《职工带薪年休假条例》第 4 条规定："职工有下列情形之一的，不享受当年的年休假：（一）职工依法享受寒暑假，其休假天数多于年休假天数的；（二）职工请事假累计20天以上且单位按照规定不扣工资的；（三）累计工作满1年不满10年的职工，请病假累计2个月以上的；（四）累计工作满10年不满20年的职工，请病假累计3个月以上的；（五）累计工作满20年以上的职工，请病假累计4个月以上的。"《企业职工带薪年休假实施办法》第10条第2款规定："用人单位安排职工休年休假，但是职工因本人原因且书面提出不休年休假的，用人单位可以只支付其正常工作期间的工资收入。"除上述规定的情形外，用人单位应当依法保障劳动者休年休假的权利。

八、非法解除劳动关系

很多用人单位与劳动者之间的纠纷，都是因为用人单位非法解除劳动关系引起的，《劳动合同法》实施以后，对用人单位的处罚力度加大。

如果用人单位违法解除劳动合同，根据《劳动合同法》第48条的规定，劳动者可以选择两种救济方式，一种是要求继续履行劳动合同，另一种是同意解除劳动合同，要求支付双倍的经济赔偿金。如果劳动者要求继续履行劳动合同，对于劳动者因为用人单位的原因导致劳动者不能上班的损失，用人单位也应当赔偿损失。

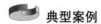 **典型案例**

案例147：孙贤锋诉淮安西区人力资源开发有限公司劳动合同纠纷案（最高人民法院指导案例180号）

2016年7月1日，孙贤锋（乙方）与淮安西区人力资源开发有限公司（以下简称西区公司）（甲方）签订劳动合同，约定：劳动合同期限为自2016年7月1日起至2019年6月30日止；乙方工作地点为连云港，从事邮件收派与司机岗位工作；乙方严重违反甲方的劳动纪律、规章制度的，甲方可以立即解除本合同且不承担任何经济补偿；甲方违约解除或者终止劳动合同的，应当按照法律规定和本合同约定向乙方支付经济补偿金或赔偿金；甲方依法制定并通过公示的各项规章制度，如《员工手册》《奖励与处罚管理规定》《员工考勤管理规定》等文件作为本合同的附件，与本合同具有同等效力。之后，孙贤锋根据西区公司安排，负责江苏省灌南县堆沟港镇区域的顺丰快递收派邮件工作。西区公司自2016年8月25日起每月向孙贤锋银行账户结算工资，截至2017年9月25日，孙贤锋前12个月的平均工资为6329.82元。2017年9月12、10月3日、10月16日，孙贤锋先后存在工作时间未穿工作服、代他人刷考勤卡、在单位公共平台留言辱骂公司主管等违纪行为。事后，西区公司依据《奖励与处罚管理规定》，由用人部门负责人、建议部门负责人、工会负责人、人力资源部负责人共同签署确认，对孙贤锋上述违纪行为分别给予扣2分、扣10分、扣10分处罚，但具体扣分处罚时间难以认定。

2017年10月17日，孙贤锋被所在单位用人部门以未及时上交履职期间的营业款项为由安排停工。次日，孙贤锋至所在单位刷卡考勤，显示刷卡信息无法录入。10月25日，西区公司出具离职证明，载明孙贤锋自2017年10月21日从西区公司正式离职，已办理完毕手续，即日起与公司无任何劳动关系。10月30日，西区公司又出具解除劳动合同通知书，载明孙贤锋在未履行请假手续也未经任何领导批准的情况下，自2017年10月20日起无故旷工3天以上，依据国家的相关法律法规及单位规章制度，经单位研究决定自2017年10月20日起与孙贤锋解除劳动关系，限于2017年11月15日前办理相关手续，逾期未办理，后果自负。之后，孙贤锋向江苏省灌南县劳动人事争议仲裁委员会申请仲裁，仲裁裁决后孙贤锋不服，遂诉至法院，要求西区公司支付违法解除劳动合同赔偿金共计68500元。

西区公司在案件审理过程中提出，孙贤锋在职期间存在未按规定着工作服、代人打卡、谩骂主管以及未按照公司规章制度及时上交营业款项等违纪行为，严重违反用人单位规章制度；自2017年10月20日起，孙贤锋在未履行请假手续且未经批准的情况下无故旷工多日，依法自2017年10月20日起与孙贤锋解除劳动关系，符合法律规定。

江苏省灌南县人民法院作出判决：一、被告西区公司于本判决发生法律效力之日起十日内支付原告孙贤锋经济赔偿金18989.46元。二、驳回原告孙贤锋的其他诉讼请求。西区公司不服，提起上诉。江苏省连云港市中级人民法院作出判决：驳回上诉，维持原判。

裁判理由

法院生效裁判认为：用人单位单方解除劳动合同是根据劳动者存在违法违纪、违反劳动合同的行为，对其合法性的评价也应以作出解除劳动合同决定时的事实、证据和相关法律规定为依据。用人单位向劳动者送达的解除劳动合同通知书，是用人单位向劳动者作出解除劳动合同的意思表示，对用人单位具有法律约束力。解除劳动合同通知书明确载明解除劳动合同的依据及事由，人民法院审理解除劳动合同纠纷案件时应以该决定作出时的事实、证据和法律为标准进行审查，不宜超出解除劳动合同通知书所载明的内容和范围。否则，将偏离劳资双方所争议的解除劳动合同行为的合法性审查内容，导致法院裁判与当事人诉讼请求以及争议焦点不一致；同时，也违背民事主体从事民事活动所应当秉持的诚实信用这一基本原则，造成劳资双方权益保障的失衡。

本案中，孙贤锋与西区公司签订的劳动合同系双方真实意思表示，合法有效。劳动合同附件《奖励与处罚管理规定》作为用人单位的管理规章制度，不违反法律、行政法规的强制性规定，合法有效，对双方当事人均具有约束力。根据《奖励与处罚管理规定》，员工连续旷工3天（含）以上的，公司有权对其处以第五类处罚责任，即解除合同、永不录用。西区公司向孙贤锋送达的解除劳动合同通知书明确载明解除劳动合同的事由为孙贤锋无故旷工达3天以上，孙贤锋诉请法院审查的内容也是西区公司以其无故旷工达3天以上而解除劳动合同行为的合法性，故法院对西区公司解除劳动合同的合法性审查也应以解除劳动合同通知书载明的内容为限，而不能超越该诉争范围。虽然西区公司在庭审中另提出孙贤锋在工作期间存在不及时上交营业款、未穿工服、代他人刷考勤卡、在单位公共平台留言辱骂公司主管等其他违纪行为，也严重违反用人单位规章制度，公司仍有权解除劳动合同，但是根据在案证据及西区公司的陈述，西区公司在已知孙贤锋存在上述行为的情况下，没有提出解除劳动合同，而是主动提出重新安排孙贤锋从事其他工作，在向孙贤锋出具解除劳动合同通知书时也没有将上述行为作为解除劳动合同的理由。对于西区公司在诉讼期间提出的上述主张，法院不予支持。

西区公司以孙贤锋无故旷工达3天以上为由解除劳动合同，应对孙贤锋无故旷工达3天以上的事实承担举证证明责任。但西区公司仅提供了本单位出具的员工考勤表为证，该考勤表未经孙贤锋签字确认，孙贤锋对此亦不予认可，认为是单位领导安排停工并提供刷卡失败视频为证。因孙贤锋在工作期间被安排停工，西区公司之后是否通知孙贤锋到公司报到、如何通知、通知时间等事实，西区公司均没有提供证据加以证明，故孙贤锋无故旷工3天以上的事实不清，西区公司应对此承担举证不能的不利后果，其以孙贤锋旷工违反公司规章制度为由解除劳动合同，缺少事实依据，属于违法解除劳动合同。

【企业防范】

用人单位在与劳动者解除劳动合同的时候，在写解除理由的时候，往往自作聪明，不写具体的解除理由，只是笼统地写违反法律和企业规章制度，以为等打官司的时候，可以随便说理由，其实这种想法大错特错。用人单位在与劳动者解除劳动合同时，一定要写清楚具体的理由及法律依据，否则极有可能被认定为违法解除。

 典型案例

案例148：用人单位应当积极履行法律义务有效防止职场性骚扰（北京市人力资源和社会保障局2022年度劳动人事争议仲裁典型案例）

案情简介

赵某，女，于2017年4月3日入职某餐饮公司，从事炊事员工作，月工资4000元。2020年11月17日，赵某报警称，同班组同事郑某11月13日在食堂过道处触碰其胸部，且郑某此前还曾从其身后摸过其大腿。某派出所对员工郑某、寇某、后厨经理任某进行了询问。郑某否认触碰赵某大腿和胸部，称11月13日在食堂过道相遇时腿部碰到了赵某，但是碰到什么部位不清楚。寇某称11月初，郑某让其看郑某手机上的图片，结果发现是黄色图片，后来听赵某说郑某触碰其胸部。任某称，11月13日听到赵某骂郑某臭流氓，就问赵某怎么回事，赵某说郑某触碰其胸部，之前还摸过她的大腿；其找郑某，郑某称只是下意识地用手挡了下，碰到赵某的胸部；郑某还对女员工说过"谁要生二胎，找他"。当日，赵某与郑某签署协议书，载明："2020年11

月 17 日 8 时许，赵某报警称在某食堂内被猥亵。经了解，赵某称自己于 11 月 13 日在食堂内过道处与郑某存在肢体接触。现双方自愿达成协议：1. 郑某向赵某赔礼道歉，赵某不追究对方的法律责任，申请撤案。2. 双方自签字之日起，双方不得再因此事发生任何口角、冲突等。"11 月 14 日至 16 日期间，赵某曾以郑某存在性骚扰行为为由，要求不与郑某分在同一班组上夜班，但其换班要求连续三次遭到某餐饮公司的拒绝，赵某自报警次日起未再上班。2020 年 11 月 25 日，某餐饮公司向赵某发出《责令上班通知书》，赵某仍未到岗。2020 年 11 月 27 日，某餐饮公司以旷工为由与赵某解除劳动合同。赵某遂向劳动人事争议仲裁委员会（以下简称仲裁委员会）提出仲裁申请，要求某餐饮公司支付违法解除劳动合同赔偿金 32000 元。

仲裁委员会裁决支持赵某的仲裁请求，后二审判决结果与仲裁裁决结果一致。

案例评析

本案争议的焦点在于，某餐饮公司与赵某解除劳动合同是否具有充分的事实依据？《最高人民法院关于审理劳动争议案件适用法律问题的解释（一）》第 44 条规定："因用人单位作出的开除、除名、辞退、解除劳动合同、减少劳动报酬、计算劳动者工作年限等决定而发生的劳动争议，用人单位负举证责任。"本案中，虽然事发处没有视频监控，也无他人目睹赵某所述的性骚扰行为，出警记录亦对该事件未作认定，但郑某已经认可其有触碰到赵某肢体的事实，且从其他员工向警方反映的情况看，郑某存有不端行为的可能性较大。赵某基于自身安全考虑，提出不与郑某一起上夜班的要求合情合理。餐饮公司作为用人单位，本应积极预防类似事件再次发生，然而却对赵某的合理诉求不予理会，并以旷工为由与赵某解除劳动合同，显然未尽到管理者的义务，其解除行为缺乏事实依据，属于违法解除，应向赵某支付违法解除劳动合同赔偿金。

仲裁委员会提示

《民法典》第 1010 条规定："违背他人意愿，以言语、文字、图像、肢体行为等方式对他人实施性骚扰的，受害人有权依法请求行为人承担民事责任。机关、企业、学校等单位应当采取合理的预防、受理投诉、调查处置等措施，防止和制止利用职权、从属关系等实施性骚扰。"《妇女权益保障法》第 25 条规定："用人单位应当采取下列措施预防和制止对妇女的性骚扰：（一）制定禁止性骚扰的规章制度；（二）明确负责机构或者人员；（三）开展预防和制止性骚扰的教育培训活动；（四）采取必要的安全保卫措施；（五）设置投诉电话、信箱等，畅通投诉渠道；（六）建立和完善调查处置程序，及时处置纠纷并保护当事人隐私和个人信息；（七）支持、协助受害妇女依法维权，必要时为受害妇女提供心理疏导；（八）其他合理的预防和制止性骚扰措施。"现实中，职场性骚扰通常具有不易察觉的隐蔽特征，往往会给受害者造成不同程度的心理伤害，其人格尊严、人格自由被侵犯，其身体权、健康权甚至隐私权、名誉权等均有可能受到相应损害。同时，性骚扰事件无疑会严重影响用人单位的商业信誉和企业形象。从上述法律规定看，用人单位负有防止和制止性骚扰的法定义务：一是合理预防义务。用人单位在进行合规管理制度建设时，应当通过民主程序制定和公示禁止实施性骚扰的行为规范，并规定性骚扰防止措施、申诉程序及惩戒办法等。同时，用人单位应营造风清气正的职场氛围，创造良好的工作环境，采取有效安全保卫措施，在不侵犯员工隐私权的前提下，尽可能提高工作场所的透明度，降低性骚扰事件发生概率。二是及时救济义务。用人单位一旦知悉有性骚扰事件发生，就应当积极作出反应，以适当方式处理受害人投诉，并采取有效的补救措施，运用惩戒手段终止骚扰行为。作为受害者的劳动者应勇敢向性骚扰行为说"不"，同时注意及时合法取证，拿起法律武器坚决维护自身合法权益。

【地方规定】

北京市高级人民法院、北京市劳动人事争议仲裁委员会关于审理劳动争议案件法律适用问题的解答（2017）

8. 用人单位违法解除或终止劳动合同，劳动者要求继续履行劳动合同的，如何处理？

劳动者要求继续履行劳动合同的，一般应予以支持。

在仲裁中发现确实无法继续履行劳动合同的，应做好释明工作，告知劳动者将要求继续履行劳动合同的请求变更为要求用人单位支付违法解除劳动合同赔偿金等请求。如经充分释明，劳动者仍坚持要求继续履行劳动合同的，应尊重劳动者的诉权，驳回劳动者的请求，告知其可另行向用人单位主张违法解除劳动合同赔偿金等。如经释明后，劳动者的请求变更为要求用人单位支付违法解除劳动合同赔偿金等的，应当继续处理。

在诉讼中发现确实无法继续履行劳动合同的，驳回劳动者的诉讼请求，告知其可另行向用人单位主张违法解除劳动合同赔偿金等。

9. 用人单位违法解除或终止劳动合同后，劳动者要求继续履行劳动合同，哪些情形可以认定为"劳动合同确实无法继续履行"？

劳动合同确实无法继续履行主要有以下情形：（1）用人单位被依法宣告破产、吊销营业执照、责令关闭、撤销，或者用人单位决定提前解散的；（2）劳动者在仲裁或者诉讼过程中达到法定退休年龄的；（3）劳动合同在仲裁或者诉讼过程中到期终止且不存在《劳动合同法》第十四条规定应当订立无固定期限劳动合同情形的；（4）劳动者原岗位对用人单位的正常业务开展具有较强的不可替代性和唯一性（如总经理、财务负责人等），且劳动者原岗位已被他人替代，双方不能就新岗位达成一致意见的；（5）劳动者已入职新单位的；（6）仲裁或诉讼过程中，用人单位向劳动者送达复工通知，要求劳动者继续工作，但劳动者拒绝的；（7）其他明显不具备继续履行劳动合同条件的。

劳动者原岗位已被他人替代的，用人单位仅以此为由进行抗辩，不宜认定为"劳动合同确实无法继续履行的"情形。

10. 劳动者与用人单位因劳动合同是否为违法解除发生争议，劳动者要求继续履行劳动合同的情况下，原单位提交了其他单位为劳动者缴纳社会保险的凭证，并以此主张劳动者与新单位之间已经形成劳动关系，此时社会保险缴纳记录能否作为认定劳动者与新单位形成劳动关系的依据？并由此导致劳动者与用人单位"劳动合同已经不能继续履行"？

不能仅以社会保险缴纳记录作为认定劳动者与新单位形成劳动关系的依据。但此时举证责任转移，由劳动者证明其与新用人单位之间不是劳动关系。若劳动者不能提出反证，则依据其与新用人单位之间的社保缴费记录确认劳动者与原用人单位"劳动合同确实无法继续履行"。新用人单位不是案件当事人的，劳动者与新用人单位之间的社保缴费记录仅为"劳动合同确实无法继续履行"的裁判理由，不应径行裁判劳动者与新用人单位之间是否形成劳动关系。

九、工伤纠纷

1. 工伤保险的缴纳范围。

2004 年实施的《工伤保险条例》第 2 条第 1 款规定，中华人民共和国境内的各类企业、有雇工的个体工商户（以下称用人单位）应当依照本条例规定参加工伤保险，为本单位全部职工或者雇工（以下称职工）缴纳工伤保险费。而对事业单位、社会团体、民办非企业单位、基金会、律师事务所、会计师事务所等组织职工的工伤事宜未作规定，而是授权国务院有关部门制定具体办法。2005 年，原劳动保障部、原人事部、民政部和财政部联合发布《关于事业单位、民间非营利组织工作人员工伤有关问题的通知》（已废止），对参照公务员法管理和不属于财政拨款的两类事业单位、社会团体、民办非企业单位等组织的工作人员的工伤待遇作了明确规定，对这两类之外的其他事业单位、社会团体、民办非企业单位以及基金会、律师事务所、会计师事务所等组织的工作人员的工伤待遇问题未作规定，交由省级地方政府规定。2010 年 12 月 8 日国务院第 136 次常务会议通过了《国务院关于修改〈工伤保险条例〉的决定》，修订的《工伤保险条例》自 2011 年 1 月 1 日起施行。为了解决这部分职工的工伤政策不明确、不统一的问题，修订后的《工伤保险条例》第 2 条第 1 款规定："中华人民共和国境内的企业、事业单位、社会团体、民办非企业单位、基金会、律师事务所、会计师事务所等组织和有雇工的个体工商户（以下称用人单位）应当依照本条例规定参加工伤保险，为本单位全部职工或者雇工（以下称职工）缴纳工伤保险费。"这样在 2011 年 1 月 1 日新条例施行后，企业、事业单位、社会团体、民办非企业单位、基金会、律师事务所、会计师事务所等组织和有雇工的个体工商户都需参加工伤保险。

有的企业认为，如果招聘农民工就不需要缴纳工伤保险，其实这种认识是错误的。原劳动和社会保障部 2004 年 6 月 1 日发布了《关于农民工参加工伤保险有关问题的通知》，其中指出，农民工参加工伤保险、依法享受工伤保险待遇是《工伤保险条例》赋予包括农民工在内的各类用人单位职工的基本权益，各类用人单位招用的农民工均有依法享受工伤保险待遇的权利。各地要将农民工参加工伤保险，作为今年工伤保险扩面的重要工作，明确任务，抓好落实。凡是与用人单位建立劳动关系的农民工，用人单位必须及时为他们办理参加工伤保险的手续。对用人单位为农民工先行办理工伤保险的，各地经办机构应予办理。今年重点推进建筑、矿山等工伤风险较大、职业危害较重行业的农民工参加工伤保险。

2. 工伤保险缴纳的基数。

（1）工伤保险费率按照行业划分，行业不同，费率也不一样。

根据不同行业的工伤风险程度，参照《国民经济行业分类》（GB/T 4754—2017），将行业划分为三个类别：一类为风险较小行业，二类为中等风险行业，三类为风险较大行业。（参见表1）三类行业分别实行三种不同的工伤保险缴费率。统筹地区社会保险经办机构要根据用人单位的工商登记和主要经营生产业务等情况，分别确定各用人单位的行业风险类别。

（2）关于费率确定。

各省、自治区、直辖市工伤保险费平均缴费率原则上要控制在职工工资总额的1.0%左右。在这一总体水平下，各统筹地区三类行业的基准费率要分别控制在用人单位职工工资总额的0.5%左右、1.0%左右、2.0%左右。各统筹地区劳动保障部门要会同财政、卫生、安全监管部门，按照以支定收、收支平衡的原则，根据工伤保险费使用、工伤发生率、职业病危害程度等情况提出分类行业基准费率的具体标准，报统筹地区人民政府批准后实施。基准费率的具体标准可定期调整。

（3）关于费率浮动。

用人单位属一类行业的，按行业基准费率缴费，不实行浮动费率。用人单位属二、三类行业的，实行浮动费率。用人单位的初次缴费费率，按行业基准费率确定，以后由统筹地区社会保险经办机构根据用人单位工伤保险费使用、工伤发生率、职业病危害程度等因素，一年至三年浮动一次。在行业基准费率的基础上，可上下各浮动两档：上浮第一档到本行业基准费率的120%，上浮第二档到本行业基准费率的150%；下浮第一档到本行业基准费率的80%，下浮第二档到本行业基准费率的50%。

我国工伤保险实行的是有差别的浮动费率制度。用人单位的工伤保险费率的确定与用人单位所属行业和工伤发生率等情况挂钩。实行"行业差别费率"和"行业内费率档次"确定工伤保险费率的初衷，主要是利用费率杠杆促使用人单位的工伤预防与安全生产。之前《工伤保险条例》规定，行业差别费率及行业内费率档次由国务院劳动保障行政部门会同国务院财政部门、卫生行政部门、安全生产监督管理部门制定，报国务院批准后公布施行。修订后的《工伤保险条例》则规定行业差别费率及行业内费率档次由国务院社会保险行政部门制定，报国务院批准后公布施行。

表1　工伤保险行业风险分类表

行业类别	行　业　名　称
一	银行业，证券业，保险业，其他金融活动业，居民服务业，其他服务业，租赁业，商务服务业，住宿业，餐饮业，批发业，零售业，仓储业，邮政业，电信和其他传输服务业，计算机服务业，软件业，卫生，社会保障业，社会福利业，新闻出版业，广播、电视、电影和音像业，文化艺术业，教育，研究与试验发展，专业技术业，科技交流和推广服务业，城市公共交通业
二	房地产业，体育，娱乐业，水利管理业，环境管理业，公共设施管理业，农副食品加工业，食品制造业，饮料制造业，烟草制品业，纺织业，纺织服装、鞋、帽制造业，皮革、毛皮、羽绒及其制品业，林业，农业，畜牧业，渔业、农、林、牧、渔服务业，木材加工及木、竹、藤、草制品业，家具制造业，造纸及纸制品业，印刷业和记录媒介的复制，文教体育用品制造业，化学纤维制造业，医药制造业，通用机械制造业，专用机械制造业，交通运输设备制造业，电气机械及器材制造业，仪器仪表及文化，办公用机械制造业，非金属矿物制品业，金属制品业，橡胶制品业，塑料制品业，通信设备，计算机及其他电子设备制造业，工艺品及其他制造业，废弃资源和废旧材料回收加工业，电力、热力的生产和供应业，燃气生产和供应业，水的生产和供应业，房屋和土木工程建筑业，建筑安装业，建筑装饰业，其他建筑业，地质勘查业，铁路运输业，道路运输业，水上运输业，航空运输业，管道运输业，装卸搬运和其他运输服务业
三	石油加工，炼焦及核心燃料加工业，化学原料及化学制品制造业，黑色金属冶炼及压延加工业，有色金属冶炼及压延加工业，石油和天然气开采业，黑色金属矿采选业，有色金属矿采选业，非金属矿采选业，煤炭开采和洗选业，其他采矿业

3. 不缴纳工伤保险的法律后果。

用人单位不按照法律规定缴纳工伤保险的，将承担相应的法律后果，根据《工伤保险条例》的规定，具体为：

（1）用人单位瞒报工资总额或者职工人数的，由社会保险行政部门责令改正，并处瞒报工资数额1倍以上3倍以下的罚款。

（2）用人单位依照本条例规定应当参加工伤保险而未参加的，由社会保险行政部门责令改正；未参加工伤保险期间用人单位职工发生工伤的，由该用人单位按照本条例规定的工伤保险待遇项目和标准支付费用。

4. 哪些情况可以认定为工伤？

（1）职工有下列情形之一的，应当认定为工伤：

①在工作时间和工作场所内，因工作原因受到事故伤害的。

原劳动和社会保障部办公厅在给甘肃省劳动和社会保障厅（劳社厅函〔2002〕143号）《关于如何理解〈企业职工工伤保险试行办法〉有关内容的答复意见》中规

定，"生产工作的时间"和"生产工作区域内"两个条件须同时具备才能认定工伤。

因此，必须是在工作时间和工作场所内，因为工作原因受到事故伤害才能认定为工伤，如果虽然是在工作时间和工作场所内，不是因为工作原因受到事故伤害的，也不能认定为工伤。

 典型案例

案例 149：如何认定工伤？

金某和郭某是同事，因为郭某背有点驼，所以有人私下给他起了一个外号——罗锅。郭某非常忌讳别人叫他的外号。2006 年 10 月的一天，在正常上班期间，郭某对一个同事说，自己喜欢公司的另外一个同事，金某听到后笑着说："癞蛤蟆还想吃天鹅肉，罗锅还想追这么漂亮的女孩子。"郭某听到后非常生气，顺手就拿身边的一根棍子朝金某砸了过去，金某当场被砸晕，鲜血直流，后金某被送到医院抢救。金某住院一个多月，经鉴定构成了八级伤残。郭某听到金某严重受伤后，就逃跑了，一直下落不明。由于找不到郭某，金某要求认定为工伤。单位认为金某虽然是在工作时间和工作场所受到的伤害，但不是由于工作的原因造成的，因此不同意认定为工伤。金某可以认定为工伤吗？

律师点评

金某虽然是在工作时间和工作场所受到郭某的伤害的，但金某受伤是因为与郭某开玩笑。金某的受伤与工作没有任何关系，因此，金某的情况不能被认定为工伤，金某只能向郭某要求赔偿。

②工作时间前后在工作场所内，从事与工作有关的预备性或者收尾性工作受到事故伤害的。

③在工作时间和工作场所内，因履行工作职责受到暴力等意外伤害的。

④患职业病的。

职业病诊断鉴定费用由用人单位承担。医疗卫生机构发现疑似职业病病人时，应当告知劳动者本人并及时通知用人单位。用人单位应当及时安排对疑似职业病病人进行诊断；在疑似职业病病人诊断或者医学观察期间，不得解除或者终止与其订立的劳动合同。

疑似职业病病人在诊断、医学观察期间的费用，由用人单位承担。职业病病人依法享受国家规定的职业病待遇。用人单位应当按照国家有关规定，安排职业病病人进行治疗、康复和定期检查。用人单位对不适宜继续从事原工作的职业病病人，应当调离原岗位，并妥善安置。用人单位对从事接触职业病危害的作业的劳动者，应当给予适当岗位津贴。职业病病人的诊疗、康复费用，伤残以及丧失劳动能力的职业病病人的社会保障，按照国家有关工伤社会保险的规定执行。职业病病人除依法享有工伤社会保险外，依照有关民事法律，尚有获得赔偿的权利的，有权向用人单位提出赔偿要求。劳动者被诊断患有职业病，但用人单位没有依法参加工伤社会保险的，其医疗和生活保障由最后的用人单位承担；最后的用人单位有证据证明该职业病是先前用人单位的职业危害造成的，由先前的用人单位承担。职业病病人变动工作单位，其依法享有的待遇不变。用人单位发生分立、合并、解散、破产等情形的，应当对从事接触职业病危害的作业的劳动者进行健康检查，并按照国家有关规定妥善安置职业病病人。

⑤因工外出期间，由于工作原因受到伤害或者发生事故下落不明的。

比如，在汶川大地震中，如果正好有公司派员工去往该地区出差，该员工在该次地震中受到伤害或者下落不明的，就属于工伤。

⑥在上下班途中，受到非本人主要责任的交通事故或者城市轨道交通、客运轮渡、火车事故伤害的。

对于上下班途中受到机动车事故伤害的工伤认定问题，《劳动部企业职工工伤保险试行办法》对这种情况工伤认定的要求是，"在上下班的规定时间和必经路线上，发生无本人责任或者非本人主要责任的道路交通机动车事故"。2004年实施的《工伤保险条例》则取消了原"规定时间和必经路线"的限制，而且不论事故的责任在谁，只要职工是上下班途中遭受机动车事故伤害的，不论其是主要责任、次要责任还是无责任，均可认定为工伤。2010年，《国务院关于修改〈工伤保险条例〉的决定》，将"关于在上下班途中受到机动车事故伤害认定为工伤的情形"，修订为"在上下班途中，受到非本人主要责任的交通事故或者城市轨道交通、客运轮渡、火车事故伤害的"。这一修订主要体现在以下两个方面的变化。

一是上下班途中交通事故工伤的情形扩大了，即将原来的"机动车交通事故"，扩大至"机动车""非机动车""轨道交通""客运轮渡""火车"事故伤害。

二是增加了工伤认定的责任考量因素。修订后的《工伤保险条例》虽然扩大了上下班途中交通事故的工伤情形，但也新增加了责任考量因素，即员工受到非本人主要责任的交通事故才能被认定为工伤。

虽然这一修订增加了工伤认定的责任考量因素，但由于其扩大了交通事故的范围，无疑会增加用人单位的用工风险，值得用人单位重视和注意。

⑦法律、行政法规规定应当认定为工伤的其他情形。

（2）职工有下列情形之一的，视同工伤：

①在工作时间和工作岗位，突发疾病死亡或者在48小时之内经抢救无效死亡的。

根据《关于实施〈工伤保险条例〉若干问题的意见》的规定，"职工在工作时间和工作岗位，突发疾病死亡或者在48小时之内经抢救无效死亡的，视同工伤"。这里"突发疾病"包括各类疾病，"48小时"的起算时间，以医疗机构的初次诊断时间作为突发疾病的起算时间。

②在抢险救灾等维护国家利益、公共利益活动中受到伤害的。

③职工原在军队服役，因战、因公负伤致残，已取得革命伤残军人证，到用人单

位后旧伤复发的。

（3）职工有下列情形之一的，不得认定为工伤或者视同工伤：

①故意犯罪的。

②醉酒或者吸毒的。

③自残或者自杀的。

之前，《工伤保险条例》第16条规定的不得认定为工伤或者视同工伤的情形为："（一）因犯罪或者违反治安管理伤亡的；（二）醉酒导致伤亡的；（三）自残或者自杀的。"《工伤保险条例》（2010年修订）第16条将上述三种情况修订为"（一）故意犯罪的；（二）醉酒或者吸毒的；（三）自残或者自杀的"。可见修订变化主要体现在"一减一增"两点：所谓"一减"，即将原来"因犯罪或者违反治安管理伤亡的"不得认定为工伤的范围减少至"故意犯罪"。换言之，如果是"过失犯罪"或"违反治安管理伤亡"导致伤害的，如果符合工伤或视同工伤的情形，则可以被认定为工伤。因此，修订后的《工伤保险条例》大大缩减了不得认定为工伤的情形，等于扩大了属于工伤的情形。这一点修订对用人单位的影响甚大，尤其是对生产制造型企业、物业管理、保安等行业的影响比较大，诸如员工之间因工作原因打架斗殴的，即便被公安机关处罚甚至构成过失犯罪，仍不影响工伤的定性。

所谓"一增"，即将原来"醉酒导致伤亡的"修订为"醉酒或者吸毒的"，增加了"吸毒"导致伤亡的不属于工伤。

5. 工伤认定程序。

（1）提出工伤认定的时间和接受认定的部门。

根据《工伤保险条例》和《工伤认定办法》的有关规定，发生工伤后，职工或者相关的亲属、单位等必须在规定的时间内向有关部门提出申请，超过规定时间，将要承担不利的后果。

①职工发生事故伤害或者按照职业病防治法规定被诊断、鉴定为职业病，所在单位应当自事故伤害发生之日或者被诊断、鉴定为职业病之日起30日内，向统筹地区社会保险行政部门提出工伤认定申请。遇有特殊情况，经报社会保险行政部门同意，申请时限可以适当延长。

应当向省级社会保险行政部门提出工伤认定申请的，根据属地原则应向用人单位所在地设区的市级社会保险行政部门提出。

用人单位未在本条第1款规定的时限内提交工伤认定申请，在此期间发生符合本条例规定的工伤待遇等有关费用由该用人单位负担。

这里用人单位承担工伤待遇等有关费用的期间是指从事故伤害发生之日或职业病确诊之日起到社会保险行政部门受理工伤认定申请之日止。

②用人单位未在规定的期限内提出工伤认定申请的，受伤害职工或者其近亲属、工会组织在事故伤害发生之日或者被诊断、鉴定为职业病之日起1年内，可以直接提出工伤认定申请。

有权申请工伤认定的"工会组织"包括职工所在用人单位的工会组织以及符合《工会法》规定的各级工会组织。

 典型案例

案例150：工伤职工可以自己申请工伤认定吗？

隋某在一家工厂上班，在一次加班时受伤。由于其所在单位效益不好，没有为其缴纳社会保险，因此，单位对其提出的工伤认定申请一直没有答复。隋某找到工会，工会领导以单位没有给予答复，不能申请工伤来敷衍。隋某应该怎么办？

律师点评

职工发生工伤后，所在单位应当自事故发生后的30日内提出工伤认定申请。如果所在单位不提出工伤认定申请，所在的工会也不申请工伤认定，工伤职工或者近亲属可以自事故发生之日起1年之内，直接申请工伤认定。《劳动和社会保障部关于实施〈工伤保险条例〉若干问题的意见》中规定，用人单位未按规定为职工提出工伤认定申请，受到事故伤害或患职业病的职工或者近亲属、工会组织提出工伤认定申请，职工所在单位是否同意（签字、盖章），不是必经程序。

因此隋某可以直接提出工伤认定。

（2）申请工伤认定所需要的资料。

根据《工伤保险条例》及《工伤认定办法》的规定，申请工伤认定，应当提供下列材料：

①工伤认定申请表。

工伤认定申请表应当包括事故发生的时间、地点、原因以及职工伤害程度等基本情况。

②与用人单位存在劳动关系（包括事实劳动关系）的证明材料。

③医疗诊断证明或者职业病诊断证明书（或者职业病诊断鉴定书）。

工伤认定申请人提供材料不完整的，劳动保障行政部门应当一次性书面告知工伤认定申请人需要补正的全部材料。申请人按照书面告知要求补正材料后，劳动保障行政部门应当受理。

（3）工伤认定。

修订后的《工伤保险条例》规定，社会保险行政部门应当自受理工伤认定申请之日起60日内作出工伤认定的决定，并书面通知申请工伤认定的职工或者其近亲属和该职工所在单位。社会保险行政部门对受理的事实清楚、权利义务明确的工伤认定申请，应当在15日内作出工伤认定的决定。作出工伤认定决定需要以司法机关或者有关行政主管部门的结论为依据的，在司法机关或者有关行政主管部门尚未作出结论期间，作出工伤认定决定的时限中止。社会保险行政部门工作人员与工伤认定申请人有利害关系的，应当回避。

（4）对工伤认定不服的救济措施。

当事人或者用人单位提出了工伤认定，但如果对有关决定不符，该采取什么措施呢？

修订后的《工伤保险条例》第55条规定，有下列情形之一的，有关单位或者个人可以依法申请行政复议，也可以依法向人民法院提起行政诉讼：

（一）申请工伤认定的职工或者其近亲属、该职工所在单位对工伤认定申请不予受理的决定不服的；

（二）申请工伤认定的职工或者其近亲属、该职工所在单位对工伤认定结论不服的；

（三）用人单位对经办机构确定的单位缴费费率不服的；

（四）签订服务协议的医疗机构、辅助器具配置机构认为经办机构未履行有关协议或者规定的；

（五）工伤职工或者其近亲属对经办机构核定的工伤保险待遇有异议的。

修订后的《工伤保险条例》取消了行政复议前置程序，规定发生工伤争议的，有关单位或者个人可以依法申请行政复议，也可以直接依法向人民法院提起行政诉讼。

修订后的《工伤保险条例》加强了对工伤职工的保护力度，规定社会保险行政部门作出认定为工伤的决定后发生行政复议、行政诉讼的，行政复议和行政诉讼期间不停止支付工伤职工治疗工伤的医疗费用。

6. 发生工伤的待遇及赔偿标准。

（1）发生工伤的职工享受下列待遇。

①职工因工作遭受事故伤害或者患职业病进行治疗，享受工伤医疗待遇。

根据修订后的《工伤保险条例》的规定，职工因工作遭受事故伤害或者患职业病进行治疗，享受工伤医疗待遇。

职工治疗工伤应当在签订服务协议的医疗机构就医，情况紧急时可以先到就近的医疗机构急救。

治疗工伤所需费用符合工伤保险诊疗项目目录、工伤保险药品目录、工伤保险住院服务标准的，从工伤保险基金支付。工伤保险诊疗项目目录、工伤保险药品目录、工伤保险住院服务标准，由国务院社会保险行政部门会同国务院卫生行政部门、食品药品监督管理部门等部门规定。

职工住院治疗工伤的伙食补助费，以及经医疗机构出具证明，报经办机构同意，工伤职工到统筹地区以外就医所需的交通、食宿费用从工伤保险基金支付，基金支付的具体标准由统筹地区人民政府规定。

工伤职工治疗非工伤引发的疾病，不享受工伤医疗待遇，按照基本医疗保险办法处理。

工伤职工到签订服务协议的医疗机构进行工伤康复的费用，符合规定的，从工伤保险基金支付。

②工伤职工因日常生活或者就业需要，经劳动能力鉴定委员会确认，可以安装假肢、矫形器、假眼、假牙和配置轮椅等辅助器具，所需费用按照国家规定的标准从工伤保险基金支付。

③职工因工作遭受事故伤害或者患职业病需要暂停工作接受工伤医疗的，在停工留薪期内，原工资福利待遇不变，由所在单位按月支付。停工留薪期一般不超过12个月。伤情严重或者情况特殊，经设区的市级劳动能力鉴定委员会确认，可以适当延长，但延长不得超过12个月。工伤职工评定伤残等级后，停发原待遇，按照本章的有关规定享受伤残待遇。工伤职工在停工留薪期满后仍需治疗的，继续享受工伤医疗待遇。生活不能自理的工伤职工在停工留薪期需要护理的，由所在单位负责。

④工伤职工已经评定伤残等级并经劳动能力鉴定委员会确认需要生活护理的，从工伤保险基金按月支付生活护理费。生活护理费按照生活完全不能自理、生活大部分不能自理或者生活部分不能自理3个不同等级支付，其标准分别为统筹地区上年度职工月平均工资的50%、40%或者30%。

（2）职工因工致残被鉴定为一级至四级伤残的，保留劳动关系，退出工作岗位，享受以下待遇。

①从工伤保险基金按伤残等级支付一次性伤残补助金，标准为：一级伤残为27个月的本人工资，二级伤残为25个月的本人工资，三级伤残为23个月的本人工资，四级伤残为21个月的本人工资。

②从工伤保险基金按月支付伤残津贴，标准为：一级伤残为本人工资的90%，二级伤残为本人工资的85%，三级伤残为本人工资的80%，四级伤残为本人工资的75%。伤残津贴实际金额低于当地最低工资标准的，由工伤保险基金补足差额。

③工伤职工达到退休年龄并办理退休手续后，停发伤残津贴，按照国家有关规定享受基本养老保险待遇。基本养老保险待遇低于伤残津贴的，由工伤保险基金补足差额。

④职工因工致残被鉴定为一级至四级伤残的，由用人单位和职工个人以伤残津贴为基数，缴纳基本医疗保险费。

（3）职工因工致残被鉴定为五级、六级伤残的，享受以下待遇。

①从工伤保险基金按伤残等级支付一次性伤残补助金，标准为：五级伤残为18个月的本人工资，六级伤残为16个月的本人工资。

②保留与用人单位的劳动关系，由用人单位安排适当工作。难以安排工作的，由用人单位按月发给伤残津贴，标准为：五级伤残为本人工资的70%，六级伤残为本人工资的60%，并由用人单位按照规定为其缴纳应缴纳的各项社会保险费。伤残津贴实际金额低于当地最低工资标准的，由用人单位补足差额。

③经工伤职工本人提出，该职工可以与用人单位解除或者终止劳动关系，由工伤保险基金支付一次性工伤医疗补助金，由用人单位支付一次性伤残就业补助金。一次

性工伤医疗补助金和一次性伤残就业补助金的具体标准由省、自治区、直辖市人民政府规定。

（4）职工因工致残被鉴定为七级至十级伤残的，享受以下待遇。

①从工伤保险基金按伤残等级支付一次性伤残补助金，标准为：七级伤残为13个月的本人工资，八级伤残为11个月的本人工资，九级伤残为9个月的本人工资，十级伤残为7个月的本人工资；

②劳动、聘用合同期满终止，或者职工本人提出解除劳动、聘用合同的，由工伤保险基金支付一次性工伤医疗补助金，由用人单位支付一次性伤残就业补助金。一次性工伤医疗补助金和一次性伤残就业补助金的具体标准由省、自治区、直辖市人民政府规定。

（5）职工因工死亡，其直系亲属享受的待遇。

根据《因工死亡职工供养亲属范围规定》的规定，本规定所称因工死亡职工供养亲属，是指该职工的配偶、子女、父母、祖父母、外祖父母、孙子女、外孙子女、兄弟姐妹。所称子女，包括婚生子女、非婚生子女、养子女和有抚养关系的继子女，其中，婚生子女、非婚生子女包括遗腹子女。所称父母，包括生父母、养父母和有抚养关系的继父母。所称兄弟姐妹，包括同父母的兄弟姐妹、同父异母或者同母异父的兄弟姐妹、养兄弟姐妹、有抚养关系的继兄弟姐妹。

职工因工死亡，其直系亲属按照下列规定从工伤保险基金领取丧葬补助金、供养亲属抚恤金和一次性工亡补助金：

①丧葬补助金为6个月的统筹地区上年度职工月平均工资。

②供养亲属抚恤金按照职工本人工资的一定比例发给由因工死亡职工生前提供主要生活来源、无劳动能力的亲属。标准为：配偶每月40%，其他亲属每人每月30%，孤寡老人或者孤儿每人每月在上述标准的基础上增加10%。核定的各供养亲属的抚恤金之和不应高于因工死亡职工生前的工资。供养亲属的具体范围由国务院劳动保障行政部门规定。

依靠因工死亡职工生前提供主要生活来源，并有下列情形之一的，可按规定申请供养亲属抚恤金。

a. 完全丧失劳动能力的。

b. 工亡职工配偶男年满60周岁、女年满55周岁的。

c. 工亡职工父母男年满60周岁、女年满55周岁的。

d. 工亡职工子女未满18周岁的。

e. 工亡职工父母均已死亡，其祖父、外祖父年满60周岁，祖母、外祖母年满55周岁的。

f. 工亡职工子女已经死亡或完全丧失劳动能力，其孙子女、外孙子女未满18周岁的。

g. 工亡职工父母均已死亡或完全丧失劳动能力，其兄弟姐妹未满18周岁的。

③一次性工亡补助金标准为上一年度全国城镇居民人均可支配收入的 20 倍。

④伤残职工在停工留薪期内因工伤导致死亡的，其直系亲属享受以上待遇。

⑤一级至四级伤残职工在停工留薪期满后死亡的，其直系亲属可以享受上述第（1）项、第（2）项规定的待遇。

 典型案例

案例 151：订立免责协议不能免除用人单位对工伤职工法定义务（北京市人力资源和社会保障局 2022 年度劳动人事争议仲裁典型案例）

乔某系某保安服务公司乘务管理员，于 2019 年 1 月入职，月均实发工资 3500 元，最后工作日为 2019 年 10 月 14 日，当天乔某在接车时发生交通事故。在职期间，保安服务公司未为乔某缴纳社会保险费。2020 年 12 月，某区人社局作出《认定工伤决定书》，认定乔某所受伤害为工伤。2021 年 4 月 30 日，某区劳动能力鉴定委员会作出鉴定结论为：目前已达到职工工伤与职业病致残等级标准八级。保安服务公司认为，入职之时，其与乔某签订《乘务管理员劳动协议》，约定乔某自愿放弃社保，其工资中有一部分是社保补偿等；事故发生后，双方订立《协议书》，其中载明"……为向肇事方申请补偿，特向公司申请开具误工证明。此证明只限于本人向肇事方申请补偿之用，不会利用此证明对公司进行法律诉讼或责任追究，与公司不存在任何法律纠纷"，故不同意向乔某赔付任何工伤待遇。2021 年 6 月，乔某向劳动人事争议仲裁委员会（以下简称仲裁委员会）提出仲裁申请，要求某保安服务公司支付一次性伤残补助金、一次性工伤医疗补助金、一次性伤残就业补助金合计 239509 元。

仲裁委员会裁决支持乔某的仲裁请求，一审、二审判决结果与仲裁裁决结果一致。

案例评析

本案争议的焦点在于，保安服务公司与乔某订立的两份"免责协议"，能否让保安服务公司免予支付乔某应享有的工伤待遇？

《劳动合同法》第 26 条第 1 款规定："下列劳动合同无效或者部分无效：……；（三）违反法律、行政法规强制性规定的。"保安服务公司虽与乔某订立《乘务管理员劳动协议》《协议书》，但上述协议违反《社会保险法》《工伤保险条例》有关用人单位应当依法为劳动者缴纳社会保险费（工伤保险费）的强制性规定，故不能发生免责的法律效果。《工伤保险条例》第 62 条第 2 款规定："依照本条例规定应当参加工伤保险而未参加工伤保险的用人单位职工发生工伤的，由该用人单位按照本条例规定的工伤保险待遇项目和标准支付费用。"本案中，保安服务公司未依法缴纳工伤保险费，致使本可由社保基金列支的相关工伤保险待遇，均由该公司全额向乔某支付。

仲裁委员会提示

依法为劳动者办理社会保险，缴纳社会保险费用系用人单位的法定义务，劳动者要求或同意停缴社会保险费不能免除该法定义务的履行以及不履行该法定义务产生的法律责任。用人单位应当依照《社会保险法》的相关规定，自用工之日起 30 日内为其职工向社会保险经办机构申请办理社会保险登记，并按时足额缴纳社会保险费。用人单位应增强合规意识，加强合规管理，可将新入职员工不同意缴纳应缴社会保险费作为不符合录用条件之一而拒绝录用，避免出现本案中"因小失大""得不偿失"情形；劳动者应提高风险防范意识，避免只顾眼前利益而不顾后患，为自身权益维护带来不必要的困难和障碍。

【企业防范】

企业如果不为劳动者缴纳工伤保险，一是劳动者可以以用人单位未依法为劳动者缴纳社会保险为由，随时解除劳动合同；二是一旦劳动者发生工伤，根据《工伤保险条例》第 62 条第 2 款的规定，未参加工伤保险期间用人单位职工发生工伤的，由该用人单位按照本条例规定的工伤保险待遇项目和标准支付费用。因此，我们建议用人单位一定要按照当地规定为职工缴纳工伤保险，这样一旦发生工伤，就可以由工伤保险基金支付。

【地方规定】

北京市高级人民法院、北京市劳动人事争议仲裁委员会关于审理劳动争议案件法律适用问题的解答（2017）

26. 哪些近亲属可以享受《工伤保险条例》第三十九条规定中劳动者的工亡赔偿待遇？近亲属间如何分配劳动者的工亡赔偿待遇？

《工伤保险条例》规定的近亲属的范围不同于《继承法》[①] 的继承人范围。《工伤保险条例》规定的近亲属应包括配偶、父母、子女、兄弟姐妹、祖父母、外祖父母、孙子女、外孙子女和其他具有扶养、赡养关系的亲属。

依据《工伤保险条例》第三十九条规定"供养亲属抚恤金按照职工本人工资的一定比例发给由因工死亡职工生前提供主要生活来源、无劳动能力的亲属"。"供养亲属的具体范围由国务院社会保险行政部门规定"，具体认定可按原劳动和社会保障部《因工死亡职工供养亲属范围规定》执行。

除供养亲属抚恤金外，其他享受劳动者的工亡赔偿待遇的近亲属范围的顺位可参照《继承法》中法定继承顺位考虑。

十、劳务派遣纠纷

《劳动合同法》实施后，全国人大常委会在 2012 年 12 月 28 日通过了《关于修改〈中华人民共和国劳动合同法〉的决定》，对《劳动合同法》进行了修改，主要是针对

---

① 现为《民法典》继承编。

劳务派遣过程中出现的问题进行了修改，加强了对劳务派遣工人的保护力度。劳务派遣作为一种补充用工方式，在满足用人单位灵活用工需求和解决失业摩擦、促进劳动者就业等方面发挥了积极作用。但在实践中也存在部分用工单位超范围使用被派遣劳动者、部分劳务派遣单位不与被派遣劳动者签订劳动合同、不依法缴纳社会保险费、被派遣劳动者与用工单位同岗位劳动者同工不同酬等问题，损害了被派遣劳动者的合法权益，影响了劳动关系的和谐稳定。针对这种情况，全国人民代表大会常务委员会决定对《劳动合同法》进行修改，重点修改有关劳务派遣的内容。主要从设立经营劳务派遣业务行政许可、进一步明确界定"三性"工作岗位范围、严格控制劳务派遣用工数量、落实被派遣劳动者同工同酬权利和加重违法行为法律责任等方面对劳务派遣作出了新的法律规定。

1. 经营劳务派遣业务应当具备的条件。

修改的《劳动合同法》提高了对于经营劳务派遣业务公司的门槛，加强了管理。

如果公司开展劳务派遣业务，必须具备下列条件：

（1）注册资本不得少于人民币200万元。

按照原来《劳动合同法》的规定，从事劳务派遣的公司注册资本只要不少于50万元就可以了，但《劳动合同法》的修改，提高了劳务派遣公司的门槛，要求注册资本不少于200万元。

（2）有与开展业务相适应的固定的经营场所和设施。

（3）有符合法律、行政法规规定的劳务派遣管理制度。

（4）法律、行政法规规定的其他条件。

（5）经营劳务派遣业务，应当向劳动行政部门依法申请行政许可；经许可的，依法办理相应的公司登记。未经许可，任何单位和个人不得经营劳务派遣业务。

2. 劳务派遣中的责任承担。

很多单位采取劳务派遣的形式，一方面是为了节省费用，但更多的考虑是为了转移风险，认为出了纠纷，由于自己并没有与劳动者签订劳动合同，劳动者也不属于自己企业的职工，而属于劳务派遣单位的职工，应该由劳务派遣单位承担责任。这种"美好"的想法在《劳动合同法》出台以后被彻底粉碎。

《劳动合同法》第92条第2款规定："劳务派遣单位、用工单位违反本法有关劳务派遣规定的，由劳动行政部门责令限期改正；逾期不改正的，以每人五千元以上一万元以下的标准处以罚款，对劳务派遣单位，吊销其劳务派遣业务经营许可证。用工单位给被派遣劳动者造成损害的，劳务派遣单位与用工单位承担连带赔偿责任。"《劳动争议调解仲裁法》第22条第2款规定："劳务派遣单位或者用工单位与劳动者发生劳动争议的，劳务派遣单位和用工单位为共同当事人。"

劳务派遣中的一些问题，如同工不同酬、责任分担不清、拖欠工资等，为了防止劳动者的权益被侵害后，劳务派遣单位和用工单位互相推诿或者劳务派遣单位没有能力承担赔偿责任，《劳动合同法》规定，被派遣劳动者的权益受到损害的，劳务派遣单位与用工单位承担连带赔偿责任。

所谓连带赔偿责任是指给被派遣劳动者造成损害后，不管损害是由于劳务派遣单位的原因造成的还是由于用工单位的原因造成的，劳动者都有权要求劳务派遣单位和用工单位同时承担赔偿责任，用工单位不能以不是自己的责任作为抗辩理由，用工单位承担责任后，如果确实是由于劳务派遣单位的原因造成的，可以向劳务派遣单位追偿。

法律规定由劳务派遣单位和用工单位承担连带责任，对于解决用工单位不实际承担责任、劳务派遣单位实际承担不了责任的问题，以及最大限度地保护被派遣劳动者的权益得到充分的保护，都具有重要的意义。

 典型案例

案例152：劳动者超时加班发生工伤，用工单位、劳务派遣单位是否承担连带赔偿责任（人力资源和社会保障部、最高人民法院联合发布第二批劳动人事争议典型案例）

基本案情

2017年8月，某服务公司（已依法取得劳务派遣行政许可）与某传媒公司签订劳务派遣协议，约定某服务公司为某传媒公司提供派遣人员，每天工作11小时，每人每月最低保底工时286小时。2017年9月，某服务公司招用李某并派遣至某传媒公司工作，未为李某缴纳工伤保险。2018年8月、9月、11月，李某月工时分别为319小时、293小时、322.5小时，每月休息日不超过3日。2018年11月30日，李某工作时间为当日晚8时30分至12月1日上午8时30分。李某于12月1日凌晨5时30分晕倒在单位卫生间，经抢救无效于当日死亡，死亡原因为心肌梗死等。2018年12月，某传媒公司与李某近亲属惠某等签订赔偿协议，约定某传媒公司支付惠某等工亡待遇42万元，惠某等不得再就李某工亡赔偿事宜或在派遣工作期间享有的权利，向某传媒公司提出任何形式的赔偿要求。上述协议签订后，某传媒公司实际支付惠某等各项费用计423497.80元。此后，李某所受伤害被社会保险行政部门认定为工伤。某服务公司、惠某等不服仲裁裁决，诉至人民法院。惠某等请求判决某服务公司与某传媒公司连带支付医疗费、一次性工亡补助金、丧葬补助金、供养亲属抚恤金，共计1193821元。某服务公司请求判决不应支付供养亲属抚恤金；应支付的各项赔偿中应扣除某传媒公司已支付款项；某传媒公司承担连带责任。

一审法院判决：按照《工伤保险条例》，因用人单位未为李某参加工伤保险，其工亡待遇由用人单位全部赔偿。某服务公司和某传媒公司连带赔偿惠某等医疗费、一次性工亡补助金、丧葬补助金、供养亲属抚恤金合计766911.55元。某传媒公司不服，提起上诉。二审法院判决：驳回上诉，维持原判。

✍案例分析

本案的争议焦点是李某超时加班发生工伤，用工单位与劳务派遣单位是否应承担连带赔偿责任。

《劳动法》第 38 条规定："用人单位应当保证劳动者每周至少休息一日。"第 41 条规定："用人单位由于生产经营需要，经与工会和劳动者协商后可以延长工作时间，一般每日不得超过一小时；因特殊原因需要延长工作时间的，在保障劳动者身体健康的条件下延长工作时间每日不得超过三小时，但是每月不得超过三十六小时。"《劳动合同法》第 92 条第 2 款规定："用工单位给被派遣劳动者造成损害的，劳务派遣单位与用工单位承担连带赔偿责任。"《国务院关于职工工作时间的规定》（国务院令第 174 号）第 3 条规定："职工每日工作 8 小时、每周工作 40 小时。"休息权是劳动者的基本劳动权利，即使在支付劳动者加班费的情况下，劳动者的工作时间仍然受到法定延长工作时间上限的制约。劳务派遣用工中，劳动者超时加班发生工伤，用工单位和劳务派遣单位对劳动者的损失均负有责任，应承担连带赔偿责任。劳动者与用工单位、劳务派遣单位达成赔偿协议的，当赔偿协议存在违反法律、行政法规的强制性规定，欺诈、胁迫或者乘人之危情形时，不应认定赔偿协议有效；当赔偿协议存在重大误解或者显失公平情形时，应当支持劳动者依法行使撤销权。

本案中，某服务公司和某传媒公司协议约定的被派遣劳动者每天工作时间及每月工作保底工时，均严重超过法定标准。李某工亡前每月休息时间不超过 3 日，每日工作时间基本超过 11 小时，每月延长工作时间超过 36 小时数倍，其依法享有的休息权受到严重侵害。某传媒公司作为用工单位长期安排李某超时加班，存在过错，对李某在工作期间突发疾病死亡负有不可推卸的责任。惠某等主张某传媒公司与某服务公司就李某工伤的相关待遇承担连带赔偿责任，应予支持。惠某等虽与某传媒公司达成了赔偿协议，但赔偿协议是在劳动者未经社会保险行政部门认定工伤的情形下签订的，且赔偿协议约定的补偿数额明显低于法定工伤保险待遇标准，某服务公司和某传媒公司应对差额部分予以补足。

典型意义

面对激烈的市场竞争环境，个别用人单位为降低用工成本、追求利润最大化，长期安排劳动者超时加班，对劳动者的身心健康、家庭和睦、参与社会生活等造成了严重影响，极端情况下会威胁劳动者的生命安全。本案系劳动者超时加班发生工伤而引发的工伤保险待遇纠纷，是超时劳动严重损害劳动者健康权的缩影。本案裁判明确了此种情况下用工单位、劳务派遣单位承担连带赔偿责任，可以有效避免劳务派遣用工中出现责任真空的现象，实现对劳动者合法权益的充分保障。同时，用人单位应依法为职工参加工伤保险，保障职工的工伤权益，也能分散自身风险。如用人单位未为职工参加工伤保险，工伤职工工伤保险待遇全部由用人单位支付。

3. 企业采取劳务派遣的有利之处。

采取劳务派遣用人模式，由于用人单位"只用人、不雇人"，大量人力资源管理工作由派遣机构承担，因此，给用人单位带来很多方便和好处。采取劳务派遣这种用人模式的好处，具体体现在以下7个方面。

（1）可以降低招工费用。用人单位采用劳务派遣用人模式，不需要制定招工方案和计划，也不需要发布招工广告，只要把需要用人的数量、工种、技能和基本条件等要求提供给劳务派遣机构，所有招用事宜均由劳务派遣机构办理，用人单位不需支付场地租用费、人力费、广告费等费用。同时，也可避免招进不符合要求的人员在处理上的麻烦。

（2）可以降低员工使用和管理成本。员工的使用和管理涉及员工档案和劳动合同管理、技能培训、技能鉴定、社会保险、生老病死处理等一系列工作。采取劳务派遣型用人模式，就可使用人单位从繁杂的劳动保障事务中解脱出来，集中精力搞好生产经营。

（3）用人方式比较灵活。用人单位可根据生产经营需要，随时要求派遣公司增减派员，有利于增强用人的灵活性，同时也可解决有些企业改制后因人员编制限制造成的用人难的问题。用人单位使用派遣人员时，只要作出相关的管理规定，按分配的工作任务进行管理、考核。合同期满，与劳务派遣公司的合同终止，是否续签合同，主要在用人单位。

（4）规避一定的用工风险和责任。由于劳务派遣员工与用工单位之间不存在劳动关系，人员不占单位编制，可以大大降低与劳动者直接发生纠纷的概率，规避一定的用工风险和责任。

（5）有利于用人单位后备员工的筛选。从派遣员工中选招单位后备员工，可以更方便、更直接、更准确地招聘到优秀人员。

（6）劳务派遣型用人比较规范、合法。用人单位、派遣公司、派遣员工三方的权利义务比较明确，有利于各方合法权益的保护。

（7）终止使用被派遣员工时，不需要向其支付经济补偿金，节省了费用。如果用人单位与劳动者的劳动合同到期后不再续定的，用人单位是需要支付经济补偿金的。

4. 企业采取劳务派遣的不利之处。

（1）劳务派遣有很大的局限性。

劳务派遣用工是补充形式，只能在临时性、辅助性或者替代性的工作岗位上实施。并不是所有的工作岗位都适合劳务派遣，对于需要长期性、稳定性的工作岗位以及重要的工作岗位，从稳定和培养人才的角度出发，以及保密的需要，不适合采取劳务派遣的方式。而且《劳动合同法》实施以后，在劳务派遣中所暴露出来的问题还是比较严重的，特别是很多公司将劳动派遣方式作为主要的用工方式，这不符合劳务派遣的本意。因此，2012年《劳动合同法》针对劳务派遣的性质做了修改，第66条规定："劳动合同用工是我国的企业基本用工形式。劳务派遣用工是补充形式，只能在临时性、辅助性或者替代性的工作岗位上实施。

"前款规定的临时性工作岗位是指存续时间不超过六个月的岗位；辅助性工作岗位是指为主营业务岗位提供服务的非主营业务岗位；替代性工作岗位是指用工单位的劳动者因脱产学习、休假等原因无法工作的一定期间内，可以由其他劳动者替代工作的岗位。

"用工单位应当严格控制劳务派遣用工数量，不得超过其用工总量的一定比例，具体比例由国务院劳动行政部门规定。"

（2）不利于增强企业的凝聚力。

由于劳动者并不属于用工单位的员工，对企业的认同感、归属感、忠诚度都非常低，工作的积极性也相对比较差，不利于企业凝聚力的形成。

（3）不利于管理。

由于劳动者并不属于用工单位的职工，同时流动频繁，造成了用工单位与劳动者互相不了解，非常不利于管理。

5. 企业在采取劳务派遣的过程中应该注意的问题。

（1）审查劳务派遣企业资质。

我国《劳动法》并没有规定劳务派遣，更没有对劳务派遣资质问题进行规定，国务院《关于进一步加强就业再就业工作的通知》中指出，加强对各类职业中介行为的监管，严厉打击劳动力市场中的违法乱纪行为，规范劳动者求职、用人单位招用和职业中介行为。建立劳务派遣行政许可制度，规范劳务派遣行为。充实劳动保障执法监察队伍，加大执法监察力度，严格禁止和坚决纠正超时工作、不签订劳动合同、故意压低和拖欠工资、不按规定缴纳社会保险费和随意裁员等行为。各地区都建立了劳务派遣行政许可制度，对于开展劳务派遣的公司，必须先到劳动行政部门取得劳务派遣许可证，然后才能开展劳务派遣工作。

根据《劳动合同法》第 57 条的规定，劳务派遣单位应当依照公司法的有关规定设立，注册资本不得少于 200 万元。《劳动合同法》对劳务派遣单位的注册资本做了最低限制，因此很多劳务派遣单位由于注册资本不够将被淘汰。

根据《劳动合同法》第 92 条的规定："违反本法规定，未经许可，擅自经营劳务派遣业务的，由劳动行政部门责令停止违法行为，没收违法所得，并处违法所得一倍以上五倍以下的罚款；没有违法所得的，可以处五万元以下的罚款。

"劳务派遣单位、用工单位违反本法有关劳务派遣规定的，由劳动行政部门责令限期改正；逾期不改正的，以每人五千元以上一万元以下的标准处以罚款，对劳务派遣单位，吊销其劳务派遣业务经营许可证。用工单位给被派遣劳动者造成损害的，劳务派遣单位与用工单位承担连带赔偿责任。"

因此，用工单位在与劳动派遣单位签订劳务派遣协议之前，先要审核劳务派遣单位的资质，必须与具有劳务派遣资质的单位签订劳务派遣协议。

（2）签订劳务派遣协议。

用工单位应该与劳务派遣单位签订劳务派遣协议，劳务派遣协议应该注意以下几方面的内容。

①约定派遣岗位和人数。

用工单位应该与劳务派遣单位明确劳务派遣的岗位、人数，劳务派遣岗位的基本情况、主要的工作职责，被派遣劳动者需要具备的条件等。

②明确派遣期限。

关于劳务派遣的期限，《劳动合同法》第 59 条第 2 款规定："用工单位应当根据工作岗位的实际需要与劳务派遣单位确定派遣期限，不得将连续用工期限分割订立数个短期劳务派遣协议。"

③劳动报酬和社会保险的数额与支付方式。

由于劳务派遣涉及三方关系，用工单位应该与劳务派遣公司明确约定，工资是直接支付给劳务派遣公司，再由劳务派遣公司支付给劳动者，还是由用工单位直接代支付给劳动者。

需要提醒用工单位的是，关于社会保险的问题，用工单位在与劳务派遣单位签订协议时一定要认真对待，明确是由用工单位代劳务派遣单位缴纳，还是由劳务派遣单位缴纳。如果是由劳务派遣单位缴纳，用工单位一定要核实劳务派遣单位是否确实已经为劳动者缴纳了社会保险，以免在发生工伤或者疾病等事故给劳动者造成损害时，用工单位承担连带责任。

④违约责任。

违约责任主要约定两方面的内容：第一，双方在履行劳务派遣协议时出现了违约情形，该承担哪些违约责任。第二，如果劳动者的利益需要承担责任时，双方之间应该如何分担责任。主要是约定哪些情形应该由劳务派遣单位承担责任，如由于劳务派遣单位没有缴纳保险而给劳动者造成的损害；哪些情形应该由用工单位承担责任，如由于用工单位没有支付加班费；哪些应该由双方共同合理地分担责任等。但需要强调的是，这种约定只能在用工单位与劳务派遣单位之间产生效力，不能对抗劳动者，如果给劳动者造成损害的，用工单位仍然需要与劳务派遣单位承担连带责任。

（3）审查劳务派遣单位与被派遣劳动者签订的劳动合同。

用工单位应核实劳动派遣单位与劳动者签订的劳动合同并留复印件存档，核实的重点主要是劳务派遣单位与劳动者的劳动合同是否侵犯了劳动者的合法权益，以免因此而给劳动者造成损失，用工单位承担连带责任。

需要提醒用工单位的是，很多劳务派遣单位与劳动者在劳动合同中约定，用工单位将劳动者退回劳务派遣公司时，劳务派遣公司与劳动者的合同自动终止，这种约定是违法的，一旦侵害了劳动者的利益，用工单位将与劳务派遣公司承担连带赔偿责任。因此，如果劳务派遣公司与劳动者签订了这样的劳动合同，用工单位应该要求劳务派遣公司修改劳动合同。否则，将会有法律风险。

（4）用工单位履行的义务。

①执行国家劳动标准，提供相应的劳动条件和劳动保护。

劳动条件是指劳动者完成劳动任务所必需的条件，如必要的劳动工具、工作场所、技术资料等。劳动保护指用工单位为了保障劳动者在劳动过程中的身体健康和生命安全，预防伤亡事故和职业病的发生而采取的有效措施。

②告知被派遣劳动者的工作要求和劳动报酬。

被派遣劳动者的工资是由劳务派遣单位与用工单位约定的，《劳动合同法》明确规定了劳务派遣单位不能克扣被派遣劳动者的劳动报酬，用工单位的告知义务可以有效地保护被派遣劳动者的合法权益。

③支付加班费、绩效奖金，提供与工作岗位相关的福利待遇。

加班费、绩效奖金都不能由劳务派遣单位与用工单位在劳务派遣协议中事先约定，与工作岗位相关的福利待遇是体现劳务用工与用工单位其他职工同工同酬，这些都应当在劳务派遣单位支付的工资之外，都应该由用工单位支付。

④对在岗被派遣劳动者进行工作岗位所必需的培训。

派遣单位应该按照用工单位的要求派遣劳动者，但是用工单位有可能根据岗位要求对劳动者进行进一步的培训，该培训费用应该由用工单位承担。

⑤连续用工的，实行正常的工资调整机制。

劳务派遣时间有长有短，但如果长时间地用工，就应该实行正常的工资调整，一方面适应物价上涨的需要，另一方面也体现了同工同酬。

（5）劳动报酬和劳动条件按照用工所在地的标准执行。

劳务派遣往往是由经济落后而劳动力相对过剩的地区向经济发达但劳动力相对短缺的地区输送的，用工单位所在地区的劳动条件和劳动报酬一般要优于劳务派遣单位所在地区，因此这种差距往往成为用工单位和劳务派遣单位剥夺劳动者的缘由，为防止这种情形的出现，《劳动合同法》第61条规定，对于跨地区派遣劳动者的，被派遣劳动者享有的劳动报酬和劳动条件，按照用工单位所在地的标准执行。

（6）用工单位在劳务派遣中禁止从事的行为。

在劳务派遣过程中，用工单位不得有下列行为。

①用工单位不得将被派遣劳动者再派遣到其他用人单位。

用工单位应当按照劳务派遣协议的约定使用被派遣劳动者，不得将这些劳动者再派遣到其他用人单位，必须确保被派遣劳动者在本单位的工作岗位上使用。

②用人单位不得设立劳务派遣单位向本单位或者所属单位派遣劳动者。

有的企业为了降低用工成本，将一些本来属于本单位的职工以改制的名义分流到本企业设立的劳务派遣公司，然后又以劳务派遣公司的名义派遣到原岗位，还有的企业在内部的劳动管理机构挂了劳务派遣公司的牌子，将招用的员工以劳务派遣公司的名义派遣到所属的企业，将劳动关系人为地分开，不利于劳动关系的稳定发展。为此，《劳动合同法》第67条明确禁止了这种行为。

所属单位应该可以理解为：母公司与子公司的关系；集团公司与下属公司的关系；具有关联关系的公司关系。

③不得向劳动者收取费用。

用工单位不得以各种形式的借口向劳动者收取费用，如风险押金、服装费等。

6. 劳务派遣单位应该注意的问题。

（1）签订劳动合同，劳动合同期限不得少于两年。

目前的劳务派遣中，规范的劳务派遣公司一般都与劳动者签订劳动合同，也有一些小的劳务派遣公司，并不与劳动者签订合同。由于劳务派遣公司是用人单位，应当履行用人单位对劳动者的义务，在《劳动合同法》生效以后，如果劳务派遣公司不与劳动者签订书面劳动合同，将按照《劳动合同法》的规定，支付双倍工资。因此，我们在此提醒劳务派遣公司，一定要与劳动者签订书面劳动合同。

劳动合同中除了正常的劳动合同中应该具备的内容外，还应当载明被派遣劳动者的用工单位、派遣期限、工作岗位等情况。

关于劳动合同的期限，大多数情况下，法律并不作强制性规定，但是在劳务派遣中，《劳动合同法》第 58 条第 2 款明确规定了劳务派遣单位与被派遣劳动者至少要订立 2 年以上的固定期限的劳动合同。之所以这么规定，是因为在实际中，有些劳务派遣单位为逃避责任，故意在劳动合同中不约定具体的合同期限，而是规定以劳务派遣单位与用工单位之间签订的劳务派遣协议中约定的工作时间或者被派遣劳动者为接收单位提供的实际劳动时间为准，如果被派遣劳动者在用工单位提前结束劳动，劳务派遣单位与被派遣劳动者的劳动合同也同时结束。这样的规定侵犯了被派遣劳动者的合法权益，为了限制劳务派遣这一用工形式的不正常发展，规定了最低期限为 2 年。

（2）告知义务。

劳务派遣单位应当对被派遣劳动者履行告知义务，将劳务派遣协议的内容告知被派遣劳动者，告知被派遣劳动者的工作要求和劳动报酬。

我们建议，告知义务的履行方式可以为将主要内容以书面形式告知被派遣劳动者并且签字确认。

（3）按时支付报酬和不得克扣报酬，在无工作期间，也要按月支付报酬。

劳务派遣单位应当按月向被派遣劳动者支付工资报酬；在被派遣劳动者无工作期间，劳务派遣单位应当按照所在地人民政府规定的最低工资标准，向其按月支付报酬。

实践中，劳务派遣单位为谋取不正当利益，会克扣用工单位支付给被派遣劳动者的报酬，例如，劳务派遣协议中规定用工单位每月支付给劳动者 3500 元，并且用工单位如数支付给了劳务派遣单位，但劳务派遣单位可能只支付给劳动者 3200 元。

为此，《劳动合同法》明确规定，劳务派遣单位不得克扣用工单位按照劳务派遣协议支付给被派遣劳动者的劳动报酬。

（4）不得收取费用。

实践中，有些劳务派遣单位向劳动者收取押金、工作介绍费等，这些做法都是违法的。劳务派遣单位不得向劳动者收取费用。

（5）同工同酬。

在劳务派遣领域，对劳务派遣工身份歧视的问题非常严重，突出表现为，劳务派遣工与正式工虽然从事相同的工作，但工资差别非常大，有的甚至相差好几倍。有的用工单位之所以大量使用劳务派遣工，也是因为其工资低的原因，这不仅仅是法律的问题，也是社会的问题。针对同工同酬的问题，《劳动合同法》特意重新作出了修改，新修改后的《劳动合同法》第63条规定，被派遣劳动者享有与用工单位的劳动者同工同酬的权利。用工单位应当按照同工同酬原则，对被派遣劳动者与本单位同类岗位的劳动者实行相同的劳动报酬分配办法。用工单位无同类岗位劳动者的，参照用工单位所在地相同或者相近岗位劳动者的劳动报酬确定。劳务派遣单位与被派遣劳动者订立的劳动合同和与用工单位订立的劳务派遣协议，载明或者约定的向被派遣劳动者支付的劳动报酬应当符合前款规定。

 典型案例

案例153：同工不同酬的，被派遣劳动者有权要求补足差额吗？

郭某被某劳务派遣公司派遣到某银行从事柜台工作，每月工资4000元。后来郭某从同事口中得知，和郭某从事同样的工作，如果是银行的正式职工，其待遇是郭某的两倍。郭某听说《劳动合同法》明确规定同工同酬，问：同工不同酬的，被派遣劳动者有权要求补足差额吗？

 律师解答

全国人大常委会于2012年对《劳动合同法》的相关规定重新了修改，对于同工同酬的问题，作了更详细的规定。《劳动合同法》明确规定，被派遣劳动者享有与用工单位的劳动者同工同酬的权利。用工单位应当按照同工同酬原则，对被派遣劳动者与本单位同类岗位的劳动者实行相同的劳动报酬分配办法。用工单位无同类岗位劳动者的，参照用工单位所在地相同或者相近岗位劳动者的劳动报酬确定。

全国人大常委会在《关于修改〈中华人民共和国劳动合同法〉的决定》中规定，本决定公布前已依法订立的劳动合同和劳务派遣协议继续履行至期限届满，但是劳动合同和劳务派遣协议的内容不符合本决定关于按照同工同酬原则实行相同的劳动报酬分配办法的规定的，应当依照本决定进行调整。

因此，今后在劳务派遣岗位上，如果被派遣劳动者与本单位的职工在相同岗位上存在同工不同酬的情况，被派遣劳动者有权要求补足差额。

十一、未签订书面劳动合同2倍工资差额

《劳动合同法》第82条规定：用人单位自用工之日起超过1个月不满1年未与劳

动者订立书面劳动合同的，应当向劳动者每月支付 2 倍的工资。用人单位违反本法规定不与劳动者订立无固定期限劳动合同的，自应当订立无固定期限劳动合同之日起向劳动者每月支付 2 倍的工资。

在《劳动合同法》实施之前，很多用人单位不与劳动者签署书面劳动合同，当劳动者的合法权益受到侵犯时，劳动者很难拿出书面的证据。国家为了保护劳动者权益，提高用人单位劳动合同的签署率，特意在《劳动合同法》第 82 条作了专门的规定，如果用人单位未与劳动者签署劳动合同，就要支付 2 倍工资。因此，在《劳动合同法》刚刚实施的时候，很多用人单位由于不了解或者不重视《劳动合同法》，因为不与劳动者签署书面劳动合同而被判决支付 2 倍工资差额的情况大量存在。随着《劳动合同法》的实施及国家的大力宣传，用人单位不与劳动者签署书面劳动合同的情况越来越少，但仍然存在用人单位与劳动者不签署书面劳动合同的情况，因此，在劳动争议中，劳动者要求用人单位支付未签署书面劳动合同 2 倍工资差额的情况也时有发生。

关于未签署劳动合同 2 倍工资差额的问题，涉及仲裁时效的问题，各个省市规定的并不完全一样，有的地方是以天计算，有的地方是以整段计算，因此，具体还需要看当地的规定。

 典型案例

案例 154：视为订立无固定期限劳动合同后用人单位仍未与劳动者签订劳动合同的是否应当支付第二倍工资（人力资源和社会保障部、最高人民法院联合发布第一批劳动人事争议典型案例）

2016 年 8 月 1 日，万某入职某食品公司，从事检验工作，双方口头约定万某月工资为 3000 元。万某入职时，公司负责人告知其 3 个月试用期后签订书面劳动合同，但是双方一直未签订书面劳动合同。2018 年 7 月 31 日，万某与食品公司解除劳动关系。万某要求食品公司支付 2017 年 8 月至 2018 年 7 月期间未与其签订无固定期限劳动合同的第二倍工资，该公司拒绝支付。万某遂申请仲裁。裁决食品公司支付 2017 年 8 月至 2018 年 7 月期间未签订无固定期限劳动合同的第二倍工资 36000 元。

仲裁委员会裁决驳回万某的仲裁请求。

 案例分析

本案的争议焦点是 2017 年 8 月至 2018 年 7 月期间，万某与食品公司之间未签订书面劳动合同的情形是否属于《劳动合同法》第 82 条规定情形。

《劳动合同法》第 82 条规定："用人单位自用工之日起超过一个月不满一年未与劳动者订立书面劳动合同的，应当向劳动者每月支付二倍的工资。用人单位违反本法规定不与劳动者订立无固定期限劳动合同的，自应当订立无固定期限劳动合同之日起向劳动者每月支付二倍的工资。"从上述条款可知，用人单位支付未依法签订劳动合同第二倍工资的情形包括两种：第一种是用人单位自用工之日起超过 1 个月不满 1 年未与劳动者订立书面劳动合同的；第二种是用人单位应当与劳动者订立无固定期限劳动合同，但违反本法规定不与劳动者订立无固定期限劳动合同的。第二种情形中的"本法规定"，是指《劳动合同法》第 14 条第 2 款规定的"除劳动者提出订立固定期限劳动合同外，应当订立无固定期限劳动合同"的 3 种情形，即"（一）劳动者在该用人单位连续工作满十年的；（二）用人单位初次实行劳动合同制度或者国有企业改制重新订立劳动合同时，劳动者在该用人单位连续工作满十年且距法定退休年龄不足十年的；（三）连续订立二次固定期限劳动合同，且劳动者没有本法第三十九条和第四十条第一项、第二项规定的情形，续订劳动合同的"。而《劳动合同法》第 14 条第 3 款规定的"用人单位自用工之日起满一年不与劳动者订立书面劳动合同的，视为用人单位与劳动者已订立无固定期限劳动合同"是对用人单位不签订书面劳动合同满一年的法律后果的拟制规定，并非有关应当订立无固定期限劳动合同的情形规定。《劳动合同法实施条例》第 7 条对于此种情形的法律后果也作了相同的分类规定。

本案中，万某于 2016 年 8 月 1 日入职，食品公司一直未与其签订书面劳动合同，自 2017 年 8 月 1 日起，根据上述法律法规的规定，双方之间视为已订立了无固定期限劳动合同，而非《劳动合同法》第 82 条规定的用人单位违反本法规定不与劳动者订立无固定期限劳动合同的情形。因此，食品公司无须向万某支付未依法签订无固定期限劳动合同的第二倍工资，故依法驳回万某的仲裁请求。

典型意义

无固定期限劳动合同是指用人单位与劳动者约定无确定终止时间的劳动合同。为了保障劳动关系稳定性，《劳动合同法》第 14 条规定了"可以""应当""视为"三类订立无固定期限劳动合同的情形，其中"视为"签订无固定期限劳动合同的规定，主要目的是解决一些用人单位不愿与劳动者签订劳动合同，造成劳动者合法权益无法得到保障的问题。未依法签订劳动合同所应承担的第二倍工资责任在法律性质上是惩罚性赔偿，该责任设定与拟制无固定期限劳动合同的签订相结合，既保障了劳动者合法权益又限制了用人单位赔偿责任的无限扩大，有效地平衡了各方利益。

 典型案例

案例 155：霍某诉北京某龙世纪电子技术有限公司劳动争议案（北京法院参阅案例第 8 号）

霍某于 2005 年 4 月入职北京某龙世纪电子技术有限公司（以下简称某龙世纪公司），入职后双方曾签订过一份劳动合同，合同期限为 2009 年 1 月 1 日至 12 月 31 日，该合同期满后，双方未再续签劳动合同。霍某月基本工资为 1000 元，每月发放不固定数额的提成，平均月工资为 2000 元。霍某在某龙世纪公司最后工作至 2012 年 1 月 15 日。

2012 年 4 月 16 日，霍某申诉至北京市朝阳区劳动争议仲裁委员会，要求某龙世纪公司支付 2005 年 4 月至 2012 年 1 月期间的延时加班费、休息日加班费和法定节假日加班费总计 124914 元；2005 年 4 月至 2012 年 1 月期间未休年休假工资 3360.7 元；2008 年 2 月至 2012 年 1 月期间未签订劳动合同 2 倍工资差额 94000 元等。2012 年 9 月 10 日，北京市朝阳区劳动争议仲裁委员会作出裁决：某龙世纪公司与霍某补订自 2011 年 1 月 1 日起的书面无固定期限劳动合同；某龙世纪公司支付霍某 2010 年 4 月 17 日至 2012 年 1 月 31 日期间法定节假日加班工资 2207 元；某龙世纪公司支付霍某 2011 年未休年休假工资 920 元；驳回霍某的其他仲裁请求。霍某不服仲裁裁决，起诉至北京市朝阳区人民法院，某龙世纪公司未起诉。

庭审中，霍某提交《值班表》证明其每周加班 2 次、每次 3 个小时，另提交了《2011 年丰台站轮流休息安排》证明其每周休息一天，两份证据均无某龙世纪公司的公章及人员签字。某龙世纪公司提交了 2009 年 1 月至 2012 年 3 月《考勤汇总表》以证明霍某的出勤情况。

北京市朝阳区人民法院作出判决：一、被告某龙世纪公司于本判决生效后 7 日内支付原告霍某法定节假日加班工资 3159 元；二、被告某龙世纪公司于本判决生效后 7 日内支付原告霍某未休年休假工资 3360.70 元；三、驳回原告霍某的其他诉讼请求。宣判后，某龙世纪公司向北京市第二中级人民法院提起上诉。北京市第二中级人民法院作出判决：驳回上诉，维持原判。

裁判理由

法院生效裁判认为：劳动争议申请仲裁的时效期间为 1 年。劳动关系存续期间因拖欠劳动报酬发生争议的，劳动者申请仲裁不受 1 年仲裁时效期间的限制；但是，劳动关系终止的，应当自劳动关系终止之日起 1 年内提出。霍某最后工作至 2012 年 1 月 15 日，其于 2012 年 4 月 16 日申请仲裁，其关于加班费、未休年休假工资的请求未超过仲裁时效。霍某主张支付 2010 年之前未签订劳动合同 2 倍工资差额的请求，超过 1 年的仲裁时效，本院不予支持。

劳动者主张加班费的，应当就加班事实的存在承担举证责任。霍某提交的证据均不足以证明其存在延时、休息日和法定节假日加班的情况，应当承担举证不能的不利后果。根据某龙世纪公司提交的《考勤汇总表》显示霍某在 2009 年 1 月至 2012 年 1 月存在 22 天法定节假日加班的情形，而某龙世纪公司未提交证据证明已经支付了霍某法定节假日加班工资，因此应当支付霍某该 22 天法定节假日加班工资。

《职工带薪年休假条例》自 2008 年 1 月 1 日起施行，霍某自 2008 年 1 月 1 日至 2012 年 1 月 15 日期间应享有的年休假经折算后共计为 20 天。某龙世纪公司主张霍某已休年休假，但其提交的证据不足以证明其主张，本院不予采信。霍某主张的数额 3360.7 元不高于法律规定，本院予以支持。

用人单位自用工之日起满 1 年未与劳动者订立书面劳动合同的，自用工之日起满 1 个月的次日至满 1 年的前 1 日应当依照《劳动合同法》第 82 条的规定向劳动者每月支付两倍的工资，并视为自用工之日起满一年的当日已经与劳动者订立无固定期限劳动合同。霍某与某龙世纪公司 2009 年 1 月 1 日签订的《劳动合同书》于 2009 年 12 月

31 日到期后，双方未续订劳动合同已满 1 年，视为双方已经订立无固定期限劳动合同，故本院对于霍某主张支付 2010 年 12 月 31 日至 2012 年 1 月期间未签订劳动合同 2 倍工资差额的请求，也不予支持。

📝 律师解答

《劳动争议调解仲裁法》对劳动争议案件规定了一般时效和特殊时效两种时效，绝大部分劳动争议适用 1 年的一般时效，即劳动者和用人单位须从知道或应当知道权利受侵害之日起 1 年内主张权利。因劳动者在经济上、组织上和身份上从属于用人单位，劳动关系存续期间劳动者的一些权利受到的侵害可能是持续性的，还有一些权利受到侵害时劳动者为了维持劳动关系的存续而无法在受侵害之日起 1 年内主张权利，如果所有的劳动争议均适用 1 年的时效不利于保护劳动者的权益，为此，《劳动争议调解仲裁法》第 27 条第 4 款又规定了特殊时效，特殊时效不受一年时间的限制。

既然特殊时效不受 1 年时间的限制，那么是否意味着劳动者可以在任意时间点主张相应权利呢？首先，劳动者可以在劳动关系存续期间的任何时间点主张相关权利，所主张权利的给付期间可以自入职之日起至主张权利之日止；其次，考虑到劳动者在劳动关系存续期间向用人单位主张权利的现实困难，特殊时效规定劳动者还可以在劳动关系终止之日起一年内主张权利。需要特别说明的是，这里的"劳动关系终止"并非仅指劳动合同终止，它既包括《劳动合同法》第 44 条规定的劳动合同期满的、用人单位被依法宣告破产的等劳动合同终止导致劳动关系终止的情形，也包括劳动者和用人单位中的一方单方解除或双方协商解除劳动合同导致劳动关系终止的情形。

在劳动法领域，适用特殊时效最典型的是劳动者追索劳动报酬的争议，劳动者可以在劳动关系存续期间或劳动关系终止后一年内主张劳动关系存续期间未足额发放的所有劳动报酬。因为我国《劳动法》《劳动争议调解仲裁法》《劳动合同法》等法律法规均没有规定何为"劳动报酬"，实践中对工资属于劳动报酬没有争议，但是对加班费、未休年假工资、未签订劳动合同的 2 倍工资是否属于劳动报酬往往是劳动者和用人单位争议的焦点。所谓劳动报酬，应指劳动者向用人单位提供劳动所应得的对价，劳动者在加班时间内和未休年假期间同正常工作一样均是在向用人单位提供劳动，相应的加班费和未休年假工资当然也应属于劳动报酬的范畴。2 倍工资中的 1 倍工资（正常劳动所得）也是劳动者提供劳动的对价，属于劳动报酬；而 2 倍工资中的超出一倍部分虽然也称"工资"，但实质是《劳动合同法》针对用人单位未与劳动者签订劳动合同的违法情形设定的惩罚性赔偿，劳动者获得惩罚性赔偿的法律依据是《劳动合同法》的强制性规定，并非提供劳动的对价，不属于劳动报酬。因此，工资、加班费和未休年假工资等劳动报酬适用劳动争议的特殊时效，未签订劳动合同 2 倍工资中的超出 1 倍部分只能适用劳动争议的一般时效。

典型案例

案例 156：公司高管负责管理订立劳动合同的，用人单位无需支付其未订立书面劳动合同 2 倍工资（2020 年 12 月 4 日北京市第一中级人民法院发布涉公司高管劳动争议十大典型案例）

温某于 2010 年 8 月 1 日入职某公司任副总经理。2011 年 10 月 15 日，双方签订无固定期限劳动合同。2012 年 1 月 11 日，某公司作出《人事变动通知》，双方解除劳动关系。后温某诉至法院要求某公司支付 2010 年至 2011 年未订立书面劳动合同 2 倍工资。某公司提交了面试成绩评定表、保险办理申请表、员工离职申请表及员工离职交接表等证据用于证明温某作为副总经理主管人事工作，与员工签订劳动合同是其工作职责。法院经审理后认为，温某作为负责人事管理工作的副总经理，其应当知道不签订劳动合同的法律后果，故未支持温某的诉讼请求。

法官释法

公司高管未与用人单位订立书面劳动合同，依据《劳动合同法》第 82 条向用人单位主张 2 倍工资的，可予支持，用人单位能够证明高管的职责范围包括管理订立劳动合同的除外，但对有证据证明公司高管曾向用人单位提出订立劳动合同而被拒绝的，仍可支持该公司高管未订立书面劳动合同 2 倍工资的请求。

十二、劳动关系的确认

在劳动争议案件，关于是否存在劳动关系的争议也是劳动争议案件中常见的情形。关于双方是否存在劳动关系，确立劳动关系的法律依据主要是：《劳动和社会保障部关于确立劳动关系有关事项的通知》（劳社部发〔2005〕12 号），根据该通知，劳动关系的确立，主要考虑以下几点。

一、用人单位招用劳动者未订立书面劳动合同，但同时具备下列情形的，劳动关系成立：

（一）用人单位和劳动者符合法律、法规规定的主体资格；

（二）用人单位依法制定的各项劳动规章制度适用于劳动者，劳动者受用人单位的劳动管理，从事用人单位安排的有报酬的劳动；

（三）劳动者提供的劳动是用人单位业务的组成部分。

二、用人单位未与劳动者签订劳动合同，认定双方存在劳动关系时可参照下列凭证：

（一）工资支付凭证或记录（职工工资发放花名册）、缴纳各项社会保险费的记录；

（二）用人单位向劳动者发放的"工作证"、"服务证"等能够证明身份的证件；

（三）劳动者填写的用人单位招工招聘"登记表"、"报名表"等招用记录；

（四）考勤记录；

（五）其他劳动者的证言等。

其中，（一）、（三）、（四）项的有关凭证由用人单位负举证责任。

 **典型案例**

案例 157：聂美兰诉北京林氏兄弟文化有限公司确认劳动关系案（最高人民法院指导案例 179 号）

2016 年 4 月 8 日，聂美兰与北京林氏兄弟文化有限公司（以下简称林氏兄弟公司）签订了《合作设立茶叶经营项目的协议》，内容为："第一条：双方约定，甲方出资进行茶叶项目投资，聘任乙方为茶叶经营项目经理，乙方负责公司的管理与经营。第二条：待项目启动后，双方相机共同设立公司，乙方可享有管理股份。第三条：利益分配：在公司设立之前，乙方按基本工资加业绩方式取酬。公司设立之后，按双方的持股比例进行分配。乙方负责管理和经营，取酬方式：基本工资+业绩、奖励+股份分红。第四条：双方在运营过程中，未尽事宜由双方友好协商解决。第五条：本合同正本一式两份，公司股东各执一份。"

协议签订后，聂美兰到该项目上工作，工作内容为负责《中国书画》艺术茶社的经营管理，主要负责接待、茶叶销售等工作。林氏兄弟公司的法定代表人林德汤按照每月基本工资10000 元的标准，每月 15 日通过银行转账向聂美兰发放上一自然月工资。聂美兰请假需经林德汤批准，且实际出勤天数影响工资的实发数额。2017 年 5 月 6 日林氏兄弟公司通知聂美兰终止合作协议。聂美兰实际工作至 2017 年 5 月 8 日。

聂美兰申请劳动仲裁，认为双方系劳动关系并要求林氏兄弟公司支付未签订书面劳动合同二倍工资差额，林氏兄弟公司主张双方系合作关系。北京市海淀区劳动人事争议仲裁委员会作出京海劳人仲字（2017）第 9691 号裁决：驳回聂美兰的全部仲裁请求。聂美兰不服仲裁裁决，于法定期限内向北京市海淀区人民法院提起诉讼。

北京市海淀区人民法院于 2018 年 4 月 17 日作出（2017）京 0108 民初 45496 号民事判决：一、确认林氏兄弟公司与聂美兰于 2016 年 4 月 8 日至 2017 年 5 月 8 日期间存在劳动关系；二、林氏兄弟公司于判决生效后七日内支付聂美兰 2017 年 3 月 1 日至 2017 年 5 月 8 日期间工资22758.62 元；三、林氏兄弟公司于判决生效后七日内支付聂美兰 2016 年 5 月 8 日至 2017 年 4 月 7 日期间未签订劳动合同二倍工资差额 103144.9 元；四、林氏兄弟公司于判决生效后七日内支付聂美兰违法解除劳动关系赔偿金 27711.51 元；五、驳回聂美兰的其他诉讼请求。林氏兄弟公司不服一审判决，提出上诉。北京市第一中级人民法院于 2018 年 9 月 26 日作出（2018）京 01 民终 5911 号民事判决：一、维持北京市海淀区人民法院（2017）京 0108 民初 45496 号民事判决第一项、第二项、第四项；二、撤销北京市海淀区人民法院（2017）京 0108 民初 45496 号民事判决第三项、第五项；三、驳回聂美兰的其他诉讼请求。林氏兄弟公司不服二审判决，向北京市高级人民法院申请再审。北京市高级人民法院于 2019 年 4 月 30 日作出（2019）京民申 986 号民事裁定：驳回林氏兄弟公司的再审申请。

裁判理由

法院生效裁判认为：申请人林氏兄弟公司与被申请人聂美兰签订的《合作设立茶叶经营项目的协议》系自愿签订的，不违反强制性法律、法规规定，属有效合同。对于合同性质的认定，应当根据合同内容所涉及的法律关系，即合同双方所设立的权利义务来进行认定。双方签订的协议第一条明确约定聘任聂美兰为茶叶经营项目经理，"聘任"一词一般表明当事人有雇用劳动者为其提供劳动之意；协议第三条约定了聂美兰的取酬方式，无论在双方设定的目标公司成立之前还是之后，聂美兰均可获得"基本工资""业绩"等报酬，与合作经营中的收益分配明显不符。合作经营合同的典型特征是共同出资，共担风险，本案合同中既未约定聂美兰出资比例，也未约定共担风险，与合作经营合同不符。从本案相关证据上看，聂美兰接受林氏兄弟公司的管理，按月汇报员工的考勤、款项分配、开支、销售、工作计划、备用金的申请等情况，且所发工资与出勤天数密切相关。双方在履行合同过程中形成的关系，符合劳动合同中人格从属性和经济从属性的双重特征。故原判认定申请人与被申请人之间存在劳动关系并无不当。双方签订的合作协议还可视为书面劳动合同，虽缺少一些必备条款，但并不影响已约定的条款及效力，仍可起到固定双方劳动关系、权利义务的作用，二审法院据此依法改判是正确的。林氏兄弟公司于 2017 年 5 月 6 日向聂美兰出具了《终止合作协议通知》，告知聂美兰终止双方的合作，具有解除双方之间劳动关系的意思表示，根据《最高人民法院关于民事诉讼证据的若干规定》第 6 条，在劳动争议纠纷案件中，因用人单位作出的开除、除名、辞退、解除劳动合同等决定而发生的劳动争议，由用人单位负举证责任，林氏兄弟公司未能提供解除劳动关系原因的相关证据，应当承担不利后果。二审法院根据本案具体情况和相关证据所作的判决，并无不当。

 **典型案例**

案例 158：主播等新型用工关系确认劳动关系应审慎（2021 年北京市劳动人事争议仲裁十大典型案例）

张某于 2020 年 3 月 22 日到某网络科技公司担任网络主播，在该公司所供场地负责播报介绍公司指定的合作方产品。双方口头约定，张某每场播报的报酬为 400 元，每场销售额超过 15000 元部分的 3%计为提成，按周结算报酬；张某不需要坐班及参加公司会议，可根据自己时间安排选择播报时间，播报场次不足时其可另行找其他工作。后因某网络科技公司取消主播业务，双方发生争议，张某向仲裁委提出仲裁申请，1. 要求确认 2020 年 3 月 22 日至 6 月 18 日期间与某网络科技公司存在劳动关系；2. 要求支付 2020 年 4 月 22 日至 6 月 18 日期间未订立书面劳动合同的双倍工资差额 4 万元。

仲裁委裁决驳回张某的仲裁请求。

案例评析

当前，"互联网＋"催生了许多新兴产业，网络直播是近年来迅速发展的行业之一。主播作为核心人物与用人单位之间是何种关系，应依据双方签订的合同内容和具体的用工形式，并按照认定劳动关系相关标准进行综合判断。本案中，在工作内容和时间方面，双方通过平等协商，张某可以自主选择播报场次和时间，其余时间其可自行安排或者找另一份工作，不受用人单位规章制度的约束；在日常管理方面，张某无需日常坐班，不参加公司的会议，某科技公司除双方约定的播报内容外，对张某不进行日常管理；在收入报酬方面，张某的收入完全决定于其直播场次，如果其停止播报，某科技公司不支付任何报酬，如果其直播销售额超出一定金额，可获得固定比例提成，双方具有合作共赢的目的，而非简单为公司利益付出劳动。因此，双方的关系不符合原《劳动和社会保障部关于确立劳动关系有关事项的通知》（劳社部发〔2005〕12号）第1条"用人单位招用劳动者未订立书面劳动合同，但同时具备下列情形的，劳动关系成立。（一）用人单位和劳动者符合法律、法规规定的主体资格；（二）用人单位依法制定的各项劳动规章制度适用于劳动者，劳动者受用人单位的劳动管理，从事用人单位安排的有报酬的劳动；（三）劳动者提供的劳动是用人单位业务的组成部分"之规定，故不应认定双方存在劳动关系。

仲裁委提示

近年来，平台经济迅速发展，创造了大量机会，依托互联网平台就业的新就业形态劳动者数量大幅增加。个人在新就业形态用工中需结合实际情况，厘清用工性质，并非企业支付报酬、个人为其提供劳动，即一概认定双方存在劳动关系。新就业形态领域企业在日常用工管理中，应根据人力资源社会保障部等八部门《关于维护新就业形态劳动者劳动保障权益的指导意见》（人社部发〔2021〕56号）的相关规定，对符合确立劳动关系情形的，应当依法与劳动者订立劳动合同；对不完全符合确立劳动关系情形但企业对劳动者进行劳动管理的，与劳动者订立书面协议，合理确定企业与劳动者的权利义务；对个人依托平台自主开展经营活动、从事自由职业的，则按照民事法律调整双方的权利义务，避免因用工性质模糊引发争议。

 典型案例

案例 159：将员工注册为个体工商户规避劳动法不可取（2021 年北京市劳动人事争议仲裁十大典型案例）

2019 年 3 月 20 日，孔某到某商贸服务公司（承接某互联网平台在某区的网上订餐和配送业务）在某个社区设立的站点担任全职骑手，从事送餐服务，双方未签订书面劳动合同。站点站长每天给骑手排班，排到班次的骑手当天必须上线，不上线则按规定扣款，骑手通过某商贸服务公司管理的 APP 自动派单进行送餐等。某商贸服务公司每月通过银行转账方式给骑手支付工资、代缴个人所得税，并为骑手缴纳商业意外伤害险。2020 年 8 月，该商贸服务公司与某网络科技有限公司签订《服务协议》，要求骑手在后者的协助下通过网络注册个体工商户营业执照，后者和骑手注册的个体工商户签订《项目转包协议》，约定双方是民事承包关系，后者向骑手给付的是承包费而非工资。此后，该商贸服务公司将骑手的工资转账给某网络科技有限公司，后者通过支付宝向骑手支付。同时，某网络科技有限公司从该商贸服务公司收取管理费。2020 年 10 月 30 日，孔某在送餐途中不慎摔伤，后被送至医院治疗。孔某受伤后未为该商贸服务公司提供劳动。因申请工伤认定需要，孔某向仲裁委提出仲裁申请，要求确认 2019 年 3 月 20 日至仲裁立案之日与某商贸服务公司存在劳动关系。

仲裁委裁决支持了孔某的仲裁请求。

 案例评析

事实劳动关系是指用人单位与劳动者之间没有订立书面合同，但双方实际履行了劳动权利义务而形成的劳动关系。是否构成劳动关系，应从人格上、组织上、经济上综合认定孔某对某商贸服务公司是否具有从属性。孔某入职后按照某商贸服务公司的站长排班安排，并根据某商贸服务公司管理的 APP 自动派单进行送餐，在人格上具有从属性；孔某的工作时间、工作内容需站长安排，不上线须依据某商贸公司的制度进行扣款，可认定双方之间存在管理与被管理的关系，具有组织上的从属性；某商贸服务公司根据孔某的工作业绩按月向其发放报酬，且为孔某投保了雇主责任险，故在经济上具有从属性。2020 年 8 月后，孔某虽与某网络科技有限公司签订《项目转包协议》，但签订该协议系在某商贸服务公司安排、要求下签订，工资虽由某网络科技公司通过支付宝支付，但工资来源仍为某商贸服务公司；除签订协议、工资给付主体有变化外，管理方式、管理人员、工作内容等均没有变化。综上，应认定孔某与某商贸服务公司之间存在劳动关系。

仲裁委提示

一些用人单位为了降低社会保险、税收等成本支出，与公司或平台相关企业合作，诱导与其建立劳动关系的劳动者注册为个体工商户，不正当地"去劳动关系化"，规避用工主体责任。国家虽然支持多渠道，鼓励个体经营，但用人单位不得"巧用"国家"移花接木"冲击固定用工，否则只会给自身带来更大的用工隐患。

 典型案例

案例 160：股东基于股东间约定兼任公司高管，参与用人单位经营管理的，其与用人单位之间不存在劳动关系（北京市第一中级人民法院 2020 年 12 月 4 日发布涉公司高管劳动争议十大典型案例）

胡某自称其于 2018 年 3 月 1 日入职某食品公司任 CEO，双方于 2018 年 2 月 15 日签订劳动合同。某食品公司对此不予认可，主张胡某是作为公司的股东进入公司，双方之间并非劳动关系。后胡某诉至法院要求确认双方存在劳动关系。法院经审理后认为，胡某主张签订的劳动合同系其利用职务之便自行签订，其通过股东之间的约定在某食品公司担任 CEO 职务，双方并未形成建立劳动关系的合意，故胡某与某食品公司之间不存在劳动关系。

法官释法

公司股东依法享有资产收益、参与重大决策等权利，股东间协商担任公司管理职务，也是常见的公司内部组织管理形式。从选任的角度看，股东担任公司高管系基于股东之间的约定，其与公司之间并无建立劳动关系的合意；从风险负担的角度看，胡某持有某食品公司股份，参与经营管理，理应承担经营风险，不能因公司未获利，而主张其应获得劳动法的保护，使风险收益转化为一般劳动者固定的劳动报酬。

因此，仅从股东参与公司的日常行政事务管理和决策等外在特征不能判断其与用人单位之间必然存在劳动关系。

 典型案例

案例 161：依法认定网络主播的劳动关系主体地位（广东省高级人民法院 2022 年 4 月 28 日发布劳动争议十大典型案例）

2019 年 6 月，某传媒公司与李某签订《艺人签约独家经纪合同》，约定李某为该公司的签约艺人，李某每天工作 8 小时，在钉钉打卡考勤，根据公司安排完成短视频的拍摄，公司每月向李某发放"工资"，并按公司规定比例分配收益。后李某提起劳动仲裁，主张确认劳动关系及要求公司支付经济补偿。

裁判结果

深圳市中级人民法院审理认为，传媒公司对李某实行考勤管理，决定李某的工作内容、工作步骤、工作成果的展示方式，拥有李某的工作成果，同时对收益分配进行了规定，向李某发放工资。李某遵守公司的各项规章制度，对工作内容、工作步骤、工作成果等都没有决定权、控制权和主动权，其工作构成了传媒公司的业务组成部分。双方实际履行的内容符合劳动关系的法律特征，遂判决双方构成劳动合同关系。

典型意义

网络主播虽为新业态从业者，但仍应适用劳动关系的基本特征来认定是否构成劳动关系。本案从双方之间是否具有人格从属性、经济从属性，分析双方是劳动关系还是其他关系，为界定网络主播劳动关系的认定提供示范作用，有利于保障网络主播享有的合法权益，同时促进线上经济的蓬勃发展。

 典型案例

案例 162：企业内部承包不影响劳动关系的认定（广东省高级人民法院 2022 年 4 月 28 日发布劳动争议十大典型案例）

张某于 2017 年入职某货运公司当快递员。2019 年 9 月 15 日，张某在快递站点装件准备外出派件时猝死。张某的亲属向法院起诉请求确认张某与货运公司之间存在劳动关系。庭审中货运公司提供其与向某签订的承包合同和张某出具的辞职信，拟证明货运公司自 2019 年 3 月起已将部分片区发包给向某，张某 2019 年 6 月从货运公司辞职后由向某聘请在所承包站点继续做收派件工作，故张某死亡时已经不是货运公司的员工。

裁判结果

佛山市中级人民法院审理认为，货运公司未提交充分证据证明其与张某的劳动关系已经解除。综合本案证据可以认定向某系货运公司的员工，其承包站点收派快递的行为属于货运公司内部经营管理方式的改变，货运公司作为独立用人主体的地位并未改变，故判决确认张某与货运公司在 2017 年 11 月 1 日至 2019 年 9 月 15 日期间存在劳动关系。

典型意义

新就业形态中存在用人单位利用自身优势地位，以内部承包等经营模式来规避主体责任等不规范行为。本案有利于倡导新业态企业依法合规用工，保障劳动者的合法权益。

 典型案例

案例 163：企业承接平台业务应根据用工事实承担用工主体责任（北京市人力资源和社会保障局 2022 年度劳动人事争议仲裁典型案例）

2020 年 5 月 2 日，饶某通过朋友介绍，在某专门从事空调安装的手机软件上进行注册，随后开始承接某安装公司通过微信发来的空调安装派工单。工作中，饶某与腾某同组，二人固定搭档进行空调安装。2020 年 6 月 5 日，某安装公司的姜某通过微信向腾某派单，指派其前往某小区安装空调。次日，饶某与腾某一起去该地点安装空调，在安装空调的过程中饶某摔伤。事故发生后，饶某委托的律师曾与某安装公司的负责人霍某通过微信协商认定工伤事宜，双方约定一起去人力社保部门认定工伤，但霍某未按时到场，饶某未能进行工伤认定。2021 年 5 月 12 日，饶某向劳动人事争议仲裁委员会（以下简称仲裁委员会）提出仲裁申请，要求确认其与某安装公司存在劳动关系。庭审过程中，腾某出庭作证称，其 2020 年 5 月至 7 月在某安装公司工作，与饶某为同组同事，安装空调费用是根据安装空调数量按月结算，某安装公司通过银行转账将其与饶某的工资进行支付，其再将饶某的工资转付给饶某。霍某出庭作证称，某安装公司通过手机软件平台承接空调安装业务，饶某是腾某招的小工，两人为固定搭档，根据派单安装空调，饶某的工资由腾某结算，某安装公司与饶某是劳务关系。饶某提交霍某的微信朋友圈截图显示，霍某多次在朋友圈发布招聘信息，称某安装公司负责空调的安装维修，长期招聘带车送货安装师傅、学徒等。某安装公司对上述两人的证言及朋友圈截图的真实性均认可，但认为，即使其公司长期招聘安装人员，也是其公司的商业行为，不能证明与饶某存在劳动关系，其与饶某只是劳务关系。饶某请求仲裁确认，要求确认他与某安装公司在 2020 年 5 月 2 日至 2021 年 5 月 12 日期间存在劳动关系。

仲裁委员会裁决支持饶某的仲裁请求，一审、二审判决结果与仲裁裁决结果一致。

 案例评析

本案争议的焦点在于，饶某与某安装公司之间究竟是劳动关系还是劳务关系？

《劳动和社会保障部关于确立劳动关系有关事项的通知》（劳社部发〔2005〕12号，以下简称《通知》）第1条规定："用人单位招用劳动者未订立书面劳动合同，但同时具备下列情形的，劳动关系成立。（一）用人单位和劳动者符合法律、法规规定的主体资格；（二）用人单位依法制定的各项劳动规章制度适用于劳动者，劳动者受用人单位的劳动管理，从事用人单位安排的有报酬的劳动；（三）劳动者提供的劳动是用人单位业务的组成部分。"某安装公司与饶某均符合建立劳动关系的主体资格，其通过微信形式派单，饶某按照某安装公司派单从事空调安装工作，某安装公司将工资发放给腾某后，腾某再将工资发放给饶某，由此可以看出，饶某受某安装公司管理、控制和支配，从事的工作内容也是某安装公司的业务范围，饶某与某安装公司并非平等关系，而是从属关系，符合《通知》规定的劳动管理及从属性特征。某安装公司虽辩称饶某系腾某找的小工，饶某与某安装公司系劳务关系，但未能提交有力证据予以证明，故仲裁委员会不予采信。某安装公司作为负有管理职责的用人单位，应就劳动关系存续期间承担举证责任，因其未举证证明饶某的工作期间，故仲裁委员会对饶某所主张的工作期间予以采信，并对其仲裁请求予以支持。

仲裁委员会提示

近年来，平台经济发展迅猛，创造了大量就业机会，依托互联网平台就业的劳动者数量大幅增加，与之伴随而来的则是劳动者权益保障面临的新情况新问题。《关于维护新就业形态劳动者劳动保障权益的指导意见》（人社部发〔2021〕56号）中规定："符合确立劳动关系情形的，企业应当依法与劳动者订立劳动合同。不完全符合确立劳动关系情形但企业对劳动者进行劳动管理（以下简称不完全符合确立劳动关系情形）的，指导企业与劳动者订立书面协议，合理确定企业与劳动者的权利义务。个人依托平台自主开展经营活动、从事自由职业等，按照民事法律调整双方的权利义务。"实践中，一些平台企业将相关业务外包给其他用人单位，承接平台相关业务的用人单位也应按照上述规定要求，明晰双方法律关系，与符合确立劳动关系的劳动者订立劳动合同并依法缴纳社会保险费，与不完全符合确立劳动关系情形的劳动者订立书面协议明确双方权利义务，并在条件允许的情形下依法参加职业伤害险，还可购买人身意外、雇主责任等商业保险，既有力保障劳动者合法权益，也有效降低企业用工风险，促进企业健康发展。

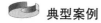 **典型案例**

案例164：超过用工时长非全日制劳动合同不能成为企业免责挡箭牌（北京市人力资源和社会保障局2022年度劳动人事争议仲裁典型案例）

案情简介

杨某于2011年9月16日入职某商务会馆公司，担任修脚技师。工作期间，双方先后连续订立6次非全日制劳动合同，最后一份合同截止日期为2021年1月15日，该公司未为杨某缴纳社会保险费。杨某月工资不固定，无底薪，工资按月支付，全部为提成工资，月均工资为5314元。2021年3月19日，杨某以未为其缴纳社会保险费为由，向公司发出书面通知解除劳动关系。2021年3月25日，杨某向劳动人事争议仲裁委员会（以下简称仲裁委员会）提出仲裁申请，要求某商务会馆公司支付解除劳动合同经济补偿。庭审中，关于工作时长，某商务会馆公司主张，杨某属于非全日制用工，实行计件工资制，没有社会保险，对其工作时间没有要求，也不要求打卡，有客人来就上班，没有客人就休息，每周有一天休息，因属于非全日制用工，故不同意支付解除劳动合同经济补偿。杨某则主张，其每天下午1点上班，晚上12点下班，每周有一天休息需要申请，公司批准后可以休。针对工作时长的主张，杨某提交了其与上级主管的微信聊天记录予以佐证。该微信聊天记录显示，杨某称"每天下午1点到夜里12点的熬夜工作，单位没有给缴纳社保没有医疗保障……"，对方回复有"如果是班次的话可以调整""因为现在就两个人，所以时间比较长"等内容，某商务会馆公司认可上述微信聊天记录的真实性。要求某商务会馆公司支付解除劳动合同经济补偿53140元。

仲裁委员会裁决支持乔某的仲裁请求，一审、二审判决结果与仲裁裁决结果一致。

✎ 案例评析

本案争议的焦点在于，某商务会馆公司与杨某的用工形式应如何认定？

《劳动合同法》第68条规定："非全日制用工，是指以小时计酬为主，劳动者在同一用人单位一般平均每日工作时间不超过四小时，每周工作时间累计不超过二十四小时的用工形式。"第72条第2款规定："非全日制用工劳动报酬结算支付周期最长不得超过十五日。"本案中，第一，某商务会馆公司对杨某并非按照小时计酬，而是根据业绩提成计算工资；第二，杨某在职期间在工作地点随时待命，其提交的证据亦显示其每天工作时长11小时左右，每周工作至少6天，明显超过非全日制用工对用工时长的限制；第三，某商务会馆公司系按月向杨某发放工资，结算支付周期已超过15日。综上，虽然双方签订了非全日制劳动合同，但双方的劳动关系形式以及报酬结算方式不符合非全日制用工的特点，应认定双方属于全日制劳动关系。《劳动合同法》第38条第1款第3项规定："用人单位有下列情形之一的，劳动者可以解除劳动合同：……；（三）未依法为劳动者缴纳社会保险费的；……"第46条第1项规定："有下列情形之一的，用人单位应当向劳动者支付经济补偿：（一）劳动者依照本法第三十八条规定解除劳动合同的；……"由于某商务会馆公司未依法为杨某缴纳社会保险费，根据上述规定，仲裁委员会依法裁决支持杨某的仲裁请求。

仲裁委员会提示

《国务院办公厅关于支持多渠道灵活就业的意见》（国办发〔2020〕27号）指出，个体经营、非全日制以及新就业形态等灵活多样的就业方式，是劳动者就业增收的重要途径，对拓宽就业新渠道、培育发展新动能具有重要作用。非全日制用工由于具有"双方当事人可以订立口头协议""非全日制用工双方当事人任何一方都可以随时通知对方终止用工。终止用工，用人单位不向劳动者支付经济补偿""企业只需给劳动者缴纳工伤保险费"等特点，故具有用工成本低、用工灵活性强等优势。实践中，一些用人单位以订立非全日制劳动合同之名，行全日制劳动关系之实，这种规避劳动合同法相关规定的行为，不仅会得到仲裁委员会和人民法院的否定性评价，而且给自身带来更大的用工风险，故用人单位应以案为鉴在用工管理中予以避免。

第二节　劳动争议的时间成本及费用成本

一、打一场劳动争议官司耗费的时间

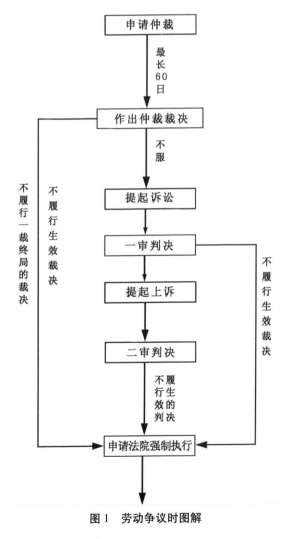

图 1　劳动争议时图解

虽然《劳动争议调解仲裁法》实施以后，审理劳动争议案件的时间明显缩短，但是劳动争议案件时间缩短也只是在仲裁阶段缩短，在法院诉讼阶段并没有缩短，因此，打一场劳动争议官司要经历如下阶段。

1. 一裁终审的劳动争议案件。

（1）一裁终审案件的范围。

《劳动争议调解仲裁法》第47条规定，下列劳动争议，除本法另有规定的外，仲裁裁决为终局裁决，裁决书自作出之日起发生法律效力。

①追索劳动报酬、工伤医疗费、经济补偿或者赔偿金，不超过当地月最低工资标准十二个月金额的争议；

②因执行国家的劳动标准在工作时间、休息休假、社会保险等方面发生的争议。

需要强调的是，根据《最高人民法院关于审理劳动争议案件适用法律问题的解释（一）》第19条的规定，仲裁裁决书未载明该裁决为终局裁决或者非终局裁决，劳动者依据调解仲裁法第47条第1项规定，追索劳动报酬、工伤医疗费、经济补偿或者赔偿金，如果仲裁裁决涉及数项，每项确定的数额均不超过当地月最低工资标准十二个月金额的，应当按照终局裁决处理。

（2）一裁终审案件的审理。

《劳动争议调解仲裁法》第43条第1款规定："仲裁庭裁决劳动争议案件，应当自劳动争议仲裁委员会受理仲裁申请之日起四十五日内结束。案情复杂需要延期的，经劳动争议仲裁委员会主任批准，可以延期并书面通知当事人，但是延长期限不得超过十五日。逾期未作出仲裁裁决的，当事人可以就该劳动争议事项向人民法院提起诉讼。"

因此，对于属于一裁终审的案件，劳动争议仲裁委员会最迟应当在劳动争议仲裁委员会受理仲裁申请之日起60天内作出裁定。对于一裁终审的案件，劳动者可以提起诉讼，如果劳动者没有提起诉讼，裁决书自作出之日起发生法律效力。

（3）一裁终审案件的判决及效力。

对于一裁终审案件，用人单位不能提起诉讼，但是根据《劳动争议调解仲裁法》第48条的规定，劳动者对一裁终审的仲裁裁决不服的，可以自收到仲裁裁决书之日起十五日内向人民法院提起诉讼。

根据《最高人民法院关于审理劳动争议案件适用法律问题的解释（一）》第20条的规定，劳动争议仲裁机构作出的同一仲裁裁决同时包含终局裁决事项和非终局裁决事项，当事人不服该仲裁裁决向人民法院提起诉讼的，应当按照非终局裁决处理。

①经审查认为该仲裁裁决为非终局裁决的，基层人民法院应予受理；

②经审查认为该仲裁裁决为终局裁决的，基层人民法院不予受理，但应告知用人单位可以自收到不予受理裁定书之日起30日内向劳动人事争议仲裁委员会所在地的中级人民法院申请撤销该仲裁裁决；已经受理的，裁定驳回起诉。

（4）一裁终审案件的撤销。

根据《最高人民法院关于审理劳动争议案件适用法律问题的解释（一）》第21条的规定，劳动者依据调解仲裁法第四十八条规定向基层人民法院提起诉讼，用人单位依据调解仲裁法第四十九条规定向劳动争议仲裁机构所在地的中级人民法院申请撤销仲裁裁决的，中级人民法院应当不予受理；已经受理的，应当裁定驳回申请。

被人民法院驳回起诉或者劳动者撤诉的，用人单位可以自收到裁定书之日起三十日内，向劳动争议仲裁机构所在地的中级人民法院申请撤销仲裁裁决。

用人单位依据调解仲裁法第49条规定向中级人民法院申请撤销仲裁裁决，中级人民法院作出的驳回申请或者撤销仲裁裁决的裁定为终审裁定。

中级人民法院审理用人单位申请撤销终局裁决的案件，应当组成合议庭开庭审理。经过阅卷、调查和询问当事人，对没有新的事实、证据或者理由，合议庭认为不需要开庭审理的，可以不开庭审理。

中级人民法院可以组织双方当事人调解。达成调解协议的，可以制作调解书。一方当事人逾期不履行调解协议的，另一方可以申请人民法院强制执行。

2. 普通劳动争议案件要经过劳动仲裁、一审、二审、执行。

（1）劳动仲裁阶段。

在劳动仲裁阶段，劳动争议案件必须在受理仲裁申请后45天内结案，案情复杂需要延期的，必须经过劳动争议仲裁委员会主任批准，才可以延期，并且应该书面通知当事人，但最多延长15天。劳动争议案件审理期限不能超过60天。

虽然《劳动争议调解仲裁法》第43条规定逾期未作出仲裁裁决的，当事人可以就该劳动争议事项向人民法院提起诉讼。但是，根据《最高人民法院关于审理劳动争议案件适用法律问题的解释（一）》第12条的规定，劳动争议仲裁机构逾期未作出受理决定或仲裁裁决，当事人直接提起诉讼的，人民法院应予受理，但申请仲裁的案件存在下列事由的除外。

①移送管辖的。

根据《劳动争议调解仲裁法》第21条第2款的规定，劳动争议由劳动合同履行地或者用人单位所在地的劳动争议仲裁委员会管辖。双方当事人分别向劳动合同履行地和用人单位所在地的劳动争议仲裁委员会申请仲裁的，由劳动合同履行地的劳动争议仲裁委员会管辖。

因此，如果劳动争议仲裁委员会受理了不属于其管辖的劳动争议案件，当事人可以提出管辖权异议，要求移送到有管辖权的劳动争议仲裁委员会。如果是这种情形，即使超过了60天，当事人也不能直接向人民法院提起诉讼。

如果劳动争议仲裁机构以无管辖权为由对劳动争议案件不予受理，那么，劳动者该怎么办？此时，当事人可以起诉到人民法院，根据《最高人民法院关于审理劳动争议案件适用法律问题的解释（一）》第5条的规定，劳动争议仲裁机构以无管辖权为由对劳动争议案件不予受理，当事人提起诉讼的，人民法院按照以下情形分别处理：

第一，经审查认为该劳动争议仲裁机构对案件确无管辖权的，应当告知当事人向有管辖权的劳动争议仲裁机构申请仲裁；

第二，经审查认为该劳动争议仲裁机构有管辖权的，应当告知当事人申请仲裁，并将审查意见书面通知该劳动争议仲裁机构，劳动争议仲裁机构仍不受理，当事人就该劳动争议事项提起诉讼的，人民法院应予受理。

 典型案例

案例 165：当事人分别向劳动合同履行地和用人单位所在地的劳动争议仲裁委员会申请仲裁的，由哪个仲裁委员会处理？

张某在北京市朝阳区工作，但张某所在公司注册地在北京市海淀区。2010 年 8 月，张某因公司未兑现销售提成，将公司起诉到北京市朝阳区劳动争议仲裁委员会，而张某所在的公司因认为由于张某工作失误给公司造成损失，将张某起诉到北京市海淀区劳动争议仲裁委员会。问：应当由哪个劳动争议仲裁委员会管辖？

 律师点评

《劳动争议调解仲裁法》第 21 条第 2 款规定，劳动争议由劳动合同履行地或者用人单位所在地的劳动争议仲裁委员会管辖。双方当事人分别向劳动合同履行地和用人单位所在地的劳动争议仲裁委员会申请仲裁的，由劳动合同履行地的劳动争议仲裁委员会管辖。

在本案中，因为北京市朝阳区是劳动合同履行地，北京市海淀区是用人单位所在地。因此，应当由劳动合同履行地的劳动争议仲裁委员会管辖，即由北京市朝阳区劳动争议仲裁委员会管辖。

 典型案例

案例 166：陈某诉武汉艾某蒙科技股份有限公司劳动争议纠纷案（北京法院参阅案例第 22 号）

李某于 2011 年 5 月 1 日入职武汉艾某蒙科技股份有限公司（以下简称艾某蒙公司），担任司机，工作地点位于北京市朝阳区××路 10 号，双方签订有期限为 2011 年 5 月 1 日至 2014 年 4 月 30 日的劳动合同（甲方为艾某蒙公司，乙方为李某），合同第 12 条约定："劳动争议的程序为……，不服仲裁裁决的一方，可在收到仲裁裁决书即日起 15 天内，向甲方所在地人民法院起诉。"艾某蒙公司的住所地为湖北省武汉市蔡甸区蔡甸经济开发区特 8 号，上述劳动合同第 12 条系格式条款。

合同履行中，双方发生纠纷。2012 年 9 月 19 日，李某向北京市朝阳区劳动人事争议仲裁委员会（以下简称朝阳区仲裁委）申请仲裁，要求艾某蒙公司支付其违法解除劳动关系的赔偿金 103950 元。2013 年 3 月 8 日，朝阳区仲裁委作出裁决：1. 艾某蒙公司支付李某违法解除劳动合同的赔偿金 20790 元；2. 驳回李某的其他仲裁请求。李某对仲裁裁决不服，起诉至北京市朝阳区人民法院，艾某蒙公司未起诉。

一审法院向艾某蒙公司送达起诉书及开庭传票，艾某蒙公司在答辩期内提出管辖异议，并主张依据其与李某签订的劳动合同，不服仲裁裁决的，由被告所在地的人民法院管辖，被告住所地为湖北省武汉市蔡甸区蔡甸经济开发区特8号，故北京市朝阳区人民法院对此案无管辖权，申请：要求北京市朝阳区人民法院将此案移送有管辖权的人民法院，或报请上级人民法院指定管辖。

北京市朝阳区人民法院作出裁定：驳回被告艾某蒙公司对本案管辖权提出的异议。一审裁定作出后，艾某蒙公司向北京市第三中级人民法院提起上诉，北京市第三中级人民法院作出裁定，裁定驳回上诉，维持原裁定。

裁判理由

法院生效裁定认为：双方劳动合同的履行地为北京市朝阳区，而劳动争议案件应由用人单位所在地或者劳动合同履行地的基层人民法院管辖，双方劳动合同中约定管辖的格式条款排除了劳动者的诉讼权利，给劳动者造成不便利，该条款应属无效，北京市朝阳区人民法院对该案依法具有管辖权。综上，依据《最高人民法院关于审理劳动争议案件适用法律若干问题的解释》[①] 第8条之规定，裁定：驳回上诉，维持原裁定。

✎ 律师点评

本案主要涉及在劳动争议纠纷中，双方是否可以就案件管辖法院进行约定，劳动合同中如果出现约定管辖的条款，其效力应如何认定等问题。《中华人民共和国民事诉讼法》（以下简称《民事诉讼法》）第34条规定："合同或者其他财产权益纠纷的当事人可以书面协议选择被告住所地、合同履行地、合同签订地、原告住所地、标的物所在地等与争议有实际联系的地点的人民法院管辖，但不得违反本法对级别管辖和专属管辖的规定。"可见，合同纠纷或其他财产权益纠纷可以适用约定管辖，劳动合同虽然具备一般合同的表象性特征，但约定管辖造成劳动者诉讼明显不便利的情况下，不应适用约定管辖。

首先，劳动合同具有特殊性，其与普通民事合同存在本质性区别：①普通民事合同体现的是合同双方当事人真实意思的表示，双方签订合同时可以自由表达自己的意愿，形成合意再签订合同，而劳动合同通常是格式合同，实践中大多数用人单位不会与劳动者就合同条款进行协商，劳动者很难就格式条款进行变更；②普通民事合同的双方当事人具有平等的民事主体地位，签订合同后仅需接受合同条款的约束，双方当事人之间没有隶属关系，而劳动关系具有人身依附性，双方当事人主体地位存在实质意义的不平等，劳动者需接受用人单位的管理，遵守用人单位的规章制度，通常处于相对弱势的缔约地位。因此，若允许用人单位在劳动合同中使用约定管辖的条款，并

---

① 现为《最高人民法院关于审理劳动争议案件适用法律问题的解释（一）》。

确认该条款的法律效力，通常会排除劳动者的诉讼权利。

其次，《民事诉讼法》第 34 条有关约定管辖的立法目的，一方面是方便当事人的诉讼，允许当事人自行约定管辖地；另一方面也是方便法院对案件的审理，有利于案件事实的查明。但由于劳动合同的特殊性，约定的管辖地可能与争议的联系并不紧密，并不方便案件事实的查明。同时在用人单位所在地距离劳动者的劳动生活地较远的情况下，约定由用人单位所在地管辖，则会对劳动者的诉讼带来较大困难，亦不符合协议管辖的立法宗旨。

综上，劳动合同中约定劳动争议纠纷由用人所在地的人民法院管辖，该约定给劳动者造成明显不便利，劳动者主张该约定管辖无效的，人民法院应予支持。

②正在送达或送达延误的。

指的是有关诉讼文书正在向当事人送达或者由于各种原因送达延误。最高人民法院的这一解释，导致在劳动争议阶段，《劳动争议调解仲裁法》所规定的劳动争议审理期限最长为 60 天的规定形同虚设，使劳动争议案件在劳动争议阶段被延长，而没有约束机制。

③等待另案诉讼结果、评残结论的。

如果劳动争议案件需要以另外一个案件的诉讼结果、评残结论作为审判依据，那么劳动争议审理期限超过 60 天的，当事人不能直接向人民法院提起诉讼。

④正在等待劳动争议仲裁机构开庭的。

任何案件只要被受理了，都应该处于等待开庭阶段，因此，这一规定使得劳动争议的审理期限延长。

⑤启动鉴定程序或者委托其他部门调查取证的。

在审理劳动争议案件的过程中，可能存在需要进行鉴定或者委托其他部门进行调查取证的案件，那么在这种情况下，当事人直接以审理期限超期作为向人民法院直接提起诉讼的理由，人民法院将不予受理。

⑥其他正当事由。

除了以上几种理由以外，如果有其他正当理由的，劳动人事争议仲裁委员会逾期未作出受理决定或仲裁裁决，当事人直接提起诉讼的，人民法院也不予受理。

📝 律师提醒

当事人以劳动人事争议仲裁委员会逾期未作出仲裁裁决为由提起诉讼的，应当提交劳动人事争议仲裁委员会出具的受理通知书或者其他已接受仲裁申请的凭证或证明。

最高人民法院的这一规定，使劳动争议案件在仲裁阶段最长审理期限为 60 天的规定形同虚设。今后劳动争议案件的审理期限将大为延长，而无论是企业还是劳动者，可能都无法以审理逾期为由直接向人民法院提起诉讼。打一场劳动争议官司所耗费的时间将比之前会更长。

（2）一审阶段。

如果不属于一裁终审的案件，当事人对劳动仲裁裁决不服的，可以在收到裁决书之日起 15 日内向人民法院提起诉讼。劳动争议在一审阶段，适用普通程序，根据《民事诉讼法》第 152 条的规定，人民法院适用普通程序审理的案件，应当在立案之日起 6 个月内审结。有特殊情况需要延长的，由本院院长批准，可以延长 6 个月；还需要延长的，报请上级人民法院批准。

因此正常情况下，从立案之日起，一审劳动争议案件在 6 个月之内可以审结。

（3）二审阶段。

当事人不服地方人民法院第一审判决的，有权在判决书送达之日起 15 日内向上一级人民法院提起上诉。

根据《民事诉讼法》第 183 条的规定，人民法院审理对判决的上诉案件，应当在第二审立案之日起 3 个月内审结。有特殊情况需要延长的，由本院院长批准。

因此，正常情况下，二审案件从第二审立案之日起 6 个月内审结，需要强调的是，第二审立案并不是指用人单位提起上诉受理的时间，而是指第二审人民法院正式受理的时间。根据《民事诉讼法》第 173 条的规定，上诉状应当通过原审人民法院提出，并按照对方当事人或者代表人的人数提出副本。当事人直接向第二审人民法院上诉的，第二审人民法院应当在 5 日内将上诉状移交原审人民法院。因此，当事人提交上诉，应当通过一审法院，从一审法院将材料移交给第二审法院，还有一个过程。

（4）执行阶段。

发生法律效力的民事判决、裁定，当事人必须履行。一方拒绝履行的，对方当事人可以向人民法院申请执行，也可以由审判员移送执行员执行。

调解书和其他应当由人民法院执行的法律文书，当事人必须履行。一方拒绝履行的，对方当事人可以向人民法院申请执行。

人民法院自收到申请执行书之日起超过 6 个月未执行的，申请执行人可以向上一级人民法院申请执行。上一级人民法院经审查，可以责令原人民法院在一定期限内执行，也可以决定由本院执行或者指令其他人民法院执行。

因此，如果一场劳动争议官司，劳动仲裁、一审、二审、执行全部经历下来，至少要一年多的时间，其中还不包括出现其他意外情况，比如出现管辖权异议、鉴定、公告送达，如果那样，可能拖得时间更长，甚至两年的时间都是正常的。

3. 一裁终审案件撤销。

虽然部分劳动争议案件实行一裁终审，但并不意味着一旦是一裁终审的案件，用人单位就没有救济途径，对于一裁终审的案件，用人单位可以申请撤销仲裁裁决。

（1）申请撤销一裁终审案件的提出

有下列情形之一的，用人单位可以自收到仲裁裁决书之日起 30 日内向劳动争议仲裁委员会所在地的中级人民法院申请撤销裁决。

①适用法律、法规确有错误的

适用法律、法规错误主要指适用法律、行政法规、地方性法规错误的；适用已经失效或者未生效的法律法规的；援引法条错误的；违反法律关于溯及力的规定。

②劳动争议仲裁委员会无管辖权的

劳动争议仲裁委员会负责管辖本区域内发生的劳动争议。

劳动争议由劳动合同履行地或者用人单位所在地的劳动争议仲裁委员会管辖。双方当事人分别向劳动合同履行地和用人单位所在地的劳动争议仲裁委员会申请仲裁的，由劳动合同履行地的劳动争议仲裁委员会管辖。

对于不属于劳动争议仲裁委员会管辖范围内的案件无权进行裁决。

③违反法定程序的

违反法定程序主要指：仲裁组织的组成不合法；违反了关于回避规定的；违反了有关期间规定的；审理程序违法等。

④裁决所根据的证据是伪造的

伪造证据是指制造虚假证据，对证据内容进行篡改，使其与真实不符。

⑤对方当事人隐瞒了足以影响公正裁决的证据的

足以影响公正裁决的证据包括证明案件基本事实的证据，证明主体之间权利义务关系的证据等。

⑥仲裁员在仲裁该案时有索贿受贿、徇私舞弊、枉法裁决行为的。

（2）撤销仲裁裁决的受理

劳动者依据《劳动争议调解仲裁法》第 48 条规定向基层人民法院提起诉讼，用人单位依据《劳动争议调解仲裁法》第 49 条规定向劳动人事争议仲裁委员会所在地的中级人民法院申请撤销仲裁裁决的，中级人民法院应不予受理；已经受理的，应当裁定驳回申请。

（3）被人民法院驳回起诉或者劳动者撤诉的，用人单位可以自收到裁定书之日起30 日内，向劳动人事争议仲裁委员会所在地的中级人民法院申请撤销仲裁裁决。

用人单位依照《劳动争议调解仲裁法》第 49 条规定向中级人民法院申请撤销仲裁裁决，中级人民法院作出的驳回申请或者撤销仲裁裁决的裁定为终审裁定。

（4）一裁终审案件的执行

劳动人事争议仲裁委员会作出终局裁决，劳动者向人民法院申请执行，用人单位向劳动人事争议仲裁委员会所在地的中级人民法院申请撤销的，人民法院应当裁定中止执行。

用人单位撤回撤销终局裁决申请或者其申请被驳回的，人民法院应当裁定恢复执行。仲裁裁决被撤销的，人民法院应当裁定终结执行。

用人单位向人民法院申请撤销仲裁裁决被驳回后，又在执行程序中以相同理由提出不予执行抗辩的，人民法院不予支持。

二、打一场劳动争议官司花费的费用

根据《劳动争议调解仲裁法》第 53 条的规定，劳动争议仲裁不收费。劳动争议仲裁委员会的经费由财政予以保障。因此，在劳动仲裁阶段，不收取任何费用。如果劳动争议案件在法院诉讼阶段，每件劳动争议案件收取 10 元诉讼费。

劳动争议案件，诉讼费并不是重要的负担，对于劳动者来说，负担最重的可能是律师费，因为劳动争议案件涉及法律众多，证据烦琐，同时劳动争议案件所需的时间非常长。如果劳动者自己打官司，其一是法律知识缺乏，稍一疏忽，就可能导致整个案件败诉；其二是案子拖延的时间太长，而劳动者又要上班，劳动者没有那么多的精力，耽误工作。关于律师费的收费标准，由于每个律师事务所收费标准不一样，即使是同一律师事务所，不同的律师收费标准也不一样，需要当事人与律师具体协商，有的是按阶段收费，有的是一次性收费。

劳动争议案件是否要聘请律师，由每个人根据自己案件的实际情况来决定。如果你的案件比较简单，争议标的比较小，而自己又有精力，就完全没有必要聘请律师。如果你的案子案情复杂，争议标的很大，而自己又没有充足的精力和把握，那么建议你找一名律师，最好找一名专业从事劳动法的律师。

由于大多数案件都不属于一裁终局，因此，大多数的劳动争议案件可能都要经过劳动仲裁、一审、二审、强制执行阶段。因为在劳动争议案件中，双方之间的矛盾激化，有些用人单位为了拖延劳动者的时间和精力，故意提出管辖权异议或者故意不去应诉等；对于即使判决非常公正的案件，明明知道上诉也要输掉，仍然提出上诉；对于判决已经生效的案件，故意不履行生效判决，导致劳动争议案件时间太长；如果案件中有鉴定的问题、调查取证的问题、公告送达的问题、管辖权异议的问题，由于鉴定时间、调查取证时间、公告送达的时间都不算作审理的时间，还有的单位故意提出管辖权异议来拖延时间，导致劳动争议案件拖延的时间很长，很多劳动争议案件拖两三年才打完都是很正常的。

因此，无论是用人单位还是劳动者在诉讼之前，都要考虑清楚劳动争议诉讼所耗费的时间成本和金钱成本，双方各让一步，争取能够达成和解。

第三节　企业劳动争议预防技巧

一、正确理解法律法规，制定合理的规章制度

我国关于劳动方面的立法不断完善，2004 年国务院公布了《劳动保障监察条例》，2008 年 1 月 1 日《劳动合同法》和《职工带薪年休假条例》实施，2008 年 9 月 18 日

《劳动合同法实施条例》实施，2008 年 9 月 18 日《企业职工带薪年休假实施办法》实施，《社会保险法》于 2010 年 10 月 28 日通过，并于 2011 年 7 月 1 日起施行。一系列劳动法律法规的制定，使得我国法律法规对劳动者的保护力度越来越大，用人单位必须正确地利用法律法规，制定合理合法的规章制度，而不能再盲目进行管理，不依法办事，否则将付出沉重的代价。

二、总结经验和教训，完善公司的各种法律漏洞

有些用人单位在日常的管理中，无论是劳动合同的签订、规章制度的制定，还是日常的管理，可能都会存在很多问题，甚至有违反法律法规的地方，用人单位必须针对平时出现的问题，不断地总结经验和教训，及时地修改这些错误，完善公司的各种法律漏洞。

三、平时注意收集和保存证据

用人单位与劳动者产生纠纷，可能一方面是由于用人单位本身的做法违反了法律法规的规定，引起劳动者的不满；另一方面，虽然劳动者平时有违反公司规章制度的情形，但由于用人单位没有收集和保存证据，等到用人单位忍无可忍，决定与劳动者解除劳动合同时，才发现自己没有任何证据证明劳动者违反规章制度，此时如果用人单位强行解除劳动合同，劳动者可能借机提起仲裁，而用人单位由于证据不足败诉。

 典型案例

案例 167：考勤记录保存不完善，公司缺乏证据终败诉

杨某是某公司技术员，该公司规定员工 1 年累计迟到 10 次或者旷工 5 天者，公司有权解除劳动合同，未经公司批准不来上班者，视为旷工。2016 年 3 月，杨某未请假就私自外出旅游，旷工 3 天，为此公司专门找杨某谈话，杨某也表示今后一定改正。2016 年 6 月，杨某因为其表弟结婚，向公司请假 3 天，公司因为杨某所在项目组任务较紧，不同意杨某请假，杨某于是又旷工 3 天。等杨某再次来上班的时候，公司宣布与杨某解除劳动合同。杨某提起仲裁，声称公司不应该与自己解除劳动合同。公司主张杨某一年之内已经连续旷工 6 天，公司有权与其解除劳动合同，但由于公司考勤记录保存不完善，2016 年 3 月的考勤记录已经丢失，而杨某又不承认自己曾经在 2016 年 3 月旷工 3 天，最后劳动争议仲裁委员会裁决公司解除劳动合同违法，需要向杨某支付经济赔偿金。

✍ **律师点评**

证据的及时收集和保存对于用人单位来说非常重要，特别是对于经常违纪的员工，用人单位平时一定要注意多收集和保存证据。

典型案例

案例 168：用人单位涂改劳动合同无法作出合理解释的，法院采信劳动者主张

黄某与某科技网络公司于 2015 年 7 月签订劳动合同，担任数据中心部门算法工程师，合同期限为 3 年。2016 年 9 月 26 日，某科技网络公司以客观情况发生重大变化为由，提出解除劳动合同，通知黄某 30 日内办理离职手续。黄某于 2016 年 9 月 27 日办理了离职手续，随后双方产生纠纷诉至法院。

黄某主张某科技网络公司系违法解除劳动合同，要求支付违法解除劳动合同赔偿金。某科技网络公司认为黄某自 2016 年 9 月 28 日至 30 日连续旷工 3 天，违反了公司员工手册规定，故与黄某解除劳动合同，不应支付违法解除劳动合同赔偿金。

法院认为，某科技网络公司以电子邮件形式向黄某发出解除劳动关系通知书，在黄某已办理离职交接后，又以黄某旷工为由，向黄某邮寄解除劳动关系通知书，属于严重的不诚信行为，且某科技网络公司未能举证证明发送解除劳动合同电子邮件中主张的解除理由，应承担不利后果，故某科技网络公司解除与黄某的劳动合同缺乏事实和法律依据，属于违法解除。

在认定黄某工资标准时，双方产生分歧。黄某提交的劳动合同显示月工资为 3.5 万元，每年发"十四薪"。某科技网络公司提交的劳动合同显示"试用期满后，员工提供正常劳动的月劳动报酬为税前人民币 35000 元"字样，但该条内容后未显示"十四薪"字样。经法院核实，该条内容后有明显刮除痕迹，纸张明显比同页其他纸张薄，而某科技网络公司未作出合理解释。法院结合某科技网络公司的一系列不诚信行为，对劳动者提供的劳动合同中约定"十四薪"，予以采信。

律师点评

在现代市场经济中，诚实信用不仅是道德底线，而且是基本法律原则。本案中，某科技网络公司先以客观情况发生重大变化为由向黄某提出解除劳动合同，当其意识到该解除行为属违法解除需要向劳动者支付经济补偿时，在黄某已经办理完离职手续后，又编造事实，以黄某连续旷工 3 天，违反公司规定为由，再次向黄某邮寄解除劳动关系通知书，该行为实属严重的不诚信行为。

此外，某科技网络公司擅自涂改劳动合同，企图少支付劳动者应得的工资数额，弄虚作假损害劳动者利益，应予以严惩。用人单位和劳动者在行使权利和履行义务时，都应当以"诚实信用原则"为基本要求，实现建立和谐的劳动关系、弘扬良好社会风气的目标。

第四节　企业劳动争议应对技巧

一个企业在和劳动者发生劳动争议后，应该怎样应对？是不是就是整理准备证据，和劳动者将官司打到底？还是在正确分析后与劳动者协商解决？我们该怎样面对企业劳动争议？企业处理劳动争议有什么应对技巧？这些可能是每个遇到劳动争议的企业都首先需要思考的问题。

不同的企业遇到的劳动争议案件不同，即使是同一企业，也会遇到不同类型的劳动争议案件，在此我们无法一一列举；即使遇到相似的案情，由于每个决策者考虑问题的角度不一样，可能做法也不一样。在此，我们只能提供一些思考和处理问题的原则和方法，希望能够给用人单位提供一些思路。

一、发生劳动争议后，企业首先应该怎么做？

劳动争议发生后，企业首先应该准备以下几方面的工作。

1. 分析劳动者的仲裁请求是否合理合法。

用人单位首先应该分析劳动者的仲裁请求是否合理合法，如果部分合理、部分不合理，要分清哪些属于合理要求，哪些属于不合理要求。通过对仲裁请求的分析，可以预判哪些仲裁请求是仲裁庭有可能支持的，哪些是仲裁庭不可能支持的。

2. 对劳动者所陈述的事实与依据进行调查。

对于劳动者在劳动争议仲裁申请书中所陈述的事实与依据要进行调查，调查劳动者所说的哪些事实是真实的，哪些事实是不真实的。如果不符合事实，那么真实情况应该是怎样的。

3. 积极地收集证据。

对事实进行调查，就应当收集整理证据，特别是收集整理对用人单位有利的证据，对劳动者不利的证据。要对劳动者所陈述的不真实的事实，提供证据予以反驳，通过证据来反驳劳动者的仲裁请求，尽量争取使劳动者的仲裁请求得不到支持。

4. 对于案件结果作出分析预测。

通过对仲裁请求进行分析，对事实进行调查，再根据收集的证据情况，对案件的结果进行初步的判断，用人单位要分析进行诉讼有哪些风险，最终可能的结果是怎样的，如果进行和解，和解的底线是什么，从而进行比较。

5. 制定出解决方案。

通过对案件结果进行分析和预测，进而制定出解决方案，是和劳动者谈和解方案，还是一定要将官司打到底。如果要与劳动者和解，用人单位的和解底线是怎样的，从而制定出最佳解决方案。

二、企业在处理劳动争议中应注意的问题

企业在遇到劳动争议，对劳动者所陈述的事实与依据进行调查后，收集整理证据，综合分析，找出对策，是与对方谈判和解，还是积极应诉。但不管怎样，在处理劳动争议的过程中，一定要注意以下几个问题。

1. 避免造成不良影响。

在处理劳动争议的过程中，尽量避免给企业造成不利影响，特别是要考虑给其他在职职工造成的不良影响。例如，王某因为生病向公司人力资源部请假 5 天，通过电话告诉了人力资源部经理，此时正好公司要裁员，于是公司以王某擅自旷工为由裁掉了王某，王某不服，认为自己生病而且已经请假，要求公司予以赔偿，公司不同意。王某由于本人无精力提起仲裁又无力聘请律师，只好放弃，但公司的其他职工知道此件事情后，都认为公司没有一点人文关怀，开始对公司有所防范。

因此，企业在处理劳动争议过程中，应当尽力避免造成不良影响。

2. 避免事态扩大。

企业在与员工出现劳动争议后，应当分析清楚，如果确实属于企业的过错，应当尽量与员工协商解决，避免事态扩大，给企业造成更坏的影响。例如，在与公司解除劳动合同时，由于公司一直没有为其缴纳社会保险，孙某要求公司补偿其 2000 元，但公司坚决不同意，孙某于是将公司投诉到当地劳动监察部门。劳动监察部门对孙某所在的公司进行监察后，发现孙某所在的公司存在多处违反《劳动法》的地方，于是责令其限期改正，并对此进行了罚款，公司为此多付出了几十万元的代价。

3. 尽量与员工协商解决。

俗话说"家和万事兴"，做企业也是同样的道理，如果与员工产生纠纷，企业应当尽量协商解决，争取大事化小，小事化了，不要把矛盾激化。

 典型案例

案例 169：公司未与员工协商解决劳动争议，贪小利失大利

范某担任某公司会计，月工资为 4500 元。他在该公司工作了 2 年，平时工作表现不积极，偶尔还犯错误。一次，范某又一次迟到，公司决定与其解除劳动合同。范某要求公司支付 2 个月的经济补偿金，公司不同意支付。于是范某提起仲裁，认为公司非法解除劳动合同，要求支付 4 个月工资的经济赔偿金。国家鼓励举报偷税漏税等所有财务违法行为，官方出版物不能鼓励规避甚至隐瞒偷税行为。删除主观倾向，仅剩客观描述。劳动争议仲裁委员会审理后认为，公司虽然主张范某工作不积极，经常犯错误，但这些不足以导致用人单位与其解除劳动合同，因此裁决公司支付范某 4 个月的经济补偿金。同时，税务局根据纠纷线索介入调查，认定该公司有偷税行为，除要求补缴税款外，还对其进行了罚款。

律师点评

本来范某只要求公司支付 2 个月的经济补偿金，公司当时如果能够与范某好好协商，也许双方就能达成和解。但由于公司不同意支付，最后付出了沉重的代价。因此，企业在处理与员工的日常纠纷时，应当尽量与员工协商解决，争取大事化小，小事化了。